Cawr i'w Genedl:
Cyfrol i Gyfarch
yr Athro Hywel Teifi Edwards

Golygyddion
Tegwyn Jones a Huw Walters

Gomer

Cyhoeddwyd yn 2008 gan
Wasg Gomer, Llandysul, Ceredigion SA44 4JL
www.gomer.co.uk

ISBN 978 1 84323 936 9

ⓗ y Cyfranwyr, 2008 ©

Dymuna'r cyhoeddwyr gydnabod cymorth
Cyngor Llyfrau Cymru.

Argraffwyd a rhwymwyd yng Nghymru gan
Wasg Gomer, Llandysul, Ceredigion

Cynnwys

Rhagair   vii

Y Cyfranwyr   ix

Wyneb yr Haul yn Aber-arth   T. JAMES JONES   xi

H.T.E.   MEIRION EVANS   xii

'Y Ganrif Fwyaf'   PEREDUR LYNCH   xiii

Hywel Teifi   TEGWYN JONES   1

Cywion Edward Lhwyd   BRYNLEY F. ROBERTS   11

Siôn Rhydderch a'r Eisteddfod   A. CYNFAEL LAKE   35

Iolo Morganwg a Chaethwasiaeth   GERAINT H. JENKINS   59

Lingen, Arnold a Palgrave: Tri Sais
a'u Hagweddau at Gymru   PRYS MORGAN   87

John Jones, Llangollen, a'i Gyfnod   HUW WALTERS   107

Y Fforman Grasol   RHIDIAN GRIFFITHS   133

Beirdd y Môr yn Oes Victoria   E. G. MILLWARD   147

Thomas Henry Thomas
(Arlunydd Penygarn)   ALLAN JAMES   175

Cwm Rhondda a Cheinewydd:
Croth a Chrud Diwygiad 1904–05   E. WYN JAMES   199

Tirluniau Dychymyg Gwenallt   CHRISTINE JAMES   217

R. S. Thomas: Claf Abercuawg?   M. WYNN THOMAS   245

Paham y Meddyliwn Heddiw
yn y Ffordd a Wnawn? (Neu, Beth
Ddigwyddodd i Iaith Ffydd?)   WALFORD GEALY   265

Llyfryddiaeth yr Athro Hywel
Teifi Edwards   HUW WALTERS   283

Rhagair

Er ei bod yn syndod braidd i ni nad aeth rhywun ati ymhell cyn hyn i baratoi cyfrol fel hon i gyfarch yr Athro Hywel Teifi Edwards, eto teimlwn hi'n fraint ac yn anrhydedd mai i ni y syrthiodd y dasg bleserus honno. Mawr ac amrywiol a fu – ac a bery – ei gyfraniad i'n llên a'n hanes, a phrawf o hynny oedd yr ymateb parod a brwdfrydig a gafwyd gan y rhai a wahoddwyd i gyfrannu i'r gyfrol. I bob un ohonynt estynnwn ein diolchiadau cynhesaf am eu herthyglau gwerthfawr ac addas, ac am eu cydweithrediad caredig. Dyledus ydym i eraill yn ogystal. I Mr Brian Davies am ganiatâd i atgynhyrchu'r llun trawiadol o'i waith ar y clawr, i'r Prifardd T. James Jones am ganiatáu i ni ddefnyddio ymadrodd o'i gerdd gyfarch yn deitl i'r gyfrol, i'r Athro Geraint H. Jenkins am rai manylion bywgraffyddol ynghyd â lluniau, i Bethan Mair a Mairwen Prys Jones o Wasg Gomer am eu diddordeb a'u mawr ofal wrth lywio'r gyfrol trwy'r wasg, ac i'r wasg honno am ei rhadlonrwydd a'i thrylwyredd proffesiynol arferol.

Chwefror 2008   TEGWYN JONES
                                                                    HUW WALTERS

Y Cyfranwyr

Meirion Evans, Gweinidog gyda'r Annibynwyr, Llenor, Prifardd a Chyn-Archdderwydd.

Walford L. Gealy, Cyn Uwch-Ddarlithydd mewn Athroniaeth, Adran Efrydiau Allanol, Prifysgol Cymru, Aberystwyth.

Rhidian Griffiths, Cyfarwyddwr Gwasanaethau Cyhoeddus, Llyfrgell Genedlaethol Cymru.

Allan James, Cyn-Ddarlithydd, Adran y Gymraeg, Prifysgol Morgannwg.

Christine James, Uwch-Ddarlithydd, Adran y Gymraeg, Prifysgol Cymru, Abertawe.

E. Wyn James, Uwch-Ddarlithydd, Ysgol y Gymraeg, Prifysgol Caerdydd.

Geraint H. Jenkins, Cyfarwyddwr, Canolfan Uwchefrydiau Cymreig a Cheltaidd, Prifysgol Cymru.

T. James Jones, Prifardd, Dramodydd, Tiwtor a Sgriptiwr.

Tegwyn Jones, Cyn Is-Olygydd *Geiriadur Prifysgol Cymru*.

A. Cynfael Lake, Uwch-Ddarlithydd Adran y Gymraeg, Prifysgol Cymru, Abertawe.

Peredur I. Lynch, Athro, Ysgol y Gymraeg, Prifysgol Cymru, Bangor.

E. G. Millward, Cyn-Ddarllenydd, Adran y Gymraeg, Prifysgol Cymru, Aberystwyth.

Prys Morgan, Cyn-Athro, Adran Hanes, Prifysgol Cymru, Abertawe.

Brynley F. Roberts, Cyn-Lyfrgellydd, Llyfrgell Genedlaethol Cymru.

M. Wynn Thomas, Athro, Adran Saesneg, Prifysgol Cymru, Abertawe.

Huw Walters, Pennaeth Uned Llyfryddiaeth Cymru, Llyfrgell Genedlaethol Cymru.

Wyneb yr Haul yn Aber-arth

Fel arfer,
y machlud dros Fôr Iwerydd
ddiwetydd haf braf
piau pentref Aber-arth;
dan ddylanwad gwawl
fel gwin, fe'i meddiennir
gan gof am ddoeau hynod
o fyw ar lan golud
a gofid ei fôr.

Ond ambell dro,
rhoes y wawr o'i gorau
i ddod â dydd o haul anarferol,
rheidiol i Aber-arth;
un bore ir bu hi
mor braf â geni
cawr i'w genedl,
Lleu beiddgara'r Deheubarth.

Ni fu'i lanach am daflu'i
oleuni ar ein mawlgan
a'n llwyfan a'n llên,
eu hegluro
a'u rhoi yn y glorian;
ni fu'i fanylach
am fynnu heulo sawl pwll
a chilfan o'n hanes,
a dod â hwy i olau dydd.

Ni fu neb miniocach
ei lach ar leng
anynad y bradwyr;
ei laser a seria
eu gwaseidd-dra i'r Sais sala',
a'i droi'n lludw
â fflach ysol ei drem.

Ein hwyl yw'n Hywel o hyd;
gŵyr werth ein taro â chwerthin dro,
i'n dirwyn yn hunanhyderus
ar ei lwybr haul o Aber-arth.

T. JAMES JONES

H. T. E.

Llanddewi Aber-arth –
Magwrfa cenedlaethau o gryts
anwyd â'r heli yn eu gwythiennau,
a heb fawr ddewis ond ildio i'r hen, hen alwad
i adael bro a hwylio i weld y byd.
Yna dod adref wedi tyfu'n forwyr glew,
ac yn llwythog o hanesion syn
am gampau ac arferion, estron i drigolion
oedd heb fentro gymaint â cham o olwg y tir.
A weithiau'n dod ag ambell drysor prin
o ryw wlad bell, yn anrheg llawer gwell
na dim a gaed yng Ngheredigion dlawd.

A'r llongwyr hyn oedd cyfarwyddiaid
dyddiau dy brifiant,
pob un yn feistr ar y ddawn
i liwio rhamant eu hanturiaethau –
digon i hudo llanc dychmygus
i ddianc i'w dilyn ar hyd llwybrau'r môr.

Ond mynnodd y Gymru eiddigus hon
dy gadw di yn hollol iddi ei hun,
fel na bu dianc erioed yn ddewis go iawn i ti.
Ac yn dâl am dy ymlyniad
cael mynediad i drysordy ei hanes,
i chwilio gemau llên a chân
a pherlau'r Iaith,
a'u dangos o newydd yn eu disgleirdeb
yn rhyddiaith ddengar y cyfrolau
ac yn y llefaru lliwgar o'r llwyfannau.

A thithau heddiw yw ein cyfarwydd ni,
yn trysori ar gof y stori orau un –
stori dy wlad,
stori dy bobl di dy hun.

MEIRION EVANS

'Y Ganrif Fwyaf'

Rhoesom ein collfarn arni
A'n sen ar ei rhodres hi,
A'n rhan fu gwatwar o hyd
Ei hawdlau cloff a rhydlyd.
Gwae iaith chwyddedig ei gwŷr,
Gwae hwythau ei beirdd-bregethwyr.

Hyglyw oedd ei hunan-glod
A dwndwr ei Phrydeindod,
A'i hynfydus 'steddfodau
Yn drwch o wladgarwch gau.
Un wlad orseddol ydoedd;
Hon a'i barddas, syrcas oedd.

Rhoesom ein collfarn arni,
Ac o'r co' ei halltudio hi,
A chael drwy goleg a chwaeth
Nodded mewn gwir lenyddiaeth,
A thyfu i brydyddu'n braff
Â gwirgrefft mewn gwiw orgraff.

*   *   *

Yna storm. Cyrhaeddaist ti
I ddiawlio'r cyfryw ddwli
A'n galw, bawb, o'n gŵyl bob ha'
I Ŵyl ryfeddol Gwalia;
Â'i hanes ein dihuno
A chwalu'r cen uwchlaw'r co'.

Hon ganrif a'n barn arni,
Ei hwyl a'i stomp 'welaist ti,
A chlais ei Llyfrau Gleision
Yma ar wedd y Gymru hon,
A dwndwr ei Phrydeindod
Yn un baich yn nwfn ein bod.

Er bod ein collfarn arni,
Mynnu wnest mai ei phlant ŷm ni –
Ni yw llwyth ei chôr a'i llên,
Lluoedd ei phwll a'i hawen;
Epil ŷm i gapel hon,
Ac i glwb ei beirdd gwlybion!

PEREDUR LYNCH

Hywel Teifi

TEGWYN JONES

Mae gennyf gof am eistedd un bore mewn ystafell yn llyfrgell Coleg Abertawe, beth amser yn ôl bellach, a neb arall yno ond y wraig, ddieithr i mi, a estynnai imi flychau o faledi'r bedwaredd ganrif ar bymtheg yn ôl y galw. Hir ddistawrwydd a thangnefedd a deyrnasai yno nes i'r wraig gyhoeddi'n sydyn ac yn uchel, 'Yr Athro Hywel Teifi Edwards!' Codais fy mhen i edrych arni heb wybod yn iawn pa ymateb a ddisgwylid gennyf, os yn wir y disgwylid un o gwbl. Gwenais yn betrus arni. Sylwodd ar fy mhenbleth ac meddai, 'Mae e newydd basio hibo'r ffenest.' Yna gostyngodd ei phen, aeth ymlaen â'i gwaith wrth y ddesg a dychwelodd y distawrwydd a'r tangnefedd am weddill y bore. O gofio'r achlysur hwnnw ni allaf lai na gofyn y cwestiwn – pa sawl un o gydnabod y wreigdda honno, tybed, a basiodd yr un ffenest y bore hwnnw na theilyngodd ei enwi ar goedd? Byddai'n anos ateb y cwestiwn hwnnw na'r cwestiwn sy'n dilyn yn naturiol, sef – paham y driniaeth arbennig i wrthrych y gyfrol hon? Ymadrodd anodd i'w gyfieithu i'r Gymraeg yw 'larger than life', ond mentraf awgrymu mai yn y nodwedd honno, sy'n perthyn yn naturiol i ambell un, y mae chwilio am yr ateb. Y nodwedd nad yw'n rhwydd rhoi bys arni ond sy'n peri bod rhywun yn sefyll allan mewn tyrfa. Rhyw dalent i fod yn weladwy – ac yn glywadwy – lle bynnag y bo. Perthynai i gymeriadau megis Talhaiarn a Llew Llwyfo, heb enwi ond dau o gewri lliwgar y byd llên Cymraeg yn y ganrif a ddenodd cymaint o sylw craff Hywel Teifi Edwards dros y blynyddoedd, ac yn sicr fe berthyn iddo yntau yn ein dyddiau ni. Nid annisgwyl rywsut yw ei gael yn un o'i ysgrifau cynnar ar y testun 'Pysgod' yng nghylchgrawn myfyrwyr Coleg Aberystwyth ym 1955, yn canmol crefft y potsiar rhagor crefft y genweirwr:

> Gwrthryfelwr yw'r potsiar – gwrthryfelwr yn erbyn confensiynau coeglyd a snobyddiaeth. Dyna yw ei gyfrinach, mynn fod yn rhydd ac yn naturiol.

Do, fe gawsom ein rhybuddio.

Yn Aber-arth, neu Landdewi Aber-arth, pentref tawel ar lan y môr nid nepell o Aberaeron yng nghanolbarth Ceredigion, y ganwyd ef, ac yno gyda'i rieni, John Daniel ac Olwen Edwards, a'i ddwy chwaer, Myfanwy (Myfi) ac Alice, a'i frawd Ken, y treuliodd ei ieuenctid. Saer coed oedd ei dad a ddysgodd ei grefft gan saer olwynion lleol, ac a fu'n garcharor rhyfel am dair blynedd yn ystod yr Ail Ryfel Byd. Teulu yr oedd cerddoriaeth yn un o'i bwysig bethau. Darllener ysgrif hyfryd-atgofus Myfi Evans – Myfi ei chwaer – yn y gyfrol *Aberaeron 1807–2007: Dathliad* a gyhoeddwyd yn ddiweddar i nodi daucanmlwyddiant Aberaeron, a sylwer ar y pwyslais a roddir ar le'r Gymanfa Ganu yn ei bro. Nid rhyfedd bod Hywel ei hun yn hynod wybodus ym myd cerdd – oni fu'n clustfeinio â phleser mawr ar Myfi'n cyfeilio ar yr aelwyd i gantorion gobeithiol yr eisteddfodau lleol a ddôi heibio â'u solos i ymarfer eu dawn? A chantor o dalent ydyw yntau hefyd fel y gall unrhyw un â'i clywodd dystio'n frwdfrydig.

Byddai'n anodd dychmygu pentref mwy delfrydol i hogyn ifanc gael ei fagu ynddo nag Aber-arth. Pentref heb fod yn or-fychan, ond yn ddigon cryno i bawb adnabod ei gilydd. Y ffordd fawr rhwng Aberystwyth ac Aberaeron – honno'n anhraethol llai aml a llai gwibiog ei thrafnidiaeth bryd hynny – yn ei rannu'n ddau, a gwaelod y pentref â'i draed ym Mae Ceredigion. 'Rhwng afonydd Arth ac Aeron yr oedd crud gwareiddiad [Hywel]', meddai ei gyfaill mawr, y diweddar W. M. (Moc) Rogers, mewn rhaglen deyrnged iddo yn yr Eisteddfod Genedlaethol yn Aberystwyth, 1992, 'a gallai dyn gredu mai yn y dŵr y treuliodd ei flynyddoedd cynnar'. Yn yr ysgrif 'Pysgota', 1955, y cyfeiriwyd ati uchod, ceir rhai o'i atgofion am y dyddiau hudolus hynny:

> Cofiaf am y tro cyntaf imi geisio goglais brithyll yng ngŵydd eraill a oedd eisoes yn ddeheuig wrth y gwaith. Afraid dweud mai carbwl iawn oedd fy ymdrech, a hollol di-fudd, a hyd y gwn i, mae'r brithyll hwnnw yn fyw hyd heddiw. Ond medraf ddweud yn ddiffuant, er gwaetha'r dechreuad gresynus, mai profiad dihafal yw dal brithyll braf neu eog heb unrhyw arf ond y dwylo.

Parhau ar hyd y blynyddoedd a wnaeth ei salm o fawl i ysblander ei fagwraeth yn Aber-arth. Yn y gyfrol ddiweddar y cyfeiriwyd ati uchod a gyhoeddwyd i gyd-fynd â dathliadau daucanmlwyddiant tref Aberaeron yn 2007, sonia am ei ymweliadau â'r 'sinema' leol, y 'Memorial Hall' (nid y 'Neuadd Goffa') yn Aberaeron a'r daith adref dros y gwta filltir i Aber-arth:

> Petai gofyn i mi nodi milltir o ffordd ddiangof ar fy nhaith drwy'r byd, fe nodwn y filltir rhwng Aberaeron ac Aber-arth wrth i ni ddod adre o'r pictiyrs ar ambell noson ysblennydd o haf (ar ôl cael caniatâd i weld ffilm hwyr) a'r haul wrth fachlud dros y bae yn dyblu a threblu ein hapusrwydd wrth i ni ail-fyw campau'r 'sêr'. 'Fydda i byth yn pasio'r 'Memorial Hall' heb fendithio'r hen neuadd. Fe agorwyd ein llygaid ynddi i weld bydoedd na wyddem ni am eu bodolaeth. Porthodd fyd ein dychymyg, ac i fi fe fu'n 'neuadd fawr rhwng cyfyng furiau' cyn i fi erioed glywed am fardd o'r enw Waldo Williams.

Un arall o'r llu atgofion pleserus sydd ganddo am ei fachgendod, meddai mewn erthygl yn *Y Faner* ym 1979, oedd clywed ar 'y diwrnod penfeddwol hwnnw ym 1945' fod ei chwaer, Myfi, wedi ennill ar ganu'r piano yn Eisteddfod Genedlaethol y Rhos. Pan oedd mewn bws Crosville yn dychwelyd i Aber-arth ar ôl bod am drip i Aberystwyth y clywodd y newydd da hwn o lawenydd mawr, a byth er hynny, meddai, 'bu gen i le cynnes yn fy nghalon i fysys Crosville'.

Ar ôl mynychu'r ysgol gynradd leol (bellach wedi ei hen gau), ac Ysgol Sir Aberaeron, aeth yn fyfyriwr i Goleg y Brifysgol Aberystwyth ym 1953 i ddilyn cwrs gradd yn y Gymraeg. Tystiolaeth W. M. Rogers yw mai 'stiwdent encilgar' ydoedd, ac ni chofiai iddo erioed ei weld yn cymryd rhan yn gyhoeddus ar unrhyw lwyfan. Mae ef ei hun, mewn erthygl am Gwenallt – a oedd yn ewythr iddo drwy briodas – yn cyfaddef bod hiraeth yn ei gadw'n effro'r nos pan aeth gyntaf i'r Coleg. Er bod Aber-arth ac Aberystwyth ar fap yn ymddangos yn ddigon agos, y pellter rhyngddynt oedd fawr yn yr oes ddigerbyd honno. Clywais innau ef mewn darlith yn sôn fel y byddai, yn y dyddiau hynny, ac yn ei hiraeth, yn mynd am dro gyda'r nos i gyfeiriad gorsaf Aberystwyth i wylio'r bysys (Crosville wrth gwrs) yn cychwyn am Aber-arth ac Aberaeron. Câi gyfle i fwrw peth o'r hiraeth hwn yn y Crystal Palace, un o hoff ffynhonnau myfyrwyr Aberystwyth ar y pryd, yn ôl ei gyfaill Moc Rogers eto. Dyma gyrchfan nifer ohonynt 'mor aml â phosib . . . i whare darts'. Nid bob amser serch hynny y byddai cwmni'r brodyr yn ddi-fwlch, a chofnodir gan Moc y sgwrs fer ganlynol:

Mrs Lewis [Tafarnwraig y Crystal Palace]: Where is the tall one tonight?
Ninnau: Can't afford the time, he takes so much longer than most to learn his work.
Mrs Lewis: I don't believe you. The tall one is very clever.
'The tall one is very clever' fuodd hi wedyn am ddiwrnode.

Rhaid i mi gyfaddef nad fel un yn dioddef gan hiraeth yr ymddangosodd i mi pan ddeuthum innau i'r Coleg ger y Lli ddwy flynedd ar ei ôl, oherwydd i lasfyfyriwr ofnus a phoenus o swil, ef yn sicr oedd y mwyaf hunanhyderus a hyglyw o blith y bechgyn a'r merched 'mawr' a oedd yn nesu at eu arholiadau gradd erbyn hynny, ac a fyddai'n pwyso rhwng darlithiau ar y balconi ('y balc') y tu allan i'r Ystafell Gymraeg. Buan y daethom ni lasfyfyrwyr i wybod pwy oedd y gŵr tal yma, mai 'Aber-on' y gelwid ef, a'i fod yn un o sêr tîm pêl-droed y Coleg.

Cofnodir mewn mwy nag un man hanes ei ddiddordeb ysol yn y gêm honno, a'i gampau wrth ei chwarae. Yn ei gyfrol *Hanes Cynghrair Pêl-droed Aberystwyth a'r Cylch 1934–1984*, ceir gan Gwyn Jenkins y paragraff canlynol:

Un o hoelion wyth tîm Aber-arth ar ddiwedd y 40au oedd Hywel Teifi. Cofia ei gêm gyntaf ac yntau yn chwarae yn y gôl yn Nhal-y-bont. Holwyd ef gan ychydig o ferched a safai y tu ôl i'r gôl, beth oedd y sgôr. Trodd yntau i'w hateb a chan hynny fethu â sylwi fod y bêl ar ei ffordd heibio iddo i gefn y rhwyd.

Nid rhyfedd efallai, yn wyneb y dystiolaeth hon, nad fel gôl-geidwad y gwnaeth ei farc ar y maes pêl-droed ond fel hanerwr peryglus a benderfynodd, yn ôl ei dystiolaeth ei hun '[roi] fy ffydd amddiffynnol mewn "sliding tackle" Alf Sherwoodaidd' – tacteg a barodd i'w ewythr yng nghyfraith, ar ôl gweld tîm y Coleg yn colli unwaith, ofyn y cwestiwn, 'A beth ddiawl ych chi'n gneud ar eich tîn o hyd bachan?' gan ychwanegu ymhellach, 'Dych chi werth dim i neb ar eich tîn . . . Safwch ar eich traed bachan os ych chi am fod o iws. Does dim angen rhyw dalent arbennig i dreulio prynhawn cyfan ar eich tîn'. Cyn bod tîm Aber-arth, chwaraeai i dîm Aberaeron, meddai yn y gyfrol sy'n dathlu daucanmlwyddiant y dref honno, a hynny ar y 'Cae Sgwâr' enwog yng nghanol y dref:

Ie, dyna'n Wembley ni erstalwm. Fi oedd piau'r byd pan wisgais grys glas a gwyn Tyglyn i chwarae arno yn fy 'House Match' gyntaf, a fi oedd piau'r byd a'r nef pan wisgais grys tîm yr ysgol am y tro cyntaf . . . [P]wdel Cae Sgwâr oedd y pwdel gore fuodd erioed: 'Damo di!' gan Pat wrth redeg y lein oedd yr unig 'coaching' a gâi'r tîm yn gyson, a'r canu-cwrw-coch yn y 'Feathers' wedi'r gêm oedd ein tâl.

Yn ffodus i hanes llên a beirniadeth lenyddol Gymraeg, nid y cyfarwyddyd ynglŷn â sut i beidio gwneud gormod o ddefnydd o ran arbennig o'i gorff oedd yr unig un a gafodd Hywel gan Gwenallt. Wedi iddo raddio yn y Gymraeg ym 1956, derbyniwyd ef yn fyfyriwr ymchwil, ac o dan gyfarwyddyd Gwenallt dechreuodd ymchwilio i fywyd a gwaith William Williams (Creuddynfab), beirniad, bardd ac yn bwysicach efallai, ysgrifennydd cyflogedig cyntaf Cymdeithas yr Eisteddfod Genedlaethol, astudiaeth a enillodd iddo radd M.A., pan oedd i'r radd honno statws llawer uwch nag sydd iddi heddiw. Gan nas denwyd ef erioed gan y pulpud, hyd y gwn, er cymaint addurn a fyddai wedi bod iddo, trodd ei olygon tuag un o'r ychydig fannau yn y cyfnod hwnnw a oedd yn agored i un a chanddo radd yn y Gymraeg – y byd addysg. Penodwyd ef yn athro yn Ysgol Ramadeg y Garw ym Mhontycymer, Morgannwg, lle bu am rai blynyddoedd yn bennaeth yr Adran Gymraeg, a chyfaill mawr arall iddo, y diweddar Dafydd Rowlands yn aelod o'i staff. Mae yntau, yn y rhaglen deyrnged honno yn yr Eisteddfod Genedlaethol yn Aberystwyth, 1992, yn tystio i'r flaenoriaeth a gâi pêl-droed a pheldroedwyr yn sgwrs ei bennaeth adran, ond cafwyd ganddo hefyd dystiolaeth i'w fedrusrwydd ar y maes criced. Meddai'r diweddar ac annwyl Gyn-Archdderwydd:

> Ym 1968 mi weles i Gary Sobers yn taro'r chwech chwech ar faes San Helen yn Abertawe. Roedd Hywel Teifi wedi gadael y Garw dair blynedd cyn hynny, ac wedi cyflawni'r un gamp drosodd a thro yn yr oriau cinio nes bod holl drigolion Pontycymer am chwarter wedi deuddeg bob dydd yn mynd i gwato i'w selerydd. Ie, dyn peryglus â bat yn ei law.

Cyn cefnu ar Bontycymer yr oedd Hywel wedi priodi Aerona (Rona) ac ymhen y rhawg ganwyd iddynt fab a merch – Huw, un o wynebau mwyaf cyfarwydd byd y cyfryngau yn yr ynysoedd hyn, a Meinir sydd â'i chartref yn Awstralia bell.

Ym 1965 penodwyd Hywel yn diwtor Cymraeg yn Adran Allanol Coleg Prifysgol Cymru Abertawe. Gadael felly ddosbarth-iadau egnïol ac weithiau anystywallt yr ysgol am ddosbarthiadau mwy hamddenol a gwâr yn Llanelli, Ystalyfera, Cwmllynfell a mannau cyffelyb. Ond hamddenol a gwâr neu beidio, nid un i 'bilo wye', chwedl Dafydd Rowlands, oedd y gŵr o Landdewi-Aber-arth, 'a bu amal i festri capel a neuadd bentre yn boeth gan fflamau tân ei dafod miniog'. Cofiaf y diweddar Ddr Gareth Evans o Goleg Abertawe a Dre-fach, Llanelli, a oedd yn aelod o un o ddosbarthiadau Hywel, yn dweud wrthyf unwaith am gyd-aelod iddo yn y dosbarth un noson, na welai'n hollol lygad yn llygad â'i athro ar rhyw bwnc arbennig, ac yn cyhoeddi hynny'n bur huawdl. Wedi iddo dewi, trodd yr athro ddau lygad mawr ar aelodau eraill y dosbarth, ac meddai fel un na chredai ei glustiau, 'Wel! Clywch ddoethineb hwn 'te!' Gallai geiriau o'r fath, awgrymai Gareth Evans, petaent wedi dod o enau rywun arall, arwain at ostyngiad o un (o leiaf) yn nifer aelodau'r dosbarth hwnnw, ond nid yn yr achos hwn. ''[R]oedd aelodau ei ddosbarthiadau, yn ddieithriad, yn dwlu ar eu hathro', meddai Dafydd Rowlands eto.

> Un didrugaredd yn y 'sliding tackle', un ymosodol â'r bat yn ei law, un digyfaddawd ei gondemniad llafar – ond hyn sy'n wir: 'chlywes i neb erio'd yn dweud gair cas amdano.

Ac oni chyflwynodd yntau un o'i gyfrolau 'i saint fy nosbarthiadau yn ddiolch am chwarter canrif o ddedwyddwch'? Ym 1989 fe'i penodwyd yn Bennaeth Adran y Gymraeg yng Ngholeg y Brifysgol, Abertawe, a hyd ei ymddeoliad bu'n Athro uchel ei barch, yn garcus o'r myfyrwyr a ddaeth i astudio wrth ei draed, ac yn danbaid a brwdfrydig ei arweiniad iddynt. Cwbl haeddiannol oedd ei urddo'n Gymrawd ei hen goleg yn Aberystwyth yn 2001. Anrhydeddwyd ef hefyd â gwisg wen Gorsedd Beirdd Ynys Prydain, a buan y daeth yn aelod o'i Bwrdd, nodedig am ei gyfraniadau heb flewyn ar ei dafod, rhai ohonynt eisoes wedi magu rhyw haen o chwedloniaeth o'u cwmpas.

Ac yntau, fel y dywedwyd, wedi ennill gradd M.A. am draethawd ar fywyd a gwaith Creuddynfab, nid yw'n syndod mai beirniadaeth lenyddol a'r eisteddfod fel sefydliad a aeth â'i fryd yn bennaf o hynny allan, er nad yn gyfan gwbl o bell ffordd, fel y ceisir dangos.

I werthfawrogi ei gyfraniad toreithiog i feirniadaeth lenyddol Gymraeg, troer at y llyfryddiaeth drylwyr o'i gyhoeddiadau a baratowyd ar gyfer y gyfrol hon gan fy nghyd-olygydd, Dr Huw

Walters. O'i ddyddiau coleg ym mhum degau'r ganrif ddiwethaf hyd heddiw, daeth o'i ysgrifbin (na sonier am na theipiadur na chyfrifiadur) ffrwd fyrlymus o gyfrolau, ysgrifau ac adolygiadau na ellid camgymryd eu harddull unigryw a'u geirfa lachar am waith neb arall. Cyfrannodd yn helaeth i Adran Ysgolion *Barn* (ysgrifau y byddai'n dda eu casglu i un man a'u hail-gyhoeddi), ac i *Taliesin*, yn ieuenctid y cylchgronau hynny, a bu'n adolygydd cyson ynddynt ar hyd y blynyddoedd. Bu'n olygydd ymgynghorol *Lleufer*, a brithir tudalennau'r diweddar *Faner* gan ei gyfraniadau amrywiol.

Creuddynfab hefyd a'i harweiniodd at yr Eisteddfod Genedlaethol, ac yn ei swydd fel ei hanesydd a'i dehonglwr, ni saif Hywel Teifi'n ail i neb. Gwelodd yn gynnar mai dyma'r 'maes ymrafael' lle gwelid gliriaf effeithiau'r cyflwr seicolegol truenus y syrthiodd y genedl iddo fel canlyniad i'r pardduo a fu ar ei hiaith a'i moesau yn Adroddiad Comisiynwyr 1847. Mewn cyfrolau, erthyglau a darlithiau cyhoeddus lu, dangosodd cystal drych oedd yr Eisteddfod yn Oes Victoria i ymateb y Cymry i Brydeindod, i ddatblygiad rhyw fath o 'ddiwylliant gwarth' Cymreig yr oedd 'yn rhaid iddo wrth gymeradwyaeth diwylliant aliwn cyn y teimlai'n siŵr o'i werth cynhenhid'. Diwylliant a roddodd fod i ddelwedd 'Cymru lân Cymru lonydd' a allai oddef yn ddibrotest eiriau'r Rheithor John Griffiths, Llywydd Cyngor yr Eisteddfod Genedlaethol ym 1867 (i roi un enghraifft o blith llawer o bethau tebyg gan eraill):

> I think our time might be better employed than in bolstering-up a language that may be of a questionable advantage.

Mewn cyfrolau eraill nad oes a wnelont yn uniongyrchol â'r Eisteddfod, megis *Arwr Glew Erwau'r Glo*, *O'r Pentre Gwyn i Gwmderi* ac *I Godi'r Hen Wlad yn ei Hôl* tywysodd ni'n ddeheuig i wylio'r 'diwylliant gwarth' hwn ar waith mewn llecynnau eraill yn ogystal. Traethodd yn ddifyr-wybodus am beth o hanes y ddrama yng Nghymru, a rhwng 1993 a 2003 golygodd Gyfres y Cymoedd, deg cyfrol swmpus sydd gyda'i gilydd yn gofgolofn werthfawr a theilwng i'r 'Cymreictod a roes i fywyd y cymoedd hyn ei liw a'i lun dros y canrifoedd', chwedl y golygydd.

Er cymaint ei gyfraniad dros y blynyddoedd i fyd llenyddol, ysgolheictod a hanes Cymru, ni chyfyngodd ei hun i'r byd hwnnw'n unig chwaith. Yn lleol ac yn genedlaethol ymdeithiodd i'r byd gwleidyddol yn ogystal, gan chwifio'n herfeiddiol ac yn ddigyfaddawd faner Plaid Cymru. Bu'n gefn cadarn bob amser i griw ieuanc Cymdeithas yr Iaith Gymraeg, ac mewn ralïau cenedlaethol lawer, a geisiai hoelio sylw ein gwleidyddion ar ddyfodol ein cymunedau, ar yr angen am Ddeddf Eiddo a Deddf Iaith newydd traddododd ei neges yn bwerus ac ysbrydoledig. Bu'n faer ei bentref mabwysiedig, Llangennech, bu'n aelod effeithiol o Gyngor Dyfed gynt, ac ar ddau achlysur bu'n ymgeisydd seneddol – yn etholaeth Llanelli, 1983, a Chaerfyrddin, 1987. Yn ystod y degawd blaenorol gwelodd Hywel Teifi cyn gliried â neb, a chliriach na llawer, pa mor dyngedfennol oedd ennill y ddadl o blaid Cynulliad i Gymru yn Refferendwm Dydd Gŵyl Ddewi, 1979. Yn *Y Faner* ar ddechrau'r flwyddyn honno sonia am ei daith i Landrindod i gyfarfod lle agorwyd yr ymgyrch o blaid Cynulliad, a manteisiodd ar y cyfle i ddyfynnu yn ei erthygl sylwadau J. A. Froude ym 1873 lle ceir yr hanesydd Fictoraidd hwnnw'n canmol y Cymry am dderbyn eu safle eilradd a thaeogaidd o fewn yr Ymerodraeth Brydeinig, gan fodloni ar 'the retention of a few harmless peculiarities [that have] not prevented them from being wholesome and worthy members of the United Commonwealth'. Meddai'r awdur ar ddiwedd ei erthygl: 'Duw a'n gwaredo rhag parhau'n "wholesome" a "worthy" . . . ar ôl Dydd Gŵyl Ddewi eleni'. Ond i'r cyfeiriad hwnnw, ysywaeth, yr aeth 'Cymru lân, Cymru lonydd, ymgreinllyd' fel y cafodd yn haeddiannol ei galw ganddo mewn man arall, ond arwydd o'i ysbryd di-ildio, serch hynny, oedd y pennawd a roddodd i'w erthygl ddiweddarach lle bu'n rhaid iddo gofnodi'i siom, sef 'At y Drin awn eto Draw'. Nid mor gwbl siomedig oedd canlyniad yr ail gyfle a gafwyd ym 1997, ac yn ddiau y mae i Hywel Teifi a'i genhadaeth ganolog am ein seicoleg glwyfus, na chollodd gyfle i'w lledaenu ar lafar ac mewn print, le sicr yn y newid agwedd a fu. Addas iawn yma yw cofio am englyn y Prifardd Idris Reynolds iddo:

> Hwn welir yn anwlyo – y genedl
> Ac yna'i chystwyo,
> Rhoi heb gyfri drosti dro
> A dal o hyd i'w diawlio.

Ar hyd ei yrfa bu'n ddarlithydd poblogaidd a grymus – yn un o sêr y Babell Lên – ac un hawdd ei gymell i festrïoedd, neuaddau ac ystafelloedd cyfarfod ledled Cymru a thu hwnt, lle bydd iddo groeso twymgalon bob amser. Llawn cymaint fu'r galwadau arno i gyflwyno neu gymryd rhan mewn rhaglenni teledu a radio, ac i feirniadu rhai o brif gystadlaethau'r Eisteddfod Genedlaethol. Y mae'n flaenor yn ei gapel, Bryn Seion, Llangennech, ac un o'i gyhoeddiadau diweddaraf yw cyfrol yn olrhain hanes yr achos hwnnw. Mae hefyd yn un o bileri'r gymdeithas leol ffyniannus, Cymdeithas y Llan a'r Bryn.

Priodol yw cofio serch hynny, wrth gofnodi ei weithgarwch rhyfeddol mewn cymaint o feysydd, nad o dan wybren glir ddigwmwl y llafuriodd bob amser. Ar ddiwedd eithaf saithdegau'r ugeinfed ganrif bwriodd olwg yn ôl ar y degawd hwnnw – degawd yr ymwrthod â Chynulliad – mewn erthygl yn *Y Faner*. Meddai:

> Ar lawer cyfrif fe fuont yn flynyddoedd digon cancrus, ac mae gen i reswm da dros ddefnyddio'r ansoddair hwnnw. Yn 1970 ymleddais frwydr a barhaodd am y rhan orau o'r flwyddyn â'r cancr. Diolch i'm cyd-ymladdwyr fe'i gorfodwyd i ildio. Diolch i'm gwraig ni bu raid imi boeni am yr hyn a allai ddigwydd. Cefais gwato tu ôl i'w deall hi. Fe benderfynais i nad oeddwn am wybod dim am nac achau na theithi'r tresbaswr ar fy stad. Rhois fy nghas perffaith arno o'r foment y dangosodd ei hun a rhois fy nicter at wasanaeth fy meddygon. Gyrrwyd y gelyn ar ffo.

Y mae gan deulu'r Gymraeg, heb sôn am ei deulu ei hun, le mawr i ddiolch am y fföedigaeth honno.

Diau gennyf, os dysgwyd rhywbeth o gwbl gan y sawl a ddarllenodd y llith yma cyn belled â hyn, fe ddysgwyd nad un hawdd ei barselu a'i labelu'n dwt a chyfleus yw'r Athro Hywel Teifi Edwards. Nid na wnaed ymdrechion dewr o bryd i'w gilydd i ddod â'i dalentau a'r amrywiol agweddau arno i ryw fath o ffocws. Un o'r ymdrechion mwyaf cynhwysfawr yn sicr yw eiddo'i gyd-Gardi, yr Athro Geraint H. Jenkins, wrth gyflwyno'r rhaglen deyrnged iddo ym Mhabell Lên Aberystwyth ym 1992:

> Y mae'n un o wŷr y Dadeni, yn llenor ac yn ysgolhaig, yn hanesydd ac yn feirniad llenyddol, yn ddarlledwr ac yn wleidydd, ac yr un mor lloriol o fedrus ar gae chwarae ac mewn stafell ddarlithio. Y mae'n greadur cymhleth, paradocsaidd . . . Gall fod yn garlamus ac yn sentimental, yn ddeifiol ac yn galondyner, yn gyhuddgar a thosturiol . . . Dyn yw hwn, felly, sy'n ddigon o ryfeddod ac rwy'n cenfigennu wrth

haneswyr y ganrif nesaf a gaiff y fraint o gloriannu cyfraniad toreithiog ac amrywiol Hywel Teifi Edwards.

Y gair a ddewisodd ei gyfaill Moc Rogers i'w ddisgrifio oedd 'caleidosgop'. 'Symudwch y bocs ewinfedd', meddai, 'a fydd dim dal beth welwch chi na dim dal ychwaith beth glywch chi'. Geirfa a delweddau'r bardd a ddefnyddiodd Dafydd Rowlands wrth ddarlunio'r Hywel Teifi y daeth i'w adnabod yn Ysgol y Garw:

> Roedd gan bennaeth yr Adran Gymraeg enw canol, a oedd hefyd yn enw afon – afon lefn a thelynegol lonydd ei llif rhwng Ystrad Fflur a Bae Ceredigion, ond afon sydd hefyd mewn ambell fan yn ymgyffroi ac yn berwi ac yn troi'n berygl bywyd i gyryglau bach bregus sy'n credu eu bod nhw mor saff â'r Titanic cyn i honno gychwyn ar ei mordaith forwynol.

Cyfeiriwyd ar y dechrau uchod at un o gymeriadau mwyaf lliwgar Cymru Oes Victoria yn y byd eisteddfodol a llenyddol, sef Lewis William Lewis (Llew Llwyfo). Ar ddechrau'r ddarlith *Llew Llwyfo: Arwr Gwlad a'i Arwrgerdd* a draddododd Hywel Teifi yn yr Eisteddfod Genedlaethol ym Môn, 1999, mae'n dyfynnu sylwadau rhywun a alwai ei hun yn 'Junius' o Nantglyn am y gŵr rhyfeddol hwnnw:

> Dystawa cannoedd yn ei wyddfod . . . a theimla lluaws awydd i dalu gwarogaeth iddo fel pe byddai yn fôd uwch-raddol. Tybiant nad oes ei gyffelyb; ac nid oes ychwaith. Saif ar ei ben ei hun yn hollol fel Nodwydd Cleopatra, yn llawn o hynodrwydd.

A allai neb ddoedyd yn amgenach am wrthrych y gyfrol hon, un o'r cymeriadau mwyaf llachar a phoblogaidd ein cyfnod ni? Dywed fy nghyd-olygydd wrthyf iddo anfon cerdyn pen-blwydd at Hywel pan gyrhaeddodd oed yr addewid ychydig amser yn ôl, ac arni'n unig gyfeiriad at y bedwaredd adnod yn yr ail bennod o Lyfr Daniel. Tebyg iawn na fu raid iddo ef estyn am ei Feibl y dwthwn hwnnw, ond i'r rhai ohonom nad sydd mor olau yn yr ysgrythurau, y frawddeg allweddol yn yr adnod honno yw 'O frenin, bydd fyw yn dragywydd'. A phwy ohonom na ddywed 'Amen'?

Cywion Edward Lhwyd

BRYNLEY F. ROBERTS

Braint yw cael cynnig yr ymdriniaeth hon i athro ac ysgolhaig sydd wedi hyfforddi to ar ôl to o efrydwyr yn y colegau a'r tu allan gan gyflwyno iddynt gyffro a phleser astudio llên a hanes eu cenedl eu hunain a lledu eu gorwelion. Diolch, Hywel.

Yllyfr a osododd sylfeini astudiaethau Celtaidd modern yw *Glossography*, cyfrol gyntaf cyfres a gynlluniwyd yn dwyn y teitl *Archaeologia Britannica* ac a gyhoeddwyd yn Rhydychen ym 1707. Bwriad yr awdur, Edward Lhwyd, mewn cynllun uchelgeisiol y gallwn ei alw'n Brosiect Archaeologia Britannica oedd cyflwyno hanes ymsefydlwyr cyntaf ynysoedd Prydain, y gwir 'Ancient Britons', y pobloedd a oedd yma o flaen y Rhufeiniaid. Craidd y broblem a godai'r bwriad oedd mai cyn-hanes oedd hyn, heb unrhyw gofnod ysgrifenedig. Er y byddai Lhwyd yn archwilio dogfennau canoloesol o lawer math a fyddai'n gymorth i olrhain yr hanes, unig dystiolaeth y cyfnod cyn-hanesyddol hwn oedd henebion yn y maes – meini, megalithau, cromlechi – a'r dystiolaeth ieithyddol, yn eiriau, enwau personol, enwau lleoedd. Ac felly dechreuodd ef ei gyfres o gyhoeddiadau yn y prosiect gyda materion ieithyddol. Yr ieithoedd dan sylw fyddai disgynyddion cyfoes ieithoedd yr ymsefydlwyr cyntaf hynny, Cymraeg, Cernyweg, Llydaweg, Gwyddeleg, Gaeleg yr Alban, Manaweg a Galeg y cyfandir, cartref gwreiddiol y mwyafrif o'r ymsefydlwyr cynharaf, ond os oedd haneswyr am ddefnyddio tystiolaeth yr ieithoedd hyn yn effeithiol byddai angen gramadegau a geiriaduron arnynt. Cynhwyswyd y rhain yn *Glossography*, ynghyd â rhestri o ffynonellau perthnasol, ond nid digon hynny; byddai angen hefyd ddeall beth oedd cyswllt yr ieithoedd hyn â'i gilydd ac ag ieithoedd cyfagos eraill, pa eiriau oedd yn gysefin i'r teulu (a ddechreuodd Lhwyd ei alw'n ieithoedd Celtaidd) a pha rai'n fenthyciadau. Yr oedd etymoleg yn ganolog i'r astudiaeth.

Nid Lhwyd oedd y cyntaf i sylweddoli hyn ond ei athrylith ef oedd darganfod, o gymharu seiniau ieithoedd â'i gilydd, fod yna batrymau cyson y gellid adnabod trwyddynt gyswllt (neu 'affinities') ieithoedd gwahanol, cyfraniad holl bwysig i ieithyddiaeth gymharol a'r syniad o reolau cyfnewidiau seinegol.[1]

Ond rhan o'r astudiaeth oedd etymoleg resymegol a'r cwestiynau ieithyddol eraill. Yr oedd cyhoeddiadau'r prosiect i gynnwys Geiriadur Hanesyddol a Daearyddol, set casgliad wedi'i ddosrannu o enwau personol a phriod a thrafodaeth arnynt ac ar y ffynonellau, pedair rhan yr *Archaeologia* ei hun – *Glossography*, llên gwerin, henebion cyn-Rufeinig, henebion ac arysgrifau canoloesol cynnar, ac yna yn olaf gyfrol ar naturiaetheg. Prydain 'Geltaidd' fyddai'r maes – Cymru, Ucheldiroedd yr Alban, Iwerddon, Cernyw, Llydaw – a chyda'i bwyslais nodweddiadol ar waith maes a chasglu tystiolaeth drosto'i hun, o 1697 hyd 1701 bu Lhwyd yn teithio trwy'r gwledydd hyn gyda thri chynorthwyydd yn hel data ar gyfer y prosiect amlweddog, enfawr hwn.

Yn Geidwad Amgueddfa Ashmole, a agorwyd ym 1683 yn amgueddfa a chanolfan astudiaethau gwyddonol a hynafiaethol y Brifysgol yn Rhydychen, yr oedd Lhwyd yn yr union fan i sefydlu ei brosiect.[2] Yn bersonol, yr oedd ef yn ffocws amlwg, uchel ei barch, a thrwy'r sefydliad yr oedd ganddo'r strwythur i godi tîm o weithwyr i'w gynorthwyo. Er bod cyfansoddiad y tîm yn newid yn barhaus wrth i aelodau raddio ac ymadael â Rhydychen i ddilyn eu gyrfaoedd, yr oeddynt yn dîm gwirioneddol, yn deyrngar i'w gilydd ac i Lhwyd. Gwyliai yntau dros eu buddiannau gan eu cefnogi yn eu gyrfâu, a gofalai am eu hyfforddi'n drwyadl yn y gwaith y galwai arnynt i'w gyflawni. Disgwylid iddynt fod yn naturiaethwyr, hynafiaethwyr, ieithyddwyr, copïwyr, darlunwyr, a bob amser i ddilyn ei safonau llym ef yn eu cywirdeb manwl wrth gofnodi. Llwyddodd i feithrin ynddynt ryw ddawn sylwi ymchwilgar a oedd yn eu galluogi i farnu beth oedd yn berthnasol a beth oedd yn galw am ei gofnodi.

Dyn cymdeithasgar oedd Lhwyd, ac y mae'r rhwymyn cyfeillgarwch rhwng aelodau'r tîm ac yntau'n amlwg, er nad oedd amheuaeth nad eu meistr a'u cyflogydd oedd ef. Ond credai Lhwyd mewn agwedd golegaidd at brosiect, mewn cael eraill i ymwneud â'i waith, yn yr holi, y rhannu gwybodaeth, y gwrando ar farn a syniadau a'r pwys a roddai ar wybodaeth leol. O agwedd fel hon y datblygodd rhwydwaith o ohebwyr lleol, llawer ohonynt yn gydnabod iddo ers eu dyddiau yn Rhydychen, yn arbennig felly pan dderbyniodd wahoddiad ym 1693 i ddiwygio'r adrannau ar siroedd Cymru mewn argraffiad a chyfieithiad newydd o *Britannia* William Camden.[3] Cynyddodd ac ehangodd nifer ei ohebwyr a'i hysbyswyr yn ddirfawr pan ddechreuodd ef ar brosiect yr Archaeologia tua'r adeg y cyhoeddwyd y *Britannia* newydd ym 1695.[4] Ond hyd yn oed cyn geni syniad y *Britannia* newydd na'r Archaeologia, yr oedd yr ysfa rhannu ac addysgu wedi cydio ynddo. Dechreuodd hyfforddi rhai o fyfyrwyr ifainc Rhydychen yn nhechnegau botaneg y maes y cawsant hwy eu hysbrydoli ganddo i archwilio a holi trostynt eu hunain ac i ddarllen y llenyddiaeth wyddonol gyfoes, gan rannu yn ei ymroi brwd ef; rhoes iddynt arweiniad ysgolheigaidd a chyswllt cyson i'w cynnal. Ni ellir peidio ag ymwybod â'u cyffro wrth iddynt anfon at yr un a ystyrient yn athro a symbylydd, samplau ac adroddiadau am hanes eu teithiau ymchwil ac wrth iddynt ymdrechu i ddilyn y cyfarwyddiadau a roesai ef iddynt: Erasmus Lewes, Llangynllo, yn prysuro i lan y môr ym 1685 gyda'i raw a'i fasged i godi cregin a phlanhigion; a dyna'r tri chyfaill, John Lloyd, John Wynn ac William Anwyl a fentrodd i Lanberis i grwydro llethrau'r Wyddfa mewn storm fis Awst 1686. Bu'n brofiad brawychus iddynt a'u lletty yn y pentref yn anghysur diflas, ond y fath lawenydd a boddhad a gyfleir wrth iddynt ddisgrifio antur eu chwilio a chofnodi'n hirfaith y planhigion a welsant (tan eu henwau Lladin). Yr oedd Robert Humphreys, Llansadwrn, beth yn hŷn na'r rhain, ond gwyddai Lhwyd amdano yn naturiaethwr brwd, ac yr oedd yn dda ganddo yntau anfon ato adroddiadau yn sôn am ei ddarganfyddiadau hyd glannau môr ynys Môn a Llŷn ym 1687.[5]

Ond ni allai cyfeillion, a gawsai eu hysbrydoli yn Rhydychen ac a fu'n gymorth iddo adeg y gwaith ar *Britannia*, fod yn gynorthwywyr iddo yn y casglu data a'r ymchwil o ddydd i ddydd y byddai prosiect yr Archaeologia yn ei hawlio. Yr oedd ganddynt eu cyfrifoldebau eu hunain, yn athrawon ysgol, yn glerigwyr neu'n foneddigion, a llawer ohonynt yn wŷr teuluaidd.[6] Byddent yn fawr eu cefnogaeth pan ddosbarthodd Lhwyd daflenni ei *Design (Proposals)* i godi tanysgrifiadau i ariannu'r daith tua mis Tachwedd 1695, ac wedyn yn ateb y daflen o holiadau (y *Parochial Queries*) a anfonodd i bob plwyf yng Nghymru yn niwedd 1696,[7]

ond sylweddolodd Lhwyd y byddai rhaid i'w gynorthwywyr, ei
'gywion', ddod o blith cenedlaethau newydd o fyfyrwyr Cymraeg
Rhydychen.

Yr oedd Lhwyd wedi bwriadu cychwyn ar ei daith ymchwil yn
fuan ar ôl dosbarthu'r *Proposals* ond gohiriwyd y dechrau am
flwyddyn gan fyrhau cyfnod y daith o'r pum mlynedd a
arfaethwyd yn wreiddiol i bedair. Yr oedd yn fis Ebrill 1697 arno'n
cychwyn, a bu ar daith hyd fis Mawrth 1701, cyn dychwelyd i
Rydychen. Brawddeg ryfeddaf y *Proposals* yw honiad Lhwyd:

> being engag'd in no Profession, nor (by the favour of the University)
> oblig'd to Personal Attendance at my present Station, nor at all
> confin'd with the Care of any Family, I shall have little else to mind but
> to endeavour the Performance of this Task.

Tybiai rhai fod hyn yn arwydd ei fod yn bwriadu ymddiswyddo, a
lladdodd y si hwnnw'n union, ond rhaid eu bod hwy, fel ninnau, yn
rhyfeddu fod Ceidwad sefydliad cymharol ifanc a oedd yn dal i
ddatblygu, a swyddog nad oedd wedi bod yn ei swydd ond rhyw
bedair blynedd, wedi cael caniatâd i ymadael â'i ddyletswyddau
beunyddiol am gyfnod o bedair neu bump o flynyddoedd. Yr oedd
strwythur staffio'r Amgueddfa'n caniatáu penodi Ceidwad (gan y
Brifysgol), a dwy swydd gynorthwyol, sef Is-Geidwad ac Is-
Lyfrgellydd, yr oedd y Ceidwad yn gyfrifol am eu penodi. Gan mai
o incwm yr Amgueddfa – tâl mynediad a gwasanaeth, ffïoedd
llyfrgell yn bennaf – y ceid y cyllid ar gyfer cyflogau'r tri ohonynt,
y Ceidwad a reolai gydnabyddiaeth y ddau is-swyddog (er bod llun
ar fformiwla yn y Stadudau). Gan amlaf, is-raddedigion yn dilyn
eu cyrsiau gradd fyddent hwy, a phawb yn cydnabod mai modd i'w
cynorthwyo i ymgynnal fyddai'r swyddi hyn, ynghyd ag unrhyw
weithgarwch arall, megis tiwtora neu gopïo, y gallent ymgymryd
ag ef. Yn ôl y patrwm hwn y cafodd Lhwyd ei hun ei swydd gyntaf
gan yn yr Amgueddfa tua 1683, yn gatalogydd a threfnydd rhannau
o'r llyfrgell a defnyddiau eraill, a'r Ceidwad, Robert Plot,[8] yn ei
dalu yr hyn a oedd yn 'convenient'. Yr oedd yn 1687 cyn iddo gael
ei benodi'n Is-Geidwad. Dilynodd yntau'r un arfer pan ddaeth yn
Geidwad ym 1691, a gwelir enw William Jones yn ymddangos yn
y cyfrifon, yn derbyn tâl am dywys ymwelwyr yn yr Amgueddfa a
gweithio ar y catalogau. Nid yw ei deitl yn cael ei grybwyll, ond y
tebyg yw mai ef oedd yr Is-Geidwad (neu Ddirprwy, a defnyddio

term arall) o tua 1691 hyd tua1694, gan gynnwys, efallai, y misoedd hynny ym 1693 pan fu Lhwyd ar daith yn casglu data ar gyfer *Britannia*.

Ar ôl William Jones cafwyd nifer o wŷr ifainc y cyfeiria Lhwyd atynt fel Is-Geidwad neu 'fy nirprwy' ym 1695 a 1696, ond gan mai byr fu eu tymor yn y swydd, rhaid bod Lhwyd wedi profi cryn rwystredigaeth er iddo gael ei fodloni'n fawr gan eu hymroddiad a'u cynnydd. Dyna Robert Humphreys, mab teulu o fân uchelwyr Y Maerdy, Gwyddelwern, sir Feirionnydd, a ymaelododd yng Ngholeg y Drindod, Mawrth 1694 yn 16 oed. 'I hope to see [hi]m a good scholar in few years for he seems to be a very forward lad', ysgrifennodd Lhwyd at ei gyfaill John Lloyd, 31 Gorffennaf 1694, a dywedodd ei fod wedi cynnig lle 'amodol' iddo yn ddirprwy.[9] Ond druan ag ef. Fis Mai 1695 yr oedd Lhwyd yn adrodd i'w gyfaill fod Robert wedi cael mynd oherwydd ei fod 'very unfit for the post'. Tebyg mai yn llythrennnol y mae deall y geiriau hyn gan i 'poor Robin Humphreys' farw 'of a consumption' fis Mawrth 1697. Tua'r adeg yma pwysodd ewythr Lhwyd, Edward Pryse, Gogerddan, arno i gynnig lle i fab 'oure Kinsman, Evan Evans' a oedd yn ddisgybl yn ysgol Llwydlo, 'and a pretty good proficient in scholarship' a fyddai'n addas i gael mynediad i'r Brifysgol cyn hir. Beth bynnag oedd barn Lhwyd am alluoedd y bachgen, yr oedd hwn yn amlwg yn rhy ifanc a dibrofiad i fod yn ddirprwy iddo, ac ni chlywir rhagor amdano. Dilynwyd Robert Humphreys gan Hugh Jones, yntau'n cael ei alw'n ddirprwy ar gydnabyddiaeth o £10 y flwyddyn ym mis Mai 1695.[10] Tebyg mai hwn yw'r Hugh Jones o Lanenddwyn, sir Feirionnydd, a ymaelododd yn Neuadd Gloucester fis Tachwedd 1694 yn 23 oed. Yr oedd ei frawd Richard yn ficer Llanelian ar ynys Môn a brawd arall, John, yn athro yn Llandeilo Tal-y-bont, Morgannwg. Gan fod Hugh eisoes yn ymwneud â chylch Lhwyd yr oedd gan hwnnw syniad am ei bosibiliadau. Bu'n ddisgybl galluog. Fis Awst 1695 yr oedd Lhwyd â digon o ffydd ynddo i'w anfon i chwilio am enghreifftiau penodol o ffosilau yn chwareli calchfaen swydd Gaint a'r Isle of Sheppey, a rhaid ei fod wedi bodloni Lhwyd oherwydd tua'r adeg hon yr oedd yn mynegi'i farn y byddai 'like to doe very well' pe câi gymorth ei deulu i ymgynnal. Gellir gweld pam yr oedd y meistr mor obeithiol os ef yw'r 'H. Jones' a ddyluniodd y ffosil rhedyn a anfonwyd at John Ray, un o brif fotanegwyr Lloegr ar y pryd.[11] Ond er cymaint a ddisgwyliai Lhwyd ganddo, siom a gafodd eto. Go brin y gwelai Hugh Jones yrfa iddo'i hun yn yr Amgueddfa a chyn hir yr oedd yn chwilio am le sicrach. Fis Tachwedd 1695 cafodd ei benodi'n gaplan i Lywodraethwr talaith Maryland gyda chefnogaeth ymarferol Lhwyd. Er y byddai ef bob amser yn cefnogi ymdrechion ei 'gywion' i ennill swyddi a bywiolaethau, dichon nad hollol ddiduedd oedd ei gefnogaeth y tro hwn. Pan geisodd gefnogaeth Martin Lister i gais Hugh Jones nododd mai dim ond Jones o blith yr ymgeiswyr a feddai 'any notion of Natural History', a gwelai gyfle i ddysgu mwy am fyd natur gogledd America a derbyn eitemau i gasgliadau'r Amgueddfa. Yn wir, anfonodd Hugh Jones rai bocseidiau o samplau ato (lladratawyd peth o'r cynnwys cyn cyrraedd Lhwyd), a pharhaodd i ohebu â Lhwyd a'i gyfeillion. Ond bregus oedd ei iechyd a digon anhapus ydoedd yn Maryland. Dyheai am gael dychwelyd ond nid felly y bu; bu farw yn America ym 1702.

Yr oedd ymadawiad Hugh Jones am America yn digwydd ar adeg tra anghyfleus i Lhwyd. Yr oedd eisoes wedi cynllunio ei daith ymchwil a dosbarthu ei *Proposals*; yr oedd wedi cael ei siomi ddwywaith yn ei ymdrechion i benodi dirprwy iddo a fyddai'n gofalu am yr Amgueddfa o ddydd i ddydd tra byddai ef i ffwrdd o Rydychen. Ond ymroes ar unwaith i geisio llanw'r bwlch. Byddai wedi penodi 'a very ingenious naturalist' tua mis Tachwedd 1695 ond cafodd hwn swydd yn diwtor i deulu yng Nghaergrawnt. Ystyriwyd wedyn anfon am 'Ned Thomas', hwn yn hen gydnabod profedig, i warchod buddiannau'r Amgueddfa ar gyflog o £20 y flwyddyn ym mis Chwefror 1696, a dichon fod Lhwyd hefyd wedi cynnig swydd ym mis Mawrth i Humphrey Foulkes,[12] gŵr newydd raddio ond a ddangosai eisoes lawer o grebwyll ieithyddol; byddai ef yn gyd-weithiwr gwerthfawr ag ef yn nes ymlaen. Ond y diwedd fu mai William Williams a benodwyd yn Is-Geidwad a Robert Thomas yn Is-Lyfrgellydd pan gychwynnodd Lhwyd ar ei daith fis Ebrill 1697, William Williams, o Sain Niclas, Morgannwg, a ymaelododd yng Ngholeg Iesu ym 1693 yn 20 oed, a Robert Thomas o Gastell-nedd a ymaelododd yn yr un coleg ym 1695 yn 14 oed.

Yr oedd swydd Is-Geidwad yn absenoldeb estynedig y Ceidwad yn un gyfrifol a beichus. Er bod gan Lhwyd asiant profiadol, Walter Thomas o Bernards Inn, i ofalu am fuddiannau'r prosiect,

Williams, a raddiodd ym 1696, ac M.A. ym 1699, oedd y cyswllt yn Rhydychen. Ef a fyddai'n casglu (neu'n 'annog') y tanysgrifiadau a oedd wedi'u haddo, ond ef hefyd a fyddai'n cadw cyfrifon yr Amgueddfa, gan nodi'r ffïoedd a dderbyniai, yn fynych gan ymwelwyr anfoddog, a'r taliadau, gan gynnwys cydnabyddiaeth yr Is-lyfrgellydd, lai y dirwyon am adegau pan fyddai'n absennol. Yr oedd yn gorfod paratoi ar gyfer archwiliad blynyddol Ymwelwyr y Brifysgol, dilyn cyfarwyddiadau Lhwyd ynghylch gweinyddu'r Amgueddfa a'i anghenion ar y daith. At hyn, yr oedd gan yr Is-Geidwad ei briod ddyletswyddau ei hun – copïo a chynnal y catalogau a nodi eitemau newydd yn y casgliadau, goruchwylio a thywys ymwelwyr yn ogystal â chadw golwg ar ymddygiad yr Is-lyfrgellydd. Diau fod Williams wedi gwneud ei orau ond ni feddai statws Lhwyd, nac yn bersonol nac yn rhinwedd ei swydd. Fwy na hynny, fel gŵr newydd raddio, yr oedd yn ceisio gwarchod ei ddyfodol (cyhuddid ef, fel Robert Thomas, a oedd yn is-raddedig ac yn dilyn ei gyrsau gradd, o fod yn absennol ar adegau) a'i gynnal ei hun yn ariannol ac yn academaidd. Daeth yn fwyfwy anfodlon â'i lwyth gwaith, yn arbennig â'r cyfrifioldeb o wylio Robert Thomas, a dechreuodd gwyno nad oedd trefniadau ei gydnabyddiaeth fel yr oedd wedi cytuno â Lhwyd. Digon cwrtais oedd ei lythyrau ond ymatebodd Lhwyd, fel y gallai ar adegau, yn ddidostur ddiflewyn ar dafod: 'I am sorry to find you so dissatisfied at your present station and heartily wish you a better'. Cymwynas, meddai, oedd ei benodi yn y lle cyntaf, sydd braidd yn annheg o gofio am anhawster Lhwyd i gael neb i ymgymryd â'r swydd.[13]
Ymadawodd Robert Thomas ganol haf 1699, ryw flwyddyn neu lai ar ôl graddio, ond ni thorrwyd y cyswllt rhwng Williams a Lhwyd, a pharhaodd yn Is-Geidwad bron hyd nes i Lhwyd a'i gynorthwywyr ddychwelyd o'r daith ymchwil. Ond pan gyrhaeddodd dau o gyd-deithwyr Lhwyd Rydychen fis Tachwedd 1700 (yr oedd Lhwyd a'r cyd-deithiwr arall yn Llydaw) cawsant yr Amgueddfa yn anhrefn llwyr er mawr siom a gofid iddynt. Y gwir yw fod Lhwyd wedi disgwyl llawer gormod gan ei Is-Geidwad di-brofiad a di-statws ac yr oedd ar fai yn credu y gallai weinyddu'r Amgueddfa o hyd braich trwy gyfrwng llythyrau dros gyfnod o flynyddoedd. Yn ôl haneswyr Amgueddfa Ashmole, dyma ddechrau cyfnod y dirywiad yn safon guradurol yr Amgueddfa a hawdd cytuno fod sêl Lhwyd dros ei ymchwil wedi'i ddallu beth i'w gyfrifoldebau fel Ceidwad.[14]

Aelodau o staff yr Amgueddfa oedd William Williams a Robert Thomas, fel y dirprwyon eraill a benododd Lhwyd – William Jones, Robert Humphreys, Hugh Jones, is-raddedigion neu ddynion newydd raddio y byddai swydd yn yr Amgueddfa nid yn unig yn gymorth ariannol iddynt ond yn bleser ac yn addysg iddynt yn ogystal.

Ar y llaw arall, nid prosiect yr Amgueddfa oedd Archaeologia Britannica – dyna pam yr oedd angen cyllid cyson y tanysgrifiadau i gyfarfod â thraul yr ymchwil a chyflogau'r cynorthwywyr a fyddai'n cyd-deithio gydag ef ar y daith – ond yr oedd yn bendant wedi'i leoli yn yr Amgueddfa a diau i Lhwyd ystyried y byddai'n parhau'n waith i'w olynydd fel Ceidwad, pryd bynnag y deuai'r dydd hwnnw. Unwaith y dechreuodd drefnu gwaith y prosiect yn ymarferol, gorfu iddo wynebu'r posibilrwydd na fyddai byw i'w gwblhau ac felly bod rhaid iddo feddwl am rywun i'w hyfforddi fel y gallai barhau'r gwaith. Meddai wrth Richard Mostyn, Penbedw, sir y Fflint ym mis Tachwedd 1695:

> I shall endeavour to make choice of a young man, of some extraordinary parts & industry, for an amanuensis; and shall instruct him (as far as I am capable) in the studies of Natural History, and Antiquities; so that he may be qualified not onely to assist me in this undertaking, if it please God I should live to goe thorow with it; but perhaps to finish it as well or better then myself, should it happen otherwise.[15]

Yr oedd ganddo, felly, gynorthwywyr mewn swyddi yn yr Amgueddfa a hefyd gynorthwywyr personol (defnyddiai'r termau 'amanuenses', neu 'scribes' i'w disgrifio weithiau); gydag ef y byddai'r cytundeb wrth eu penodi, ac ef a fyddai'n gyfrifol am eu cynhaliaeth, eu cydnabyddiaeth, ac yn ôl yr angen, eu haddysg a'u hyfforddiant. Ni ddylid, er hynny, synied am ddau grŵp o gynorthwywyr, oherwydd yr oeddent yn un tîm gwirioneddol, llawer ohonynt yn wŷr o siroedd y gogledd – Meirionnydd, Caernarfon a Dinbych – ac yn ymwneud â'r bywyd llenyddol, fel petai'r naill yn tynnu'r llall. Yr un oedd perthynas pawb â Lhwyd, yn feistr a chyflogydd ond hefyd yn gyfaill a noddwr; yr oeddent oll yn rhannu'r un teyrngarwch iddo ef, yr un brwdfrydedd a'r un cyfeillgarwch â'i gilydd ac â Chymry eraill a oedd yng 'nghylch' Lhwyd yn Rhydychen.[16]

Yr oedd Hugh Jones yn arbennig o gyfeillgar ag un a fu am gyfnod mewn safle unigryw gyda Lhwyd. Pan ysgrifennodd

Lhwyd at Richard Mostyn ym 1695, dywedodd ei fod eisoes â'i lygad ar rywun a ystyriai'n gymwys i fod yn gynorthwyydd iddo ac a oedd yn awyddus i ymgymryd â swydd felly. Rhaid bod y bachgen hwn wedi creu argraff arbennig oherwydd wrth gyfeirio ato mewn llythyr at John Lloyd yr adeg hon honnodd y byddai gystal naturiaethwr a hynafiaethydd â Lhwyd ei hun mewn ychydig flynyddoedd. Ymhen y flwyddyn, fis Tachwedd 1696, a Lhwyd bellach yn cynllunio ei daith, dywedodd wrth Martin Lister:

> My assistant and fellow traveller is one Mr William Rowlands Bachelr of Art of Oriel College; who is an ingenious fair-condition'd youth and has tolerable skill in surveying and designing; and is also as well acquainted as my self wth the ancient and modern language of our countrey; nor doe I despair but that in a short time he'll be as well qualified as I am at present to carry on the *Dictionary* and *Archaeologia*, if it please God I should dye before I finish them.[17]

Mae yma awgrym o'r medrau a'r talentau a ddisgwyliai gan ei gydweithwyr, ond yr oedd eisoes wedi cael tystiolaeth i alluoedd William Rowlands, Hafod-y-llan, Beddgelert (cefnder Edward Samuel). Gwnaethai ef gyfraniad i ymchwiliadau Lhwyd ym 1693 pan oedd yn gweithio ar y *Britannia*, ac yr oedd wedi anfon ato (fel y dangosodd y diweddar Frank Emery) adroddiad (Lladin) ar Eryri – enwau lleoedd a chynnig ar eu hegluro, trwch a pharhad yr eira tymhorol, oedran trigolion, fflora a ffawna, meini a chofebau, chwedlau a llên gwerin saint.[18] Yn yr un llawysgrif a thua'r un cyfnod ceir casgliadau (Cymraeg) o lên gwerin dyffryn Conwy a mannau eraill.[19] Ymaelododd Rowlands yng Ngholeg Iesu fis Mawrth 1693 a daliodd ati gyda'i ymchwiliadau dros Lhwyd yn haf a hydref 1694 gan sôn mewn llythyrau Lladin am gofebau yn eglwys Beddgelert, am flodau Alpaidd a chregin y bu'n eu casglu a'u cadw ac am lawysgrif Gymraeg gan Huw Machno. Yn haf 1695 yr oedd yn dysgu mewn ysgolion yn Holt a Burford (neu, chwedl yntau, 'Rhyd-Gedowrach') ac yn anfon llythyrau Cymraeg a Saesneg at Lhwyd ac at Hugh Jones, sy'n dangos yr un diddordeb deallus ym mhopeth o'i gwmpas, boed yn hel ffosilau (a chreu ei enwau Lladin ei hun arnynt nes y câi gyfle i holi Lhwyd), yn hanes taith i Gaergrawnt a'r hynodion a welsai, yn trafod arwyddocâd y terfyniad –*wy* mewn enwau afonydd Cymraeg neu'n disgrifio adeiladau Caergrawnt a Holt. Rhydd y llythyrau hyn olwg ar yr hyn a welodd Lhwyd yn y myfyriwr ifanc hwn, un yr oedd ei feddwl cwestiyngar a sylwgar yn cydgordio mor llwyr ag eiddo Lhwyd.[20]

Yr oedd Rowlands yn gyffro i gyd fis Tachwedd 1695, yn edrych ymlaen at gael ei hyfforddi gan Lhwyd: 'I have this Opinion of my self viz. that I am as apt to learn as many others', meddai. Yr oedd yn dal yn 'assistant and fellow traveller' fis Tachwedd 1696 ond wedi graddio y flwyddyn honno y mae'n cilio o'r golwg. Nid aeth ar y daith gyda Lhwyd ac yr oedd yn fis Tachwedd 1701 cyn i'r ohebiaeth ailgydio, ac yntau erbyn hynny'n ficer Conwy. Ond nid oedd wedi colli dim o'i ddawn sylwi a disgrifio, ac anfonodd adroddiad (sydd bellach wedi'i golli) o blwyf Llangelynnin, sir Feirionnydd at Lhwyd.

Yr oedd colli William Rowlands ym 1696 wedi'r blynyddoedd o baratoi a disgwyl yn gryn ergyd ond yr oedd ochr olau hefyd. Yr oedd yr ymateb calonogol cychwynnol wedi dechrau dosbarthu'r *Design* a gohirio cychwyn ar y daith hyd fis Mai 1697, wedi galluogi Llwyd i benodi tri chynorthwyydd ymchwil yn hytrach na'r un a oedd wedi'i fwriadu'n wreiddiol.

Yr oedd eisoes wedi cael cyfle i sylwi ar ddiddordebau a safon gwaith William Jones a Robert Wynne. Yr un William Jones yw hwn â hwnnw a fu'n catalogio yn yr Amgueddfa ym 1691–93 ac efallai'n dirprwyo iddo ym 1693. Nid yw'n glir ble y bu ar ôl graddio – Robert Humphreys a Hugh Jones oedd yr Is-Geidwad yn 1695 – ond wedi 'ymddiswyddiad' William Rowlands galwyd arno ym 1696 i fod yn 'assistant and fellow traveller' gan Lhwyd a oedd, mae'n amlwg, yn parchu ei ddoniau a'i brofiad. Yr oedd Lhwyd hefyd yn gyfarwydd â Robert Wynne, Moel-y-glo, Llanfihangel-y-traethau, sir Feirionnydd (brawd gwraig gyntaf Ellis Wynne a brawd William Wynne, Maesyneuadd, Llandecwyn). Yr oedd ef wedi ysgrifennu at Lhwyd fis Awst 1694 yn rhoi adroddiad am y tanau anesboniadwy a oedd yn peri difrod a llygredd yn siroedd Caernarfon a Meirionnydd. Yn yr un llythyr rhoes ddisgrifiad gofalus o henebion ardal Harlech. Disgrifiodd Lhwyd ef, heb ei enwi, ym 1694 yn 'an intellegent sober person'.[21]

Yr oedd y trydydd cynorthwyydd yn llawer llai profiadol. Nid myfyriwr oedd David Parry ond bachgen tua 15 oed ar ddechrau'r daith ym 1697, yn ddisgybl, mae'n debyg, yn Ysgol Ramadeg Aberteifi. Ysgrifennodd John Parry, Noyadd, Aberteifi, dros ei gefnder William Parry, tad David, fis Rhagfyr 1696 i gymeradwyo'r bachgen yn gynorthwyydd i Lhwyd. Yr oedd y teulu Parry a Lhwyd yn arddel perthynas â'i gilydd trwy Brysiaid Gogerddan a Glanfrêd, cartref mam Lhwyd, ond ni fyddai hyn wedi'i ddarbwyllo i gymryd David Parry oni bai iddo weld addewid ynddo. Bwriad y teulu oedd y byddai Lhwyd yn addysgu a chymhwyso David, 'a good natured young man & teachable', i ymaelodi yn y Brifysgol; ac wedi peth oedi i drafod telerau ac oherwydd i'r bachgen gael y frech wen, ymunodd ef â Lhwyd yn Rhydychen fis Mawrth 1697 ar gytundeb 'for meat, drink, cloaths, & 5lb Salary yearly during his 4 years service'.[22]

Gan amlaf, gweithiai'r tîm yn ddeuoedd, Jones a Wynne gyda'i gilydd, a Parry, y disgybl mwy ffurfiol a oedd tipyn ifancach na'r lleill, gyda Lhwyd, ond yr un oedd eu gwaith: casglu amrywiaeth o wybodaeth ac enghreifftiau o bob math o wrthrychau, copïo llawysgrifau ac arysgrifau, disgrifio a darlunio henebion, sylwi ar y byd o'u cwmpas a chyfweld y trigolion. Disgwylid iddynt rannu yn rhychwant diddordebau Lhwyd ac i gyfrannu iddynt. Parchai ef eu sgiliau, '[they] have each of them some skill in plants, but their mean Tallent is in figured Stones [hynny yw, ffosilau] wherein they have been very conversant these two years', meddai ym 1698, ac yr oedd ganddo ddigon o hyder yn yr hyfforddiant a'r cyfarwyddyd a roddai ac yn eu hymateb hwythau fel y gadawai iddynt deithio hebddo ef gan benderfynu trostynt eu hunain beth a oedd i'w gofnodi. Felly cyn cychwyn am Iwerddon, ei gynllun oedd 'to disperse ourselvs, each emissary travelling alone and not to meet alltogether till we come upon ye Gyants Cawsey'.[23] Anfonai Jones, i raddau helaethach na Wynne, adroddiadau cyson a manwl at Lhwyd am eu teithio yn arbennig yn Iwerddon – cyfeiriodd Lhwyd at ei adroddiad am Connaught fel ei 'diary' – yn gymaint felly nes codi awydd arno i newid ei gynlluniau er mwyn cael gweld drosto'i hun yr hyn a ddisgrifiwyd gan ei gynorthwyydd.

William Jones oedd y mwyaf profiadol o'r cyd-deithwyr ac yr oedd yn naturiol mai ef i bob pwrpas oedd dirprwy Lhwyd ar y daith, yn trafod tanysgrifiadau a'r trefniadau lletya ac yn cadw cyfrif o'r bocseidiau o samplau a oedd yn cael eu hanfon yn gyson i Rydychen neu i'r safle nesaf ar y daith. Ond mae ei lythyrau'n dangos yn eglur mor drwyadl y deallai bwrpas a natur y daith ymchwil hon, ac mewn modd mor ddeallus y mynnai adrodd ei hanes. Hawdd gweld pam y cododd hanes brwd ei 'bererindod' o Sligo trwy Connaught a Mayo y fath awydd ar Lhwyd i wneud y daith drosto'i hun, gyda'r sôn am chwilio am ffosilau ar y traethau ac am blanhigion ar y mynyddoedd, am wisgoedd brodorol, arferion gwerin ac adrodd chwedlau fin nos, am chwilota am lawysgrifau, nodi enwau lleoedd a henebion ac arfer ei Wyddeleg.[24] Tebyg oedd ei brofiadau yng Nghernyw lle y bu'n anfon llythyrau at Lhwyd, yn casglu mathau o bysgod sêr môr, yn copïo geiriadur Cernyweg ac yn tynnu cynlluniau cywrain o henebion.[25] Gwyddai'n union ba fath o wybodaeth y dymunai Lhwyd ei gael, a thrwy gydol y daith y mae rhychwant ei ymholiadau a'i ddoniau'n cael eu hamlygu. Ni feddai hunanhyder, efallai hunan-dyb, William Rowlands, nac ychwaith ei ansawdd meddwl ef ond yr oedd yn yr un mowld. A rhagorai ar Rowlands mewn un cyfeiriad. Ystyriai Lhwyd allu Jones fel palaeograffydd yn uchel, a chyferiodd ato hefyd fel ei 'Designer' gorau. Wrth edrych ar ei ddarluniadau manwl, gwych o henebion a'i gynllun o feddrod Newgrange yn Iwerddon, hawdd gweld pam.[26]

Ar derfyn y daith ailgydiodd Robert Wynne yn ei efrydiau ac nid oedd iddo ran yng nghynlluniau Lhwyd wedyn. Ond megis William Rowlands, ni chollodd y brwdfrydedd yr oedd Lhwyd wedi'i feithrin ynddo, nac ychwaith ei ddiddordeb gwirioneddol mewn naturiaetheg. Ym 1703 soniodd am ymgymryd â thaith flynyddol i Eryri i chwilio am blanhigion, ac anfonodd at Lhwyd adroddiadau am blanhigion môr, cregin a physgod sêr môr a ddarganfu ar draethau Llŷn rhwng Llanengan a Phwllheli. Cofiai'n hiraethus am yr hyn a ddarganfu pan oedd yn Dingle, ac ni ellir amau na fu'r daith yn brofiad bythgofiadwy iddo. Ni phallodd ei hoffter o Lhwyd na'i edmygedd o'i waith: ym 1708 ysgrifennai o'r Rhiw ym mhen Llŷn lle roedd yn offeiriad a'i awydd i ail-fyw'r cyswllt â Lhwyd yn amlwg: 'I had almost forgot to tell you yt I have a little Robin now of abᵗ 2 months old. I wish he were of age & capacity for your service'.[27]

Dechrau gwir orchwyl Lhwyd oedd cwblhau'r daith. Rhaid fyddai yn awr ddadansoddi'r holl ddata a gasglwyd, a myfyrio ynddynt er mwyn ysgrifennu'r cyfrolau yr oedd wedi'u cynllunio a'u hysbysu wrth geisio cefnogaeth i'r prosiect. Ychydig a deithiai ragor, ar wahân i un ymweliad tra arwyddocaol â Chaergrawnt, ac yr oedd ganddo lwyth o waith yn ei ddisgwyl wrth ymroi i adfer trefn ac enw da'r Amgueddfa. Ond er hynny, dihangai o'r swyddfa i gael lloches a thawelwch yn rhai o'r pentrefi cyfagos er mwyn bwrw ymlaen â'r ysgrifennu a goruchwylio'r argraffu. Cyhoeddwyd cyfrol gyntaf yr *Archaeologia Britannica*, sef *Glossography*, y dadansoddiad ieithyddol, ym 1707. Hon fyddai'r unig gyfrol gan iddo farw yn 49 mlwydd ym 1709. Ond hyd yn oed cyn dychwelyd i Rydychen ar derfyn y daith, yr oedd eisoes wrthi'n cynllunio'r ail gyfrol, y geiriadur hanesyddol o enwau priod a phersonol. Yr oedd William Jones wedi cael ei anfon i lyfrgell Syr Robert Cotton yn Llundain ym 1700 i archwilio pa lawysgrifau Cymreig a oedd yno tra oedd Lhwyd a'r lleill yn dal yn Iwerddon, a gorfu iddo ailymuno â hwy yn ddiweddarach. Pan ddychwelodd pawb i Rydychen ym 1701, a bron cyn iddo gael ei wynt ato, anfonwyd ef eilwaith i lyfrgelloedd Llundain. Dechreuodd y llif o adroddiadau llawn a chynhwysfawr fis Mehefin 1701 a mis Medi dywedodd cyfaill arall, John Davies o Lanbadarn Fawr, amdano: 'He looks very grave and his head sounds as if it were wholly intent upon ye business he is concerned in, and as to the labour of his hand, he has an index of his assiduity att his fingers ends'.[28]

Ymhen rhyw naw mis cafodd Jones gyd-weithiwr newydd, Hugh Griffiths, y dyddir ei lythyr cyntaf at Lhwyd fis Mawrth 1702. Un o Lanbadarn Fawr, Ceredigion, oedd hwn a oedd eisoes yn un o 'gylch' Lhwyd ac yn gefnder i'r brodyr Griffith a Thomas Davies, dau labrwr yn Llundain a fu'n weision deallus a ffyddlon i Lhwyd,[29] a'u brawd John a fu'n gaplan yn y fyddin (hwnnw a welodd William Jones wrth ei waith). O hyn ymlaen gwŷr o Geredigion fyddai cynorthwywyr Lhwyd. Ymaelododd Hugh Griffiths yng Ngholeg Iesu fis Ebrill 1699 yn 19 oed a graddiodd yn B.A. ym 1703 ac M.A. ym 1709; bu'n ficer East Betchworth, Surrey, ym 1711 a bu farw ym 1735. Fel y cynorthwyydd hŷn a phrofiadol, cymerodd William Jones, Hugh Griffiths dan ei adain gan ddewis llawysgrifau haws eu darllen a'u copïo iddo ar y dechrau, 'oblegyt bod y lhaw yn o hawdh i dharlhen', meddai wrth Lhwyd, ond buan iawn y prifiodd yn ysgrifennydd medrus a deallus. Yr oedd Lhwyd wedi egluro pa gasgliadau yr oeddent i'w harchwilio ac yr oeddent hwythau'n deall pa fath o ddeunydd a oedd i'w drafod ganddynt. Parhâi Lhwyd i'w cyfarwyddo wrth ymateb i'w hadroddiadau a'u trawsysgrifau a chaent gymorth ymarferol pellach gan John Anstis a arferai ei ddylanwad i sicrhau hawl iddynt i fynychu llyfrgelloedd,[30] ond yr hyn sy'n drawiadol yw'r galw oedd ar Jones a Griffiths i arfer eu barn a'u doethineb ynghylch y defnyddiau, yn enwedig pan ddechreusant gymharu'r deunydd llawysgrifol â ffynonellau print. Ym mhrif lyfrgelloedd Llundain – Coleg Gresham, Coleg yɾ Herodron, Llyfrgell Cotton, San Steffan, y Tŵr – buont wrthi'n darllen ac yn trawsysgrifio amrywiaeth o ffynonellau, yn roliau patent, roliau trysorlys, siarteri mynachlogydd ac ati. Dilynent drywydd unrhyw awgrym am lawysgrifau, a bu Jones yng Nghaergrawnt ar un adeg. Y mae ei ddisgrifiadau cynhwysfawr ef o gynnwys llawysgrifau a'i allu i ddynwared sgriptiau yn dangos ei fod yn balaeograffydd o safon, ond er hynny, nid dogfen hanes oedd ei ddarganfyddiad mwyaf arwyddocaol eithr geirfa yn llawysgrif Cotton Vespasian A xiv a adnabu (braidd yn betrusgar) yn eirfa bwysig Hen Gernyweg yn hytrach na Chymraeg fel yr oedd pawb arall wedi tybied.[31]

Yr oedd bywyd yn anodd a'u hamgylchiadau'n annifyr. Talai Lhwyd tua 9/- yr wythnos iddynt, weithiau yn un swm i dalu am gynhaliaeth, llety, a bwyd dros gyfnod o rai wythnosau. Dibynnent arno am angenrheidiau bywyd – papur, pensilau, canhwyllau, 'magnifying glass' – ond hefyd, yn dorcalonnus braidd, am ddillad ac esgidiau. Dyma William Jones ym mis Rhagfyr 1701, flwyddyn ar ôl iddo ddychwelyd o'r daith:

> Mae talu am olchi a chanwylleu &c &c yn mynd a drylh neu dhau o arian om koden bob wythnos, ag yn dal vy mhen tan dhŵr nad alhaf gasglu keiniawg yn awr (vel yn yr haf) tu ag at brynnu dim a vo arnai eisieu. Jr wyf yn wir yn lhwm iawn am Grysieu nad oes gennyf un a dal ei wisgo, ag ni phrynnais yr vn er pan dhoethym o Gernyiw; Nid yw chwaith y sane ar Eskidieu ar Lhowdr ond diffaeth o ran tramwyo o Westminstr ir Tŵr bob dydh vn lhwyr elyn vy hosanna am hEsgidieu. Mi a ewyllyssiwn hevyd brynnu Bibl a geirLyfr Cymraeg &c od ydynt yn rhattach yma nag yn unlhe aralh yn enwedig y kryssieu wedi i gwnio yn barod, Velhy os gwelwch yn dha roi arwydhyn i Mr Thomas i dalu im bynt ne bum swllt ar hugeint mi a vydhav yn rhwymedig ich am y cymwynas yma val am bob daioni aralh a wnaethoch immi tra bo chwyth.

Cwynai am gyflwr ei draed ym 1703: 'J mae hevyd eisio hossanne ag esgidiau &c Pa rai os gwelwch yn dha roi kennad neu awdurdod i Mr Thomas ei ddodi imi gymmaint ag a wassanaethu ei brynnu'.[32]

Yr oedd yr holl gynorthwywyr yn gyfeillion â'i gilydd ac â Lhwyd; cyfarchai Jones a Griffiths y criw yn Rhydychen yn gyson.

Ond a barnu wrth oslef lawen a byrlymus ei lythyrau, yr oedd William Jones yn agos iawn at Lhwyd a dichon ei bod yn arwyddocaol mai ef, anad yr un o'r lleill, a ysgrifennai ato fynychaf yn Gymraeg. Wedi'r cyfan, âi'r cyswllt yn ôl ymhell. Gŵr ifanc egnïol, bywiog oedd William Jones, yn anesmwyth nad oedd ganddo ddim i'w wneud yn Nulyn tra disgwyliai i Lhwyd ddychwelyd ac y gallai'r daith ailgychwyn 'o ran gwell gynni fôd yn vy mrôgs yn korneitio yr kips ag yn kael ymbell hevraka o Sligo i Gilala neu'r Groes Velen na bod yn rhydu yma (heb ddim iw wneuthud)'; '. . . my broges are ready', meddai ar derfyn ei lythyr.[33] Cwbl annisgwyl felly, yw gweld perthynas y ddau hyn yn newid mor gyflym fis Mai 1702 ac iaith ei lythyrau'n troi'n Saesneg. Ymddengys i rywun yn Llundain (nid Hugh Griffiths) adrodd wrth Lhwyd i Jones fod yn absennol o'i waith. Ymatebodd yntau'n chwyrn gan fygwth ei ddiswyddo, ac er bod pethau wedi gwella dros dro, dirywiodd y berthynas eto pan ddychwelodd Jones i Gymru, heb rybudd na chaniatâd, i ymweld â'i dad claf am tua chwech wythnos. Nid yw llythyrau Lhwyd at William Jones ar gael ond gellir casglu iddo gael ei geryddu'n llym. Bu Jones yn ymhŵedd ar Lhwyd i adael iddo ddychwelyd, ac mae ei lythyrau trwy gydol mis Awst yn llawn hanesion am chwilio am blanhigion gyda chyfeillion o Rydychen a chynigion i helpu Lhwyd. Ond nid oes rhagor o lythyrau oddi wrtho ac yn drist iawn, cilia o'n golwg.

Ond aeth Hugh Griffiths o nerth i nerth. Y tebyg yw ei fod eisoes yn un o garfan Lhwyd yn Rhydychen pan anfonwyd ef i Lundain ym 1702, a pharhaodd i weithio yno ar ôl ymadawiad William Jones, er nad yw ei adroddiadau mor gynhwysfawr â rhai ei gyn-gyd-weithiwr. Dychwelodd i Rydychen tua diwedd 1702 er mwyn cwblhau ei radd, ac nid oes rhagor o ohebiaeth rhyngddo a Lhwyd hyd 1705. O Fryste, Elberton, Basingstoke a Newbury y daw'r llythyrau, yn llawn o'i helyntion a'i drafferthion personol wrth geisio cael lle mewn ysgol neu blwyf. Ond mewn gwirionedd, y blynyddoedd hyn oedd ei flynyddoedd pwysicaf fel cynorthwyydd i Lhwyd.

Tra oedd ym Mryste ac Elberton rhwng Chwefror a Thachwedd 1705, cyflogwyd ef gan Lhwyd i ddarllen y trawsysgrifau a wnaethai Jones ac ef yn Llundain ac i baratoi'r rhestri o enwau priod a phersonol ar gyfer y Geiriadur Hanesyddol. Bu wrthi'n ddyfal, a thros y misoedd anfonai at Lhwyd adroddiadau am gynnydd y gwaith, ei egwyddorion wrth ddethol beth i'w gynnwys a'i ddull o weithio. Fis Tachwedd, gallai ddweud ei fod wedi cwblhau'r gorchwyl a osodwyd arno a'i fod yn anfon y dalennau gorffenedig i'w paratoi i'r wasg.[34] Byddai Lhwyd wedi golygu'r gwaith ac ysgrifennu rhagymadrodd cyflwyniadol (neu ymddiried y tasgau hynny i un o'i gynorthwywyr newydd yn yr Amgueddfa, fel y gwnaethai yn achos y *Glossography*) ond pe bai'r *Historical and Geographical Dictionary* wedi ymddangos byddai llawer o'r clod yn ddyledus i lafur Hugh Griffiths (fel y byddai Lhwyd wedi cydnabod). Chwith yw meddwl, pe bai Lhwyd wedi cael byw ychydig yn hwy, y byddai'r Geiriadur, debyg, wedi cyrraedd y wasg.

Yr oedd Lhwyd bob amser yn chwilio am gynorthwywyr newydd cymwys ar ôl pob siom. Tua 1702–03, wedi i William Jones a Hugh Griffiths roi'r gorau iddi, bu'n gohebu â bachgen ifanc arall, sef David Lewis, Cilhernyn a Phantybenne, Llanboidy, a gyfarfu, mae'n debyg, adeg ei daith yng Nghymru ym 1698. Llanc tua 16 neu 17 oed oedd David y pryd hynny, a chadwodd ei ddiddordeb yn ymchwiliadau Lhwyd a hanes ei deithiau. Y mae ei lythyr cyntaf at Lhwyd, fis Chwefror 1702 yn agor trwy ymesgusodi am ei ddiffyg newyddion, ond yna'n parhau gyda llwyth o adroddiadau am eiriau tafodieithol nad oeddent yn y geiriaduron, dyddiadur tywydd dros 10 mis ym 1698, disgrifiadau o bedwar plwyf, gwybodaeth am lawysgrifau ac arian bath, copi o Gyfraith Hywel a pheth llên gwerin. Mae llythyr arall ym mis Hydref 1702 yn rhoi rhagor o eiriau tafodieithol ac yn sôn ei fod wedi bod yn cymharu arferion gwerin lleol â'r hyn a ddarllenasai am arferion yr Alban, awgrym fod Lhwyd wedi rhoi iddo gopi o'r casgliad o lên gwerin a gawsai yn yr Alban.[35] Parhaodd ei ohebiaeth wybodus ym 1703 pan mae'n ymddangos iddo'i gynnig ei hun, a chael ei dderbyn, yn gynorthwyydd i Lhwyd yn Rhydychen: arwydd o barch Lhwyd ato yw iddo ei holi ynghylch cyfieithu englynion Hen Gymraeg y Juvencus ym 1702 ac nad oedd ei ymdrechion fawr lai llwyddiannus na'r ysgolheigion cydnabyddedig y ceisiodd Lhwyd eu barn. Ond ofnai ei deulu a'i gymdogion effeithiau ei absenoldeb ar ei stad a mis Ionawr 1704 bu rhaid iddo wrthod y cynnig. Yr oedd yn dal i anfon adroddiadau am arysgrifau, henebion a llên gwerin ym 1708, a ryw 40 mlynedd yn ddiweddarach, ac yntau bellach yn 60 oed, nid oedd ei siom wedi pallu dim. Wrth drafod yr un math o bynciau â Lewis Morris ym 1745, a chynnig yr un math o gymorth iddo, daeth yr atgofion yn ôl: 'I was in the 20th year of my age discouraged from traveling with Mr Llwyd who was for [?] me'.[36] Byddai wedi bod yn gaffaeliad i Lhwyd yn ddiau a phwy a ŵyr beth a allasai fod wedi'i gyflawni.

Ond ni chwalodd tîm Lhwyd wedi ymadawiad William Jones, Hugh Griffiths, Robert Wynne, William Williams a Robert Thomas a siom David Lewis. Yn ei lythyrau o Lundain ym 1702 ac ar ôl hynny, trwy 1702 a 1705 mae Hugh Griffiths yn anfon ei gyfarchion cynnes at 'Gilli'. Gilia cholum Mac Mulen oedd hwn, llanc, siaradwr Gaeleg, o North Knapdale, Argyll, a gyfarfu Lhwyd ar ei daith yn yr Alban ym 1700.[37] Daeth i Rydychen ar derfyn y daith i'w hyfforddi'n 'amanuensis', ond hefyd yn was personol i weini yn yr Amgueddfa. Digon di-ddal oedd ei wasanaeth, ond mae'r rhestr o ddirwyon a godai Lhwyd arno am ei ddiffygion rhwng Hydref 1703 a Rhagfyr 1705, ac ym mis Ionawr 1707, yn dangos natur ei ddyletswyddau yn ogystal â'i ffaeleddau: meddwi, aros allan yn hwyr, mynych absenoldeb anghyfrifol a gadael ymwelwyr heb eu goruchwylio, peidio â chynnau'r canhwyllau a gwneud y gwelyau, anghofio trosglwyddo negeseuon, ond at hynny, 'failing to write one page in the space of five weeks', 'For entire neglect of business for the space of four months as appears by his half years work in writing the Lat.-Eng. Vocabulary, viz from the beginning to this mark [‡] in the margin of the Great Book'. Gwelir ei lofnod mewn un llawysgrif, 'Giliecholum Mc Mulen his Book Ogust 1702'.[38] Mae'n amlwg i Lhwyd, nad oedd yn enwog am ei amynedd, fethu hyfforddi Gilia yn gopïydd Gaeleg a Gwyddeleg fel yr oedd wedi gobeithio, mae'n debyg, ond mae'n ddirgelwch pam yn y byd y parhaodd i'w gyflogi cyhyd, o gofio mor ddisymwyth y cafodd William Jones druan fynd.

Ac felly down at y trydydd cyd-deithiwr ar y daith. Dechreuodd gyrfa golegol David Parry pan ddychwelodd i Rydychen o Gernyw a Llydaw. Ymaelododd yng Ngholeg Iesu ym 1701 a graddio'n B.A. ym 1705, ac M.A. ym 1708. Bu yn Llundain ym 1703–04 yn copïo llawysgrifau ac yn cael ei hyfforddi mewn ysgrifennu a rhifyddeg gyda golwg ar gael swydd yn glerc, ac yn y blynyddoedd hyn hefyd ymdrechodd ei deulu, gyda chefnogaeth Lhwyd, i ennill Ysgoloriaeth Sir Aberteifi iddo ar sail ei gyraeddiadau academaidd, a'i fod yn gallu olrhain ei dras o roddwr yr ysgoloriaeth, Dr Griffith Lloyd, Prifathro'r coleg ar un adeg. Ni lwyddodd y cais, yn rhannol oherwydd gwrthwynebiad un o hen gyfeillion Lhwyd, John Wynne. Er bod Lhwyd yn honni na wyddai pam yr oedd Wynne mor wrthwynebus, efallai fod peth gwirionedd yn ei gŵyn ef fod ymwneud Parry â'r Amgueddfa yn rhwystr iddo gwblhau ei waith colegol. Tebyg mai dyma'r adeg y ffurfiolwyd ei gyswllt â'r Amgueddfa trwy ei benodi'n Is-Geidwad. Rhaid ei fod wedi aeddfedu tros y blynyddoedd y treuliodd yng nghwmni Lhwyd, a mesur o olwg Lhwyd arno yw iddo ymddiried ddigon yndddo pan oedd tuag 20 oed, i'w gael i lunio un adran ganolog yn y *Glossography*, sef y *British Etymologicon*. Faint bynnag oedd cyfraniad Lhwyd ei hun i'r adran, nid oedd yn gwarafun i Parry gael y clod amdani, fel y dengys ei eiriau yn y Rhagymadrodd lle y cyfeiria ato fel un 'having every where travell'd with me, had acquire'd a more than Ordinary Knowledge in the dialects of his Native Language; and seem'd otherwise well qualified for such an Undertaking'. Tyfodd Parry yn balaeograffydd a chopïydd da gyda diddordeb byw mewn iaith, gwyddai rywbeth am arian bath a hanes naturiol, a chanmolwyd ef am siarad Lladin gydag ymwelwyr tramor i'r Amgueddfa. Pan fu farw Lhwyd yn annisgwyl 29/30 Mehefin 1709 tybiai pawb yn gyffredinol mai Parry fyddai fwyaf cymwys i barhau'r gwaith ac i'w olynu yn Geidwad (efallai fod Lhwyd ei hun wedi rhoi awgrym i'r cyfeiriad). Yr oedd gan ambell un, megis Thomas Hearne, amheuon, ond wedi ychydig iawn o oedi penodwyd ef i'r swydd 19 Gorffennaf 1709.

Buasai David Parry wrth ochr Lhwyd fwy neu lai yn ddi-fwlch am 12 mlynedd er 1697. Iddo ef yr oedd yn ddyledus am ei addysg, ei feithrin a'i yrfa, fel yr oedd yn naturiol y byddai'n teimlo colli ei gyfaill a'i fentor yn ddwysach na neb o'r lleill. Efallai yn wir fod y cyswllt yn rhy agos, y ddibyniaeth yn rhy drwm, ac mai hyn sy'n esbonio'r llithro buan i ddihidrwydd ac alcoholiaeth. Ychydig o ymdrech a wnaeth i barhau gwaith Lhwyd nac ychwaith i weinyddu'r Amgueddfa. Daeth arwyddion y dirywiad i'r golwg yn gynnar. Ysgrifennodd yr achyddwr a'r herodr Hugh Thomas at gyfaill iddo:

> He [Lhwyd] is succeeded in his office by one Mr David Parry, whom he brought up to his business and who is certainly capable of publishing his labours, if he could spare time from his pots and companions; but out of the tipling house he cannot spare one minute even to common civility, or to any learned man, or friend of Mr Lhuyd's, so that one paper of his cannot be seen.

Tebyg oedd sylwadau ymwelydd â'r Amgueddfa, Conrad von Uffenbach, ym 1710:

> the *Custos* himself, Mr Parry, cannot show strangers over the museum for guzzling and toping . . . But the present *Proto-Custos*, as he is called, Master Parry is too idle to continue [the catalogue of stones], although he is little inferior to his predecessor Lloyd in natural history or in the knowledge of Cambrian, Anglo-Saxon and other languages. But he is always lounging about in the inns, so that one scarcely ever meets him in the museum, as I have already said; if it were not for this he could yet do well as he is still a young man a little over thirty.

A chrynhowyd y sefyllfa gan Thomas Hearne pan fu farw Parry 10 Rhagfyr 1714:

> Yesterday died Mr David Parry, A.M. & Keeper of the Ashmolean Museum. He was a man of good Natural Parts & of a strong Constitution & having travelled with Mr Llhwyd & being well versed in the Welsh & Irish Language he was able to have carried on Mr Llhwyd's great Designs; but being a perfect Sot he shortened his Days, being just turned of thirty.[39]

Nid oedd yn anorfod y byddai marw annhymig Lhwyd yn dod â phrosiect yr Archaeologia Britannica i ben. Mae'n drawiadol ei fod wedi llwyddo i gadw gydag ef yn wastadol o 1695 hyd ei farw ym 1709, garfan o ddisgyblion a chynorthwywyr galluog ac ymrwymedig i barhau'r gwaith. Yr oedd holl bapurau Lhwyd, ei lyfrau nodiadau a'i ohebiaeth yn nwylo Parry yn yr Amgueddfa, ac fel ei gyd-deithiwr cyson a'r un agosaf ato ar ôl hynny, ef a wyddai orau am eu cynnwys. Deallai ddibenion y prosiect, gwyddai am waith diweddar Hugh Griffiths ar y geiriadur hanesyddol, ac yr oedd ef ei hun yn ieithydd a hynafiaethydd medrus. Adwaenai cyfeillion a chyd-ysgolheigion Lhwyd ef a gellid disgwyl y byddent yn ei gynorthwyo. Nid oedd ychwaith heb gwmni yn yr Amgueddfa. Yr oedd dau o gyfeillion Parry wedi ymuno â'r tîm ym mlynyddoedd olaf Lhwyd, dau â'u cefndir yn wahanol i lawer o'r cynorthwywyr eraill a fu. Magesid Moses Williams (1685–1742) mewn awyrgylch llenyddol ac ysgolheigaidd. Yr oedd ei dad, Samuel Williams, rheithor Llandyfrïog, yn gopïydd a pherchennog llawysgrifau, yn gyfieithydd ac yn amlwg yn yr adfywiad llenyddol ysgolheigaidd yn nyffryn Teifi yn niwedd yr 17fed ganrif a dechrau'r 18fed.[40] Ymaelododd Moses Williams yng

Ngholeg y Brifysgol Rhydychen ym 1705 yn 20 oed. Yn ôl
patrwm cyfarwydd Lhwyd, cafodd ei benodi'n Is-Lyfrgellydd yr
Amgueddfa bron ar unwaith, a rhoddwyd iddo'r dasg gyfrifol a
phwysig o drosi gramadeg Llydaweg Julian Maunoir ar gyfer y
Glossography. Ceir syniad o farn Lhwyd am ei alluoedd ieithyddol
mewn llythyrau cefnogaeth a ysgrifennodd pan geisiai Moses
Williams am swyddi. Mewn un, disgrifia ef yn meddu ar 'the
character of a very Industrious man and of one who seems likely to
make Good use of the encouragement he recievs'; a phan obeithiai
Dr George Hickes[41] y gellid denu rhyw fyfyrwyr ifainc i astudio
'the Antiquated European Languages', dywedodd Lhwyd, 'The
Bearer seems not to want Capacity or Inclination for such a Study;
& promises, how unprofitable soe ever it may prove, to attempt the
acquiring one or other of them, in case he shall be enabld to
continue in the University'. Graddiodd ym 1708 ac wedi cyfnod yn
gweithio ar gatalogau newydd Llyfrgell Bodley, urddwyd ef yn
ddiacon ym mis Mawrth 1709, ac aeth yn gurad i Chiddingstone.[42]

Yr oedd Alban Thomas, Blaen-porth (1686–1771), yn gyfaill
agos i'r ddau, yn gâr i David Parry ac yn gymwynaswr i Moses
Williams. Mab oedd ef i'r Parchg Alban Thomas, curad Blaen-
porth a Thre-main, bardd lleol adnabyddus a chyfieithydd a oedd
yntau'n amlwg ym mywyd llenyddol dyffryn Teifi. Bu Alban, y
mab, yn flaenllaw yn yr ymgyrch i geisio cael ysgoloriaeth Sir
Aberteifi i Parry yn 1703–04 trwy sicrhau copi awdurdodedig o'i
ach i ddangos ei berthynas â Dr Griffith Lloyd ac yr oedd hefyd yn
un o gynorthwywyr Lhwyd yn Llundain ym 1703 yn dosbarthu
ffurflenni tanysgrifio i ariannu cyhoeddi'r *Archaeologia*, ac yn
copïo llawysgrifau ar ôl ymadawiad Hugh Griffiths. Yr oedd yn
Llundain eto ym 1707 ac yn dal i gopïo llawysgrifau llenyddol
Cymraeg (gwaith y Gogynfeirdd yn arbennig) yno ym 1709.
Llofnododd bapur yn y *Philosophical Transactions* ym 1708 yn
'Librarian Ashmolean Museum' sy'n awgrymu ei fod yntau'n dilyn
yr un patrwm o gyflogaeth â'i ragflaenwyr fel cynorthwyydd.
Graddiodd yn Rhydychen a phan benodwyd ef yn ysgrifennydd
cynorthwyol y Gymdeithas Frenhinol ym 1713, swydd a ofynnai
am feistrolaeth ar Saesneg, Ffrangeg a Lladin a chymhwyster llwyr
mewn mathemateg ac 'experimental philosophy' [sef gwyddoniaeth],
disgrifiwyd ef gan Syr Hans Sloane yn 'man of knowledge, wit and
piety'.[43]

Mae'n glod i Moses Williams ei fod, gyda chymorth ymarferol gwerthfawr Alban Thomas a John Morgan, Matchin, wedi ceisio gwireddu un rhan o fwriadau Lhwyd wrth fynd ati i restru ffynonellau llenyddol a cheisio cyhoeddi llawysgrifau; ond er bod rhai o gyfeillion Lhwyd wedi'i gefnogi, nid oedd ganddo noddwr dylanwadol na'r statws cymdeithasol nac academaidd a fyddai wedi denu cynhorthwy i ganiatáu parhau'r gwaith. Gwir achos y methiant i barhau llafur Lhwyd oedd diffygion yr un a oedd wedi treulio mwy o amser yn ei gwmni na neb arall, a hynny pan oedd yr ymchwil yn dechrau dwyn ffrwyth. Ef yn unig a allasai gadw'r ffocws yn Rhydychen a fu mor ganolog i rwydweithio effeithiol Lhwyd. Buasai Lhwyd yn afrealistig o wylaidd pan ddywedodd fwy nag unwaith fod ambell gynorthwyydd neilltuol yn abl i ddwyn y gwaith yn ei flaen gystal ag yntau – yr oedd ansawdd ei feddwl a rhychwant ei brofiad yn anghymarol – ond a chaniatáu fod corff o ohebwyr a chefnogwyr lleol gwybodus ar gael, a oedd wedi'u hysbrydoli gan Lhwyd yn ei frwdfrydedd, ei ddulliau a'i safonau, a bod yr holl ddefnyddiau a sgiliau ar gael gan David Parry, yr oedd cwblhau'r prosiect yn bosibilrwydd dichonadwy, er na ellid ail-greu athrylith flaengar Lhwyd. Yr hyn oedd ar goll oedd ei ddeinamig ef. Ond mewn gwirionedd, yr oedd hynny wedi diflannu cyn marw'r Ceidwad newydd gan ei fod ef eisoes wedi afradloni unrhyw ewyllys da a oedd ar ôl; yn waeth byth, collwyd am genedlaethau y wir ddeelltwriaeth o'r hyn a gyflawnwyd gan Lhwyd, yn arbennig ym maes ieithyddiaeth. Gwelir ei ddelfrydau ym mhenawdau prif bynciau trafod Cymdeithas y Cymmrodorion ym 1755[44] ond ni feddent hwy ddisgyblaeth ysgolheigaidd Lhwyd na'i ymrwymiad. Byddai rhai o gyfeillion a chydnabod Lhwyd yn cyflawni gwaith ymchwil pwysig a gwerthfawr ar eu liwt eu hunain yn sgil eu cyswllt â Lhwyd, gwŷr megis Henry Rowlands, Humphrey Foulkes, William Gambold, Erasmus Saunders ac Erasmus Lewes, ond unigolion fyddent heb ganolbwynt na llinyn cyswllt rhyngddynt. Ychydig oedd yr aelodau o dimoedd ymchwil Lhwyd a oedd yn byw yng Nghymru adeg ei farw, er iddynt yn fynych, gadw eu cysylltiadau Cymreig gartref ac yn Llundain. Er hynny, yr oedd dawn Lhwyd i adnabod gallu ac i hyfforddi ac addysgu'r dynion ifainc hyn wedi cyfoethogi eu bywydau, a thrwy hynny wedi sicrhau fod yng Nghymru gynulleidfa i gymdeithasau llenyddol a hynafiaethol y ddeunawfed ganrif. Ni fuasai'r cyfan yn ofer.

NODIADAU

[1] Ar Edward Lhwyd gw. Frank Emery, *Edward Lhuyd, F.R.S., 1660–1709* (Caerdydd, 1971); Richard Ellis, 'Some Incidents in the Life of Edward Lhuyd', *Transactions of the Honourable Society of Cymmrodorion, 1906–07* (1908), 1–51. Ar ei waith ieithyddol, gw. Dewi W. Evans a Brynley F. Roberts, *Edward Lhwyd, Archaeologia Britannica, Texts and Translations* (Aberystwyth, 2008); Caryl Davies, *Adfeilion Babel: Agweddau ar Syniadaeth Ieithyddol y Ddeunawfed Ganrif* (Caerdydd, 2000,) tt. 69–90; David Cram, 'On Wild Etymology and Descriptive Profligacy: A Contrastive Case Study', yn Bernadette Smith ac eraill, goln., *A Companion in Linguistics* (Nijmegen, 2004), tt. 219–30.

[2] Ar hanes yr Amgueddfa gw. R. F. Ovenell, *The Ashmolean Museum, 1683–1894* (Oxford, 1986); Arthur MacGregor, *Tradescant's Rarities* (Oxford, 1983); Arthur MacGregor ac eraill, *Manuscript Catalogues of the Early Museum Collection 1683–1886 (Part I)* (Oxford, 2000).

[3] Un o sylfeini hynafiaetheg Lloegr oedd *Britannia* William Camden (1551–1623); cyhoeddwyd y llyfr gyntaf ym 1586, yna gyda diwygiadau ym 1587, 1594, 1600, 1607, 1610 (yn Saesneg).

[4] Casglwyd a golygwyd y rhan fwyaf o'r llythyrau a ysgrifennodd Lhwyd gan R. T. Gunther, *Life and Letters of Edward Lhwyd* (Early Science in Oxford, Vol. XIV) (Oxford, 1945) (=Gunther). Erys y rhan fwyaf o'r llythyrau a dderbyniodd heb eu cyhoeddi, er bod ambell gasgliad wedi ymddangos.

[5] Gw. Rhydychen, Llyfrgell Bodley, Llsgr. Ashmole (=Ash.), 1816, f.41, llythyr Lewes; Ash. 1814, f. 80, llythyr Anwyl; Ash. 1817b, f. 378, llythyr Wynne, argraffwyd yn *Flintshire Historical Society Transactions*, XXXII (1989), 19–20, ond bod dyddiad y llythyr yn anghywir yno; *Cylchgrawn Llyfrgell Genedlaethol Cymru*, XVII (1971), 96–98, llythyr Lloyd. Ymaelododd William Anwyl, Dolfrïog, Beddgelert, yng Ngholeg Iesu ym 1684 pan oedd yn 16 oed. Bu John Wynn, a ddeuai maes o law yn Brifathro Coleg Iesu, yn Athro Diwinyddiaeth Lady Margaret ac Esgob Llanelwy, yn gyfaill agos i Lhwyd nes i ryw ddieithrwch dyfu rhyngddynt a pheri i Lhwyd ei lysenwi y 'frigid friend'. Un o'r ffyddlonaf o gyfeillion Lhwyd oedd John Lloyd, 'veteran' chwedl yntau, mab Blaen-y-ddôl, Corwen, ac athro yn Rhuthun. Mae llythyrau Humphreys yn Ash. 1815, ff. 221-225.

[6] Ar gysylltiadau Cymreig Lhwyd gw. Brynley F. Roberts, 'Edward Lhwyd y Cymro', *Cylchgrawn Llyfrgell Genedlaethol Cymru*, XIV (1985), 42–56, ac 'Edward Lhuyd a'r Bywyd Diwylliannol Cymreig', yn Geraint H. Jenkins, gol., *Cof Cenedl: Ysgrifau ar Hanes Cymru* XVIII (Landysul, 2003), tt. 37–69.

[7] Ceir copïau o'r *Design* ac o'r *Queries* yn Evans a Roberts, op. cit.

[8] Robert Plot oedd Ceidwad cyntaf Amgueddfa Ashmole, Athro Cemeg y Brifysgol a sylfaenydd cymdeithas wyddonol yr Oxford Philosophical Society. Bu'n fentor gofalus a chefnogydd cyson i Lhwyd a ddaeth i'r amlwg gyntaf yn y Gymdeithas a'r Amgueddfa tan nawdd Plot.

[9] Gunther, tt. 242, 271.

[10] Gunther, t. 271.

[11] Llyfrgell Houghton, Prifysgol Havard, Autograph File R.

[12] Gw. Gunther, t. 301; Ash. 1815 f. 50 am y cyfeiriadau hyn.

¹³ Y mae llythyrau William Williams yn Ash. 1817b, f. 314–42.

¹⁴ Gw. Ovenell, op. cit., t. 107; MacGregor, *Manuscript Catalogues*, t. 23.

¹⁵ Gunther, t. 293.

¹⁶ Yn ogystal â'r cynorthwywyr hyn cyflogai Lhwyd gopïwyr achlysurol a fyddai'n ymgymryd â gwaith penodol, yn eu plith William Williams, Brynllefrith, Trawsfynydd, a Gilbert Jones o'r Trallwng. Ar ôl gorffen ei dymor gyda Lhwyd, parhaodd Hugh Griffiths i drawsysgrifio dogfennau dros Lhwyd, gw. uchod t. 25. Tybed faint o rai eraill a syrthiai i gategori Edward Samuel? Meddai Lhwyd wrth John Lloyd, 23 Tachwedd 1707 (Gunther t. 537), wrth sôn am gopïo rhai hen ddogfennau, 'I would gladly have them transcribed by Mr Samuel, since I am like to have nothing else for thirty shillings I layd out for a gown for him about three years since'.

¹⁷ Gunther, t. 314.

¹⁸ 'A New Account of Snowdonia, 1693, written for Edward Lhuyd', *Cylchgrawn Llyfrgell Genedlaethol Cymru*, XVIII (1974), 405–17.

¹⁹ Y mae'r gwreiddiol yn LlGC Cwrtmawr 376D, f 1–4. Argraffwyd y rhain yn *The Cambrian Journal* (1859), 142–50, 208–16; *Cymru Fu*, (Wrexham, 1862), 465–74; *Y Brython*, III (23, recte 24), (Hydref 1860), 385–6, (Tachwedd 1860), 430–32.

²⁰ Mae llythyrau William Rowlands yn Ash. 1817a, f. 404–19.

²¹ Mae llythyr Robert Wynne yn Ash. 1817b, f.381, a'r llythyr at Lister yn Gunther, t. 242.

²² Ash. 1829, f. 126

²³ Llsgr. Caerdydd 4.120, t. 5.

²⁴ Ash. 1815, f.296.

²⁵ Ash. 1815, f. 344.

²⁶ Yn llawysgrfau, Llundain, BL Stowe 1023, 1024, a gw. Frank Emery, *Edward Lhuyd*, tt. 64–69.

²⁷ Ash. 1817b, f.389.

²⁸ Ash. 1814, f. 389.

²⁹ Disgrifiodd Lhwyd Thomas David, y 'day labourer', yn un 'who (like myself) has the misfortune to be troubled with the itch of curiosity, tho' he never was att School so much as to learn Welsh or English', ac yr oedd yn dda ganddo drafod llawysgrifau a llyfrau Cymraeg gydag ef, maes lle'r oedd Thomas yn fwy hyddysg na Lhwyd. Gw. ei lythyrau yn Richard Ellis, 'Llythyrau Llafurwr', *Cymru*, XXV (1903),189–93.

³⁰ Yr oedd John Anstis (1669–1744) yn herodr a hynafiaethydd a gyflawnodd sawl swydd mewn perthynas â'r cofnodion cyhoeddus. Yr oedd yn dra chyfarwydd â llyfrgelloedd Llundain, yn arbennig lyfrgell Syr Robert Cotton, ac ef a gyfarwyddai Lhwyd a'r cynorthwywyr ynglŷn â pha ddefnyddiau perthnasol oedd yn y llyfrgelloedd hyn. Gŵr o St Neots, Cernyw, ydoedd, a bu o gryn gymorth i Lhwyd tra oedd yng Nghernyw ac ar ôl hynny wrth olrhain y llawysgrifau Cernyweg.

³¹ Ash. 1815, f, 303, 3 Gorffennaf 1701: 'nis gwnn nad eilh lhawer or geirieu yma tuedhu at y Kernŵag o rann bôd llawer o honynt yn ddieithr imi'. Mewn llythyr 20 Gorffennaf 1701, Gunther 461, ysgrifenna Lhwyd, 'Will Jones is now

at London a transcribing some things for me out of the *Cotton Library* and the *Tower*: in the former he has met with *Vocabularium Latino-Wallicum* written on parchment about 200 years since wch yet is not Welsh but Cornish and so much a greater rarity but 'tis but brief'. Ar y *Vocabularium Cornicum*, y crynhoad mwyaf o Hen Gernyweg, a luniwyd tua 1100, gw. Kenneth Jackson, *Language and History in Early Britain* (Edinburgh, 1953), tt. 6, 60–61; Eugene Van Tassel Graves, 'The Old Cornish Vocabulary', traethawd Ph.D. Prifysgol Columbia, 1962 (University Microfilms, Ann Arbor, 1965). Gwnaed copi i Lhwyd gan Moses Williams, LlGC Llanstephan 85. Cyferiodd Lhwyd at yr eirfa droeon yn y *Glossography*, tt. 4, 34, 229.

³² Ash. 1815, f. 318, 335.

³³ Ash. 1815, f. 295. 'Gwell gennyf fod yn fy mrôgs [esgidiau] yn carlamu dros y rhostir garw ac yn cael ambell olwg [yn gweld ambell beth] o Sligo i Grois Mhaoilíona (Crossmolina) na bod yn rhydu yma heb ddim i'w wneuthur'. Diolchaf i Dr William Mahon am ei eglurhad ar y geiriau Gwyddeleg.

³⁴ Ash. 1815, f.142.

³⁵ Gw. J. L. Campbell, gol., *A Collection of Highlands Rites and Customs* (Cambridge, 1975).

³⁶ Frank Emery, 'A New Reply to Lhuyd's Queries (1696): Llanboidy, Carmarthenshire', *Archaeologia Cambrensis* CXXIV (1975), 102–10; Hugh Owen, gol., *Additional Letters of the Morrises of Anglesey* (1735–1789) (London, 1947–1949), llythyrau 74 (4 Gorffennaf 1745), tt. 160–3; 84 (25 Mawrth 1746), tt. 180–2; 85 (13 Ebrill 1746), tt. 183–5.

³⁷ Gw. Ovenell, op. cit., tt. 102–3; J. L. Campbell and Derick Thomson, *Edward Lhuyd in the Scottish Highlands* (Oxford, 1963), t. xviii.

³⁸ Llundain, BL Add. 15072.

³⁹ *Cambro-Briton*, II (1821), 369; W. H. Quarrell a W. J. C. Quarrell, *Oxford in 1710 from the Travels of Zacharias Conrad von Uffenbach* (Oxford, 1928), t. 31; C. E. Doble ac eraill, goln., *Remarks and Collections of Thomas Hearne*, 11 cyfrol, 1885–1921, V, tt. 4–5

⁴⁰ Gw. 'Bywiogrwydd Crefyddol a Llenyddol Dyffryn Teifi, 1689–1740', yn Geraint H. Jenkins, gol., *Cadw Tŷ Mewn Cwmwl Tystion* (Llandysul, 1990), tt. 103–52.

⁴¹ George Hickes oedd awdur *Linguarum Veterum Septentrionalium Thesaurus* (Oxford, 1705).

⁴² Ar Moses Williams, gw. John Davies, *Bywyd a Gwaith Moses Williams, 1685-1742* (Caerdydd, 1937).

⁴³ Gw. Alban Evans, 'Dr Alban Thomas', Francis Green, gol., *West Wales Historical Records*, VII, 1917–18 (1918), tt. 215–20. Y mae llythyrau Alban Thomas yn Ash. 1817b, f. 19–28. Trafodir gwaith rhai o gyd-weithwyr Lhwyd gan Caryl Davies, op. cit., pennod 4.

⁴⁴ Gw. 'General Heads of Subjects to be Occasionally Considered and treated of . . . ', yng Nghyfansoddiad (*Gosodedigaethau*) y Gymdeithas, R. T. Jenkins a Helen M. Ramage, *A History of the Honourable Society of Cymmrodorion* (London, 1951), tt. 141–44.

Siôn Rhydderch a'r Eisteddfod

A. CYNFAEL LAKE

Dyma'r rhybudd a welodd darllenwyr yr almanac a gyhoeddodd Thomas Jones ar gyfer y flwyddyn 1701:

> Amryw o Brydyddion Sir Drefaldwyn, Sir Aberteifi a Sir Feirionedd a ymgyttnaŷsant i ymgyfarfod ar y 24 dydd o Fis Fehefin 1701 yn Nhref Machynlleth yn Sir Drefaldwyn i ddechrau adnewŷddu a gwastadu Eisteddfod Prydyddion (fel ag yr oeddynt yn yr hên amser) i geryddu camgynghanedd, i egluro y pethau towŷll a dyrus, ac i wirio yr hyn sydd gywir mewn celfyddŷd Prydyddiaeth yn yr Iaith Gymraeg.[1]

Nid cyfarfod byrfyfyr oedd hwn. Byddai Thomas Jones yn paratoi ei almanac i'w argraffu yn ystod yr Hydref blaenorol ac nid oes amheuaeth na fu cryn drafod ar y syniad cyn cyhoeddi'r rhybudd yn y lle cyntaf ac yn ystod y misoedd a arweiniodd at y digwyddiad.[2] Anodd osgoi'r apêl at hanes wrth ddarllen y rhybudd ac nid oes amheuaeth nad oedd y sawl a'i lluniodd yn ymwybodol fod y beirdd gynt yn urdd ddethol a ymgynullai ar achlysuron penodol i drafod materion a oedd a wnelo â'u celfyddyd ac â'u galwedigaeth fel dosbarth o grefftwyr. Braf fyddai tybio hefyd eu bod yn dwyn i gof yr achlysur arall hwnnw o bwys bron i dair canrif union ynghynt pan ddaeth Owain Glyndŵr a'i ddilynwyr i Fachynlleth i geisio gosod sylfeini gwladwriaeth annibynnol.[3] Bid a fo am hynny, dymunent hwythau yn awr, ar doriad gwawr y ddeunawfed ganrif, wysio beirdd yr oes i eisteddfod, neu i senedd farddol, os mynnir, lle y caent hwythau osod eu celfyddyd ar dir cadarn. Awgryma'r modd y geiriwyd y gweithgarwch arfaethedig eu bod hefyd yn ymateb i argyfwng am fod cynifer o faterion technegol a oedd yn gysylltiedig â cherdd dafod, ffrwyth dirywiad graddol ers dyddiau Wiliam Llŷn a Simwnt Fychan a Wiliam Cynwal, y to olaf o benceirddiaid, tua throad yr ail ganrif ar bymtheg, bellach yn ddieithr iddynt. Trwy gynnal gweithdy barddol, fel y gwnâi eu rhagflaenwyr, câi'r naill fardd gynorthwyo a goleuo'r llall trwy 'egluro y pethau towŷll a dyrus', a chaent sicrhau bod iawn arferion y beirdd gynt yn cael eu cynnal a'u parchu.[4] Tybed, hefyd, a yw'r rhybudd yn tystio i'r awydd i adfer y frawdoliaeth farddol ac i ddyrchafu statws y bardd yn dilyn canrif a welodd ddibrisio'i gyfraniad wrth i'r boneddigion ymseisnigo a chefnu ar eu dyletswyddau traddodiadol fel noddwyr?

Nid oes amheuaeth nad oedd yr achlysur yn un buddiol yng ngolwg y beirdd oblegid trefnwyd lliaws o'r cyfryw gyfarfodydd yn ystod y pedwar ugain mlynedd dilynol a'u galw gan sylwebwyr diweddarach yn 'Eisteddfodau'r Almanaciau' er na ffafriai Bob Owen, Croesor, yr enw:

Nid teg, ychwaith, eu galw yn EISTEDDFOD YR ALMANACIAU, gan nad oedd yr Almanac ond cyfrwng hysbysu poblogaidd yn union fel yr hysbysir Eisteddfodau heddiw mewn Newyddiaduron Cymreig mwyaf poblogaidd; ond pwy glywodd neb yn eu galw heddiw yn 'Eisteddfodau y Newyddiaduron'.[5]

Nid oes amheuaeth ychwaith nad oedd a wnelo Siôn Rhyddech â llwyddiant y cyfarfodydd a gynhaliwyd yn negawdau cyntaf y ganrif. Yn ôl Gwyn Thomas, 'Prif symbylydd eisteddfodau o'r fath oedd gŵr o'r enw Siôn Rhydderch (neu John Roderick, 1673–1735), bardd ac argraffydd',[6] tra barnai Hywel Teifi Edwards, 'Y Siôn Rhydderch hwn (John Roderick, 1673–1735), a adenillodd i'r Eisteddfod ei lle ym mywyd llenyddol Cymru. Tramwyodd y wlad gan arwain ac annog yn daer, a phan gyhoeddodd ei *Rammadeg* ym 1728 rhoes i'r beirdd lawlyfr a gynhwysai'i syniadau am yr Eisteddfod a'r math o ganu a oedd i'w gymeradwyo ynddi'.[7] Ond ai ffrwyth ysgogiad Siôn Rhydderch ei hun oedd y cyfarfyddiad cyntaf ym Machynlleth ddydd Gŵyl Ifan, 1701? Felly y tybiai Prys Morgan,[8] a gellid ategu ei safbwynt trwy alw sylw at yr ystyriaethau a ganlyn. Yn gyntaf, yn almanac Thomas Jones yr ymddangosodd y rhybudd ac yr oedd cyswllt rhyngddo a Siôn Rhydderch; cynhwyswyd pedair cerdd o waith Siôn yn y flodeugerdd a lywiodd Thomas Jones trwy'r wasg ym 1696, sef *Carolau a Dyrïau Duwiol*. Yn ail, er bod Machynlleth yn ganolfan hwylus yn ddaearyddol ar gyfer beirdd y tair sir, tâl cofio mai gŵr o Gemais gerllaw oedd Siôn Rhydderch. Yn drydydd, gwyddys iddo ddod i'r eisteddfod, a naturiol fuasai i brif hyrwyddwr yr achlysur ymbresenoli. Yn anffodus y mae bywyd

Siôn Rhydderch hyd at y flwyddym 1701 yn destun dirgelwch. Prin yw ein gwybodaeth am ei flynyddoedd cynnar a rhaid bod yn dra gwyliadwrus o'r herwydd wrth sôn am ei gyswllt â'r eisteddfod gyntaf. Ond yr oedd yno, yn nhafarn y Blue Bell yn ôl traddodiad lleol,[9] ynghyd â phedwar bardd arall, sef Hwmffre Owen, Dafydd Manuel, Siôn Prisiart Prys a Dafydd Siancyn. Yn almanac 1702 gwelwyd pum englyn a luniwyd ar y testun 'Gofyn cyweirgorn i gyweirio telyn gan Siôn ap Huw dros Wiliam Dafydd'. Copïwyd yr englynion ar fwy nag un achlysur ac awgryma hynny fod beirdd a llengarwyr eraill wedi clywed am y digwyddiad a'u bod yn ymddiddori ynddo.[10] Diogelwyd englynion ar yr un testun gan dri bardd arall, sef Huw Morys o Lansilin yn sir Ddinbych, Cadwaladr Roberts o Gwm-llech Uchaf, Pennant Melangell, sir Drefaldwyn ac Elis Cadwaladr o Landderfel yn sir Feirionydd.[11] Os oeddent yn bresennol y mae'n rhyfedd na chyfeiriwyd atynt yn y cofnod yn almanac 1702. Dyma sut yr ymatebodd Siôn Rhydderch i'r gorchwyl.

> Egoriad, troiad pob trad, – hyfforddwr
> Hoff eirddewr i fagad;
> Tri ewingorn, tro iawngad,
> Tyn yn glir bob tiwniau gwlad.

Yr oedd tri o'r beirdd a ddaeth i Fachynlleth yn ffigurau digon adnabyddus yn eu dydd – prin, ysywaeth, yw'r wybodaeth am Ddafydd Siancyn,[12] – a bu Siôn Rhydderch yn ymwneud â'r tri yn eu tro er mai i'r blynyddoedd yn dilyn yr eisteddfod y perthyn y dystiolaeth.

Bu farw Hwmffre Owen o Garregystumllaeth ar 14 Ebrill 1735 yn drigain ac un oed a dewisodd Siôn ei goffáu trwy ganu cyfres o chwe englyn unodl union ac un englyn proest a gyhoeddwyd wedyn yn almanac 1736. Fe'i gelwir yn 'astudiwr celfyddyd' ac yn 'Posfardd minion Dyfi', atgof o bosibl am ei ran yn eisteddfod 1701, a mynnir y bydd y bwlch ar ei ôl yn fawr:

> O! 'Y mrawd, eurwawd araith – wiw ethol,
> A aethost ti ymaith
> A gado Siôn, gwayw dwys iaith,
> I wylo yma eilwaith?

Dywed Siôn i'w ganu peraidd swyno pobl Gwynedd a Phowys:

> Ym mharth Deheubarth dihybu, – credir,
> Câi'r awdwr ei faethu,
> Ac wrth Bowys, wiwlwys lu,
> Ym min Gwynedd mwyn ganu.

Cyhoeddwyd peth o'i waith yn *Carolau a Dyrïau Duwiol* a nodir yno mai o blwyf Llanfihangel Genau'r Glyn yr hanai. Cyhoeddwyd un o'i gerddi rhyddion mewn baled a ddaeth o wasg Siôn Rhydderch.[13]

Yr oedd Dafydd Manuel (?1624–1726) o blwyf Trefeglwys yn sir Drefaldwyn yn fardd llawer mwy cynhyrchiol. Cyhoeddwyd peth o'i waith yn *Carolau a Dyrïau Duwiol* (1696) ac yn *Blodeugerdd Cymry* (1759) ond ei gerdd fwyaf adnabyddus oedd ei gywydd i'r Iâr a'r Mynawyd. Copïwyd hwn ar sawl achlysur ac fe'i hargraffwyd mewn baled a ddaeth o wasg Siôn Rhydderch.[14] Cywydd i ddychanu'r Cymry hynny sy'n chwannog i fynd i gyfraith yw hwn. Clywn fod Siôn yn hawlio iawndal gan Einion am i'w iâr ddifetha cnydau'r blaenaf a bod Einion yn ei dro yn hawlio iawndal am yr afiechydon a ddaethai i'w ran wedi iddo wlychu ei draed; yr oedd ei esgidiau yn dyllog ond gallai fod wedi eu trwsio ac osgoi'r afiechydon pe dychwelasai Siôn y mynawyd a fenthyciasai Einion iddo:

> Gwirionedd, fo fu giâr Einion,
> Amhur siad, ym mhorfa Siôn
> O un ar y gloch, diolch da,
> 'R hyd wyth yr ha' diwetha . . .
> Y colics dubas a'r peswch
> Y fagodd fo drwy'r tro trwch;
> Y cryd antwn cynhwynol,
> Gŵyn fawr, a gwayw yn ei fol.

Y mae'r cywydd ar yr un pryd yn dychanu gwŷr y gyfraith, sef y Saeson, sy'n manteisio ar anwybodaeth y Cymry o ddull y gyfraith ac o'r iaith fain ac yn eu blingo wrth iddynt gynhenna ymysg ei gilydd, thema boblogaidd, wrth gwrs, yn anterliwtiau ail hanner y ddeunawfed ganrif:

> Now ar fyrder no verdid.
> Down with the court dinner come . . .

> Drink about, shout and sing,
> This liquor is my likeing.

Gwneir cryn ddefnydd o'r Saesneg yn y gerdd a chynganeddir geiriau cyfreithwyr y llys yn ddeheuig ddigon.[15] Yn Saesneg hefyd y gohebai Dafydd Manuel ag Edward Lhuyd a barnu wrth yr un llythyr a ddiogelwyd.[16] Amlygodd Dafydd Manuel ei feistrolaeth ar y Saesneg ar achlysur arall. Canodd gywydd 'Galarnad yr Iwerddon' ac ynddo awgryma'r bardd mai cefnu ar Dduw a gollwng dros gof ei orchmynion a arweiniodd at gyflwr truenus yr ynys a'i thrigolion. Yr un yw'r thema mewn cyfres o bum englyn a luniodd ond dilynir y pum englyn Cymraeg pur annelwig eu cenadwri gan bum englyn Saesneg sy'n gosod pryder y bardd mewn cyd-destun cwbl benodol fel y tystia'r olaf yn y gyfres:

> Disarm the Popish army, – beasts savage
> Besieging us daily;
> Come up then and keep, Thee,
> The door of Londonderry.[17]

Y gwarchae ar Londonderry ym 1689 oedd cefndir y cerddi hyn ac afraid dweud mai cefnogi'r Protestaniaid a ddewisodd wrthwynebu lluoedd y brenin Iago II a wnaeth y bardd. Pan fu farw Dafydd Manuel ym 1726 talodd Siôn Rhydderch deyrnged i'w awen mewn cerdd rydd a argraffwyd mewn llyfryn baledol:

> Breichiau odlau ei gywyddau a'i englynion,
> Angel enau, aelodau ceinciau coeth;
> Ei ganiadau o bob graddau,
> Gywira' eiliad, a'i garolau,
> Rhinweddau doniau doeth;
> Ni ddaeth o'i fynwes, loches lân,
> Mae'n gwirio, un gân agored
> Na rheffyn rhydd,
> Digelfydd go', pen yno er pan aned;
> Cynghanedd rywiogedd felfededd ei fawl fwyn,
> Ardderchog odidog lwyr enwog feichiog fwyn.[18]

Cafodd Siôn Rhydderch achlysur i gynnwys cerdd a luniodd 'Yn erbyn Cybydd-dod' yn un o'r baledi a ddaeth o'i wasg.[19]

Er na chrybwyllwyd beirdd Môn ac Arfon yn y rhybudd swyddogol, daeth un o'u plith i Fachynlleth, ac ef a gafodd y siwrnai feithaf o bell ffordd. Os cywir honiad Dafydd Wyn Wiliam mai ef a enillodd y gadair ar yr achlysur hwnnw, ni fu'r daith yn un ofer. Gŵr o blwyf Penrhosllugwy ym Môn oedd Siôn Prisiart Prys yn wreiddiol ac yr oedd yn gâr i Forrisiaid Môn.[20] Teiliwr ydoedd wrth ei alwedigaeth ond ni rwystrodd ei ddyletswyddau beunyddiol ef rhag prydyddu. Canodd y prydydd diwyd hwn gywyddau mawl a marwnad i deuluoedd bonheddig ei sir enedigol ac ef, yn ôl Dafydd Wyn Wiliam, oedd 'clerwr olaf Môn'. At hyn, lluniodd nifer o ganiadau duwiol a diolch yn rhannol i'w fenter a'i frwdfrydedd, ac yn rhannol i gefnogaeth nifer o offeiriaid Môn, cynullwyd y rhain a'u cyhoeddi yn gyfrol ym 1721 o dan y teitl *Difyrrwch Crefyddol*.[21] Ei gyd-eisteddfodwr, Siôn Rhydderch, a argraffodd y gwaith a diau mai yn ystod ymweliad Siôn Prisiart Prys â'r Amwythig wrth i'r gwaith paratoi fynd rhagddo y rhoes i Siôn Rhydderch y garol blygain o'i waith a ymddangosodd yn almanac 1722. Ar yr un achlysur yn ddiau y lluniodd Siôn Prisiart Prys y gyfres o chwe englyn unodl union ac un englyn proest sy'n canu clodydd yr almanaciwr ac yn mawrygu ei lafur dyfal; da fu gan Siôn Rhydderch gynnwys yr englynion hyn drachefn yn almanac 1722. Anogir y Cymry oll i brynu'r almanac ac i hyrwyddo gyrfa'r sywedydd:

> Gwêl serch Siôn Rhydderch yn rhwydd – er golau
> Drwy gyflawn ddiwydrwydd
> Mewn eurwaith yma'n arwydd,
> Grymuster y sêr a'u swydd . . .
>
> Dod arian o'th ran, iaith rwydd, – amdano
> Er dawnus gar'digrwydd,
> Gyfan wiwgred gefnogrwydd,
> Bur wych sail, i'w barchus swydd.

Fel Hwmffre Owen a Dafydd Manuel, gwelir un o faledi Siôn Prisiart Prys mewn baled a ddaeth o wasg Siôn Rhydderch.[22] Llofruddiwyd y bardd o Fôn yn Aberystwyth ym 1724 ac fe'i claddwyd ym mynwent Llanbadarn Fawr.[23] Canodd Siôn Rhydderch gyfres o naw englyn 'Galarnad ar ol y Prifardd, Arwydd-fardd, ar digyfryw ffraeth Rammadegydd John Prichard Prys' sy'n diweddu fel hyn:

> Yn Llanbadarn Fawr, sawr wayw saeth, – y priddwyd
> Pôr addysg penceirddiaeth;
> Siôn o'i rym a'i synnwyr aeth
> Dan dyfod, dyn da afiaeth.[24]

Dygir i gof ei ymwneud â'r eisteddfod yn un o'r englynion:

> Os daw addfwyn eisteddfod – i chwalu
> A chwilio cerdd dafod,
> Dwys yma, nid oes amod,
> Un o'i fath ni wn ei fod.

Yr oedd un cynrychiolydd o Geredigion yn bresennol ym 1701. Ond y mae lle i gredu i'r beirdd a ddaeth ynghyd y flwyddyn honno benderfynu cwrdd drachefn ymhen y flwyddyn,[25] a'r tro hwn ymunodd bardd arall o Geredigion â hwy, sef Ifan Gruffudd o'r Tŵr Gwyn. Bu'r achlysur hwnnw yn llai tangnefeddus. Ymddengys i'r bardd o'r Tŵr Gwyn gael amser caled gan feirdd y gogledd. Fe'i tramgwyddwyd a thalodd y pwyth yn ôl, wedi iddo ddychwelyd i ddiogelwch ei sir enedigol, trwy lunio cyfres o englynion llidus 'Atteb i ogan-gerdd yr enw o brydyddion ar yr esgus o Eisteddfod ym Machynlleth wyl Ieuan 1702' sy'n dechrau fel hyn:

> Syndod afryndod o fri, – gôr amlwyth
> Gar ymyl glan Dyfi;
> Clêr y dom wedi Siomi,
> Yn glos iawn a glywais i.

Gwelodd y rhain olau dydd yn almanac 1704.[26] Ysywaeth nid yw Ifan yn enwi'r beirdd a'i tramgwyddodd er bod Iaco ab Dewi yn nodi bod a wnelo tri bardd â'r helynt. Cymhellwyd Iaco i lunio cyfres o englynion i achub cam y bardd o Geredigion. Canmolir Ifan yn gyntaf peth:

> Am gân mawl Ifan mal Ofydd – Gruffudd,
> Gorhoffaidd a chelfydd,
> Sôn o'm pen am ei 'wenydd
> O Fynyw fawr i Fôn fydd.[27]

cyn troi'r tu min at Siôn Rhydderch a elwir yn 'pathew'r gerdd' ac yn 'gwenhidw'r dysg':

> Brwynen er d'awen, rhaid dysg – barodol,
> Nid prydydd yw'r diddysg;
> Diau gweddai deg addysg
> Gyda'r dawn, gwenhidw'r dysg.

Awgryma Iaco ymhellach ei fod ef ac Ifan Gruffudd ac Alban Thomas wedi anfon englynion i'w cynnwys yn almanac 1703 ond i

Thomas Jones wrthod eu cyhoeddi am iddynt gyrraedd yn rhy hwyr, 'yr hyn nid oedd wir'. Bid a fo am hynny, cynhwyswyd englynion Ifan Gruffudd, fel y gwelwyd, yn almanac 1704 er nad argraffwyd gwaith Iaco ac Alban Thomas.[28] Collwyd cyfraniad Alban Thomas ond dygodd yr helynt i gof yn y farwnad a ganodd i Ifan Gruffudd ym 1735:

> Evan oedd, ni ofnai un
> Er anghlod i'w gywir englyn.[29]

Collwyd y penillion a luniodd y beirdd a oedd yn bresennol ym Machynlleth ym 1702 i ddychanu Ifan Gruffudd ond diogelwyd yr ymateb i'r englynion a ymddangosodd yn almanac 1704. Y mae'n bosibl mai Siôn Rhydderch a ganodd y gyfres o dri phennill caeth ar ddeg a ddiogelwyd yn llaw Margaret Davies yn ei 'Llyfr Ofergerddi'. Barnai'r bardd dienw a luniodd y gyfres mai Siôn Prisiart Prys oedd cocyn hitio Ifan Gruffudd a gall hynny awgrymu mai ef a arweiniodd yr ymosodiad arno yn y lle cyntaf er mai Siôn Rhydderch, fel y gwelwyd, a enynnodd lid Iaco ab Dewi. Cystwyir Ifan Gruffudd yn hallt a'i ddisgrifio mewn cyfres o ymadroddion lliwgar yn 'cigfran o ŵr', 'gwylan soeg', 'tin y glêr', 'bardd y blawd', a 'clerwr y dom'.[30] Ymunodd Siôn Prisiart Prys â'r frwydr a lluniodd ef gyfres o ddeuddeg englyn enllibus i gyfarch Ifan Gruffudd, a hwn yn un ohonynt:

> Pob rheol fuddiol a fawdd, – coeg ebwch,
>   Cyn gwybod ei hansawdd;
> Gwell y cân, ac nid anawdd,
> Mul cloff o ymyl y clawdd.[31]

Daliodd ar y cyfle hefyd i geryddu Thomas Jones am iddo gynnwys englynion Ifan Gruffudd yn ei almanac. Barnai fod pall ar synnwyr yr almanaciwr – 'methodd ei dyb' – ac aeth cyn belled ag awgrymu iddo gynnwys englynion Ifan Gruffudd yn ei almanac am i hwnnw ei lwgrwobrwyo: 'rhoes gyflog ymlaenllaw'.

Anodd crybwyll yr eisteddfodau cynnar hyn, felly, heb grybwyll enw Siôn Rhydderch. Fel yr awgrymwyd, rhaid bod yn wyliadwrus wrth drafod yr eisteddfod gyntaf a gynhaliwyd ym 1701. Er nad oes modd gwybod bellach pwy yn union a fu'n procio ac yn ysgogi, y mae lle i gredu bod cyfran o'r clod fan lleiaf yn ddyledus i Siôn Rhydderch. Y mae'n ffigwr pwysig hefyd am iddo ennill rhyw gymaint o fri ar gyfrif ei ddoniau barddol. Cyfeiriodd dau o'i farwnadwyr at ei gamp yn ennill y gadair. Yn ôl Dafydd Jones o Drefriw:

> Siôn aur enau, wawr henardd,
> Cu awdwr, fu cadair-fardd . . .[32]

ac yr oedd ei lwyddiant, yng ngolwg Richard Morris, yn arwydd arall o ragoriaeth beirdd y gogledd ar eu cymheiriaid yn y de:

> 'Nillodd glod eisteddfodau.
> E fu o'r rhain i'w fawrhau.
> Trechodd a gwyrodd mewn gwarth
> Heboir holl feirdd Deheubarth.[33]

Meddai Gruffudd Edward amdano:

> Beunydd ef yn ben a ddaeth,
> Bryd addas, i brydyddiaeth.[34]

Wrth i'r darllenydd cyfoes ddarllen y dyfyniadau hyn bydd delweddau o seremoni'r Cadeirio a'r Coroni yn yr Eisteddfod Genedlaethol yn gwibio i'r meddwl. Achlysuron pur wahanol oedd eisteddfodau'r almanaciau fel y prawf y cyfarwyddiadau hyn a baratoes Siôn Rhydderch a'u cynnwys yn *Grammadeg Cymraeg* (1728):

Pan Ymgydgyfarfyddo'r gynnulleidfa ynghyd, yn ol Rhybudd neu Wysiad Rhagflaenol i ryw Drêf Arbennig neu Bentref, y mae'nt hwy'n gyntaf i ddewis Deuddeg o Wyr deallus yn yr Jaith Gymraeg, ac nid yn hynny yn Unig, eithr hefyd mewn Prydyddiaeth, a Barddoniaeth, ac Arwydd farddoniaeth, os bydd y cyfryw iw cael yn Farnwyr, y rhai hynny sy i roddi Testun i'r Beirdd i Ganu arno, naill ai mewn Englynion Unodl union, Cywydd, neu ryw un o'r pedwar Mesur ar hugain, ac nid mewn Dyri, Carol, neu ryw wael Gerddi, y rhai na fu wiw gan y Prif Feirdd gynt gymmaint a'i crybwyll, o herwydd nad oes Rheolau perthynasol iddynt. Ar Barnwyr sydd i Orchymmyn iddynt na Chanont Dduchan na Gogangerdd y naill i'r llall; a rhoddi iddynt amser Cymmhesur i wneuthur bob un o honynt ei Englyn neu Gywydd, neu'r peth a welont hwy yn gymmwys. Y Cwest hyn sydd i dderbyn Henwau Cynnifer ac a fyddo yn bresennol, o'r Beirdd ar feder Canu, fel y gallont eu galw bob un wrth ei Enw mewn Trefn i'r Gadair, i ddatcan eu Cerdd; a Chynnifer o'r Beirdd a gollo'r Gadair, sydd i addef hynny, mewn Papur, ai Ddraddodi i'r Prifardd, neu'r hwn a Ynnillo'r

Gadair, ar Beirdd hynny a gollo, sydd i Yfed Iechyd y Prifardd; ac i roddi bob un o honynt Chwecheiniog yn yr Odart i'r Prif Fardd.

A hwnnw y fydd Pennadur arnynt, oni bydd iddynt hwythau ynnill mewn Eisteddfodau eraill.[35]

Ni chyhoeddid enw'r prifardd gerbron tyrfa luosog mewn defod rwysgfawr o dan arweiniad archdderwydd syberw a gwelir nad oedd yr eisteddfodau gynt yn annhebyg i'r digwyddiadau a elwir y dyddiau hyn yn stompiau. Serch hynny, ymddengys fod ennill cadair yn un o eisteddfodau'r almanaciau yn beth i'w drysori fel heddiw. Perthyn y cyfeiriad cynharaf at lwyddiant eisteddfodol Siôn Rhydderch i'r flwyddyn 1714. Ar ddiwedd y gerdd 'Drych Angau' o waith Rhisiart Parry a gyhoeddwyd y flwyddyn honno ceir cyfres o englynion 'i Annerch y Parchedig Gadair-Fardd, ar doeth Olygwr a diwygiwr yr Argraph-wasc John Rhydderch; Ar cywir Brif Argraphydd Tho. Durston yn y Mwythig'.[36] Nid anghofiwyd am ei orchest gyda threigl y blynyddoedd. Rhyw ugain mlynedd yn ddiweddarach, yn yr almanac olaf a lywiodd Siôn Rhydderch trwy'r wasg, cyhoeddwyd cyfres o englynion o waith Siôn Bradford, 'Annerch i'r Prifardd ar Celfyddgar Sywedydd, J. R. . .'[37]

Anodd gwybod sawl eisteddfod a gynhaliwyd rhwng 1701 a 1735, blwyddyn marw Siôn Rhydderch. Bu'n cyhoeddi almanaciau yn ddi-fwlch, bron, rhwng 1715 a 1736. Ysywaeth, collwyd y rhan fwyaf ohonynt a chollwyd hefyd y prif gyfrwng a ddefnyddid i hysbysebu'r cyfarfodydd barddol. Ymddangosodd y rhybudd hwn yn almanac 1719:

> Gwybydded holl Feirdd a Dysgedigion ac eraill o afieithus Drigolion Cymru y cynhelir Eisteddfod rhwng Prydyddion Cymru yn Nhafarn y Gath yn Llandegla yn Iâl.[38]

Cyhoeddwyd rhybudd cyffelyb yn almanac 1734. Awgryma'r modd y geiriwyd y rhybudd nad oedd y digwyddiad y bwriedid ei gynnal yn Nolgellau'r flwyddyn honno yn un rheolaidd a chyffredin. Erbyn hyn aethai deng mlynedd ar hugain a rhagor heibio er pan gynhaliwyd y cyfarfod cyntaf ym Machynlleth ac aethai pymtheng mlynedd heibio er y digwyddiad yn Nhafarn y Gath:

> Ym gymmaint a bod amryw o'r Cymru yn Ewyllysio cael Eisteddfod yn yr Oes hon, i edrych a ellir ail edfryd yr hên Gelfyddyd honno tuagat ei Phrif Ardderchowgrwydd gynt; Gan hynny fe a gyttunwyd ac

a welwyd yn ddâ imi Gyhoeddi yn yr Almanac hwn, fôd ûn iw chadw'n Nolgellau yn Sir Feirionydd, ar ddŷdd Llun y 24 o Fehefin nesaf, Gan obeithio y bydd i'r rhai Celfydd, yn gystal Farnwyr a Phrydyddion ddyfod yno, er mwyn cymmeradwyo y Gorchwyl i ben.[39]

Rhagflaenir y rhybudd gan gyfres o englynion o waith Rhys Morgan, Pencraig-nedd. Dygir i gof eisteddfodau'r beirdd gynt ac anogir beirdd Cymru i efelychu eu rhagflaenwyr:

Hwynt gynt yr oeddynt o raddau – 'n codi
  Gan gadw 'steddfodau,
  Wŷr glewion, da doethion dau,
  Eiliai at w*ai*th rheolau . . .

Gwnewch chwithau, wŷr dau, er dwyn – yn hygar,
  Blant hygar y forwyn,
  Eisteddfod neu gwest addfwyn,
  Maith eu rhodd, er maethu'r ŵyn.[40]

Y mae'r defnydd o'r cymal amod wrth gyfeirio at yr eisteddfod yn y garol farwnad a ganodd Siôn Rhydderch i Huw Morys yn awgrymu unwaith eto mai cyfarfodydd achlysurol oedd y rhain:

Os daw eisteddfod yn y byd,
Boen astud am ben ustus,
I farnu cerdd fwyngu fo ddarfu am hynny o hawl,
Am briddo'r glân Gymro yn iach mwy eilio mawl.[41]

Siom a dadrithiad a oedd yn disgwyl Siôn Rhydderch wedi iddo deithio yn unswydd yr holl ffordd o sir Gaerfyrddin i Ddolgellau:

mi a ymdeithiais dros bedair ugain Milltir o eitha Deheubarth, mewn llwyr Obaith gael Cyfarfod y rhan fwyaf o Feirdd Cymru ag oedd yn gyfrannol o Ddawn Prydyddiaeth; Ond ni ddaeth yno mo'r hanner Dwsing i gyd, neu or fan lleiaf ni ymddanghosodd amgenach; Pa fodd bynnag, ni welais i yno ond Arwyddion o ddifraw-wch a gwangalondid a llyfrdra; Ac er Ammorth ac Anair i'r Gelfyddyd, rwy'n ofni fod rhyw balliant, neu'n debyccach, megys ei dirywio oddiwrth Jaith a Chelfyddyd eu Hên Deidiau. Pendefigion pa rai gynt oedd dra Chynnorthwyol i'r peth, fel yr ymddengys yn eglur wrth y Nifer a fu o honynt yn yr Eisteddfod fawr Ynghaerwys, ac amryw eraill or cyfryw Eisteddfodau. Bellach o'm rhan i, ni bydd i mi mwyach boeni mo'm Mhen ynghylch y fath beth, oddigerth i ryw rai eraill weled yn dda ail gynnhyrfu a gosod i fynu'r peth; Ac os felly y fydd, o byddai byw ac jach, ni rusa i ddyfod i'r cyfryw.[42]

Disgrifiodd ei ddiflastod a'i ddadrithiad yn yr adroddiad hwn a gynhwyswyd yn almanac 1735 a gwnaeth yn siŵr fod ei gyd-Gymry yn ymwybodol o'i siom am iddo daro'r un tant mewn pedwar englyn a gyhoeddwyd flwyddyn yn ddiweddarach yn almanac 1736 – a Siôn Rhydderch erbyn hynny yn ei fedd.

Ni ddaeth, gelyniaeth gwael enwi – gwallus,
I Ddolg*ell*au 'leni
Neb i un faint braint na bri
Neu farnwyr ni fu arni.[43]

Erys dirgelwch ynghylch blynyddoedd cynnar Siôn Rhydderch ond y mae'n haws olrhain hanes ei fywyd yn ystod ugain mlynedd olaf ei oes. Bu'n argraffu llyfrau a deunyddiau eraill yn Amwythig rhwng 1715 a 1728 ac yn rhinwedd ei waith daeth i gyswllt ag awduron a chyfieithwyr o bob rhan o Gymru. O'i wasg ef yr ymddangosodd *Drych y Prif Oesoedd* Theophilus Evans ym 1716 ac iddo ef yr ymddiriedwyd y gwaith o argraffu tri o gyfieithiadau Edward Samuel, Llangar, sef *Holl Ddyletswydd Dyn, Gwirionedd y Grefydd Grist'nogol a Prif Ddletswyddau Christion.* Bu Iaco ab Dewi yn bur llawdrwm ar Siôn yn dilyn helyntion eisteddfod 1702 fel y gwelwyd ond ni rwystrodd hynny ef rhag deisyf ei wasanaeth fel argraffwr. Yn ystod yr un cyfnod daeth nifer o faledi o'r wasg yn yr Amwythig. Sylweddolodd Siôn Rhydderch y byddai meithrin cyswllt â'r beirdd yn talu ar ei ganfed yn enwedig gan ei fod hefyd yn ysgrifennu ac yn cyhoeddi almanac blynyddol *Newyddion Oddiwrth y Sêr.* Anogai'r beirdd i gyflwyno deunydd y gallai ei gynnwys yn ei almanac a diau iddo bwyso arnynt i brynu cynnyrch y wasg ac i hyrwyddo'r cyfryw. Cyhoeddwyd cerddi beirdd o bob cwr o Gymru yn yr almanaciau a welodd olau dydd rhwng 1715 a 1736. Nid oes amheuaeth na fu i Siôn Rhydderch, yr argraffwr a'r almanaciwr, elwa yn sgil y rhwydwaith hwn a oedd yn cynnwys cynifer â phedwar ugain o feirdd ac awduron o bob cwr o Gymru. Ar yr un pryd anodd credu na fu iddo geisio cael gan ei gydnabod llenyddol gefnogi'r eisteddfodau a gynhaliwyd yn ystod ei oes. Bu'n swcro'i gyd-feirdd yn y gogledd ond dylanwadodd ar feirdd y de yn ogystal. Barnai G. J. Williams mai ymweliadau Siôn Rhydderch â Morgannwg a ysgogodd feirdd neu ramadegyddion y sir i gynnal eu cyfarfodydd cystadleuol hwythau megis yr un yn y Cymer yn y flwyddym 1735 pan fu Evan Evans, Lewis Hopcyn a

Dafydd Nicolas yn llunio englynion i'r Angau.[44] Arweiniodd y cyfarfodydd hyn at 'gyfnod newydd yn hanes bywyd llenyddol y dalaith'.[45]

Tameidiog, ysywaeth, yw'r dystiolaeth am ymweliadau Siôn Rhydderch â Morgannwg ond nid aethant yn anghof a cheir Iolo Morganwg yn ail hanner y ganrif yn cyfeirio at eisteddfodau a gynhaliwyd yn y sir ac at y rhan a gymerth Siôn Rhydderch ynddynt. Diau fod llawer o'r cofnodion hyn yn seiliedig ar yr hanesion a glywodd Iolo gan ei athrawon a'i gydnabod llenyddol, ond y mae lle i gredu fod ôl ei ddychymyg arnynt yn ogystal, a rhaid eu trin yn ochelgar o'r herwydd. Ceir cyfeiriadau ymhlith papurau Iolo at dri o'r ymweliadau hyn. Enwir Siôn Rhydderch yn gyntaf ymhlith y beirdd a oedd yn bresennol mewn eisteddfod a gynhaliwyd yn y Pîl adeg y Sulgwyn 'Yr haf wedi'r Rhew Mawr 1715'.[46] 'Ag yn yr Eisteddfod honno y dangosws Rys Morgan. awdl y Gymraeg ar Bedwar Mesur ar hugain Dosparth Caerfyrddin. ag y rhoddwyd y gadair iddo. Sion Bradford oedd y Cadeirfardd sef y Barnwr, a phan ddoeth Sion Rhydderch i mewn fe roddwyd y gadair iddo fel i Fardd Gorwlad. yn ol yr hen ddefod, ag efe a roddws y Gadair i Rys Morgan am ei awdl i'r iaith Gymraeg'. Dilynir yr adroddiad gan englynion a ganodd rhai o feirdd y sir i Siôn. Dyma englyn Siôn Bradford:

> Awdwr dysgawdwr 'd oes gwell,
> Awdwr a rhoddwr tra rhull,
> Awdwr da ganwr di-goll,
> Awdwr cu a da ŵr call.[47]

Ymatebodd Siôn trwy ddiolch i'r beirdd am eu croeso a thrwy ganmol eu rhinweddau a rhinweddau eu cynefin:

> Mawr fwynder syber y sydd, – mawr y gwn,
> Ym Morgannwg gelfydd,
> A'i hen glod yn y gwledydd,
> Duw'n rhoi hyn heb derfyn dydd . . .
> Prydyddion gwychion a'u gwaith – yn ddisglair,
> Yn ddwysglod eu talaith,
> Yn gwbl tu hwnt i'm gobaith,
> Yn fawr eu dawn mewn iawn iaith.

Dywed Iolo ar fwy nag un achlysur mai gŵr o Fôn oedd Siôn Rhydderch a 'prydydd o Fon' ydyw yn ôl un o'r beirdd a'i cyfarchodd yn yr eisteddfod. Gellid disgwyl i un a fyddai wedi cwrdd â Siôn Rhydderch wybod am ei gefndir ac am ei gynefin, ac awgryma'r disgrifiad yn englyn proest cyfnewidiog Dafydd Tomas mai Iolo ei hun a ddychmygodd yr hanes a diau mai ef a luniodd y caniadau a gofnodwyd yn ei law. Mewn cofnod arall sydd unwaith eto yn llaw Iolo, nodir mai yn y flwyddym 1740 y cynhaliwyd yr eisteddfod ond byddai Siôn erbyn hynny yn ei fedd.[48] Yn yr ail gofnod hwn ychwanegir hanesyn am ymweliad Siancyn Tomas o Geredigion ag eisteddfod y Pîl. Siôn Rhydderch yn unig a'i hadwaenai a chanodd englyn i'w gyfarch.[49] Gwyddys fod yr englyn hwn yn ddilys oblegid fe'i cyhoeddwyd yn almanac 1734 ynghyd ag un englyn arall. Os datganwyd hwn yn wreiddiol yn eisteddfod y Pîl ym 1715 y mae'n rhyfedd i Siôn Rhydderch oedi am ryw ugain mlynedd cyn ei gyhoeddi yn ei almanac.

A barnu wrth yr englynion bu'r digwyddiad yn un tangnefeddus a buddiol.[50] Nid felly'r ddau ymweliad nesaf. Yn ôl Iolo, daeth Siôn Rhydderch i Ystrad Owen ym 1720 'a dywedir iddo ymddigio'n fawr achos na rhoddwyd y gadair iddaw'. Yn ei ddicter canodd englynion o sen i'r beirdd eraill, a dyma sylw Iolo ar yr englynion hynny:

> Nid oes nag iaith na chynghanedd gywair ar un o'r Englynion uchod. ond twyll-gynghanedd, twyll odlau, gormodd odlau, ymsathr odlau, proestodlau, pengoll a thingoll. etto gellir dywedyd nad oedd Sion Rhydderch yr amser hynny ond ieuanc, a heb gyrrhaeddyd digon o wybodaeth ynghelfyddyd Prydyddiaeth, os byth y cyrhaeddodd ef hynny – yr hynn a ellir ei amhau'n gryf.[51]

Barnai G. J. Williams mai Iolo ei hun a luniodd yr englynion tramgwyddus, ond bod yr hanesyn hefyd yn seiliedig ar atgofion beirdd y sir am gyfarfodydd yr arferid eu cynnal yn Ystrad Owen. 'Anodd gennyf gredu nad oes ryw sail i'r hanesion hyn. Diau fod rhyw ddraddodiadau'n aros ynglŷn ag Ystrad Owain . . . Codi adeilad mawr ar hen sylfeini – dyna a wnâi Iolo gan amlaf'.[52] Diogelwyd un prawf o'r 'hen sylfeini' hynny oblegid dywed Iolo iddo godi'r hanes o lyfr yn llaw Rhisiart Tomas; dyfynnir hefyd englynion yr honnir iddo eu canu yn yr eisteddfod. Gwyddys i hwnnw annerch Siôn Rhydderch ym 1723 a mynegi ei awydd diffuant i gwrdd ag ef.[53] Nid oes awgrym o gynnen a drwgdeimlad yn y gerdd a luniodd, a haws credu mai casineb Iolo at Siôn

Rhydderch sydd wrth wraidd yr ail adroddiad hwn. Poen meddwl i Iolo fyddai gorfod derbyn i fardd o'r gogledd ysgogi gweithgarwch barddol ei sir enedigol ef, a daliodd ar y cyfle – fel y gwnaeth ar sawl achlysur arall – i fychanu gŵr na chafodd erioed gyfle i gwrdd ag ef. Dadlennol hefyd yng ngoleuni sylw Iolo am y cynhennu yn Ystrad Owen yw'r englyn hwn sy'n rhan o gyfres y dywedir i Ddafydd Hopcyn ei chyflwyno yn y cynulliad:

> Heb sen yr awen yn rhwydd – yn canu
> Acenion serchogrwydd;
> Dim llid na gwrid na gw'radwydd
> Ond annerch o'n serch yw'n swydd.

Cyfeiriodd Iolo at drydydd achlysur pan ddaeth Siôn Rhydderch i'r de ac i eisteddfod Ton Ithel Ddu y tro hwn:

> Fe ddywed William o'r Ydwal, neu William Roberts, o Langarfan, Bardd da, I Sion Rhydderch gyhoeddi Eisteddfod ar Don Ithel Ddu Ym Morganwg, lle daeth Llywelyn ab Ifan, Dafydd Hopcin, Dafydd Thomas, efe Wm o'r Ydwal, ac eraill. ni fynnai Feirdd Morganwg gynnal yr Eisteddfod yn ol trefn Sion Rhydderch ac nis gwyddai ef eu defodau hwy, am hynny sorri a wnaeth Sionyn a myned ymaith o'r wlad, a'i grwth yn ei gwd, gan na cheisiai ag ni charai neb y gan.[54]

Mynnai Iolo fod gan feirdd Morgannwg eu dosbarth barddol eu hunain a oedd yn wahanol i ddosbarth y gogledd, neu ddosbarth Dafydd ab Edmwnd. Dyna paham y gallai Iolo honni '[na] fynnai Feirdd Morganwg gynnal yr Eisteddfod yn ol trefn Sion Rhydderch ac nis gwyddai ef eu defodau hwy'. Unwaith eto, efallai fod y tu ôl i'r adroddiad atgof am ymwneud Siôn Rhydderch â beirdd Morgannwg. Anfonodd Llywelyn ab Ieuan, un o'r beirdd a enwir yn y dyfyniad, gyfres o englynion crefftus yn cyfarch Siôn Rhydderch, ac ymddangosodd y rhain yn almanac 1725, yn fuan wedi i Risiart Tomas lunio ei gerdd annerch yntau.[55] Ynddynt myn Llywelyn gyfleu ei fawr serch at Siôn Rhydderch; mynega hefyd ei awydd i gwrdd ag ef ac awgryma iddo golli'r cyfle i gwrdd â Siôn pan fu ym Morgannwg ddiwethaf.

Siom a ddaeth i ran Siôn Rhydderch yn Nolgellau ym 1734. Ond cam fyddai tybio na chafwyd unrhyw lwyddiant. Y mae'n wir, fel y mynnodd Geraint H. Jenkins, nad esgorodd y cyfarfodydd ar unrhyw lenyddiaeth o bwys ac nid yw hynny'n destun syndod pan gofir mai llunio englynion byrfyfyr a wnâi'r beirdd ran fynychaf. 'Ni ddeilliodd unrhyw farddoniaeth arwrol ohonynt. Anwastad a dieneiniad oedd cynnyrch y mydryddwyr a phrin y gellir dweud iddynt gynhyrchu dim byd o werth arhosol'.[56] Nid oes tystiolaeth ychwaith fod llawer o drafod adeiladol wedi digwydd ar 'y pethau towŷll a dyrus'. Dyrnaid o feirdd a fynychai'r cyfarfodydd unigol a hawdd credu eu bod, erbyn diwedd y noson, yn bur debyg i Richard Morris pan ddychwelai hwnnw o gyfarfodydd Cymdeithas y Cymmrodorion hanner canrif yn ddiweddarach. 'I am afraid', meddai Lewis Morris mewn llythyr at ei frawd William, 'that foolish meeting of Cymmrodorion will make an end of him, for he stays there till one, two, three or four in the morning, and sometimes comes as far as his door (or has done it), and there sleeps till the watch awake him, or did use to sleep drunk on the vault for four or five hours and afterwards cough for a month'.[57] Mewn cyfres o englynion a luniwyd wedi'r eisteddfod a gynhaliwyd yn Y Bala ym 1738 ac a briodolir i ddau o fugeiliaid yr Aran, Colwyn a Chraff, awgrymir y gallai'r beirdd ddiysbyddu holl ddyfroedd Llyn Tegid ond troi'r dŵr yn frag yn gyntaf:

> Clod beunydd a fydd gan fyrdd
> Unair byth i enau'r bardd
> Am sychu'r llyn hirwyn hardd
> Yn dir âr a daear werdd.[58]

Ond o'r hedyn distadl hwn, serch hynny, y tyfodd y sefydliad a fyddai'n hawlio lle canolog ym mywyd diwylliannol Cymru maes o law. Yn ôl Helen Ramage yr oedd Siôn Rhydderch yn un o'r trywyr 'a osododd batrwm ein Heisteddfod ni heddiw'.[59] 'Ohonynt, yng nghyflawnder yr amser', meddai Hywel Teifi Edwards, 'y tarddodd yr Eisteddfod gystadleuol a oedd i feddiannu'r maes diwylliannol yn y ganrif ddiwethaf [y bedwaredd ganrif ar bymtheg]'.[60] Ym 1789 y dechreuodd hynny ddigwydd; newidiodd natur a chyfeiriad eisteddfodau'r almanaciau pan ymddiriedwyd eu dyfodol i ofal Cymdeithas y Gwyneddigion yn Llundain. Cymwynas bennaf Siôn Rhydderch fu creu'r hinsawdd a wnaeth y datblygiad hwnnw'n bosibl.

Awgryma'r sylwadau uchod fod i Siôn Rhydderch ran bwysig yn y gwaith o hybu'r eisteddfodau a gwnaeth hyn trwy fanteisio ar y rhwydwaith o gysylltiadau a oedd ganddo â llengarwyr ym mhob rhan o Gymru. Gwnaeth un peth arall ac at hynny y troir yn rhan olaf yr ysgrif. Ym 1728 ymddangosodd *Grammadeg Cymraeg* o'i wasg yn Amwythig. Ei swyddogaeth, fel *The English and Welch Dictionary Y Geirlyfr Saesneg a Chymraeg* a gwblhaodd Siôn Rhydderch ym 1725 'trwy lafur boen a diwydrwydd mawr' oedd cymell y Cymry'n gyffredinol, a'r beirdd yn benodol, i barchu'r iaith a'i siarad a'i hysgrifennu'n raenus:

Ac yn gymmaint a bod fyng-Eirlyfr Saesneg a Chymraeg yn rhyngu bôdd i'r rhan fwya ong Nghydwladwyr i ba rai nid wy'n ammau nad yw yn wasanaethgar gynnorthwyol iddynt &c, Ac am fyng Ngrammadeg Cymraeg unjaith, yr hwn sydd yn dyfod i'ch plith, mae fynghyflawn Obaith ar ei hwnnw hefyd fod yn Gymmorth Hyfforddiol i bob Cymro Athrylithgar sy ai serch a'i awyddfryd ar ddeall Gwraidd a Sylfain ei Famjaith, sef yr hên Frutanjaith Ardderchoccaf: a bod yn Gelfyddgar ym Mhyngciau â Phrif Golofnau Barddoniaeth â Phrydyddiaeth.[61]

Yr oedd eisoes wedi dechrau defnyddio ei almanac yn gyfrwng hyfforddi'r beirdd. Yn almanac 1725, er enghraifft, ceir 'Ychydig Athrawiaeth i'r Prydyddion Jeuaingc i'w hyfforddi i gydnabod beiau ac Anafau Cerdd Dafod', ac yn almanac y flwyddyn ddilynol 'Canlyniad o'r Athrawiaeth i wybod Beiau ac Anafau, Cerdd Dafod, sef, y rhai a ddylid eu gochel ymhob Cerdd dda, yn gystal mewn Cywyddau, Odlau, ac Englynion &c.'. Ar un ystyr, camarweiniol yw'r teitl *Grammadeg Cymraeg* gan fod rhwng ei gloriau dair haen, haen ieithyddol yn gyntaf peth, haen farddonol yn ail a haen hanesyddol yn drydydd. Yn hyn o beth amlyga Siôn Rhydderch ei ddyled i ramadegwr arall gan ei fod yn dilyn cynllun *Cambrobrytannicae Cymraecaeve Linguae Institutiones et Rudimenta* Siôn Dafydd Rhys a gyhoeddwyd ym 1592. Ymdrinnir yn y rhan gyntaf â phynciau megis y sillafau a'r rhannau ymadrodd. Trafodaeth ar ddeunydd crai'r prydyddion yw cynnwys yr ail haen a dyma'r rhan bwysicaf. Rhoddir sylw i fesurau cerdd dafod, i'r gynghanedd, i'r cymeriadau ac i'r beiau y dylai'r prydydd eu gochel. Unwaith eto amlygir dyled yr awdur i Siôn Dafydd Rhys gan fod yr adran hon wedi ei chodi bron yn gyfan gwbl o'i waith ef. Dilynir esboniadau Siôn Dafydd Rhys ar yr amryfal fesurau a dyfynnir yr un enghreifftiau. Yn wir aeth Siôn Rhydderch cyn belled â mabwysiadu'r rhybudd 'Gochel y Surdoes' a welir wrth un o'r enghreifftiau yng ngramadeg Siôn Dafydd Rhys. Ceisiodd Siôn

Dafydd Rhys esbonio strwythur y mesurau trwy gynnig cyfres o ddarluniau a gwnaeth Siôn Rhydderch yr un modd. Y mae'n amlwg fod y beirdd wedi gwerthfawrogi ei lafur. Lluniodd Lewis Morris gywydd byr a welir ar ddechrau'r gwaith ynghyd â chyfres o englynion 'a fwriadwyd ei rhoddi yn y Gramadeg Cymraeg o eiddo Sion Rhydderch; eithr a rwystrwyd yn y llythyrdy'.[62] Gosododd Siôn yn olyniaeth dau ramadegwr a dau Siôn arall, sef Siôn Dafydd Rhys a John Davies, Mallwyd. Clodforir Siôn am iddo, yn wahanol i'w ragflaenwyr, lunio gramadeg yn yr iaith a arferid gan ei gyd-Gymry:

> Dau Siôn, tirion ddoctoriaid, – oleuant
> I lawer o ddieithriaid;
> Trydydd Siôn ffyddlon, ni phaid,
> Yn t'wynnu hen Frutaniaid.

Nodir yr un olyniaeth yn y ddau englyn a ganodd Michael Prichard i ddiolch am y gramadeg:

> Siôn Dafydd Rhys ufudd, rhoes efo – Siôn arall
> Sŵn euraidd i'r Cymro;
> Dyma annerch, draserch dro,
> Sain atom gan Siôn eto.

> Anrheg goleudeg i'n gwledydd, – dasgau
> A'n dysgiff yn gelfydd;
> Gwaith yw hwn, da gwn, di-gudd,
> Synnwyr dradoeth, Siôn drydydd.[63]

Disgrifiwyd y *Grammadeg Cymraeg* yn 'prif gyfarwyddlyfr y beirdd yn y ddeunawfed ganrif',[64] ac un arwydd o hynny yw'r modd y copïwyd rhannau o'r gwaith ar fwy nag un achlysur.[65] Tystia Goronwy Owen fod copi ar yr aelwyd gartref ym meddiant ei dad er nad ymddengys iddo gymryd rhyw lawer o sylw ohono ar y pryd.[66] A barnu wrth y llythyr a anfonodd at Richard Morris ym mis Awst 1754 fe'i siomwyd pan gafodd ei bump ar y llyfr flynyddoedd yn ddiweddarach a hynny'n bennaf am ei fod wedi disgwyl gweld rhwng ei gloriau rai o gerddi'r beirdd cynnar. 'Nid yw'r Gramadeg hwnw (e ŵyr Duw) ond un o'r fath waelaf; etto y mae'n well na bod heb yr un'.[67] Siom neu beidio, gwawriodd cyfnod newydd ym mywyd llenyddol Goronwy wrth iddo ddechrau astudio'r mesurau yn y gramadeg ac yn yr un llythyr ceir ei ymateb beirniadol cyntaf i'r mesurau traddodiadol. Caiff achos i ganmol natur delynegol mesurau megis y cywydd, y toddaid a'r gwawdodyn ac i felltithio rhai o'r ffurfiau eraill:

> I look upon 'em to be rather depravations than improvements in our Poetry . . . What a cursed, grovelling, low thing that Gorchest y Beirdd is . . .[68]

Fe'i cymhellwyd hefyd i lunio awdl ar y pedwar mesur ar hugain, gan ddilyn canllawiau Siôn Rhydderch, i Gymdeithas y Cymmrodorion yn Llundain. Gofid pennaf David Ellis, y copïwr llawysgrifau diwyd, ym 1788 oedd prinder y copïau:

> Yr hwn Lyfr ydyw r goreu i hyfforddio Cymry ieuaingc yn yr Iaith Gymraeg a i Barddoniaeth ag sydd yr awr hon yn argraphedig; ond ei fod yn brin ac yn anhawdd ei gael am Arian.[69]

Daeth y llawysgrif a oedd yn cynnwys y sylw hwnnw i ddwylo Iolo Morganwg ond pur wahanol oedd ei farn ef. Ni allai ymatal rhag ychwanegu ar ochr y ddalen 'Cystal y gwyddai Sion Rhydderch Reolau Barddoniaeth ag y gwyr Buwch wau Sidan'. I'r un cywair y perthyn y sylw hwn ar Siôn Rhydderch a'i ramadeg:

> . . . he was the most learned man of his time in the ancient metres and in the age and his being so shows how pitifully this branch of Welsh knowledge was in this time in North Wales. He published a Welsh Grammar which demonstrates that he knew very little; or next to Nothing of the gramatical principles of the Language, and his prosody and principles of versification equally attest his Ignorance, but in him we see the Welsh proverb verified *Brenin y bydd unllygeidiog yng Ngwlad y Deillion*, John Roderic was an impertinent pigmy in Welsh Literature.[70]

Gwelwyd eisoes wrth drafod cyfarfodydd y beirdd ym Morgannwg nad oedd gan Iolo air da i'w gynnig i Siôn Rhydderch ac nid oes amheuaeth nad oedd cael ei orfodi i gydnabod dyled beirdd ei sir i ddieithryn o'r gogledd yn boen meddwl iddo. Y mae angen cadw un peth arall mewn cof wrth ystyried y sylw uchod. Mynnai Iolo fod gan feirdd Morgannwg eu dosbarth unigryw o fesurau ond perthynai hynodrwydd arall i'r sir. Ym 1789 dechreuodd Iolo ddatgelu rhai o gyfrinachau Gorsedd y Beirdd, y sefydliad tanddaearol hwnnw y darfu amdano yn y rhanbarthau eraill ond a oroesodd ym Morgannwg. Y corff hwn, meddai, a ddiogelodd ddysg draddodiadol y prydyddion yn ei phurdeb ar hyd y canrifoedd a hynny trwy olyniaeth ysblennydd a arweiniai yn uniongyrchol at Iolo ei hun. Yng ngoleuni'r syniadau hyn y mae deall ergyd y feirniadaeth ar ansawdd dysg Siôn Rhydderch a beirdd y gogledd. Dyma gyfle hefyd i Iolo dalu'r pwyth i Oronwy Owen a'i debyg am ddatganiadau dilornus megis 'what has Glam[organshire] words to do with Welsh?'[71] Cofir hefyd i Lewis Morris, 'pigmy' arall yn ôl Iolo, honni mewn llythyr at Edward Samuel yn y flwyddyn 1736:

> I had a Letter tother day from one John Bradford a Correspondent of mine in Cowbridge, Glamorganshire: ye Prime of South Wales Poets. Good Lord to what a poor degree our Language is dwindled in that country . . . I question whether there is a man in South Wales that can write a tolerable Cywydd.[72]

Cynnwys trydedd haen y gramadeg hanesion am urdd y beirdd ac am yr eisteddfodau a fu yn y gorffennol, yn Aberteifi ac yng Nghaerwys ym 1523 a 1567, a chodwyd y rhan fwyaf o'r deunydd hwn drachefn o ramadeg Siôn Dafydd Rhys er i Siôn Rhydderch ychwanegu ambell ddarn newydd megis comisiwn eisteddfod 1523 a rhestr graddedigion eisteddfod 1567. Canlyniad yr adran hon yw gosod prydyddion y ddeunawfed ganrif yn gadarn yn olyniaeth rhagflaenwyr megis Tudur Aled a Wiliam Llŷn a berthynai i oes aur y cywydd. Aethai chwarter canrif heibio er pan gyhoeddwyd y datganiad hwnnw yn almanac 1701 am yr eisteddfod y bwriedid ei chynnal ym Machynlleth y flwyddyn honno. Os yw'r apêl at hanes yn amlwg yn y datganiad fe'i gwneir yn gliriach fyth yn y *Grammadeg Cymraeg*. Rhoddir cyfarwyddyd i'r sawl a fyn drefnu eisteddfod,[73] a dengys y pennawd 'Statud Gruffydd ab Cynan ynghylch cadw Eisteddfod, a Threfn ac Ordinhadau prydyddion Cerdd dafod, au Perthynasau' yn glir mai parhad o arferion y gorffennol oedd cyfarfodydd beirdd y ddeunawfed ganrif yng ngolwg Siôn Rhydderch.

Byddai Thomas Parry maes o law yn bur llawdrwm ar feirdd y ddeunawfed ganrif. '. . . yn lle diddanu'r boneddigion yn eu llysoedd, wele'r gerdd yn diddori gweision ffermydd yn y ffeiriau. Yn lle Tudur Aled, yr uchelwr syberw, yn canu clod ei gyfeillion beilch, dyma gryddion a gwehyddion a gofaint yn rhigymu am fwrdradau'.[74] Nid felly y gwelai Siôn Rhydderch a'i debyg bethau ond efallai ei fod hefyd yn amgyffred fod cyfnod newydd ar wawrio, diolch yn rhannol i weithgarwch Lewis Morris a'i frodyr, diolch hefyd i'w genhadu a'i hyfforddi yntau.

NODIADAU

[1] Hywel Teifi Edwards, *Yr Eisteddfod* (Llandysul, 1976), t. 19.

[2] Yn anffodus dewisai Thomas Jones beidio â dyddio rhagymadroddion ei almanaciau, sef un o'r rhannau olaf i gael eu paratoi, ond gwyddys fod Siôn Rhydderch yn llunio ei ragymadroddion yn ystod yr Hydref. Ysgrifennodd ragair i almanac 1720 ar 13 Hydref 1719, a'r rhagair i almanac 1729 ar 21 Medi 1728.

[3] Bernir mai ym 1404 y cynhaliodd Owain Glyndŵr ei senedd gyntaf ym Machynlleth. Gw. J. E. Lloyd, *Owen Glendower* (Oxford, 1931), tt. 81–2; R R Davies, *The Revolt of Owain Glyn Dŵr* (Oxford, 2001), tt. 163–4.

[4] 'Siôn Rhydderch (John Roderick) was driven by a burning desire to salvage the debris of bardic culture'. Gw. Prys Morgan, *The Eighteenth Century Renaissance* (Llandybïe, 1981), t. 43.

[5] Bob Owen, 'Sion Rhydderch yr Almanaciwr, 1673–1735', *The Journal of the Welsh Bibliographical Society*, III (July 1930), 275–290 (288).

[6] Gwyn Thomas, *Eisteddfodau Caerwys* (Caerdydd, 1968), t. 114.

[7] Hywel Teifi Edwards, op. cit., t. 18.

[8] Prys Morgan, op. cit., t. 63.

[9] Lona Jones, 'Siôn Rhydderch', yn Heledd Maldwyn Jones, gol., *Blas ar Fwynder Maldwyn* (Llanrwst, 2003), t. 121.

[10] Llsgr. Ll[yfrgell] G[enedlaethol] C[ymru] (=LlGC) 1244D; 431B; 1580B.

[11] Llsgr. LlGC 672D, 206.

[12] Nis enwir o gwbl yn *Mynegai i Farddoniaeth Gaeth y Llawysgrifau* [= MFGLl] (Caerdydd, 1978). Y mae'n bosibl fod cerdd o'i eiddo mewn baled a argraffwyd gan Siôn Rhydderch. Gw. J. H. Davies, *Bibliography of Welsh Ballads Printed in the 18th Century* [= BWB] (London, 1909–11), cerdd 68, ac y mae'n bosibl hefyd mai ef yw awdur yr englyn 'Duw, edrych, oernych, arna' a ddiogelwyd yn llsgr. LlGC 356B, 18.

[13] BWB, cerdd 65. Dewisodd Siôn Rhydderch gynnwys rhai o'i gerddi ei hun yn ei drafodaeth ar y mesurau caeth yn *Grammadeg Cymraeg* (Amwythig, 1728). Dyfynnir englyn a ganodd i Humphrey Owen yn y drafodaeth ar yr englyn unodl union. Gw. t. 57.

[14] BWB, cerdd 616.

[15] Trafodir dylanwad y Saesneg ar faledi'r oes gan Siwan M Rosser, 'Baledi'r Ffin: Golwg ar Ddylanwad y Ffin ar Faledi'r Ddeunawfed Ganrif', *Canu Gwerin* 28 (2005), 3–19.

[16] Garfield H Hughes, 'Dafydd Manuel', *Llên Cymru*, VI (1960–1961), 26–35.

[17] Diogelwyd y cywydd a'r englynion yn llsgr. LlGC 436B, 54b, 56a. Dathlodd Dafydd Manuel fuddugoliaeth Protestaniaid Londonderry mewn cyfres o englynion 'Ar warediad Lloeger oddiwrth Babyddiaeth' yn ibid., 57a.

[18] Cerdd 29 yng nghyfrol 2, Casgliad Baledi Bangor (meicroffilmiau yn LlGC). Collwyd dechrau'r gerdd.

[19] BWB, cerdd 31. Arno gw. *Y Bywgraffiadur Cymreig* hyd 1940 (Llundain, 1953), t. 578. Rhestrir ei weithiau yn MFGLl, tt. 457–8.

[20] *Y Bywgraffiadur Cymreig hyd 1940*, t. 759; Dafydd Wyn Wiliam, *Cofiant Lewis Morris 1700/1–42* (Llangefni, 1997), tt. 24–5, 36.

[21] Dosbarthwyd tanysgrifwyr y gyfrol yn ôl eu dosbarth cymdeithasol yn Geraint H Jenkins, *Literature, Religion and Society in Wales, 1660–1730* (Cardiff, 1978), t. 258.

[22] BWB, cerdd 46.

[23] *Cofiant Lewis Morris 1700/1–42*, tt. 86, 93.

[24] Nid yw'r ddau gopi o *Newyddion Oddiwrth y Sêr* (1725) a ddiogelir yn LlGC yn gyflawn ac at hyn camrwymwyd y tudalennau. Ceir y gyfres yn gyflawn yn y tudalennau a gyplyswyd wrth almanac John Jones, *Cennad Oddiwrth y Sêr* (1739).

[25] Ar yr un dyddiad, sef Gŵyl Ifan, y cynhaliwyd y cyfarfyddiad yn Nolgellau yn y flwyddyn 1734. Gw. uchod t. 45.

[26] Diogelwyd yr englynion gan Ioan Siancyn o Aberteifi mewn casgliad a luniodd o'i ganu ei hun a chanu rhai o'i gydnabod yn nawdegau'r 18g., sef 'Cydymmaith i'r Awen' (= llsgr. LlGC 19B). 1702 yw'r dyddiad yma drachefn. Y mae'n bosibl fod pennawd yr englynion yn wallus ac mai un eisteddfod mewn gwirionedd a gynhaliwyd ym Machynlleth, ond awgryma'r hanes am hwyrfrydigrwydd Thomas Jones i gyhoeddi'r englynion fod y manylion yn gywir. Awgryma Lona Jones, op. cit., t. 126, fod Ifan Gruffudd wedi dychanu'r cyfarfod mewn englyn a gyhoeddwyd yn almanac 1702 ond nid yn almanac Thomas Jones y cyhoeddwyd yr englyn hwnnw.

[27] Llsgr. Caerdydd 1.52, 6.

[28] Gellir synhwyro mai o'i anfodd y derbyniodd Thomas Jones englynion Ifan Gruffudd ac iddo wneud hynny, yn rhannol, am i Ifan neu un o'i gydnabod gyflwyno deunydd arall y bu'n dda ganddo ei dderbyn. 'Ar ddymuniad y Gŵr monheddig a yrodd y Breiniol Gof-rester i mi [sef rhestr o frenhinoedd, pa bryd y coronwyd hwy, am ba hyd y buasant yn teyrnasu, man claddu pob un] nid allwn nagcau Argraphu yr Englynion sy'n Canlyn'.

[29] Llsgr. LlGC 19B, 6. Gwnaeth Alban Thomas beth tra anghyffredin yn y farwnad. Rhoes gymeriad llythrennol ym mhob cwpled gan ddilyn pob llythyren yn nhrefn yr wyddor yn gyntaf ac yna'r llythrennau yn yr enw 'Efan Griffydd'.

[30] Llsgr. Cwrtmawr 128, 357.

[31] Llsgr. Cwrtmawr 128, 359.

[32] Llsgr. Caerdydd 84, 476.

[33] Llsgr. BL 14909, 30r.

[34] Llsgr. Caerdydd 3.68, 263. Y pennawd uwchben y cywydd yw 'Cowudd o fawl ir ardderchog gadeirfardd J. Rhydderch'. I'r flwyddyn 1727 y perthyn yr unig ddarn arall o waith Gruffudd Edward sydd ar glawr. A barnu wrth gynnwys y cywydd ymddengys ei fod yn perthyn i gyfnod cynnar yng ngyrfa Siôn Rhydderch yr argraffwr. Gw. MFGLl, t. 1053.

[35] *Grammadeg Cymraeg*, t. 188.

[36] BWB, cerdd 189.

[37] *Newyddion Oddiwrth y Sêr* 1735. Yn almanac 1726 cyhoeddwyd 'Englynion o fawl i'r Celfyddgar Gadairfardd, John Rhydderch o'r Mwythig' o waith Wiliam Edward, ac mae'n bosibl fod y cywydd a ganodd Lewis Morris 'annerch ir prif fardd Cymraig Sion Rhydderch' yn perthyn yn fras i'r un cyfnod. Gw. llsgr. LlGC 436B, 152r.

[38] Helen Ramage, 'Yr Eisteddfod', yn Dyfnallt Morgan, gol., *Gwŷr Llên y*

Ddeunawfed Ganrif a'u Cefndir (Llandybïe, 1977), tt. 198-206 (t. 199). Ni welais yr almanac hwn ac ymddengys fod y copi a welodd Helen Ramage wedi diflannu bellach.

[39] *Newyddion Oddiwrth y Sêr*, 1734.

[40] *Newyddion Oddiwrth y Sêr*, 1734.

[41] Gw. llsgr. Cwrtmawr 128, 239. Cf. hefyd yr englyn a ddyfynwyd uchod yn y gyfres i goffáu Siôn Prisiart Prys.

[42] *Newyddion Oddiwrth y Sêr*, 1735.

[43] *Newyddion Oddiwrth y Sêr*, 1736.

[44] G. J. Williams, *Traddodiad Llenyddol Morgannwg* (Caerdydd, 1948), tt. 275–85; Lemuel James (Hopcyn), *Hopkiniaid Morganwg* (Bangor, 1909), tt. 286–7.

[45] G. J. Williams, op. cit., t. 228. Disgrifiodd Dafydd Nicolas un o'r cyfarfodydd hyn mewn cywydd byr a luniodd ac a gynhwyswyd yn *Y Fêl Gafod* (Merthyr Tudful, 1813), tt. 100–1.

[46] Llsgr. LlGC 13154A, 441–6. Hefyd G. J. Williams, op. cit., tt. 277–9.

[47] Dyfynnir yr englyn a ganwyd i Siôn gan Wil Hopcyn yn *Hopkiniaid Morganwg*, tt. 68–9.

[48] Llsgr. LlGC 13089E, 360. Ceir hefyd englyn ar ochr y ddalen i'r bara lawr 'a Sion Rhydderch heb weled y fath beth erioed':

Ai bwyd hwn? Os gwn ganu, – pwy fater?
    Pwy fwyty'r peth hynny?
    Pa ymborth certh i'w werthu?
    Pa faw'r diawl? Pa fara du?

[49] Cofnodir yr hanes hwn ar achlysur arall yn llsgr. LlGC 13146A, 343.

[50] Yn y cofnod yn llsgr. LlGC 13089E, 360, crybwyllir dadl a fu rhwng y beirdd: 'nid anhebig mae achos yr anghyttundeb y sydd rhwng egwyddorion y gelfyddyd wrth gerdd dafawd ym Morganwg, ag un Gwynedd, yr honn a fynnai Sion Rhydderch ei bod yn orau'.

[51] Llsgr. LlGC 13154A, 105.

[52] G. J. Williams, op. cit., t. 275.

[53] Llsgr. LlGC 21309D, 13.

[54] Hugh Owen, *The Life and Works of Lewis Morris* (Anglesey Antiquarian Society and Field Club, 1951), t. 6. Diogelwyd y sylw hwn yn llsgr. BL 14878.

[55] *Newyddion Oddiwrth y Sêr*, 1725. Diogelwyd dau gopi o'r almanac yn y Llyfrgell Genedlaethol, a'r ddau yn anghyflawn. Er bod rhai tudalennau yn digwydd yn y naill a'r llall ymddengys nad i almanac 1725 y perthyn y tudalennau sy'n cynnwys englynion Llywelyn ab Ieuan. Gwyddys ei fod yn darllen almanaciau Siôn Rhydderch am iddo ymateb i un o'r posau a osododd yr awdur i'w ddarllenwyr; cyhoeddwyd ei ateb, ar ffurf tri englyn, yn almanac 1722. Dyrnaid o'i gerddi a ddiogelwyd, gw. MFGLl, t. 2427, ond gwyddys iddo ymryson â Dafydd Tomas o blwyf y Betws, un o'r beirdd y cyfarfu Siôn Rhydderch ag ef yn eisteddfod y Pîl, os gellir rhoi coel ar nodiadau Iolo Morganwg.

[56] Geraint H. Jenkins, *Thomas Jones yr Almanaciwr 1648-1713* (Caerdydd, 1980), t. 121.

[57] Llythyr ccclvii yn J. H. Davies gol., *The Letters of Lewis, Richard, William and John Morris, of Anglesey* (Aberystwyth, 1907–9).

[58] Dyfelir yn yr unig gopi mai Edward Samuel a luniodd y gyfres hon, gw. llsgr. Pen 196, 22; MFGLl, t. 771. Ar ddiwedd y gyfres ychwanegwyd y nodyn 'Mae gwaeth Englynion na rhai hyn iw cael yn fynych gan rai Dynion au geilw eu hunain yn feirdd'. Yn almanac John Jones, Caerau, am y flwyddyn 1739 gwelir cyfres o wyth englyn a luniodd Rhys Morgan, Pencraig-nedd, i bencerdd eisteddfod y Bala.

[59] Helen Ramage, op. cit., t. 199.

[60] Hywel Teifi Edwards, op. cit., t.18.

[61] *Newyddion Oddiwrth y Sêr*, 1729.

[62] Llsgr. BL 14937, 38v.

[63] Llsgr. Cwrtmawr 128, 390; BL 14981, 52r.

[64] Alan Llwyd, *Gronwy Ddiafael, Gronwy Ddu* (Llandybïe, 1997), t. 349. Yn ôl Helen Ramage, 'ei safonau ef oedd yr unig rai i feirdd yr Eisteddfod, a'i Ramadeg ef oedd eu llawlyfr'. Gw. op. cit., t. 200.

[65] Gw. llsgr. LlGC 565B 'Llythyreg Cymreig' yn llaw David Harris a LlGC 2612B 'Trysorfa Gyffredin' yn llaw Ioan Pedr. Gwelir hwnt ac yma yn llawysgrifau Iolo Morganwg ddarnau wedi eu codi o'r gramadeg, e.e., LlGC 13103B, 105; LlGC 13112B, 361; LlGC 13160A, 219–20.

[66] 'I remember my father had one of 'em [y gramadeg] formerly, and that is the only one I ever saw, and as far as I can remember, it gave a very plain, good account of every one of 'em [y mesurau]'. Gw. llythyr XVII yn J. H. Davies, *The Letters of Goronwy Owen* (Cardiff, 1924), t. 46. Pan ddaeth copi o'r gramadeg i'w feddiant ac yntau erbyn hynny yn abl i werthfawrogi'r cynnwys, aeth ati yn ddiymdroi i lunio awdl ar y pedwar mesur ar hugain i Gymdeithas y Cymmrodorion. Gw. *Gronwy Ddiafael, Gronwy Ddu*, t. 132.

[67] Llythyr XXXI yn *The Letters of Goronwy Owen*, t. 87.

[68] Ibid.

[69] Llsgr. LlGC 17B, 443.

[70] Llsgr LlGC 13162A, 179. Tebyg mai yn LlGC 13157A, 119–20 yr ysgrifennwyd y nodyn yn gyntaf ond fe'i hailgopïwyd fel y tystia'r llinell a dynnwyd trwy'r cyfan. Yn y nodyn gwreiddiol dilynnir y ddihareb gan y sylw hwn: 'a pygmie standing on the head of a giant will see farther than the giant himself. and conversly ye may say that the giant will see farther when standing on the head of a Pigmy than [he] would otherwise be able to do, it is greatly to be lamented that the giant 100 cubics high Gronw Owain had no higher station for his Teliscopic views than the head of the Pigmy Sion Rhydderch'.

[71] Llythyr XXV yn *The Letters of Goronwy Owen*, t. 68.

[72] Llythyr 27 yn Hugh Owen, gol., *Additional Letters of the Morrises of Anglesey (1735–1786)* (London, 1947–1949), tt.48–9.

[73] Dyfynnwyd y darn uchod, gw. t. 43–4.

[74] Thomas Parry, *Baledi'r Ddeunawfed Ganrif* (Caerdydd, 1935), tt. 21–2.

Iolo Morganwg a Chaethwasiaeth

GERAINT H. JENKINS

'Daeth yr amser gwynfydedig
O law'r gelyn i'w rhyddhau':

Nid yw'n syndod i'r rhai ohonom sy'n ei adnabod yn dda fod Hywel Teifi Edwards, y gwron y cyflwynir y bennod hon iddo gyda diolch ac edmygedd, yn un o'r ysgolheigion prin hynny sy'n gwir werthfawrogi camp Iolo Morganwg. 'Trwy ei gymryd yn ganiataol', meddai un tro am Iolo, 'collwn olwg ar ei ryfeddod.'[1] Erbyn meddwl, y mae gan y ddau ohonynt lawer yn gyffredin. Ystyrier, er enghraifft, y nodweddion cyffelyb canlynol: cariad at fro, sir a gwlad; serch at farddoniaeth, iaith a llenyddiaeth – 'yr hen ddywenydd', chwedl Iolo; y gallu i wau ac adrodd stori yn hudolus o dda; llais diasbedol, ynghyd â rhyw awydd anniwall i gyhoeddi'r gwir yn erbyn y byd yn ddiflewyn ar dafod. At hynny, oni bai am Iolo Morganwg ni fuasai gan Hywel faes ymchwil mor doreithiog i bori ynddo. Iolo, wedi'r cyfan, a gipiodd ddychymyg y Cymry drwy briodi'r eisteddfod â'r Orsedd, a'i ddisgyblion ef oedd y rhan fwyaf o'r cymeriadau lliwgar ac od a achosai'r fath embaras i flaengarwyr Seisnig oes Victoria. Nid amhriodol, felly, yn enwedig o gofio bod gan Hywel ei hun galon fawr, yw rhoi sylw i elfen bwysig ym mywyd a gwaith Iolo na chafodd ei haeddiant hyd yma, sef ei wrthwynebiad i gaethwasiaeth.

Yn 2007 cafodd amgueddfeydd, archifdai, llyfrgelloedd a chanolfannau treftadaeth gyfle i ddathlu cyfraniad Prydeinwyr i'r ymgyrch i ddileu'r fasnach ddieflig mewn caethweision. At ei gilydd, drwy lygaid y Sais y gwnaed hyn, a dim ond wrth fynd heibio y nodwyd cysylltiadau Cymreig. Prif seren y ffilm *Amazing Grace* oedd Ioan Gruffudd a chwaraeai ran arwr y Saeson, William Wilberforce, gŵr a fawrygid gan Iolo Morganwg am arwain y frwydr yn erbyn caethwasiaeth yn y Senedd. Y mae'n werth crybwyll cysylltiad 'Cymreig' arall, sef fod William Hague, cyn-

Ysgrifennydd Gwladol Cymru, wedi cyhoeddi clamp o gofiant darllenadwy iawn i Wilberforce[2] ond, gwaetha'r modd, heb nodi bod Iolo wedi cyfeirio ato fel 'HUMANITY'S WILBERFORCE'.[3] At ei gilydd, prin iawn fu'r sôn yn ystod y dathliadau am gyfraniad Anghydffurfwyr Cymreig megis Iolo, Morgan John Rhys a Tomos Glyn Cothi at yr ymgyrch yn erbyn caethwasiaeth yng Nghymru, er bod yr arddangosfa 'Traed Mewn Cyffion: Cymru a Chaethwasiaeth' a gafwyd yn Amgueddfa'r Glannau yn Abertawe wedi codi cwr y llen ar eu gweithgarwch. Byddai Iolo yn aml yn nodi deddfau arwyddocaol yn ei lyfrau nodiadau a hawdd credu iddo fod wrth ei fodd yn ysgrifennu'r frawddeg ganlynol: 'The Royal assent to the Bill for Abolishing the Slave trade was given by Commission March 27th 1806 (*sic* 25 Mawrth 1807), half an hour before the Ministry resigned.'[4] Gwyddai ei gyfeillion yn dda am ei ran ef yn y gwaith hwn. Mewn llythyr dyddiedig 3 Ebrill 1807 fe'i llongyfarchwyd yn galonnog gan David Davis, un o feibion yr enwog Ddafydd Dafis Castellhywel, am fod yn gyfaill mor driw i'r gorthrymedig rai yn Affrica a'r Caribî: 'Allow me to congratulate you most heartily on the abolition of the nefarious traffic in human flesh, which has, for ages, been the great national sin of Britain.'[5]

I ni heddiw, cyfundrefn gywilyddus a ddygai warth ar bawb a oedd ynghlwm â hi oedd y fasnach gaethweision. Ond yn ystod oes Iolo dim ond dyrnaid o bobl a leisiodd eu protest. I drwch y boblogaeth, peth cwbl normal a derbyniol oedd diwreiddio miloedd o Affricaniaid a'u tywys mewn cyffion ar longau i America a'r Caribî er mwyn ychwanegu at eiddo a chyfoeth perchenogion ystadau, planhigfawyr, masnachwyr a chapteiniaid llongau. Ystyrid pobl dduon Affrica yn greaduriaid israddol, yn ddeunydd crai megis sach o datws neu geirch i'w prynu a'u gwerthu yn ôl y galw. Yr oedd y fasnach drionglog – llongau yn teithio o Loegr i Orllewin Affrica, ymlaen i'r Caribî ac yna yn ôl i Loegr – yn gwbl allweddol i'r economi Brydeinig ac nid ar chwarae bach y byddai cyfoethogion yn gollwng eu gafael arni.[6] Pa galon yn ein hoes ni na waedai wrth feddwl am y driniaeth arteithiol a ddioddefwyd gan y tair miliwn a chwarter o Affricaniaid a gludwyd ar longau ar draws yr Iwerydd gan Brydeinwyr yn y cyfnod cyn 1807? Gan fod galw anniwall am siwgwr, coffi, siocled a rŷm, rhaid oedd rhwydo mwy a mwy o gaethion. Cyfeirid at Ynysoedd y Caribî fel yr Ynysoedd Siwgwr a, diolch i 'that Noble juice of the Cane',[7] chwedl un masnachwr, magodd miloedd o bobl Prydain ddant melys. Martsiwyd miloedd ar filoedd o Affricanwyr cydnerth noeth – yn wŷr a gwragedd – i'r porthladdoedd. Seriwyd rhif neu enw ffug ar eu bronnau â haearn crasboeth cyn eu rhwymo a'u taflu i waelodion llongau drewllyd a phryfedog. Prin fod lle i'r trueiniaid hyn anadlu a chan fod y bwyd a'r ddiod ar eu cyfer mor annigonol o fach, a'r bygythiad o du heintiau marwol mor fawr, byddai un o bob deg yn marw cyn cyrraedd pen eu taith. Ar brydiau yr oedd y profiad mor ddychrynllyd fel y byddai rhai caethweision yn neidio i'r môr i wynebu tranc sydyn ac anochel yn hytrach na dioddef y fath uffern dros gyfnod o ddeufis. Rhwng y budreddi, y drewdod a'r cosbfeydd mynych, y mae'n wyrth fod cynifer o'r caethweision wedi parhau i fod o unrhyw fudd i blanhigfawyr y Caribî. Ar ôl cyrraedd fe'u gorfodid i weithio dan haul tanbaid o fore gwyn tan nos yn cloddio tyllau ar gyfer y cansenni siwgwr, yn plannu a thocio, gan wybod y disgynnai chwip ar eu cefnau pe diffygient. Pan oedd Iolo yn ddyn canol-oed yr oedd naw o bob deg o'r bobl a drigai yn y Caribî yn gaethweision a oedd yn rhygnu byw o fewn strwythur gormesol a gwrthun.

Ar ryw olwg y mae'n ddirgelwch paham y caniatawyd i'r fath gyfundrefn felltigedig barhau cyhyd. Ond y mae caethwasiaeth cyn hyned â hanes ei hun ac y mae'n rhyfedd fel y gallai gwŷr cefnog daro ar lu o resymau dros gynnal hen arfer a oedd o fantais fawr iddynt hwy. Onid oedd neb llai na'r athronydd David Hume wedi honni bod Negroaid yn gynhenid israddol i bobl wynion? Pa ddrwg a allai berthyn i gyfundrefn a oedd yn caniatáu i efengylwyr fel George Whitefield a'r Arglwyddes Huntingdon elwa ar gadw caethweision yn Georgia? A chan fod George Washington a Thomas Jefferson wedi agor y drws i ddemocratiaeth, a ddylid eu beio am dderbyn swcr gan ambell gaethwas? I bropagandwyr mwy dieflig, pobl ddichellgar, dreisgar a bradwrus oedd y duon, anifeiliaid rheibus a oedd yn treisio merched gwynion ac yn bwyta cnawd dynol. Gan fod bys y gyfundrefn eglwysig yn ddwfn iawn ym mrywes caethwasiaeth, nid yw'n syndod fod rhai o'i hamddiffynwyr yn honni bod caethwasiaeth (yn y pen draw) yn dyrchafu'r Negro drwy ei wareiddio a'i Gristioneiddio. Ac os nad oedd y dwyllresymeg hon yn argyhoeddi, gellid bob amser ddibynnu ar wleidyddion am ddadleuon gwyrgam pellach fod caethwasiaeth yn beth dymunol a hanfodol. Yn eu tyb hwy, yr oedd ffyniant economaidd a diogelwch gwleidyddol yn annatod glwm, a phe na bai'r Ymerodraeth Brydeinig yn cynnal y fasnach mewn caethion buan y manteisiai gwledydd cystadleuol eraill ar y cyfle i lenwi'r bwlch. Aeth rhai ohonynt mor bell â honni mai cymwynas â'r caethion oedd eu cyrchu i'r Caribî, gan y byddai eu hamodau byw yno filgwaith gwell.[8]

Peidied neb â chredu nad oedd a fynno'r Cymry â chaethfasnach. Nid oedd gan deuluoedd cyfoethog gywilydd yn y byd ynglŷn â'u buddsoddiad ynddi nac ychwaith yn y ffaith fod eu bywyd yn esmwythach o lawer o ganlyniad. Ym merw diwydiannol Morgannwg gwnaeth sawl 'Brenin Haearn' ei ffortiwn ar draul anffodusion India'r Gorllewin. Ym 1765 derbyniodd Anthony Bacon £67,000 gan y llywodraeth yn dâl am ddarparu caethion profiadol, abl a gweithgar i'w hanfon i ynysoedd Grenada, Grenadines, Tobago, St Vincent a Dominica. Defnyddiodd Bacon y cyfalaf hwn i sicrhau les am gan mlynedd namyn un ar bedair mil o erwau yn ucheldir Morgannwg.[9] Ym 1786 prynodd Richard Crawshay gyfran o waith haearn Bacon yng Nghyfarthfa a'i ddatblygu mor syfrdanol o gyflym fel y cyfrifid y gwaith y mwyaf o'i fath yn y byd erbyn 1800. Aeth Iolo benben â Crawshay sawl gwaith yn y 1790au, yn rhannol oherwydd bod yr elw sylweddol a ddeuai i ran 'Moloch y Brenin', fel y'i gelwid, yn ffrwyth slafdod caethion du. Disgrifiwyd Merthyr Tudful gan Iolo fel 'Llaw'r Diawl'[10] ac wrth deithio'n ôl o Lundain ym 1802 ysgrifennodd fel hyn am Crawshay yn ei ddyddiadur: 'I thought of a detestable place called Merthyr Tydvil, where an old iron shopkeeper [Crawshay] by purchasing from thieves and by such means amassed an infamous fortune, reigns as a King.'[11] Saeson, wrth gwrs, oedd y diwydianwyr barus hyn, ond nid oes lle i gredu bod diwydianwyr Cymreig yn dynerach dynion. Er yr adwaenid Thomas Williams, 'Y Brenin Copr' o Lanidan, wrth y llysenw 'Twm Chwarae Teg', yr oedd yn fargeiniwr di-ildio na fynnai er dim golli'r un cyfle i wneud ceiniog ar draul caethweision. Erbyn ei farwolaeth ym 1802 rheolai hanner cynnyrch copr Prydain ac yr oedd yn werth o leiaf hanner miliwn o bunnau.[12] Gwyddom fod gan Iolo ragfarn gref yn erbyn 'Deudneudwyr' gogledd Cymru ac efallai fod ei sylwadau amharchus am Forrisiaid Môn, yn enwedig Lewis Morris ('the coxcomb and scoundrel')[13] yn gysylltiedig â'r ffaith fod y tri brawd – William (swyddog yn y Dollfa yng Nghaergybi), Richard (clerc gyda'r Llynges yn Llundain) a Lewis (swyddog yn y Dollfa yn Aberdyfi a dirprwy-stiward maenorydd y Goron) – yn rhannol ddibynnol am eu cynhaliaeth ar ffyniant economi'r Ymerodraeth Brydeinig ac ar gaethwasanaeth. Ac nid dyma'r unig fath o bobl a oedd yn cynnal breichiau'r fasnach mewn caethion. Er ein bod yn ystyried Cymry fel Syr Henry Morgan a Bartholomew Roberts (Barti Ddu) yn arwyr, yr oedd caethweision yn frith ar longau'r môr-ladron ciaidd hyn.[14] Yn ddiarwybod efallai, yr oedd pob copa walltog a weithiai yn y diwydiant copr, haearn, plwm a chotwm yn ychwanegu at benyd arteithiol caethweision. Yn wir, gellid dadlau bod gan bawb a ddefnyddiai siwgwr o'r Caribî i felysu eu te a'u bwyd ran yn y fasnach ddieflig hon. Ac eithrio'r distadlaf rai, yr oedd y mwyafrif o'r Cymry yn cynnal y drefn anghyfiawn hon heb ystyried ei hoblygiadau a heb golli eiliad o gwsg o'i herwydd.

Eto i gyd, am resymau nad ydynt yn gwbl eglur, newidiodd y farn gyhoeddus rhwng, a siarad yn fras, 1770 a 1807. Yr oedd Iolo yn ei ugeiniau cynnar pan ddechreuwyd gwrthdystio yn erbyn caethwasanaeth ac yn drigain oed union pan lwyddodd William Wilberforce i gael y maen i'r wal ym 1807. Wrth geisio rhoi cyfrif am y trawsnewidiad syfrdanol hwn, tueddai haneswyr fel Lecky a Coupland i weld 1807 fel awr fawr yn hanes Lloegr ac i ganmol y Sais am arwain y byd. Cythruddwyd rhai o haneswyr India'r Gorllewin gan y dehongliad hunanglodforus hwn ac ym 1944 cyhoeddodd Eric Williams, gŵr a ddaeth wedi hynny yn Brif Weinidog Trinidad, gyfrol bryfoclyd a ddaeth yn glasur dylanwadol ledled y byd. Yn ei waith bywiog, heriol a dadleuol *Capitalism and Slavery* tynnodd Williams nyth cacwn yn ei ben drwy honni mai oherwydd hunan-les y penderfynodd Prydain ddirwyn y fasnach mewn caethion i ben ym 1807.[15] Erbyn hynny, yn ei dyb ef, nid oedd y fasnach yn talu ei ffordd ac yr oedd economi'r Caribî eisoes ar y goriwaered. Rhagrith, felly, oedd mawrygu Wilberforce ac eraill. Fel y gellid disgwyl, cafwyd storm o brotest. O ran ein profiad ni fel Cymry, bu ymateb cyffelyb o du'r adain dde pan honnodd y digymar Gwyn A. Williams, yn ystod darlith flynyddol y BBC ym 1979, na fyddai modd i Gymru oroesi tra parhâi cyfalafiaeth.[16] Fel mae'n digwydd, erbyn hyn gwrthbrofwyd damcaniaeth Eric Williams a gwyddom fod yr elw a ddeilliai o'r fasnach mewn caethweision mor llewyrchus ym 1807 ag y bu erioed. Serch hynny, y mae cyfrol Williams yn parhau i fod yn fan cychwyn i bob astudiaeth ar gaethwasanaeth yn y Caribî ac i fod yn uchel ei bri ymhlith haneswyr y fangre honno.[17] Iddynt hwy, nid Wilberforce yw'r gwir arwr, ond cyn-gaethion neu wrthdystwyr duon fel Equiano, Cugoano, Cudjoe, Tackey, Nanny, Toussaint L'Ouverture a Jean-Jacques Dessalines, enwau nas crybwyllir yn aml yng ngweithiau'r hanesydd o Sais.

Sut, felly, y daeth saer maen tlawd o Drefflemin i ymddiddori mewn caethwasiaeth ac i arwain y frwydr yn ei herbyn ym Morgannwg? Ychydig iawn o bobl dduon a oedd i'w gweld yn ne Cymru yn y ddeunawfed ganrif. Pan unwyd Joseph Roberts a Harriet Thomas mewn glân briodas yn Eglwys y Santes Fair, Abertawe, ar 7 Medi 1801 yr oedd y digwyddiad mor anarferol fel y nodwyd yn Gymraeg ar y gofrestr: 'Dyn du ydoedd.'[18] Yr oedd ambell deulu bonheddig yn cadw gweision duon, serch hynny, a chan fod Iolo mor hyddysg yn hanes teuluoedd y Fro a thu hwnt deuai i adnabod eu perchenogion. Adwaenai George Smith, perchennog Piercefield ger Cas-gwent, ystad a fu cyn hynny yn nwylo Valentine Morris, Negro o Antigua a ddychwelodd i India'r Gorllewin ym 1771 i lywodraethu ynys St Vincent.[19] Gwyddai hefyd am Nathaniel Wells, brodor o St Kitts a brynodd Piercefield am £90,000 ym 1802 ac a enillodd le ar y fainc ym 1806 a dringo wedyn i fod yn Siryf sir Fynwy ym 1818. Yn ôl un ymwelydd â'r ystad, yr oedd Wells 'so much a man of colour as to be little removed from a Negro'.[20] Ond at ei gilydd pobl wynion oedd cymdogion Iolo.

Rhaid felly mai trwy ddarllen yn helaeth a thrwy deithio i ddinasoedd a threfi poblog y dysgodd Iolo fwy am gyflwr enbydus caethweision. Ac yntau'n ddarllenwr gwancus, yr oedd yn effro iawn i syniadau a dadleuon crefyddol a gwleidyddol yr oes. Prynai lyfrau a chylchgronau di-rif, gan ymddiddori fwyfwy yng 'nghwlt y teimlad', sef y gallu i ymuniaethu â phobl ddifreintiedig, i ymboeni ynghylch achosion o ddioddefaint corfforol ac emosiynol, ac i gydymdeimlo â'r sawl a ddioddefai oherwydd gormes, rhyfel a thrais.[21] Brithir ei lawysgrifau â'r gair 'cymwynasgarwch' (*benevolence*) ac mor gynnar â gaeaf 1775–6 yr oedd wrthi'n cyfansoddi cerddi ar y pwnc hwn tra oedd yn gweithio fel saer maen yng Nghaint. Dan y ffugenw 'Flimstoniensis', cyhoeddodd ei 'Ode to Benevolence' yn y *Kentish Gazette*,[22] thema a ddatblygwyd ganddo droeon wedi hynny. Yr oedd y gallu i ymdeimlo a chydymdeimlo â'r anffortunus yn bur gyffredin ymhlith pobl hunanaddysgedig fel Iolo a'u hystyriai eu hunain yn 'athrylithoedd naturiol'. Dengys catalogau o'i lyfrau[23] ei fod yn berchen ar gyfrolau athronyddol a oedd yn pigo cydwybod y darllenydd ac yn peri iddo ymagweddu'n wahanol at blant, anifeiliaid, carcharorion a chaethweision. Crëwyd ynddo y math o synwyrusrwydd a anogid gan John Locke yn *Essay Concerning Human Understanding* (1690), gan David Hartley yn *Observations on Man, his Frame, his Duty, and his Expectations* (1749) ac yn enwedig gan David Hume yn *A Treatise of Human Nature* (1739–40). Fe'n hatgoffwyd yn ddiweddar gan Meredydd Evans fod Hume o'r farn fod y gallu i ymresymu yn ddibynnol ar 'synwyriadau, affeithiau, teimladau ac ymatebion emosiynol o amrywiol fathau'.[24] Ac wrth i Iolo ddod i adnabod y natur ddynol, dyfnhâi ei hydeimledd a'i allu i gydymdeimlo â'r caethwas. Aeth yn ei flaen i ymdrwytho yng ngwaith Rousseau. Dyngarwch, haelioni a thrugaredd yw'r prif themâu yn *Emile*, a hawdd credu bod y frawddeg gyntaf yn *Du contrat social* (1762) – 'Ganed dyn yn rhydd, ac ym mhobman y mae mewn cyffion' – wedi gwneud argraff fawr ar Iolo.[25] Y mae ei drioedd niferus, er enghraifft, yn drwm dan ddylanwad syniadau Rousseau am ddyletswyddau cymdeithasol.[26] Y mae'n arwyddocaol hefyd fod llawysgrifau cynnar Iolo yn cynnwys dyfyniadau allan o nofel Henry MacKenzie, *Julia de Roubigné*, nofel felodramatig ar ffurf llythyrau ac iddi naws oddrychol a chydymdeimladol.[27] Dengys ei gerddi serch a natur hefyd ei fod yn ŵr tra ymdeimladol erbyn diwedd y 1770au.[28]

Dwysawyd yr ymdeimlad hwn gan duedd gynyddol Iolo i gredu ei fod yn dioddef cam. Saer maen cyffredin oedd ei dad ac er bod ei fam yn brolio ei llinach nid oedd ganddi hi ychwaith fawr wrth gefn. 'Ni'm ganed i gyfoeth',[29] meddai Iolo, ac ar ôl bwrw ei brentisiaeth fel saer maen yng ngweithdy ei dad bu'n rhaid iddo deithio'n bell o bryd i'w gilydd er mwyn cael hyd i waith cyson a phroffidiol. Ond daeth haul ar fryn ym 1781 pan briododd Margaret (Peggy) Roberts – ei Euron hoff – yn Eglwys Llan-fair ym mis Gorffennaf. Etifeddodd rywfaint o dir ac arian a barodd iddo gredu y gallai droi ei law at amrywiol dasgau, gan gynnwys adeiladu, ffermio, marchnata a llosgi calch, heb sôn am ddilyn ei alwedigaeth fel saer maen. 'I am a Jack of all trades', meddai, 'and, if the old proverb is true, I shall never be rich.'[30] Felly y bu. Ac yntau'n ddyn busnes goruchelgeisiol ac weithiau cwbl ddi-glem, buan yr aeth i drybini ariannol. Blinodd ei gredydwyr ar ei esgusodion ac erbyn 1785–6 yr oedd cyfreithwyr yn dynn wrth ei sodlau. Wedi'r holl 'sgemio a chynllunio', chwedl G. J. Williams,[31] aeth y llogau a'r biliau yn drech nag ef. Ar 7 Awst 1786 fe'i taflwyd i garchar y dyledwyr yng Nghaerdydd lle y bu am flwyddyn gron. Treuliodd lawer o'i amser yno yn darllen ac yn ysgrifennu, gan ailafael yn yr 'hen ddifyrrwch', sef ei syniadau rhamantaidd ynglŷn â gorffennol Morgannwg. Ond wrth weld dyledwyr a dioddefwyr eraill llawer tlotach nag ef yn cael eu trin yn wael, ni allai lai na phleidio eu hachos. Ysgrifennodd lythyrau ar ran cyd-ddyledwyr anllythrennog a hefyd ddeisebau maith i Dŷ'r Cyffredin yn protestio'n chwyrn yn erbyn yr arfer o gadw dyledwyr yn gaeth am gyfnodau amhenodol. Teimlai ei fod ef ei hun wedi cael cam enbyd a bod ei sefyllfa lawn cynddrwg ag eiddo'r rhai a anfonwyd i Fae Botany i gyflawni penydwasanaeth: 'those who are exiled to the antipodes doomed to traverse the unhospitable wilds of Botany bay . . . and . . . those still more severely condemned to swelter in the Torrid climes of Affrica to contend with Lions and Tygers'.[32] Profiad llawn cywilydd oedd ei gyfnod o gaethiwed yng Nghaerdydd ac nid anghofiodd hynny byth. Nid gormod fyddai dweud bod blwyddyn mewn cell wedi hogi min ar ei ddigofaint a pheri iddo achub cam trueiniaid eraill weddill ei oes.

Gan fod nifer o offeiriaid ymhlith y rhai a oedd, o leiaf yn ei dyb ef, wedi ei fradychu, digiodd yn erbyn yr Eglwys Wladol. Lluniai gerddi gwrth-eglwysig ac yn ystod haf 1789 ymosododd yn chwyrn ar bendefigion eglwysig estron a oedd yn ceisio troi brodorion Morgannwg yn 'gaethweision i leng o orthrymwyr'.[33] Gwyddai o'r gorau fod llawer o'r elw a gynhyrchid yn India'r Gorllewin yn cael ei ddefnyddio i gynnal eglwysi ym Mhrydain, fod rhai eglwyswyr blaenllaw yn berchen caethion, a bod ysbryd rhyfelgar yn fyw ac yn iach ymhlith ei harchesgobion a'i hesgobion. Os oes coel ar gynnwys llythyr a anfonodd Iolo (yn enw rhyw 'J. D.' o'r Bont-faen) i'r *Gentleman's Magazine* ym 1789, yr oedd yn cynhesu fwyfwy at y Crynwyr: 'In his religious opinions', meddai amdano'i hun, 'he seems to be inclined to Quakerism.'[34] Darllenai weithiau George Fox a Robert Barclay,[35] credai y dylai llywodraethau'r byd efelychu 'esiampl aruchel' William Penn yn

Pennsylvania,[36] copïodd yr arysgrif ar fedd Lydia Phell (neu Fell), y Grynwraig gyntaf i'w chladdu ym Mynwent y Crynwyr ym mhlwyf Merthyr Tudful ym 1699,[37] ac wrth ddyfeisio ei weledigaeth farddol-dderwyddol penderfynodd na châi'r un aelod o Orsedd Beirdd Ynys Prydain arddel rhyfel a thrais. 'You most probably know of my Quakerish . . . sentiments of war and of warriors', meddai wrth Benjamin H. Malkin,[38] a drafftiodd lythyr 'in the character of a Quaker' at neb llai na Napoleon Bonaparte.[39] 'We Britons are a Bloody race',[40] meddai, a gwyddai fod y rhyfelgarwch hwn yn porthi caethwasiaeth. Mewn cyfieithiad Cymraeg o lythyr a luniwyd *c*.1792 gan Thomas Huntley ar ran Cynulliad Blynyddol Cymdeithas y Cyfeillion ym Mhrydain dywedodd: 'Drygioni mawr ein Cenhedl yw masnach caethiedigion, sy' beunydd yn cyffroi'n galar, gan alw'n daer am ein diwyd ystyriaeth.'[41]

Buasai Crynwyr Pennsylvania yn ymgyrchu yn erbyn caethwasiaeth er y 1760au. Tystient ar goedd fod y goleuni mewnol i'w gael yn enaid pobl ddu yn ogystal â phobl wyn. Yr oedd yn dilyn, felly, mai peth cwbl ffiaidd ac anghristnogol oedd caethwasiaeth. Lluniodd Anthony Benezet, Crynwr o Philadelphia, nifer o bamffledi yn erbyn y fasnach mewn caethion, gan ddylanwadu nid yn unig ar feddylfryd Americanwyr enwog fel Jefferson a Franklin ond hefyd ar bobl yn Lloegr fel Granville Sharp a Thomas Clarkson, dau ddiddymwr eithriadol o egnïol.[42] Yr oedd y Crynwyr ar flaen y gad yn Lloegr a Chymru, ac o 1761 ymlaen ni ellid ymuno â hwy heb yn gyntaf ymwrthod â chaethwasiaeth. Er eu bod yn genhadon hedd, fel carfan wasgu yr oeddynt yn gwbl ddigymrodedd. Pan sefydlwyd Pwyllgor ar gyfer Dileu'r Fasnach Gaethion ym 1787, yr oedd yn cynnwys naw Crynwr blaenllaw. Hybwyd yr ymgyrch gan bropaganda Clarkson: amcangyfrifir iddo deithio dros 35 mil o filltiroedd ar gefn ei geffyl rhwng 1787 a 1794, a deil rhai haneswyr ei fod yn haeddu'r un gydnabyddiaeth ag a roddwyd i Wilberforce, os nad mwy.[43] Yr oedd ei gyfrol *Essay on the Slavery and Commerce of the Human Species* (1786) yn gyhoeddiad eithriadol o ddylanwadol, ac wrth i dystiolaeth cyngaethweision fel Olaudah Equiano a straeon erchyll, megis penderfyniad y capten Luke Collingwood i daflu 133 o gaethweision oddi ar fwrdd y *Zong* cyn gwneud cais am yswiriant am y colledion, ddod i'r amlwg, ni allai Iolo ymddiried mwyach yn y sefydliad eglwysig:

Trown ein golwg at Eglwys Loegr, yr honn sydd a'i chyfoeth yn llifeirio, yr honn sydd a choron ymerodraidd ar ei phen, gan mai brenin daearol sydd ben arni, yr honn sydd yn eistedd ar yr orseddfainc uchel a theyrnwialen rhwysg a nerth yn ei llaw, yn cyfrif ei hun yn fawr ymhlith teyrnasoedd a gallüoedd y byd hwn, heb gyfaddef neb yn chwaer iddi ond Eglwys Rhufain. Beth y mae hi yn ei wneuthur? Beth a wnaeth hi erioed er pan a'i galwyd yn eglwys (neu'n hyttrach a'i llysenwyd felly) tuag at dannu gwybodaeth o'r gwirionedd? Dim yn y byd![44]

Er nad oedd Iolo yn fodlon mentro'n ddi-droi'n-ôl i ystafell ddirgel y Crynwyr, cofleidiai eu cenadwri ynghylch rhyfel a chaethwasiaeth, a hyd yn oed yn ei henaint yr oedd yn dda ganddo gwmni sylfaenwyr Cymdeithas Heddwch Llundain (1816), yn enwedig Joseph Tregelles Price, meistr haearn a Chrynwr o Gastell-nedd, ac Evan Rees, ysgrifennydd cyntaf y Gymdeithas ac un o sylfaenwyr yr *Herald of Peace*.

Fwyfwy hefyd deuai Iolo i gysylltiad â gwrthwynebwyr caethwasiaeth oherwydd ei awydd i wneud enw iddo'i hun fel bardd mewn cylchoedd Seisnig. Ond er mwyn gallu cyhoeddi blodeugerdd o'r cerddi y buasai'n eu paratoi ers rhai blynyddoedd byddai'n rhaid wrth rai cannoedd o danysgrifwyr. Troes ei olygon felly at Fryste a Llundain. Nid oedd yr un o'r dinasoedd hyn yn ddieithr iddo, ond hwn fyddai'r tro cyntaf iddo gyfuno'r dasg o rwydo tanysgrifiadau a thystio'n groyw yn erbyn caethwasanaeth yr un pryd. Ac yntau'n darllen papurau newydd fel y *Bristol Gazette* a *Felix Farley's Bristol Journal* yn rheolaidd, ac yn ymwelydd cyson – teithiai fynychaf ar droed – â dinas Bryste, yr oedd yn bur gyfarwydd â theithi meddwl ei thrigolion.[45] Er bod goruchafiaeth Bryste dros y fasnach mewn caethion ar drai erbyn ail hanner y ddeunawfed ganrif, gwyddai sylwebydd craff fel Iolo fod y planhigfawyr, y masnachwyr a'r capteiniaid llongau a drigai mewn tai crand yn y ddinas yn parhau i elwa yn sylweddol ar y cysylltiad masnachol â'r Caribî. Yn ôl un sylwebydd yn oes Victoria, nid oedd yr un fricsen yn adeiladau moethus y ddinas yn oes y Sioriaid nad oedd wedi ei smentio â gwaed caethwas.[46] Pa ryfedd i Iolo dreulio oriau yn cerdded ar hyd y cei yn holi a chroesholi rhai o'r morwyr neu rai o weision duon y ddinas. Sefydlodd berthynas hefyd â Hannah More drwy adrodd hanes y Madogwys, yr Indiaid honedig Gymreig a drigai yn America, a thrwy honni bod ganddo'r un ysbryd anturiaethus â'i ewythr

honedig Oliver Cromwell. Gwraig geidwadol wrth reddf oedd
More, ond yr oedd hi ac Iolo yn gytûn ar fater caethwasiaeth.[47]
Gohebai hefyd ag Ann Yearsley, llaethwraig o Clifton a ganodd yn
gofiadwy am ddioddefaint caethweision yn ei cherdd nodedig
A Poem on the Inhumanity of the Slave-Trade (1788).[48] Yr oedd yn
ymwneud yn ogystal â'r Parchedig John Prior Estlin, gweinidog
Undodaidd eglwys Lewins Mead er 1770, ac aelod blaenllaw o
Bwyllgor Diddymu Caethwasiaeth Bryste.[49] Yn ôl pob tebyg, ym
Mryste y daeth Iolo i adnabod Samuel Taylor Coleridge a Robert
Southey, dau ymgyrchydd taer yn erbyn y fasnach mewn caethion.
Yr oedd Iolo ym Mryste yng nghanol mis Mehefin 1795 a hawdd
credu iddo dalu swllt er mwyn gwrando ar y cei ar ddarlith enwog
Coleridge ar y 'Fasnach Gaethion'.[50] Cyfansoddodd Southey chwe
soned – 'Poems concerning the Slave Trade' – a bu cryn drafod ar
ei faled 'The Sailor who had served in the Slave Trade' oherwydd
ei ddelweddaeth drawiadol.[51] Erbyn 1794 yr oedd Southey wedi
cwblhau'r drafft cyntaf o'i epig *Madoc* (1804), cerdd a seiliwyd ar
y chwedl Fadogaidd yr oedd Iolo yn ei hadrodd ag arddeliad wrth
bawb a oedd yn fodlon gwrando.

Rhwng popeth, felly, yr oedd digon i ennyn sylw Iolo yn 'the
great Mart of S[outh] Wales',[52] fel y gelwid Bryste. Ond gan yr
elfennau ceidwadol a masnachol yr oedd y llaw uchaf, a phan
fyddai Iolo yn eu hatgoffa o brofiadau arteithiol y caethweision –
'stripes and fetters, groans and curses, lacerated backs and broken
hearts'[53] – wfftient ato. Cyndyn iawn oedd aelodau Tŷ'r Cyffredin i
ildio hefyd, a phan gyflwynodd Wilberforce fesur o blaid
diddymu'r fasnach ar 18 Ebrill 1791 collwyd y dydd o 75 pleidlais.
Cythruddwyd Iolo i'r byw pan glywodd glychau Eglwys St Mary
Redcliffe yn canu mewn gorfoledd. Troes ar ei sawdl a martsio'n
fawr ei ddig yn ôl i Drefflemin.[54] Drwy wrthod derbyn enw
unrhyw danysgrifiwr o Fryste a oedd yn cefnogi'r fasnach mewn
caethion, aeth yn ffrwgwd rhyngddo a William Bulgin, argraffwr a
golygydd y *Bristol Mercury and Universal Advertiser*. Ar ôl i Iolo
ei flagardio fel un o'r 'dealers in human blood', derbyniodd lythyr
cas oddi wrth Bulgin yn bygwth Bastileiddio'i drwyn â'i fysedd.[55]
Mawr oedd cynddaredd Iolo wrth ddarllen cyfiawnhad Bulgin dros
gaethwasiaeth: 'Those exiles sent from Africa are wisely sent and
not without divine appointment. I make no doubt but they are the
worst of their people, sent to foreign climes to make them better.'[56]

Glynodd Iolo wrth ei egwyddorion ac ni ddygodd anfri ar ei flodeugerdd drwy gynnwys enwau pobl wrthun fel Bulgin.

Llundain oedd yr atynfa nesaf – canolbwynt y byd, yn ôl William Owen Pughe, a chalon yr ymerodraeth Brydeinig. Yr oedd Iolo yn llawer mwy tebygol o weld pobl dduon yn Llundain nag ym Morgannwg: trigai oddeutu ugain mil ohonynt yno, yn gyngaethion, yn forwyr a milwyr, yn weision a morynion. Gwyddom iddo fod yn dyst i 'dwyll a gweniaith' a 'mawr drythyllwch' yn y brifddinas ac yr oedd y driniaeth a roddid i bobl dduon gan 'Saeson trawsion trasur' yn dân ar ei groen.[57] Er mwyn cael yr wybodaeth ddiweddaraf am hynt y fasnach ryngwladol, mynychai'r Jamaica Coffee House yn Cornhill lle y byddai masnachwyr, broceriaid a gwerthwyr yn rhoi'r byd yn ei le. Darllenodd waith nodedig Bryan Edwards, *The History, Civil and Commercial, of the British Colonies in the West Indies* (2 gyfrol, 1793)[58] a chan ei fod yn mynychu'r siopau llyfrau ym Mynwent San Pawl, yn enwedig gwasg Joseph Johnson, argraffwr Undodaidd a oedd yn cyhoeddi llyfrau gan wrthwynebwyr i gaethwasiaeth – Joseph Priestley, William Blake, John Aikin a'i chwaer Anna Letitia Barbauld – cynyddai ei awydd i wneud ei ran dros gaethion y byd. Fe'i cyfareddwyd gan neges Tom Paine, sef fod Duw wedi creu pob dyn – boed ddu neu wyn – yn rhydd a chyfartal, darllenai *Jordan's Parliamentary Journal* er mwyn ymgyfarwyddo â dadleuon gwleidyddion yn Nhŷ'r Cyffredin,[59] ac nid profiad dieithr iddo oedd mynychu llysoedd barn y brifddinas. Lle bynnag yr âi, yr oedd yn debygol o weld ar gwpan neu blât ddelwedd drawiadol Josiah Wedgwood o gaethwas ar ei liniau ac mewn cyffion yn gofyn: 'Onid wyf yn ddyn ac yn frawd?' Yr un modd, y mae'n amhosibl credu nad oedd yn ymwybodol o engrafiadau a cherddi Blake, a hwythau'n arf mor rymus yn y frwydr yn erbyn caethwasiaeth, neu gartŵn poblogaidd Isaac Cruikshank, *The Abolition of Slavery*, a ddangosai forwyr gwynion yn glafoerio dros gaethferch noeth yn hongian â'i phen i lawr. Yr oedd gan Iolo feddwl uchel o farddoniaeth William Cowper – 'our incomparably sweet Bard of Humanity'[60] – a darllenai faledi gan Morgan John Rhys ac eraill ynghylch dioddefiadau miloedd o bobl dduon a gedwid mewn 'caethiwed truenus yn Ynysoedd y Suwgr'.[61]

Y mae'n bosibl fod a wnelo Iolo â'r gawod o ddeisebau a gyflwynwyd i Dŷ'r Cyffredin ym 1792 yn mynegi dicter trigolion de Cymru ynghylch caethwasiaeth,[62] ond gwyddom i sicrwydd iddo chwarae ei ran yn y dadleuon gwleidyddol a drefnid gan aelodau'r Gwyneddigion a'r Caradogion. Ac yntau'n honni mai ef ac Edward Evans Aberdâr oedd yr olaf o'r henfeirdd dilys yn ne Cymru, yr oedd croeso twymgalon i Iolo ymhlith y Cymry Llundeinig a ddeuai ynghyd yn y Crindy yn Walbrook i farddoni yn ogystal ag yfed a chynnal gornestau ysmygu. Daethent yn gyfarwydd ag 'ehediadau'r dychymyg Ioloaidd' a rhyfeddent at seremonïaeth Gorsedd Beirdd Ynys Prydain ac at y weledigaeth farddol-dderwyddol a'i cynhaliai. Sawrai'r cyfarfodydd hyn yn gryf o egwyddorion y chwyldroadau yn America a Ffrainc ac o'r herwydd ystyrid Iolo yn rebel anuniongred ar lawer cyfrif. Yr oedd rhai gogleddwyr, yn enwedig David Thomas (Dafydd Ddu Eryri), yn drwgdybio ei gymhellion, ac ofnai Iolo fod Edward Jones, Bardd y Brenin, yn chwilio am gyfle i'w fradychu i'r awdurdodau. Cafwyd dadl boeth rhyngddynt ynghylch y fasnach mewn caethion ryw nos Sadwrn yng ngoruwchystafell y Crindy. Honnodd Bardd y Brenin mai bwystfilod oedd y caethion Negroaidd a bod ffyniant y fasnach mewn caethion yn gwbl anhepgor i economi Prydain.[63] Cythruddwyd Iolo i'r byw ac ni fu fawr o Gymraeg rhyngddo a'r telynor o Feirion wedi hynny. Oni bai am David Samwell (Dafydd Ddu Feddyg), byddai Iolo wedi danto'n llwyr ar gwmni'r Gwyneddigion. Un tebyg i Iolo oedd Samwell, yn guchiog ei olwg ac yn ffraeth ei dafod, yn hoff o lodnwm a merched hardd, ac yn hyddysg mewn llenyddiaeth Saesneg a Chymraeg.[64] Ac yntau wedi cael profiad uniongyrchol o fywyd ac arferion pobloedd Ynysoedd y Cefnfor Tawel, casâi gaethwasiaeth â chas cyflawn. Ymhlith ei gyfansoddiadau ceir *The Negro Boy*, cerdd ingol am dywysog o Affrica a edifarhaodd am werthu bachgen ifanc am watsh:

> In Isles that deck the western wave,
> I doom'd the hapless youth to dwell;
> A poor, forlorn, insulted slave!
> A beast – that CHRISTIANS buy and sell!
> And in their cruel tasks employ
> The much enduring NEGRO BOY.[65]

Dysgodd Iolo gryn dipyn am drallodion y caethion drwy fod yng nghwmni David Samwell ac yn ystod ei gyfnod yn Llundain rhwng 1791 a 1795 cyfansoddodd doreth o ddeunydd ar y thema hon.

Dim ond rhan fechan o'r pentwr syfrdanol hwn sydd wedi gweld golau dydd. Wedi stryffaglio cyhyd i gyhoeddi ei gerddi Saesneg, rhyddhad mawr i Iolo oedd gweld dwy gyfrol *Poems, Lyric and Pastoral* yn ymddangos yn gynnar ym 1794. Yn rhai o'r cerddi, yn enwedig 'Ode, on the mythology of the Antient British Bards', manteisiodd ar ei gyfle i gydymdeimlo ag 'AFRIC's injur'd race', i gollfarnu Prydain fel '*Slav'ry's* shameless land' ac i ymddiheuro am ci 'foul disgrace'.[66] Darluniodd y Gorseddogion fel cenhadon hedd a thalodd deyrnged hael i Wilberforce am ei waith yn paratoi'r ffordd ar gyfer y dydd pan ryddheid y caethion:

> Whilst Vengeance from th' ALMIGHTY's hand,
>   Falls, wrathful, on yon TYRANT's head
> That deals in blood; whilst o'er the land
>   Its horrors deep are widely spread;
> See where descend *Celestial* throngs!
> They chaunt for thee, triumphant songs,
> Great WILBERFORCE! for thee they bring
> Yon *chariot* of th' ETERNAL KING!
> HEAV'N feels new raptures at thy bless'd ascent,
>   Whilst AFRIC, faithful to thy fame,
>   Reveres, adores, thy sainted name;
>   And thou shalt smile from *native skies*
> On soft HUMANITY's far searching eyes,
> Rouse up her ardent soul, and aid her warm intent.[67]

Ceir cerddi anghyhoeddedig eraill o'i eiddo, rhai ohonynt yn debyg iawn o ran naws a chynnwys i gerdd Samwell, *The Negro Boy*. Fel hyn, gyda thynerwch anarferol, y canodd am blentyn amddifad yn Affrica y dygwyd ei rieni oddi arno gan fasnachwyr cefnog a thrahaus:

> Who tore them from thee? – 'Twas rapacious pow'r,
> That found their cottage in one fatal hour,
> When Demons armed their bands with deepest guile
> And all the villainies of Britain's Isle,
> More than infernalized by British lore,
> Out-sallied Commerce from her bloodful shore,
> Where direst fiends in habit, and where Hell,
> Collects around her throne with pow'rful spell.
> All that, leagued with her Kings, dare against Heav'n rebel.

Poor weeping babe! thy parents rudely torne,
From their dear child, and o'er huge billows borne
To British Isles, where Justice never sway'd
And where no Laws of Heav'n were e'er obey'd.
They writhe beneath the tyrant's galling throng,
And to rewardless toils are scourged along,
Feebly sustain'd by morsel dip'd in gall,
Dragging a tort'rous life on thee they call.
They left thee slumb'ring on the down of rest,
When Britain's law, the world's unequal pest,
Tore them away for ever from thy sight,
From all their hopes, – (O! ruthless arm of might)
Their pledge of tender love, and source of all delight.[68]

'I mortally hate gold', meddai Iolo wrth Gwallter Mechain ym 1793,[69] ac mewn llythyr at ei wraig ar adeg pan oedd honno'n brwydro i gadw'r ddeupen ynghyd fe'i siarsiodd i gofio bod llawer o ddanteithion yr oes 'are purchaced with the misery of others'.[70] Ffieiddiai'r Brydain fasnachol, farus am ymbesgi ar waed dynol ac am dorri ei syched drwy lyfu dagrau gweddwon, plant amddifad a chaethweision truenus. Mewn ysgrif faith anghyhoeddedig yn dwyn y teitl 'Universal Legislation', *c*.1792 bwriodd ei lach ar fasnach ddilyffethair: 'Commerce is the God that our intoxicated Island of Britain adores.'[71] Hyd nes y dysgai pobl, yn enwedig brenhinoedd, barchu iaith rheswm, gwirionedd, cyfiawnder a rhyddid, byddai argyfwng caethweision yn parhau:

Idolized Commerce! – It assumed its native hues when, wading knee deep in blood, it paved its way with human carcases to the Gold and Silver mines of Peru and Mexico. Never dreaming that there is an account to be given one day or another of those horrid barbarities it exercised on the unoffending inhabitants of those Countries . . . Ye groans that from our sugar plantations ascend to heaven, utter there at the great eternal throne your testimony to the truth of what Commerce has done in the Cowskin Hero's hand.[72]

Dengys y doreth gyfoethog hon fod Iolo yn effro iawn i ddadleuon gwleidyddol a chrefyddol ei oes. Berwai â syniadau cyffrous, gan beri i'w wraig ei ddwrdio am fod yn amhosibl o oriog: 'all ways runing from one extreme to the other'.[73] Y mae'n anodd cyfleu holl amwysedd ei feddwl amlhaenog. Un funud honnai fod y wir gyfrinach gan y beirdd Cymreig a etifeddodd grefydd bur y cynfyd

patriarchaidd. Y funud nesaf mynnai mai yng nghredo'r Crynwyr y
ceid y gwirionedd. Bryd arall gwelai rinweddau yng nghrefyddau'r
Dwyrain Pell. Ymddiddorai yn syniadau Deistaidd yr athronydd
David Williams ac yn y 'Theophilanthropia' a ddeilliai o Ffrainc.
Cynhesai fwyfwy hefyd at wrth-Drindodaeth yr Anghydffurfwyr
Rhesymegol (fel y gelwid yr Undodiaid y pryd hwnnw). Mynychai
Dŷ Cwrdd Stryd Essex yn Llundain, gan ymgyfeillachu ag
Undodiaid blaenllaw fel Joseph Priestley, Theophilus Lindsey a
Thomas Belsham.[74] Un o'i gyfeillion pennaf oedd George Dyer,
golygydd *Slavery and Famine* (1794) ac awdur *A Dissertation on
the Theory and Practice of Benevolence* (1795), a byddai'r ddau
ohonynt yn cyfarfod yn aml i drafod 'Politics, republicanism,
Jacobinisms, Carmagnolism, Sansculololisms' dros gwpanaid o
de.[75] Erbyn canol y 1790au yr oedd Iolo yn arddel y llysenw 'Bardd
Rhyddid'[76] ac yr oedd ei ymosodiadau chwyrn ar grefft brenin
(*kingcraft*), offeiriadaeth (*priestcraft*), rhyfel a'r fasnach mewn
caethion yn ennyn sylw'r awdurdodau. Er ei fod yn cuddio rhai o'i
ysgrifau a'i gerddi mwyaf tanllyd a chableddus, nid lle diogel oedd
y brifddinas yn ystod 'Teyrnasiad Braw' William Pitt. Gan fod
gwrth-Drindodwyr fel Iolo yn dioddef cymaint o wrthwynebiad ac
erledigaeth, fe'u disgrifiwyd gan un gweinidog fel 'Negroaid
diwinyddol'.[77] Dan yr amgylchiadau, ni allai lai na dychwelyd i
Gymru. Er mawr ollyngdod i'w wraig a'i blant, penderfynodd Iolo
fynd tua thre ym 1795.

Nid un i laesu dwylo mo Iolo a rhoes gynnig unwaith eto ar fod
yn ddyn busnes. Agorodd siop yn Y Bont-faen lle y gwerthai de,
siocled, siwgwr, ffigys, cyrains, sinamon, cnau'r India, sinsir a
mwstard yn ogystal â hetiau a llyfrau.[78] Te oedd ei hoff ddiod ac
yfai baneidiau lawer ohono wedi ei felysu â siwgwr a werthid gan
Gwmnïau India'r Dwyrain. Meddai Elijah Waring amdano:

> I once asked the Bard how many cups of tea he had ever imbibed at one
> sitting. His reply was, that he had never counted them; but a lady once
> assured him, *she was handing him his sixteenth cup*, and he supposed
> she had 'kept a true score against him'. He used sugar, and a copious
> infusion of cream or milk, which he considered as adjuncts of nutrition
> to the exhilarating property of the tea.[79]

Wrth sglaffio bara menyn, te a hufen trwchus ar aelwyd Gwallter
Mechain ym mis Mehefin 1802, yr oedd Iolo yn ei seithfed nef:

'Farmer George [Siors III] can never produce any thing equal to it
on his farm. Alas poor farmer George!'[80] Prynai stoc helaeth o de –
camomil a marddanhadlen bêr oedd ei ffefrynnau personol[81] – ac,
yn unol â dymuniad yr ymgyrchwyr dros ddileu'r fasnach mewn
caethion, ymwrthodai'n llwyr â siwgr, rŷm a thriogl o'r Caribî.
Dim ond nwyddau masnach deg a geid yn ei siop ac ymffrostiai yn
yr hysbyseb yn ei ffenestr: 'East India Sweets, uncontaminated
with human gore.'[82] Dosbarthai hysbyslenni printiedig yn tynnu
sylw at rai danteithion:

> At Cowbridge the name of Ned Williams appears,
> A shop-keeping Bard, having choicest of wares,
> To those that have money, be this understood,
> Ring the bell at his door, he sells ev'ry thing good.

> He is a Jack of all trades, many labours he plies,
> Hopes that above want he can honestly rise,
> Fair dealing he loves, is no vender of trash,
> Come and see what you want, and exchange it for cash.

> Of Teas the most fragrant assortments are seen,
> Here's black and all blacks, here's the finest of green;
> Your favours, ye fair, let your Bard thus invoke,
> Here's chocolate, coffee, with Fry's patent coke.

> Here are currants and raisins, delicious french plumbs,
> The Christian free sugar from East India comes,
> And brought from where Truth is not yet in the bud,
> Rank Church-and-King sweets for the lovers of blood.[83]

Ysgrifennodd at aelodau Cymdeithas Amaethyddol Caerfaddon yn
eu hannog i dyfu te a masarnen siwgr ar gyfer 'lovers of
humanity',[84] a phan fu'r Prif Weinidog William Pitt mor annoeth â
chodi trethi ar de anfonodd Iolo lythyr maith ato yn ei ddwrdio'n
hallt am wastraffu arian ar ryfeloedd ac am ei 'blood-loving
depravity'.[85] At hynny, archebai lyfrau radicalaidd o Lundain a
Bryste i'w gwerthu yn ei siop. Yn eu plith, yn ôl ei ddisgrifiad
chwareus ei hun, yr oedd 'A Book about Bony Party', 'Peter
Pindar's book about the lice in the Kings head – a damn good
thing' ac 'a book about Oliver Cromwell'.[86]

Ac yntau'n fardd llawryfog y Jacobiniaid yn ne Cymru, cedwid
ef dan wyliadwriaeth fanwl. Mewn cyfnod pan oedd Prydain yn

brwydro am ei heinioes yn erbyn lluoedd Ffrainc, a chysgod y tywallt gwaed a ddigwyddodd yn sgil y Chwyldro yno yn peri i bobl uno o blaid brenin, gwlad ac eglwys, yr oedd yn hawdd i bobl amau mai gwrthryfelwr a bradwr oedd Iolo. A theg dweud iddo roi digon o achos iddynt gredu hynny. Yn ystod taith drwy siroedd Morgannwg a Chaerfyrddin yn haf 1796, er enghraifft, heriodd y gyfraith ac wfftiodd at ysbïwyr. Wrth nesáu at balas esgob Tyddewi yn Abergwili dyheai am gyfle i fwrw'r esgob i ddwylo caethfasnachwyr neu'r diafol ei hun,[87] ac wrth weld y diwydiant copr yn prifio yn Abertawe a'r cylch gofidiai (gan adleisio Coleridge) ynghylch canlyniadau 'slave-trading, war-whooping commerce'.[88] Yng nghartref ei gyd-Undodwr Thomas Evans (Tomos Glyn Cothi) ym Mhenpistyll, adroddai'r ddau englynion i'r 'Gwir Ddianrhydeddus, William Pitt' a cherddi cystwyol am dreiswyr a oedd yn ymbesgi ar waed gorthrymedigion ac ar 'y fasnach uff[ern]ol o brynu caethion yn Affrica'.[89] Ym Mro Morgannwg hefyd canai am 'Freiniau Dyn' a thros heddwch mewn Gorseddau a gynhaliwyd ar Fryn Owain a Mynydd y Garth.[90] Chwipiai'r Saeson yn ddidrugaredd yn ei drioedd – 'Tri pheth y sy'n ymborth ar waed, Chwannen, Rhyfelwr cyflog, a Sais'[91] – ac ni chollai unrhyw gwsg ynghylch bod yn wleidyddol gywir:

> An Italian Sodomite,
> A Spanish Tyrant,
> A French Lyar,
> A German Drunkard,
> A Dutch Usurer,
> An English Savage.[92]

Yn ei lawysgrifau byddai'n aml yn gwrthgyferbynnu nodweddion derbyniol ac annerbyniol wrth restru a bathu geiriau:

> Dyngar – humane – Dyngarwch, humanity.
> Dyngar, dyngared, dyngarwch, dyngaraf.
> Annyngar, annyngarwch.
> Crengar ⎫ Creulondebgar, Creuloneddgar
> Gwaed ⎭ ffyrnigeiddgar – dywaleddgar, Llidgar.[93]

Disgrifiodd yr Arglwydd Nelson fel y 'Cawrlofrudd a'r Morleidr Mawr' ac un o'i gerddi mwyaf calonrwygol oedd ei gywydd maith 'Gorymbil am Heddwch' a draddodwyd mewn Gorsedd ddirgel a gynhaliwyd ar Fryn Dinorwig yn sir Gaernarfon ym 1799.[94] Gweithred eithriadol o heriol ar ei ran oedd sylfaenu, yng nghwmni Josiah Rees, Gymdeithas Dwyfundodiaid Deheubarth Cymru ym mis Hydref 1802. Credai mai ef oedd 'Tad' y mudiad ac yn ei gyfarfodydd blynyddol clywid llais croch Iolo yn taranu'n gyson yn erbyn ffieidd-dra caethwasiaeth. Daliai i gredu ei bod yn haws i gamel fynd trwy grau nodwydd nag i ddyn cyfoethog fynd i mewn i deyrnas Dduw, a brithir ei nodiadau â dywediadau bachog ynghylch ymddygiad da: 'Wyth dyledswydd dyn, Elusen, Cariad, dirwest, hyder, cyfiawnder, diweirdeb, ufudd-dod, a goddef dros y da.'[95] Ac, fel y dengys ei gerdd 'Dinistr y Llongau Caethglud', hanes y dymestl a suddodd ddeugain o longau oddi ar arfordir Sbaen tra oeddynt ar eu ffordd i Affrica i gipio ugain mil o gaethion, yr oedd yn gysur iddo fod trawsion y byd yn ddarostyngedig i ewyllys yr Hollalluog.[96]

Yn ôl Elijah Waring, credai Iolo yn ddiysgog nad mater i gyfaddawdu yn ei gylch oedd caethwasiaeth.[97] Ond gwyddom erbyn hyn fod ystyriaethau teuluol wedi achosi cryn wewyr meddwl iddo o'r 1790au ymlaen. Yr oedd ei dri brawd iau wedi ymfudo i Jamaica fel llafur ymrwymedig cyn cael hyd i waith fel seiri meini ac yna ddod yn berchenogion ar blanhigfeydd lle y cadwent gaethion.[98] Ymadawodd Miles a John am y Caribî ym 1778 ac fe'u dilynwyd gan Thomas ym 1786. Er mawr ofid i'r Bardd Rhyddid, comisiynwyd y tri brawd i baratoi seiliau priodol yn Spanish Town ar gyfer cerflun mawreddog gan John Bacon o George Bridges Rodney, Barwn cyntaf Rodney, i ddathlu ei fuddugoliaeth syfrdanol dros lynges Ffrainc ym Mrwydr y Seintiau ym mis Ebrill 1782. Gwariwyd oddeutu £31,000 ar y prosiect cyfan a defnyddiodd Bacon y marmor gorau posibl o'r Eidal, gan bortreadu Rodney yn gwisgo toga Rhufeinig yn ystum Apollo Belvedere.[99] Yr oedd hyn oll yn wrthun i Iolo gan fod Rodney yn dalp o Sais balch ac oherwydd bod ei gofeb yn symbol o rym milwrol Prydain a gwaradwydd y fasnach mewn caethion. Serch hynny, nychwyd y gwaith gan brinder adnoddau crai a syrthni ac anwadalwch Thomas Williams, ac ar ôl dadorchuddio'r gofeb ym 1792 dygodd Thomas achos cyfreithiol yn erbyn ei ddau frawd er mwyn adennill taliadau y tybiai eu bod yn ddyledus iddo. Bu cryn ymgecru rhyngddynt o ganlyniad. Ymhell cyn hyn, serch hynny, yr oedd Iolo wedi cymryd yn erbyn ei frodyr, yn rhannol oherwydd rhagfarn Thomas yn erbyn yr 'ignorant blockeds'[100] a oedd yn gweini fel caethion ar ei frodyr a hefyd oherwydd y cyfoeth annheilwng a ddaethai i'w rhan: 'I think that my brothers Miles and Jack', meddai Iolo wrth ei wraig, 'are like all other cowskin heroes, as hard-hearted as the devil.'[101] Er bod Iolo yn gwybod eu bod yn seiri meini abl a phrofiadol, yn gwbl fwriadol fe'u diraddiodd drwy eu disgrifio fel 'bricklayers' yn rhestr y tanysgrifwyr i *Poems, Lyric and Pastoral*.[102] Honnodd wrth y nofelwraig Mary Barker, merch i feistr haearn o Congreve, ei fod wedi eu ceryddu'n hallt am ymhél â'r fasnach ddieflig mewn caethion,[103] ond mynnai ei frodyr ei fod nid yn unig wedi derbyn arian ganddynt o dro i dro ond nad oedd byth yn cydnabod eu llythyrau na'u rhoddion.[104] Rhaid cofio bod yr awydd i ystumio, llurgunio a thwyllo yn brigo'n aml i'r wyneb ym mywyd Iolo. Mynnai ef mewn llythyr at William Owen Pughe fod ei frodyr wedi cynnig blwydd-dal o £50 am oes iddo, ond nad oedd yn fodlon derbyn yr un ddimai goch oni fyddent yn rhyddhau eu caethweision ac yn rhoi'r un swm iddynt hwythau hefyd.[105] 'O, Iolo! Iolo!' oedd ymateb pryfoclyd Pughe i aberth Iolo, a chan wybod bod ei gyfaill mor dlawd â llygoden eglwys ceisiodd ei berswadio i ildio: 'what does it signify whether a slave is tied by the leg or shut in a cage? The bulk of the [peasants] of Clas Meidyn [? Myrddin] are virtually as great slaves, and essentially in worse condition than the Negroes in the West Indies.'[106] Dal i ddirywio a wnâi'r berthynas rhwng Iolo a'i frodyr, yn rhannol am nad oeddynt yn rhannu'r un daliadau gwleidyddol ag ef. Ym mis Awst 1791 yr oedd caethion yn nhrefedigaeth Ffrengig San Domingo ar ynys Hispaniola wedi codi fel un dyn mewn gwrthryfel. Dros gyfnod o ddeuddeg mlynedd llwyddwyd i drechu lluoedd Ffrainc, Sbaen a Phrydain ac i sefydlu gwladwriaeth newydd Haiti ym 1803.[107] Bu hyn yn hwb seicolegol aruthrol bwysig i bobl dduon. Yn wahanol i'w frodyr ceidwadol, yr oedd Iolo uwchben ei ddigon: 'Glorious news from St Domingo. The blacks are soundly drubbing the white devils, nicknamed men, llwyddiant iddynt.'[108]

Ond yna daeth tro annisgwyl ar fyd. Bu farw ei frawd John ym mis Rhagfyr 1803 a chyn bo hir daeth y newyddion ei fod wedi gadael £100 yr un i Iolo a'i blant yn ei ewyllys. Yr oedd Iolo bellach mewn cryn gyfyng-gyngor. Beunydd âi'r dasg o gadw'r blaidd o'r drws yn anos. Dibynnai ar gardod ewyllyswyr da ac ambell siec o du'r Gronfa Lenyddol Frenhinol, ac ymboenai'n ddirfawr ynghylch dyfodol ei dri phlentyn. Bedwar mis cyn i John

farw yr oedd Iolo wedi dweud yn blwmp ac yn blaen wrth William
Owen Pughe na fyddai'n cyfaddawdu dim:

> I consider it as a most dreadful misfortune that my children are their
> only heirs in law, estates got by the infernal traffic in human blood, by
> slave-holding. God deliver my very poor children from ever having a
> single farthing from such estates. May the vast Atlantic ocean swallow
> up Jamaica, and all other slave-trading and slave-holding countries,
> before a boy or a girl of mine eats that single morsel that would prevent
> him or her from perishing of hunger, if it is the produce of slavery.[109]

Geiriau nodweddiadol o'r Iolo unplyg a phenstiff oedd y rhain ac y
mae'n glod iddo ei fod wedi ystyried o ddifrif hwylio o Fryste i
Jamaica er mwyn rhyddhau'r hanner cant o gaethweision duon a
feddiannwyd gan ei frawd ac ysbrydoli eraill i ollwng 'from their
long miseries and captivity the large portion of human beings that
groan under the heat of oppression'.[110] Gan i weddw John Williams
herio amodau'r ewyllys ni fu rhagor o sôn am y cymynroddion am
rai blynyddoedd. Ar 25 Mawrth 1807 dilewyd y fasnach mewn
caethweision a chlywyd tair bonllef o gymeradwyaeth i Wilberforce
yn Nhŷ'r Cyffredin. Gweithredwyd y ddeddf o 1 Mai ymlaen. I
rywun fel Iolo, a oedd wedi dechrau paratoi gwaith yn dwyn y teitl
'A New and Equitable Plan for the gradual Abolition of Slavery in
the West Indies, addressed to the British Legislature' mor gynnar â
1794,[111] yr oedd hyn yn newyddion ardderchog.

I ddathlu'r achlysur nodedig hwn cyfansoddodd 'Cân Rhyddhad
y Caethion',[112] cerdd a fynegai ei orfoledd o fod yn dyst i'r 'dydd
llawenydd':

> Hir yng ngwledydd poethion Affrig
> Bu'n cydfrodyr dan yr iau;
> Daeth yr amser gwynfydedig
> O law'r gelyn i'w rhyddhau;
> Duw sy'n gweithio'n Ynys Prydain
> Drostynt o'i diriondeb rhad,
> Gwaith a'u cynnull dan ei adain,
> A'i diogela'n nhir eu gwlad.
>
> Masnach dyn! Ei gorff a'i enaid
> Meibion trachwant mwy ni chânt;
> Cyn bo hir dan ddial tanbaid
> O bob tir diflannu wnant;

Dydd i agor drws pob carchar,
Dryllio'r gadwyn, torri'r iau,
Dydd i sychu dagrau galar,
Dydd ein Duw sy'n ymneshau.

Yn yr emynau niferus a gyhoeddodd ym 1812 bu'n wiw ganddo ddiolch i Dduw am ryddhau'r caethion a hefyd gystwyo 'crafangwyr aur ac arian'.[113] Yn sgil marwolaeth y tri brawd yn Jamaica, ailgodwyd mater cymynrodd John Williams. Gan fod Deddf 1807 wedi ei phasio a chan ei fod yn awyddus i sicrhau dyfodol i'w blant gofynnodd Iolo i Alfred Estlin, cyfreithiwr ym Mryste, weithredu ar ei ran. Ymhen hir a hwyr, ym mis Chwefror 1815 derbyniodd Iolo a'i dri phlentyn siec o £146.10s. yr un fel eu cyfran hwy o gymynrodd John Williams.[114] Gyda'r math o awdurdod sydd i'w ddisgwyl gan gyfreithiwr ac Archdderwydd, honnodd y Prifardd Brinley Richards ym 1979: 'Y mae'n gwbl amlwg na dderbyniwyd yr un ddimai goch o arian Jamaica.'[115] Diolch i ymchwil fanwl Andrew Davies,[116] gwyddom nad oedd hynny'n wir. Bu'r arian yn gymorth i Iolo i glirio ei ddyledion, i Daliesin ab Iolo i sefydlu Ysgol Fasnachol ym Merthyr Tudful, ac i Margaret ac Ann agor siop ddillad yng Nghefncribwr. Ac er i enwogion fel Coleridge a Southey ymdawelu a chefnu ar eu hegwyddorion radicalaidd, parhaodd Iolo i fod yn gyfaill i bobl orthrymedig a dioddefus weddill ei oes ac i herio llywodraethau a brenhinoedd treisgar.

'Diddorol yn hytrach na phwysig ydyw Iolo ym myd gwleidyddiaeth', meddai R. T. Jenkins ym 1933.[117] 'Nid fel gwleidydd y mae Iolo'n bwysig', meddai Ceri W. Lewis ym 1995.[118] Gan mai Iolo, yn anad neb, oedd pennaf ladmerydd yr ymgyrch yn erbyn caethwasiaeth yng Nghymru, y mae'n hen bryd i ni gydnabod ei fod yn wleidydd o'i gorun i'w sawdl.

NODIADAU

¹ Gw. ei adolygiad craff o gyfrol Ceri W. Lewis, *Iolo Morganwg* (Caernarfon, 1995) yn *Llên Cymru*, 19 (1996), 197.

² William Hague, *William Wilberforce: The Life of the Great Anti-Slave Trade Campaigner* (London, 2007).

³ Edward Williams, *Poems, Lyric and Pastoral* (2 gyfrol, London, 1794), I, t. xxxviii.

⁴ Ll[yfrgell] G[enedlaethol] C[ymru] 21343A. Ysgrifennwyd y frawddeg y tu mewn i glawr y llawysgrif hon.

⁵ LlGC 21280E, llythyr rhif 105, David Davis at Iolo Morganwg, 3 Ebrill 1807. Am y Davis hwn, gw. T. G. Davies, *Neath's Wicked World* (Swansea, 2000), tt. 109–24. Am ohebiaeth eithriadol o ddiddorol Iolo, gw. Geraint H. Jenkins, Ffion Mair Jones a David Ceri Jones, goln., *The Correspondence of Iolo Morganwg* (3 cyfrol, Cardiff, 2007).

⁶ Cefais fudd mawr o ddarllen y canlynol: Peter Fryer, *Black People in the British Empire: An Introduction* (London, 1988); Hugh Thomas, *The Slave Trade: The History of the Atlantic Slave Trade 1440–1870* (London, 1997); James Walvin, gol., *Black Ivory: Slavery in the British Empire* (ail arg., Oxford, 2001); idem, *The Trader, The Owner, The Slave: Parallel Lives in the Age of Slavery* (London, 2007); idem, *A Short History of Slavery* (London, 2007).

⁷ Richard S. Dunn, *Sugar and Slaves: The Rise of the Planter Class in the English West Indies, 1624–1713* (London, 1973), t. 201.

⁸ Trafodir rhai o'r dadleuon hyn yn John Pinfold, *The Slave Trade Debate: Contemporary Writings For and Against* (Oxford, 2007).

⁹ Fryer, *Black People in the British Empire*, t. 12.

¹⁰ LlGC 21285E, llythyr rhif 84, Iolo Morganwg at William Owen Pughe, 8 Chwefror 1800.

¹¹ LlGC 13174A, t. 26ᵛ.

¹² J. R. Harris, *The Copper King: Thomas Williams of Llanidan* (ail arg., Ashbourne, 2003), tt. xii, xiv, 10–11.

¹³ LlGC 13221E, tt. 119–22, Iolo Morganwg at William Owen Pughe, 20 Gorffennaf 1805.

¹⁴ Dudley Pope, *The Buccaneer King: The Biography of Sir Henry Morgan 1635–1688* (New York, 1978); Richard Sanders, *If a Pirate I Must Be: The True Story of Bartholomew Roberts – King of the Caribbean Pirates* (London, 2007).

¹⁵ Barbara L. Solow a Stanley L. Engerman, goln., *British Capitalism and Caribbean Slavery: The Legacy of Eric Williams* (Cambridge, 1987), tt. 26, 209; Seymour Drescher, *From Slavery to Freedom: Comparative Studies in the Rise and Fall of Atlantic Slavery* (Basingstoke, 1999).

¹⁶ Gwyn A. Williams, *When was Wales?* (London, 1979). Am y fersiwn llawn, gw. idem, *When was Wales? A History of the Welsh* (London, 1985). Gw. hefyd Geraint H. Jenkins, *The People's Historian: Professor Gwyn A. Williams (1925–1995)* (Aberystwyth, 1996); idem, 'Dau Fachan Bech o Ddowlish: Glanmor Williams a Gwyn Alfred Williams' yn Hywel Teifi Edwards, gol., *Merthyr a Thaf* (Llandysul, 2001), tt. 192–226.

[17] Gw. y cyfeiriadau di-rif at waith Williams yn B. W. Higman, *Writing West Indian Histories* (London, 1999).

[18] Gwasanaeth Archifau Gorllewin Morgannwg, Cofrestri Plwyf Eglwys y Santes Fair, Abertawe, 7 Medi 1801.

[19] Gw. Ivor Waters, *The Unfortunate Valentine Morris* (Chepstow, 1964).

[20] *Oxford Dictionary of National Biography*, s.v. Nathaniel Wells.

[21] Gw. John Mullan, *Sentiment and Sociability: The Language of Feeling in the Eighteenth Century* (Oxford, 1988); Chris Jones, *Radical Sensibility: Literature and Ideas in the 1790s* (London, 1993); Brycchan Carey, *British Abolitionism and the Rhetoric of Sensibility: Writing, Sentiment, and Slavery, 1760–1807* (Basingstoke, 2005) a hefyd G. J. Barker-Benfield, 'Sensibility' yn Iain McCalman, gol., *An Oxford Companion to the Romantic Age: British Culture 1776–1832* (Oxford, 1999), tt. 102–14.

[22] *Kentish Gazette*, 31 Ionawr – 3 Chwefror 1776.

[23] Er enghraifft LlGC 13136A, tt. 137–63.

[24] Meredydd Evans, 'David Hume', *Efrydiau Athronyddol*, LXVII (2004), 47.

[25] Victor Gourevitch, gol., *Rousseau: The Social Contract and Other Later Political Writings* (Cambridge, 1997).

[26] Gwelir ôl syniadau Rousseau yn y trioedd a geir yn nhrydedd gyfrol Owen Jones, Iolo Morganwg a William Owen Pughe, goln., *The Myvyrian Archaiology of Wales* (3 cyfrol, London, 1801–7).

[27] LlGC 21428E, rhif 4; Henry MacKenzie, *The Works of Henry MacKenzie* (8 cyfrol, London, arg. 1996), III.

[28] P. J. Donovan, *Cerddi Rhydd Iolo Morganwg* (Caerdydd, 1980); Huw Meirion Edwards, 'A Multitude of Voices: The Free-Metre Poetry of Iolo Morganwg' yn Geraint H. Jenkins, gol., *A Rattleskull Genius: The Many Faces of Iolo Morganwg* (Cardiff, 2005), tt. 95–121.

[29] Llyfrgell Brydeinig Llsgr. 15024, ff. 199–200, Iolo Morganwg at Owain Myfyr, 8 Awst 1784.

[30] Llyfrgell Brydeinig Llsgr. 15024, ff. 196–7, Iolo Morganwg at Owain Myfyr, 20 Medi 1783.

[31] G. J. Williams, *Iolo Morganwg: Y Gyfrol Gyntaf* (Caerdydd, 1956), t. 412.

[32] LlGC 21389E, rhif 7.

[33] LlGC 13089E, tt. 182–3, Iolo Morganwg at Anghydffurfwyr Protestannaidd Morgannwg, ? Mehefin 1789.

[34] *Gentleman's Magazine*, LIX, Rhan 2 (1789), 976–7.

[35] LlGC 13136A, tt. 137–63.

[36] LlGC 21401E, rhif 25.

[37] LlGC 13141A, tt. 186–7.

[38] LlGC 21285E, llythyr rhif 883, Iolo Morganwg at Benjamin H. Malkin, 28 Tachwedd 1809.

[39] LlGC 13159A, tt. 200–3.

[40] LlGC 21401E, rhif 26.

[41] LlGC 21428E, rhif 7.

[42] Am y cyd-destun hwn, gw. Adam Hochschild, *Bury the Chains: The British Struggle to Abolish Slavery* (Basingstoke, 2005).

[43] Cedwir dyddiaduron teithiau Clarkson drwy Gymru ym 1823–4 yn y Llyfrgell Genedlaethol. Gw. LlGC 14984A.

[44] LlGC 21414E, llythyr rhif 6, Iolo Morganwg at gyhoeddwr y *Cylch-Grawn Cynmraeg*, 27 Gorffennaf 1793.

[45] Gw. Mary-Ann Constantine, '*Combustible Matter*': *Iolo Morganwg and the Bristol Volcano* (Aberystwyth, 2003).

[46] Eric Williams, *Capitalism and Slavery* (London, 1964), t. 61. Gw. hefyd Geraint H. Jenkins, 'The Urban Experiences of Iolo Morganwg', *Cylchgrawn Hanes Cymru*, 22, rhif 3 (2005), 463–98.

[47] LlGC 21286E, llythyr rhif 1023, Iolo Morganwg at Hannah More, *c.*1792.

[48] LlGC 21426E, llythyr rhif 72, Iolo Morganwg at Ann Yearsley, 30 Awst 1791.

[49] Madge Dresser, *Slavery Obscured: The Social History of the Slave Trade in an English Provincial Port* (London, 2001), tt. 139–40.

[50] Lewis Patton a Peter Mann, goln., *The Collected Works of Samuel Taylor Coleridge: Lectures 1795 On Politics and Religion* (London, 1971), tt. xxxvii, 235–51.

[51] Lynda Pratt, gol., *Robert Southey: Poetical Works 1793–1810. Volume 5. Selected Shorter Poems c.1793–1810* (London, 2004), tt. 48–54.

[52] LlGC 1760A, f. 12r.

[53] Elijah Waring, *Recollections and Anecdotes of Edward Williams* (London, 1850), t. 58.

[54] Ibid., t. 61.

[55] LlGC 21400C, rhif 24; LlGC 21282E, llythyr rhif 382, 'Jacobus Placo' [William Bulgin] at Iolo Morganwg, 20 Awst 1791.

[56] LlGC 21282E, llythyr rhif 382.

[57] Donovan, *Cerddi Rhydd Iolo Morganwg*, tt. 9, 29, 44.

[58] LlGC 21285E, llythyr rhif 821, Iolo Morganwg at Thomas Williams, 26 Hydref 1793.

[59] LlGC 21421E, rhif 29.

[60] LlGC 21401E, rhif 19.

[61] LlGC 21405E, rhif 3. Gw. hefyd J. J. Evans, *Morgan John Rhys a'i Amserau* (Caerdydd, 1935), Gwyn A. Williams, *The Search for Beulah Land* (London, 1979) ac E. Wyn James, 'Caethwasanaeth a'r Beirdd, 1790–1840', *Taliesin*, 119 (Haf 2003), 37–60.

[62] Gwynne E. Owen, 'Welsh Anti-Slavery Sentiments, 1795–1865: A Survey of Public Opinion' (traethawd MA anghyhoeddedig Prifysgol Cymru, 1964), t. 20.

[63] LlGC 21396E, rhif 17.

[64] William Ll. Davies, 'David Samwell (1751–1798): Surgeon of the "Discovery", London-Welshman and Poet', *Transactions of the Honourable Society of Cymmrodorion* (1926–7), 70–133; E. G. Bowen, *David Samwell (Dafydd Ddu Feddyg) 1751–1798* (Caerdydd, 1974); Martin Fitzpatrick, 'The "Cultivated Understanding" and Chaotic Genius of David Samwell' yn Jenkins, gol., *A Rattleskull Genius*, tt. 383–402.

[65] Tybiwyd ar gam ar un adeg fod *The Negro Boy* yn gerdd anhysbys. Gw. James G. Basker, gol., *Amazing Grace: An Anthology of Poems about Slavery,*

1660–1810 (Yale, 2002), tt. 565–6. Ond Samwell oedd awdur y gerdd hon a phrynwyd copi printiedig ohoni yn ddiweddar gan Lyfrgell Genedlaethol Cymru.

[66] Williams, *Poems, Lyric and Pastoral*, I, t. 209.

[67] Ibid., II, tt. 210–11. Gw. hefyd fersiwn gwahanol yn LlGC 13097B, tt. 299–300.

[68] LlGC 21392F, rhif 28.

[69] LlGC 1808Eii, llythyr rhif 1520, Iolo Morganwg at Walter Davies (Gwallter Mechain), 12 Mawrth 1793.

[70] LlGC 21285E, llythyr rhif 787, Iolo Morganwg at Margaret (Peggy) Williams, ?1794.

[71] LlGC 21323B, t. 31.

[72] Ibid., t. 31.

[73] LlGC 21283E, llythyr rhif 604, Margaret (Peggy) Williams at Iolo Morganwg, 1 Ionawr 1793.

[74] Geraint H. Jenkins, '"Dyro Dduw dy Nawdd": Iolo Morganwg a'r Mudiad Undodaidd' yn idem, gol., *Cof Cenedl XX: Ysgrifau ar Hanes Cymru* (Llandysul, 2005), tt. 72–5.

[75] LlGC 13221E, t. 49, Iolo Morganwg at William Owen Pughe, 20 Mai 1795.

[76] Geraint H. Jenkins, 'The Bard of Liberty during William Pitt's Reign of Terror' yn Joseph F. Nagy a Leslie E. Jones, goln., *Heroic Poets and Poetic Heroes in Celtic Tradition* (Dublin, 2005), tt. 183–206.

[77] David Turley, *The Culture of English Antislavery 1780–1860* (London, 1991), t. 89.

[78] LlGC 13138A, tt. 268–9. Ar gyfer y cefndir, gw. Richard B. Sheridan, *Sugar and Slavery: An Economic History of the British West Indies 1623–1776* (Baltimore, 1974).

[79] Waring, *Recollections and Anecdotes*, tt. 23–4.

[80] LlGC 13174A, t. 52v.

[81] LlGC 21404F, rhifau 35–6.

[82] Waring, *Recollections and Anecdotes*, t. 108.

[83] LlGC 21410E, rhif 29a.

[84] LlGC 21285E, llythyr rhif 857, Iolo Morganwg at Gymdeithas Amaethyddol Caerfaddon, 19 Gorffennaf 1796.

[85] Yr Archifau Cenedlaethol, 30/8/190/83LH, Iolo Morganwg at William Pitt, 16 Rhagfyr 1796.

[86] LlGC 13146A, tt. 128–31.

[87] LlGC 13115B, t. 363.

[88] Ibid., t. 372. Cyfeiriodd Coleridge yn 'Fears in Solitude' at serch Prydain at ryfel a chaethwasiaeth: 'we have lov'd / To swell the war-whoop, passionate for war'. Damian Walford Davies, *Presences that Disturb: Models of Romantic Identity in the Literature and Culture of the 1790s* (Cardiff, 2002), t. 163.

[89] LlGC 6238A, t. 282; *The Miscellaneous Repository: Neu, Y Drysorfa Gymmysgedig*, II (1796), 144.

[90] LlGC 13148A, tt. 267–72, 286–92.

[91] LlGC 13124B, t. 306.

[92] LlGC 13129A, t. 447.

[93] LlGC 13126A, t. 231.

[94] LlGC 13134A, t. 219. Dro arall, honnodd fod milwyr a morwyr Prydain yn ymgorfforiad o'r Diafol. LlGC 13089E, tt. 258–61.

[95] LlGC 13134A, tt. 34–48.

[96] LlGC 21285E, llythyr rhif 881, Iolo Morganwg at William Owen Pughe, 27 Ebrill 1808; LlGC 13137A, t. 29.

[97] LlGC 21423E, rhif 11; *Seren Gomer*, 18 Tachwedd 1818, 368.

[98] Clare Taylor, 'Edward Williams ('Iolo Morganwg') and his Brothers: A Jamaican Inheritance', *Transactions of the Honourable Society of Cymmrodorion* (1980), 35–43.

[99] David Spinney, *Rodney* (London, 1969); *ODNB*, s.v. George Bridges Rodney.

[100] LlGC 21285E, llythyr rhif 724, Thomas Williams at Iolo Morganwg, 14 Gorffennaf 1786.

[101] LlGC 21285E, llythyr rhif 819, Iolo Morganwg at Margaret (Peggy) Williams, 20 Medi 1793.

[102] Williams, *Poems, Lyric and Pastoral*, I, t. xxxviii; LLGC 21387E, tt. 8^{r-v}.

[103] LlGC 21285E, llythyr rhif 862, Iolo Morganwg at Mary Barker, 26 Mawrth 1798.

[104] LlGC 21282E, llythyr rhif 441, James Robins at Iolo Morganwg, 4 Medi 1803; LlGC 21284E, llythyr rhif 740, Thomas Williams at Iolo Morganwg, 14 Ionawr 1804.

[105] LlGC 13221E, tt. 71–4, Iolo Morganwg at William Owen Pughe, 8 Medi 1800.

[106] LlGC 21282E, llythyr rhif 343, William Owen Pughe at Iolo Morganwg, 21 Tachwedd 1800.

[107] C. L. R. James, *The Black Jacobins: Toussaint L'Ouverture and the San Domingo Revolution* (arg. newydd, London, 1980).

[108] LlGC 1808Eii, llythyr rhif 1524, Iolo Morganwg at Walter Davies (Gwallter Mechain), 1 Mehefin 1802.

[109] LlGC 13222C, tt. 173–6, Iolo Morganwg at William Owen Pughe, 25 Awst 1803.

[110] LlGC 13221E, tt. 127–30, Iolo Morganwg at William Owen Pughe, 28 Ebrill 1805.

[111] LlGC 21400C, rhif 9.

[112] T. C. Evans [Cadrawd], *Iolo Morganwg* (Llanuwchllyn, 1913), tt. 57–60.

[113] Edward Williams, *Salmau yr Eglwys yn yr Anialwch* (Merthyr, 1812), t. 174. Gw. hefyd LlGC 21353A, tt. 7–9.

[114] LlGC 21281E, llythyr rhif 147, Alfred Estlin at Iolo Morganwg, 15 Hydref 1814.

[115] Brinley Richards, *Golwg Newydd ar Iolo Morganwg* (Abertawe, 1979), t. 87.

[116] Andrew Davies, '"Uncontaminated with Human Gore"? Iolo Morganwg, Slavery and the Jamaican Inheritance' yn Jenkins, gol., *A Rattleskull Genius*, tt. 293–313.

[117] R. T. Jenkins, *Hanes Cymru yn y Bedwaredd Ganrif ar Bymtheg: Y Gyfrol Gyntaf (1789–1843)* (Caerdydd, 1933), t. 23.

[118] Lewis, *Iolo Morganwg*, t. 140.

Lingen, Arnold a Palgrave:
Tri Sais a'u Hagweddau at Gymru

PRYS MORGAN

Mae helynt 'Brad y Llyfrau Gleision', adroddiadau addysg 1847, yn gwbl ganolog i waith Hywel Teifi Edwards. Ef yn anad neb sydd wedi tynnu sylw at effeithiau'r adroddiadau ar ddiwylliant Cymru. Yn ei ragair i'w gyfrol *Codi'r Hen Wlad yn ei Hôl: 1850-1914* dywed:

> Dan yr wyneb y mae llenyddiaeth pob cyfnod yn gyfrodedd o groesderau a thensiynau. Nid yw llên Oes Aur Victoria yn eithriad. Fe'i lluniwyd gan ysgrifenwyr a oedd wedi gorfod listio ym myddin y Gymru drwsiadus a oedd i ddial sarhad Llyfrau Gleision 1847. I mi yn nrych yr ymateb i ymosodiadau 1847 y mae gweld gliriaf arwyddocâd y diwylliant a ddatblygodd wedyn hyd at y Rhyfel Byd Cyntaf.[1]

Sonia mewn llawer man am barodrwydd y Cymry i amddiffyn enw da merched Cymru ac Anghydffurfiaeth Cymru, wedi i'r tri chomisiynydd eu pardduo a'u difenwi mor annheg; mewn mannau eraill sonia am ymgais y Cymry i chwilio am arwyr o'r gorffennol pell ac ymhlith gwerinwyr cyfoes megis y glowyr a'r bugeiliaid, er mwyn chwilio am hunanhyder a hunan-barch. Sonia ymhellach am barodrwydd llaweroedd i dderbyn beirniadaeth y comisiynwyr, a cheisio addysg Saesneg i'r Cymry ar fyrder, gan efelychu'r 'onlooking nationality' (y Saeson) ym mhob dull a modd. Mae haneswyr Lloegr yn sôn am y cyfnod rhwng tua 1900 a 1914 fel y 'Cyfnod Edwardaidd' ar ôl Edward y Seithfed, ond mae gennym ni Gymry ein 'Cyfnod Edwardsaidd', y cyfnod rhwng 1847 a 1914 y mae Hywel Teifi Edwards wedi dangos cymaint o'i baradocsau amwys a dryslyd – wedi'r cwbl, o'r un gymdeithas yr oedd Michael D. Jones ac Emrys ap Iwan ar y naill law, a Syr Hugh Owen a Dr Thomas Nicholas ar y llaw arall, yn codi.[2]

Mae perygl i ni Gymry feddwl mai un agwedd, a honno'n elynol, oedd gan y Saeson tuag at y Cymry yn y cyfnod hwn, heb ystyried bod y Cymry'n peri dryswch mawr i'r Saeson. Wedi cyfnod maith o anwybyddu'r Cymry, a chwerthin am ben eu cyntefigrwydd hen-ffasiwn ym mhellafoedd eu mynydd-dir, roedd yn rhaid i'r Saeson wynebu'r ffaith bod y genedl ddieithr drws nesaf yn tyfu'n gyflym o fod yn hanner miliwn i filiwn, bod eu diwydiannau gyda'r pwysicaf yn yr Ymerodraeth Brydeinig, eu bod yn siarad iaith gwbl wahanol, eu bod yn cyflym-ddatblygu diwylliant o Anghydffurfiaeth, a'u bod yn gallu codi helynt a therfysg, megis Merthyr 1831, Casnewydd 1839 a Helynt Beca o 1839 hyd 1843. Canlyniad i'r terfysgoedd hyn, i raddau, oedd Llyfrau Gleision 1847. Beth ddylid ei wneud â'r Cymry? Sut oedd ymagweddu tuag atynt? Pwrpas y bennod hon yw ceisio dangos bod 'croesderau a thensiynau' ymhlith y Saeson yn y cyfnod hwn, a hynny trwy edrych ar dri chyd-weithiwr ym mhwyllgor addysg y Cyfrin Gyngor yn Llundain – byddem ni heddiw yn ei alw'n weinyddiaeth addysg – a'u hamrywiol agweddau at Gymru a'r Gymraeg. Y cyntaf yw Ralph Lingen (Arglwydd Lingen wedyn) un o dri chomisiynydd y Llyfrau Gleision ym 1847, a ddaeth yn bennaeth (sef ysgrifennydd parhaol) y pwyllgor addysg ym 1849. Ef oedd y mwyaf haerllug ei wrth-Gymreigrwydd: fel y mae Gareth Elwyn Jones yn dweud 'y meddyliwr mwyaf praff ac eto'r mwyaf llym' o blith y comisiynwyr.[3] Yr ail yw Matthew Arnold, a dreuliodd ei oes yn arolygydd ysgolion i'r pwyllgor, ac a gyhoeddodd ym 1867 ei ddarlithiau dylanwadol *On The Study of Celtic Literature*. Y trydydd yw F. T. Palgrave, a dreuliodd ei oes yn is-ysgrifennydd y pwyllgor, ac sy'n adnabyddus heddiw fel golygydd y flodeugerdd *The Golden Treasury* ond sydd yn berthnasol i'n pwrpas, gan ei fod nid yn unig wedi dysgu Cymraeg, a gorfodi ei deulu i'w dysgu, ond wedi ymwneud ar hyd ei oes ag achosion Cymreig.[4]

Trown yn gyntaf at Lingen, a oedd yn frodor o Birmingham a aeth i Rydychen gan ennill cymrodoriaeth yn Balliol ym 1841, coleg a oedd yn dod i'w oes aur o dan Benjamin Jowett, a oedd yn gwthio'i ddisgyblion a'i gyfeillion i mewn i'r gwasanaeth sifil. Cafodd ei benodi yn Hydref 1846 yn un o'r tri chomisiynydd i archwilio addysg gwerin Cymru a'r cyfle a oedd ganddynt i ddysgu Saesneg. Dyma oedd y Llyfrau Gleision enwog a gyhoeddwyd ym

1847.[5] Daeth yn brif arholwr ym 1847 ac yna ym 1849 yn bennaeth y pwyllgor addysg, wrth i Syr James Kay-Shuttleworth ymddeol dan straen ac afiechyd. Arhosodd yn y swydd hyd 1869, ac yna symud i'r Trysorlys, lle y bu hyd ei ymddeoliad ym 1885, pan wnaethpwyd ef yn Arglwydd Lingen. Y farn gyffredinol yw mai trychineb oedd cael Lingen fel pennaeth y pwyllgor addysg, gan ei fod yn gwbl amddifad o sêl genhadol Kay-Shuttleworth dros addysg i'r werin. Yr oedd yn gredwr mawr mewn trefn ac unffurfiaeth a darbodusrwydd. Gwastrododd ei arolygwyr ysgolion yn ddidrugaredd, gan anfon atebion hynod haerllug atynt. Credai Lingen yn y farchnad rydd ac mewn cystadleuaeth. Er ei fod yn credu mewn unffurfiaeth, yr oedd yn elyn i gyfundrefn newydd W. E. Forster (a gynlluniwyd ym 1868 ac a ddaeth yn ddeddf ym 1870). Pan oedd Lingen yn y Trysorlys, daeth yn enwog am ei law haearn ar bob cangen o'r gwasanaeth sifil, gan wrthod pob cais am arian. Sonia Gillian Sutherland am ei 'abusive, often hectoring, ultimately negative tone to Treasury scrutiny of all expenditure proposals', a'r ffordd y byddai'n eu bychanu gyda'i 'mercilessly detailed interrogation', gan ychwanegu 'Lingen's tone needlessly exacerbated already difficult interdepartmental relations'.[6] Er hynny – neu oherwydd hynny – diolchodd Gladstone iddo ym 1885 (wrth iddo ymddeol) am ei ofal diflino dros fudd y cyhoedd.

Dyn egnïol, galluog, ond anhoffus ac anghynnes, oedd hwnnw a anfonwyd gan Kay-Shuttleworth draw i Gymru yn Hydref 1846, gŵr 27 mlwydd oed a oedd ar fin cael ei alw i'r bar, ond yr oedd ei brofiad wedi ei gyfyngu i gylchoedd busnes Birmingham a chylchoedd colegol Rhydychen. O'r tri chomisiynydd, Lingen a gafodd y darn mwyaf poblog o Gymru i'w astudio, sef Morgannwg a siroedd Caerfyrddin a Phenfro. Dylid dweud fod gan Lingen glercod yn casglu defnydd ystadegol, a llenwir y rhan helaethaf o'r adroddiadau gan dablau diddorol o fanylion am ysgolion o bob rhith a math, ynghyd â thudalennau lawer o dystiolaeth a roddwyd ger bron y comisiynwyr gan dystion. Eithr Lingen ei hun sydd yn gyfrifol am y traethawd agoriadol sy'n cynnig ei ddadansoddiad o sefyllfa'r Cymry a'r Gymraeg. Er bod tystiolaeth amryw dystion yn destun llawer o ddadleuon wedi 1847, traethodau'r tri chomisiynydd oedd yn achosi'r dadleuon mwyaf tanbaid. Mae'r traethawd mewn gwirionedd yn glamp o lyfr o rai cannoedd o dudalennau, a champ nid bechan oedd ei gyfansoddi mewn ychydig fisoedd. Mae

Gwyneth Tyson Roberts, a ysgrifennodd y dadansoddiad mwyaf diweddar o'r adroddiadau hyn, yn dadlau mai'r hyn sydd yn gwneud gwaith Lingen mor drawiadol yw'r ffordd y mae'n mynd ati fel cymdeithasegwr neu anthropolegydd, i ddadansoddi'r Cymry.[7] Mae'n amlwg bod teithio trwy dde Cymru wedi bod yn sioc iddo: roedd torf o'i gwmpas yn Llanybydder, ac er syndod iddo, nid oedd yr un enaid byw yn deall sillaf a ddywedai.[8] Gwelai mai'r Gymraeg oedd cariad cyntaf y Cymry, ac nid hawdd eu diddyfnu. Cyfaddefodd fod gafael y Cymry ar eu hiaith yn llawer gwell na gafael Saeson ar y Saesneg. Roedd newidiadau diwydiannol yn denu miloedd o Gymry o'r wlad i mewn i'r pentrefi diwydiannol, lle gallent ennill arian mawr, cael da bydol, ac yn wir, loddesta. Ond rhaid cofio bob amser fod y Cymry wedi cael eu harwain yn hawdd i fod yn derfysgwyr – newydd ddod i ben oedd Helynt Beca (1839–43), ac efallai y caent eu harwain ar gyfeiliorn eto. Achos hyn i gyd oedd diwylliant heb sadrwydd, a'r bobl yn wamal ac anhrefnus, hawdd eu camarwain gan ddynion peryglus, ac wrth gwrs yn gwneud hyn mewn iaith ddieithr, na allai'r wladwriaeth ddylanwadu arni. Gallai weld bod yr hen blwyfi gwledig wedi cael eu disodli gan y ffatrïoedd a'r gweithfeydd newydd, ond roedd y gymdeithas ar chwâl am fod y bwlch mor eang rhwng y werin bobl a'r dosbarthiadau uchaf – i bob pwrpas nid oedd pendefigaeth na dosbarth canol yn bod yng Nghymru. Ym marn Lingen: 'My district exhibits the phenomenon of a peculiar language isolating the mass from the upper portion of society, on the one hand rude and primitive agriculturists, living poorly and thinly scattered, on the other, smelters and miners wantoning in plenty, and congregated in the densest accumulations'.[9] Gwelai Lingen bob dydd gannoedd o Gymry yn mudo o'r wlad i'r gweithiau, ond er gwaethaf eu cyfoeth newydd, nid oeddynt yn gwella eu safle yn y gymdeithas, a throi yn fwrdeisiaid dechau, am eu bod yn parhau yn Gymry uniaith. 'A new field is opened to them, but not a wider'. Yna dywed, mewn darn sydd wedi ei ddyfynnu'n aml:

> Whether in the country or among the furnaces, the Welsh element is never found at the top of the social scale . . . his language keeps him under the hatches, being one in which he can neither acquire nor communicate the necessary information . . . he is left to live in an underworld of his own, and the march of society goes on so completely

over his head, that he is never heard of, excepting when the strange and abnormal feature of a Revival or a Rebecca or a Chartist outbreak, call attention to a phase of society which could produce anything so contrary to all that we elsewhere experience.[10]

Yn yr un man y mae Lingen yn dweud nad yw Anghydffurfiaeth, chwaith, wedi gwneud unrhyw wir wahaniaeth i helpu'r Cymry i wella'u byd yn gymdeithasol:

> Cut off from, or limited to a purely material agency in, the practical world, his mental faculties . . . have hitherto been exerted almost exclusively upon theological ideas. In this direction too . . . he has moved under the same isolating destiny, and his worship, like his life, has grown different from that of classes above him.

Gwelai Lingen arwyddion o anallu'r Cymry i wella eu byd yn eu diffyg glanweithdra, gan gysylltu moesoldeb â bywyd darbodus a thrwsiadus. Mae'n feirniadol iawn o garthffosiaeth ym Merthyr Tudful,[11] ac o fenywod Merthyr (na wyddent ddim am gadw'u tai yn daclus) am wastraffu oriau yn hel clecs o gwmpas y pympiau dŵr, ac eto, mae'n ddigon gonest i gyfaddef na welodd ddim troseddu na chamymddwyn o fath yn y byd yng nghanol Merthyr, er iddo ofyn yn bwrpasol am gael mynd i grombil Sodom a Gomorra'r dref, sef 'China'. Aeth i mewn i'r tafarnau yng Nghaerdydd, fodd bynnag, a'u cael yn ddim byd gwell na phuteindai, 'generally brothels', yn gartrefi i bob math o ddrygioni: 'trades unions, Chartism, and every mischievous association had its origin in them'.[12] Nid yn unig y mae Lingen yn llawdrwm ar wragedd tai ond hefyd ar anfoesoldeb merched Cymru, gan sôn mewn mwy nag un man am arfer y Cymry o 'garu yn y gwely' neu 'bundling', fel y'i gelwid mewn mannau. Mae'n beio ffermwyr am beidio cadw'r gweision ar wahân i'r morynion ar y ffermydd, gan fod hynny'n ei gwneud yn amhosibl i'r merched gadw eu diweirdeb. Dywed 'I heard the most revolting anecdotes of the gross and almost bestial indelicacy with which sexual intercourse takes place on these occasions'.[13]

Wrth gwrs, ei brif waith fel comisiynydd oedd archwilio'r ysgolion, ac er bod yr ysgolion Sul yn rhai da, nid oeddynt yn cynnig addysg yn y Saesneg, ac er bod ambell ysgol ddyddiol yn lled dda, lled brin oeddynt. Yr oedd mwyafrif mawr yr ysgolion yn warthus, a llawer athro'n ceisio dysgu Saesneg heb feistrolaeth ar yr iaith honno. Yr oedd anwybodaeth y plant a holid ganddo yn affwysol: 'a child might pass through the generality of these schools without learning either the limits, capabilities, general history, or language of that empire of which he is born a citizen . . .'[14] Yn yr un man, mae'n gofyn: 'What share in these notions which constitute our national existence can a lad have, who calls the capital of England, *Tredegar*?' Daw'n amlwg mai diwylliant Lloegr sydd ganddo mewn golwg. Byddai addysg dda yn y Saesneg, a chwricwlwm o hanes a daearyddiaeth Lloegr, yn cadw'r Cymry rhag mynd ar gyfeiliorn, gan eu bod yn genedl mor ansad, pobl 'of unreasoning prejudices and impulses', a bod ynddynt 'utter want of method in thinking and acting', 'widespread disregard of temperance, of chastity, veracity and fair dealing', a thuedd at 'wild fanaticism' fel yn achos Siartiaeth a Rebecayddiaeth.[15] Roedd Siartiaeth yn codi o 'excitability' natur y Cymro, wedi ei gyplysu â'r anwybodaeth fwyaf affwysol mewn meysydd seciwlar.[16] Cyfeddyf fod llawer wedi dweud wrtho, wrth iddo gasglu tystiolaeth, y dylid rhoi addysg yn y Gymraeg yn ogystal â'r Saesneg,[17] ond ni all Lingen dderbyn hyn, gan fod yn rhaid paratoi'r Cymry at y dydd a fyddai'n dod yn fuan, pan fyddai'r Saesneg wedi ymledu trwy'r wlad.[18] Canlyniad hyn yw dadl y comisynwyr bod yn rhaid i'r wladwriaeth ystyried sefydlu cyfundrefn o ysgolion Saesneg rhad i'r werin bobl.

Cyhoeddwyd yr adroddiadau rhwng cloriau gleision papurau'r senedd ym 1847, a hir a brwd oedd y dadlau yn eu cylch, a'r Cymry'n uchel eu cloch am ymosodiadau haerllug y comisynwyr ar fywyd Cymru, er enghraifft, eu hensyniadau am anniweirdeb y merched. Ym 1854 y cyhoeddwyd y ddrama *Brad y Llyfrau Gleision* gan Robert Jones (Derfel), ac ynddi mae'r tri chomisiynwyr yn troi'n ysbïwyr wedi eu hanfon gan Lywodraeth Lloegr, mewn cynllwyn â'r Diafol a'i holl gythreuliaid, i bardduo enw da gwlad hynod o dduwiol fel Cymru – Haman, Cymrawd o Goleg Belial yw Lingen yn y ddrama, a phawb yn gweld y cyfeiriad at Goleg Balliol.[19] Un o effeithiau'r helynt oedd hollti'r farn gyhoeddus yng Nghymru; rhai yn teimlo fod Cymru wedi cael cam, a hyn yn uno'r enwadau Anghydffurfiol yn erbyn yr adroddiadau, a dechrau'r proses o gysylltu'r enwadau â'r Blaid Ryddfrydol, a pharatoi'r tir at fuddugoliaeth etholiadol fawr 1868.[20] Effaith arall a ddaeth yn raddol i'r amlwg yn ystod pumdegau a chwedegau'r ganrif, oedd cryfhau gofid y Cymry fod llawer o gynnwys yr adroddiadau'n wir, a bod yn rhaid derbyn gorchmynion Lingen a'i fath, a phrysuro i ddysgu Saesneg a mabwysiadu'r ffyrdd Seisnig o fyw ac o feddwl.[21]

Aeth Lingen ymlaen i fod yn brif ysgrifennydd y pwyllgor addysg ym 1849, a gellir mesur ei ddylanwad ar addysg yng Nghymru trwy edrych ar ei frwydr â Harry Longueville Jones, a benodwyd gan Kay-Shuttleworth ym 1848 i fod yn arolygwr ysgolion eglwysig dros Gymru gyfan, a chredwr mawr mewn addysg ddwyieithog.[22] Trychineb ei yrfa oedd ymddiswyddiad Kay-Shuttleworth ym 1849, a'i anallu i ddarbwyllo rhieni Cymru, a Ralph Lingen yntau, fod addysg ddwyieithog yn bosibl ac yn fuddiol. Ym 1850 llwyddodd Longueville Jones i gael yr Esgob Connop Thirlwall a'r Deon Cotton (a fuasai'n feirniadol o Lyfrau Gleision 1847) ynghyd â Vaughan Johnson (y comisiynwr dros y gogledd ym 1847), i gynllunio llyfrau dwyieithog i'r ysgolion eglwysig, ond rhewyd y cynllun gan Lingen.[23] Gellir dychmygu beth oedd agwedd Lingen at adroddiadau Longueville Jones a oedd yn sôn am y Gymraeg fel 'the mother tongue of our beloved country', neu sut yr ymatebai i'w geisiadau i roi arian i brynu telynau i ysgolion Cymru fel bod y plant yn dysgu 'our national melodies'.[24] Aeth y casineb rhwng yr arolygydd a Lingen mor gignoeth, nes bod Lingen yn gwrthod cyhoeddi adroddiadau Longueville Jones ym 1863–4, a chael Arglwydd Granville, pennaeth y Cyfrin Gyngor i'w geryddu am ei 'insubordination' a 'disloyalty'. Torrodd iechyd Longueville Jones dan y straen a bu'n rhaid iddo ymddiswyddo ym 1864. Er bod Llyfrau Gleision 1847 yn cymeradwyo addysg rad yn Saesneg, erbyn 1868, pan oedd cynllun W. E. Forster ar y gweill i sefydlu cynllun o'r fath i Gymru a Lloegr, roedd Lingen wedi mynd yn elynol i'r syniad, ac ymadawodd â'r pwyllgor addysg. Aeth ymlaen i'r Trysorlys ym 1869, a'i reoli gyda'r un llaw Stalinaidd ag a ddefnyddiodd i wastrodi'r pwyllgor addysg, ac ar ôl ymddeol ym 1885 daeth yn Arglwydd Lingen, a marw ym 1905.

Roedd W. E. Forster, y gwleidydd Rhyddfrydol, yn briod â Jane, chwaer Matthew Arnold (1822–88) un o arolygwyr y pwyllgor addysg.[25] Perthynai Arnold i'r un genhedlaeth â Lingen, ond ei fod yn fab i dad enwog, Dr Thomas Arnold o Ysgol Rugby, ac i'r un cylch o gyfeillion yn Rhydychen, gan ennill ysgoloriaeth i Goleg

Balliol ym 1841, ac yn debyg i'w dad, daeth yn gymrawd Coleg Oriel. Fel cymaint o'r un cylch o ysgolheigion yn Rhydychen, gwthiwyd ef i swydd gyhoeddus, gan ddod yn ysgrifennydd i Arglwydd Lansdowne (Llywydd y Cyfrin Gyngor ac felly'n gyfrifol am y pwyllgor addysg a'r Llyfrau Gleision) ym 1847. Lansdowne a gafodd swydd iddo fel arolygydd ysgolion ym 1851, er mwyn iddo gael digon o incwm i briodi. Arhosodd yn y swydd am weddill ei fywyd, gan ei bod yn rhoi cryn ryddid iddo i lenydda. Roedd Arnold yn adnabod Hugh Owen, gan mai ef oedd yn bennaf cyfrifol am ddarbwyllo'r Anghydffurfwyr i dderbyn grantiau'r wladwriaeth i sefydlu ysgolion, a'r ysgolion hyn (y British Schools) oedd yn denu Arnold i arolygu yng Nghymru. Roedd arolygiaeth Arnold yn mynd ag ef ar draws canolbarth Lloegr ac i lawer rhan o Gymru, a bu yn y gogledd a'r de yn ystod 1852 a 1853, gan ddod i'r casgliad bryd hynny bod yn rhaid i blant Cymru ddysgu Saesneg, er na ddylid anghofio cadw'r famiaith o achos diddordeb hanesyddol y Gymraeg.[26]

Danfonwyd Arnold i Ffrainc ym 1859 – gwlad yr oedd yn ei hedmygu'n fawr – er mwyn edrych ar ei hysgolion, gan fynd hefyd ar daith i Lydaw. Ym Mharis cyfarfu ag Ernest Renan (Llydawr o Dreger yn wreiddiol), a daethant yn gyfeillion, ac yr oedd llyfr Renan ar lenyddiaeth y Celtiaid, *Sur La Poésie des Races Celtiques* (1859) yn un a ddylanwadodd yn ddwfn ar Arnold. Teimlai fod Renan yn rhy hael ei glod i'r Celtiaid, fodd bynnag, ac yn hyn o beth roedd braidd yn debyg i'r Dr Arnold, a oedd yn ochri gyda'r Tiwtoniaid, ac yn casáu 'extravagance' llenorion yn gorganmol y Celtiaid.[27] Barn Hywel Teifi Edwards am Arnold yw ei fod yn 'imperialydd ieithyddol trist ac adweithiol'.[28] Yn wahanol i Ralph Lingen, a'i gyd-gomisynwyr, a farnai Cymru'n wlad ddiflas i deithio drwyddi, roedd Arnold yn hoff o dreulio'i wyliau yng Nghymru, a oedd yn ei farn ef yn fwy diddorol nag Ardal y Llynnoedd, gan fod mwy o olion hanes i'w gweld, a byddai'n mynych-gyfeirio at lenyddiaeth Cymru wrth fynd â'i blant ar grwydr trwy'r gogledd. Yn gwbl wahanol eto i Lingen, daeth Arnold yn enwog am ei waith y tu allan i'r pwyllgor addysg, gan ddod i sylw'r byd fel bardd a beirniad diwylliant, a rhwng 1857 a 1867 cafodd swydd Athro Barddas Prifysgol Rhydychen. Chwiliai Arnold am ffyrdd o bwyso a mesur Lloegr a phopeth Seisnig trwy eu cymharu â diwylliannau eraill, a gwelodd gyfle i ddefnyddio un cwrs o ddarlithiau i wella diffygion y Saeson trwy dynnu eu sylw ym 1865 at lenyddiaeth eu cymdogion Celtaidd. Ni allai Arnold ddarllen unrhyw un o'r ieithoedd Celtaidd, eithr darllenai bopeth a allai o gyfieithiadau, ynghyd â *Grammatica Celtica* gan Zeuss (1853) a gramadeg cymharol August Schleicher (1862).[29] Erbyn y 1860au roedd Cymru wedi ymdawelu, ond yr oedd Iwerddon yn cael ei chynhyrfu gan fudiad y 'Fenians', a'r Saeson wedi eu dychryn gan eu bomiau ym 1865 a 1867, ac felly mae tebygrwydd rhwng gofid Lingen ynghylch Cymru derfysglyd a phryder Arnold ynghylch Iwerddon. Cyhoeddwyd y darlithiau yn erthyglau yn *The Cornhill Magazine*, a bu trafod brwd arnynt, a golygydd y *Times* yn ymosod arnynt yn hallt yn ystod mis Medi 1866, gan ddadlau mai dyn sentimental oedd Arnold, mai sefydliad cyntefig oedd yr Eisteddfod, a gorau po gyntaf y diflannai'r Gymraeg i ebargofiant gan mai melltith Cymru oedd yr hen iaith.[30] Aeth Arnold ymlaen i gyhoeddi'r darlithiau ar ffurf llyfr ym 1867 dan y teitl *On the Study of Celtic Literature*.[31] Gwahoddwyd Arnold gan Hugh Owen i annerch yr Eisteddfod Genedlaethol yng Nghaer ym 1866, ac yna yng Nghaerfyrddin ym 1867, ond gwrthododd, gan nad oedd am chwilio am boblogrwydd. Ond tybed, o gofio fod Arnold yn ymosod gymaint ar werthoedd Philistia, a oedd Hugh Owen a'i gyfeillion mewn gwirionedd wedi darllen, heb sôn am ddeall, darlithiau Arnold? Ni phallodd diddordeb Arnold yng Nghymru, a bu'n ymweld â'r Eisteddfod yn Aberdâr ym 1885, gan aros gyda theulu H. A. Bruce (Arglwydd Aberdâr) yn y Dyffryn ger Aberpennar, ond gan fod y pafiliwn mor eang a'r dorf yno mor helaeth, prin y gellid clywed llais Arnold yn annerch yr Eisteddfod. Ar ddiwedd ei oes un o'i fwriadau oedd ysgrifennu ar bwnc Datgysylltiad yr Eglwys yng Nghymru.[32]

O ddarllen llyfr Arnold ar lenyddiaeth y Celtiaid, beth ellir ei ddweud am ei agwedd tuag at Gymru? Mae'r rhagair yn sôn am dderbyniad y darlithiau yn y *Cornhill Magazine* ac am ymosodiadau ffyrnig o gas y *Times*, ond hefyd ei fod wedi derbyn llawer o ohebiaeth gan Gymry a Gwyddelod yn mynegi eu casineb at Loegr. Ei brif nod yw dangos bod gan y Cymry wir ddiwylliant a hoffter o bethau cain, a bod hyn yn wrthbwynt i Philistiaeth a materoliaeth y byd Seisnig. Gorau i gyd felly os bydd y Cymry yn dweud beth sydd ganddynt i'w ddweud yn Saesneg, a dylanwadu ar y byd mawr yn lle cuddio eu cannwyll dan lestr. Ni ddylai'r

Eisteddfod (er anwylo popeth Cymreig) rwystro dyfodiad y
Saesneg mewn i Gymru, ac ni ddylai'r Celtiaid organmol eu
llenyddiaeth fel y gwnaethpwyd gan y rhamantwyr yn y gorffennol.
Chwerthin am ben y Saeson, yn enwedig golygydd y *Times*, y mae
Arnold, gan ddweud nad yw pawb o'r farn nad oes neb mor
berffaith â'r Saeson. Cydnebydd nad yw'r Gwyddelod a'r Cymry
yn mynd i ymuno ac ymdoddi â'r Saeson, a'i fwriad ef yn y
darlithiau hyn yw ceisio heddwch a gwell cyd-ddealltwriaeth
rhwng y Saeson a'r Celtiaid.[33]

Mae Arnold yn dechrau'r darlithiau gyda'i ymweliad ag Eisteddfod
Llandudno ym 1864, gan gyferbynnu'r gwestai Lerpwlaidd yn y
dref â thirwedd rhamantaidd Cymru i'r gorllewin: 'Wales, where
the past still lives, where every place has its tradition, every name
its poetry, and where the people, the genuine people, still knows
this past, this tradition, this poetry, and lives with it, and clings to
it; while alas, the prosperous Saxon on the other side, the invader
from Liverpool and Birkenhead, has long forgotten his'.[34] Braidd
yn ddychanol yw ei ddarlun o'r Eisteddfod, a buan y gwelir
dryswch meddwl Arnold – yn wir, ei ddauwynebogrwydd – gan ei
fod yn brysio i sicrhau ei ddarllenwyr o Saeson nad yw am gefnogi
datblygiad y Gymraeg fel iaith gyfoes, a chwbl ofer yw datblygu
hunanlywodraeth yng Nghymru ac Iwerddon: achos a fyddai'n
'hopelessly vain' fyddai cael 'rival self-establishment'.[35] Condemnia
osodiad enwog Arglwydd Lyndhurst am y Gwyddelod 'aliens in
speech, in religion, in blood', a'i fwriad yw dangos i'r Saeson beth
yw cyfoeth diwylliant y Celtiaid, a thrwy hynny, eu denu i
gydymdeimlo â hwy.[36]

Pwnc ei ddarlith gyntaf o'r gyfres yw dangos i'r Saeson beth yw
cyfoeth ac amrywiaeth a gwir hynafiaeth y traddodiad Celtaidd,
gan ddangos helaethrwydd casgliadau Owain Myfyr yn yr
Amgueddfa Brydeinig, casgliadau Eugene O'Curry yn Nulyn a
chaneuon Villemarqué yn Llydaw. Ceisia ddilyn ymdriniaeth
wyddonol Thomas Stephens ym 1849 yn ei *Literature of The Kymry*,[37]
gan osgoi brwdfrydedd anfeirniadol llawer o'r ysgolheigion
Cymreig megis Edward Davies (Celtic Davies),[38] William Owen-
Pughe a John Williams (Ab Ithel), ac osgoi ar y pegwn arall
agwedd holl-gondemniol D. W. Nash a oedd yn awgrymu mai
ffugiadau diweddar oedd llawer o hen lenyddiaeth y Celtiaid.[39]

Yn yr ail ddarlith, mae Arnold yn rhoi enghreifftiau o drysorau llên y Celtiaid, gan ddangos hynafiaeth aruthrol chwedlau'r Pedair Cainc, ac yn arbennig felly chwedl Culhwch ac Olwen.[40] Mae'n wir ei fod yn ddiamynedd â'r ymdrechion i weld olion o 'Dderwyddiaeth' yn yr hen lenyddiaeth, ac y mae'n bosibl ei fod yn ddigon o lenor naturiol i allu synhwyro peth o ffugiadau Iolo Morganwg, ond nid oedd y ffugiadau'n menu ar wir fawredd pethau fel y Pedair Cainc: 'the very first thing that strikes one, on reading The Mabinogion, is how evidently the medieval story-teller is pillaging an antiquity of which he does not fully possess the secret'.[41] Ail thema'r ail ddarlith yw pwysigrwydd gwaith ysgolheigion Celtaidd megis Zeuss, yn profi mai pobl Indo-Ewropeaidd yw'r Celtiaid, a'r ieithoedd felly ar yr un gwastad â Lladin a Groeg neu Saesneg. Dywed fod gwaith dynion fel Zeuss wedi codi statws Gwyddeleg a Chymraeg fel pynciau academig, a'r cyfan sydd ei eisiau'n awr yw cael rhyw Zeuss arall i wneud yr un peth â llên y Celtiaid.[42] Rhaid cofio bod Arnold a'i debyg wedi eu codi i eilunaddoli hen fyd Groeg a Rhufain, ac felly roedd dangos bod yr ieithoedd Celtaidd a'u llên yn hynafol yn profi eu bod yn haeddu pob parch.

Roedd y drydedd ddarlith, ar wahaniaethau hiliol, yn sicr o sathru'n boenus ar gyrn y Saeson: barn y cyhoedd, a llawer o haneswyr, oedd bod y Sacsoniaid wedi concro Lloegr ac wedi lladd agos pawb o'r boblogaeth Rufeinig a Cheltaidd, a gyrru'r ychydig weddill o wastadeddau ffrwythlon Lloegr i lusgo byw ym mynyddoedd Cymru. Barn ffasiynol yr oes oedd fod gwahaniaeth dybryd rhwng un hil a'r llall, a bod yr hil Diwtonaidd yn dal a hardd a deallus, yn llawn menter a gallu i goncro'r byd, ond bod yr hil Geltaidd yn dywyll a byr a difenter, ac wedi ei thynghedu i ymgilio i'r ymylon a'r cyrion. Ni fyddai neb heddiw yn cymryd y math yma o hiliaeth o ddifrif, a braidd yn wasgarog ac arwynebol yw pennod Arnold ar y pwnc, ond gellir dychmygu sioc ei gynulleidfa o'i glywed yn awgrymu bod llawer o'r elfen Geltaidd wedi goroesi trwy Ewrop, yn Ffrainc, ac yn arbennig, ym mhoblogaeth Lloegr ei hun.[43]

Rhywbeth yn debyg yw ei bedwaredd ddarlith, lle ceisia ddenu'r Saeson oddi wrth eu meddylfryd Tiwtonaidd – yma mae Arnold yn gwrthryfela yn erbyn Dr Thomas Arnold – gan ddweud bod nifer o ffrydiau gwahanol yn creu Lloegr, a'r elfennau Normanaidd a Cheltaidd yr un mor bwysig â'r elfennau Tiwtonaidd. Ceisia

Arnold ddiffinio'r ffrydiau gwahanol a redai trwy fywyd Lloegr, y Tiwtonaidd a'r Celtaidd a'r Normanaidd. Dengys bod mwy na digon o'r ysbryd gweithgar, gonest a dibynadwy, gan y Saeson, a'r gwir angen yw meithrin yn eu plith ysbryd y Celtiaid, gyda'u disgleirder arddull a'u sioncrwydd a'u dychymyg. Mae'n chwerthin am ben y Saeson sydd am uniaethu â'r Tiwtoniaid, gan ddweud bod ffisiolegwyr wedi profi bod gan yr Almaenwyr fwy o ymysgaroedd na neb arall 'and who that has ever seen a German at a table-d'hote will not readily believe that?'[44] Mae'n gweld beiau, bid siŵr, yn y Celtiaid, eu sentimentaliaeth, er enghraifft, a'u tuedd i frwydro yn erbyn realiti'r byd, gan ddyfynu'r hanesydd o Ffrainc, Henri Martin 'always ready to react against the despotism of fact'.[45]

Mae'r bumed ddarlith eto yn chwerthin am ben yr elfen Diwtonaidd mewn diwylliant, ac yn clodfori'r elfen Geltaidd sydd yng nghymeriad y Saeson, ac sydd ym marn Arnold yn gwneud eu hiaith a'u diwylliant, eu hiwmor er enghraifft, mor gwbl wahanol i'r Almaenwyr. Llawer mwy sylweddol yw'r ddarlith olaf, y chweched, lle mae'n chwilio am elfennau tebyg i'r dychymyg Celtaidd (gan ddyfynnu pethau megis Canu Llywarch Hen) yn llenyddiaeth Saesneg, a phwysleisia elfennau megis 'Celtic melancholy' a 'Celtic magic'.[46] Defnyddia'r ddarlith i ymosod ar ddynion megis Cobden a oedd yn ceisio dweud fod yn rhaid i Loegr ymdebygu i'w cyd-genedl yn yr Unol Daleithiau. I'r gwrthwyneb, ebe Arnold, rhaid closio at ein brodyr Celtaidd.[47] Mae'n achub ar y cyfle i ddangos mor beryglus oedd difaterwch y Saeson at y Celtiaid: dyna'r hanesydd a'r gwleidydd Macaulay ym 1849 yn gwrthod prynu llawysgrifau Gwyddeleg y Stowe Library i'r Amgueddfa Brydeinig, gan adael i Arglwydd Ashburnham eu prynu, a hwnnw'n gwrthod caniatâd i unrhyw un eu gweld.[48] Mae hynny'n ei arwain at ei bwynt olaf, sef bod mawr angen sefydlu cadair brifysgol yn yr ieithoedd Celtaidd yn Rhydychen.[49]

Roedd y Prifathro Williams o Goleg Iesu wedi dod â nifer o'i fyfyrwyr i'r darlithiau, yn eu plith y John Rhŷs ifanc, a gâi ei benodi ym 1877 yn Athro Celteg cyntaf Rhydychen. Mae Dr Rachel Bromwich yn ei hymdriniaeth ag Arnold ym 1965 yn pwysleisio mor chwyldroadol o newydd oedd ei agwedd tuag at lenyddiaeth y Celtiaid.[50] Iawn yw dweud bod effaith y darlithiau'n bwysicach na'u cynnwys, o'n safbwynt ni heddiw, gan eu bod wedi creu hinsawdd newydd o blaid astudio'r ieithoedd Celtaidd yn y colegau a'r prifysgolion, ac (er gwaethaf diffyg sêl Arnold dros lenyddiaeth gyfoes y Cymry) wedi cryfhau asgwrn cefn y Cymry hynny o genhedlaeth Tom Ellis, Owen M. Edwards, a John Edward Lloyd.[51]

Mae Arnold mewn un man yn cyfeirio at *The Golden Treasury* gan F. T. Palgrave fel tyst i gryfder barddoniaeth y Saeson.[52] Dyma'r unig gyfrol a gofir heddiw gan un o gyd-weithwyr a chyfeillion Arnold, Francis (neu Frank) Turner Palgrave (1824–97).[53] Roedd Palgrave yn fab i hanesydd enwog, Sir Francis Palgrave, a aned yn Iddew, Franz Cohen, ond a newidiodd ei enw wrth briodi ag Elizabeth Turner, gan fabwysiadu Cristionogaeth ac enw morwynol mam ei wraig. Aeth y mab i ysgol Charterhouse ac oddi yno i Goleg Balliol ym 1843, gan ddod yn gyfaill i Arnold ac i Arthur Hugh Clough. Am fod ei dad yn gyfaill i W. E. Gladstone symudwyd Palgrave dros dro ym 1846 i fod yn ysgrifennydd personol i'r gwleidydd, ond dychwelodd i Balliol, ac wedi graddio'n ddisglair daeth yn gymrawd o Goleg Exeter. Dan ddylanwad Benjamin Jowett, pennaeth Balliol, aeth Palgrave – yr un ffordd â Lingen ac Arnold – i mewn i'r gwasanaeth sifil i weithio dros y pwyllgor addysg. Ym 1849 gweithiodd fel tiwtor yng Ngholeg Addysg Kneller Hall ac yna ym 1855, fel un o arolygwyr y pwyllgor addysg, fel arholwr, ac wedyn yn is-ysgrifennydd y pwyllgor. Fel yn achos Arnold, roedd gan Palgrave ddigon o amser i ddilyn ei ddiddordebau personol, a dod yn gyfaill i'r arlunwyr Pre-Raphaelitaidd, ac yn feirniad celfyddyd. Un llym eithriadol ei dafod ydoedd, ac yr oedd llawer un o'r byd celfyddydol yn Llundain yn ei gasáu â chas perffaith. Ei ddiddordeb arall oedd barddoniaeth, a daeth yn gyfaill mynwesol i Alfred Tennyson ym 1849. Diddorol sylwi bod Lingen yn bresennol yn eu cyfarfod cyntaf. Er bod Tennyson ar brydiau'n blino ar ei gwmni, mae'n debyg mai sgyrsiau â Tennyson, pan oeddynt ar eu gwyliau yng Nghernyw ym 1860, a wnaeth iddo gasglu'r flodeugerdd enwog o delynegion Saesneg, *The Golden Treasury* ym 1861. Un o'r caneuon a ddewisir ganddo yw 'The Bard' gan Thomas Gray, sy'n sôn am y bardd Cymraeg yn melltithio Edward y Cyntaf am goncro Cymru cyn taflu ei hun i afon Conwy, ac y mae ei nodyn esboniadol yn swnio'n eithaf tebyg i Matthew Arnold:

Gray, whose penetrating and powerful genius rendered him in many ways an initiator in advance of his age, is probably the first of the poets who made some acquaintance with the rich and admirable poetry in which Wales from the Sixth Century has been fertile,– before and since his time so barbarously neglected, not in England only.[54]

Ceir portread diddorol o'r teulu Palgrave gan yr hanesydd o Americanwr, Henry Adams, a ddaeth i Lundain ym 1866 ac ym 1870, ac yn ei farn y dylanwad mwyaf arno oedd y teulu hwn. Dywed fod yr hen Syr Francis yn hanesydd mor ddisglair am ei fod mor an-Seisnig, a'i feddwl yn 'very Cohen', hynny yw, yn Iddewig. Dywed fod ei fab, Frank, yn ddyn diorffwys, ond yn 'stifled in the atmosphere of the Board of Education'.[55] Dywed Adams ei fod yn gorfod gwrando ar 'Carlylean denunciations' Frank Palgrave ynglŷn â methiant y Saeson i werthfawrogi celfyddyd. O ble y cafodd Palgrave ei ddiddordeb yng Nghymru? Tybed na ddaethai hyn o'r teulu an-Seisnig hwn, gyda'i feddwl Iddewig? Codwyd ef yn Great Yarmouth, ac un o'r lluniau yn eu cartref oedd darlun enwog John Crome o chwareli llechi yng ngogledd Cymru sydd erbyn hyn yn Oriel y Tate yn Llundain. Aeth Syr Francis Palgrave a'r bechgyn ar daith trwy ogledd Cymru ym 1838, gan ddechrau arfer oes o dreulio gwyliau yng Nghymru. Ym 1862 priododd Frank â Cecil Grenville Milnes Gaskell, yr oedd ei mam yn chwaer i Charlotte Williams-Wynn, ac yn berthynas i Mrs W. E. Gladstone o Benarlâg yn sir y Fflint. Byddent yn ymweld felly â pherthnasau yn aml, ond hoffodd y daith i Aberystwyth yn fawr ym 1865, ac i sir Drefaldwyn ym 1868. Yna ym 1869 aethant ar wyliau i'r de: 'I then took her [ei wraig] for a fortnight to South Wales . . . and we enjoyed it immensely. This country has a wildness and beauty which is all one wants in its way; it was "all-sufficient", even after the greater splendours and more powerful sublimities of Dauphiné and High Savoy'.[56] Y syndod yw nad oeddynt wedi ymweld ag ardal Dolgellau cyn Hydref 1880: 'I had no idea that the mountain circle of this British Chamounix was so fine. Wales has less gloomy grandeur than Scotland; but more amenity, more wealth of trees'.[57] Roedd digon o ddeallusion Oes Victoria yn hoffi ucheldir Cymru, ond aeth Palgrave lawer dyfnach na'r mwyafrif.

Ymhlith casgliad llythyrau Palgrave yn y Llyfrgell Brydeinig – rhan o gasgliad enfawr o bapurau personol – mae un llythyr (heb ddyddiad, ond fe'i hysgrifennwyd yn ystod y 1860au) oddi wrth W. E. Williams-Wynn o Wynnstay yn trafod enwau Cymraeg i ferched, megis Myfanwy, Mwynwen, Angharad a Gwenllian.[58] Yr olaf o'r rhain a ddewisodd Frank i'w ferch, ac y mae un o'i lythyrau ati yn dechrau â'r geiriau 'Ym hanwylyd Gwenllian'.[59] Yn un o'i lythyrau ym mis Awst 1883 dywed wrth un o'r plant: 'This house does not look like itself, for mamma and I live downstairs, and we are studying Welsh together at every spare minute. Please tell Gwenny and Annora that if they have done any exercises, and like to send them here, Mr Evans will be delighted to correct them'.[60] Dywed Gwenllian yn ei chofiant i'w thad:

> My father was an exceptional instance of an Englishman who both read and spoke the Welsh language with considerable fluency. He was greatly interested in the ancient literature of the country, and was an enthusiastic member of the Honourable Society of Cymmrodorion.[61] This love of Wales and care for her welfare led him to take an active interest in the Welsh colony in London, and he liberally contributed to their Church and to institutions maintained for the benefit of the Welsh poor. The poverty of the Church in Wales appealed strongly to his sympathy, and he rarely, if ever, refused the help which so many of her poor clergy asked for their schools and families. A visit to Wales was generally part of the year's holiday, and in 1883 we spent some weeks at Nevin, a small village on the Lleyn Promontory, which was at that time completely unknown and unspoiled. Here he enjoyed talking with the inhabitants of the village in their own language'.[62]

Ceir cadarnhad o hyn yn ei ddyddiadur ym mis Medi 1883 yn Nefyn: 'I took the children to the Welsh service on Sunday evening, as they, with Cis [ei wraig] have fairly mastered the language'.[63]

Roedd Palgrave yn fardd ac yn emynydd yn ogystal â golygydd blodeugerddi,[64] a chyhoeddodd flodeugerdd o emynau ym 1889.[65] Yn y flodeugerdd hon ei ffefryn arbennig oedd 'The Cry of the Lost Answered' gan Anna Letitia Waring, y Grynwraig o Gastell-nedd.[66] Cyfieithwyd un o emynau Palgrave i'r Gymraeg gan Elfed, a dywed mewn llythyr at Elfed ym 1892 y gallai ddeall Cymraeg 'a dictionary assisting'.[67] Ymddangosodd hwn yn *Y Caniedydd Cynulleidfaol* ym 1895, sef 'Gofynni godi'r groes'. Bu Palgrave yn Athro Barddas yn Rhydychen rhwng 1885 a 1890, yn dilyn ôl traed Matthew Arnold, ac yn ei lyfr ar *Landscape in Poetry*, a gyhoeddwyd ym 1897, y mae'n cysegru un rhan i'r 'Celtic'. Edrychai ymlaen yn

ystod 1897 i fynd i Fangor i ddarlithio yn y coleg ar 'The
Genealogy of a University for Eight Hundred Years', ond torrodd
ei iechyd yn sydyn a bu farw cyn iddo draddodi'r ddarlith.[68]

Dyna ni wedi edrych ar dri chyfaill a chyd-weithiwr yn y
pwyllgor addysg, ill tri yn dod o gefndir tebyg o ddosbarth canol
diwylliedig Lloegr, yn gyd-fyfyrwyr yn Rhydychen, yng Ngholeg
Balliol mwy neu lai ar yr un pryd, ill tri yn gymrodyr mewn colegau
yn Rhydychen, ill tri wedi eu gwthio i mewn i'r gwasanaeth sifil
dan ddylanwad Benjamin Jowett, ill tri wedi treulio rhan helaeth
o'u hoes yn gwasanaethu'r pwyllgor addysg, Lingen fel prif
ysgrifennydd, Palgrave fel is-ysgrifennydd ac Arnold fel arolygydd
ysgolion. Mae eu hagweddau at Gymru a'r Gymraeg fodd bynnag
yn gwbl wahanol, Lingen yn oeraidd-ddadansoddol, yn benderfynol
o ladd ar bopeth Cymraeg, a chael y Cymry i fabwysiadu'r
Saesneg cyn gynted ag yr oedd modd. Mae'n methu cynhesu o
gwbl at y wlad na'i phobl. Mae hyn yn eglur nid yn unig yn
'Llyfrau Gleision' 1847, ond hefyd yn ei allu i dagu ymdrechion
Harry Longueville Jones i ennill lle i Gymreigrwydd yn yr
ysgolion yn y 1850au a'r 1860au. Nid yw mor hawdd dadansoddi
Matthew Arnold. Mae peth tebygrwydd ynddo i Lingen: nid oes
ganddo fawr o amynedd â diwylliant cyfoes y Gymraeg na
chydymdeimlad ag ymdrechion gwleidyddol y Gwyddelod. Er
hynny, mae'n amlwg ei fod yn arbennig o hoff o Gymru a bod ei
ddiddordeb ar hyd ei oes yn fyw mewn pethau Cymreig.
Darllenodd yn helaeth gyfieithiadau o lenyddiaeth y gwledydd
Celtaidd, ac ef yn anad neb a lwyddodd i droi'r farn Seisnig (a
fuasai'n ddifater hollol) o blaid ystyried yr ieithoedd Celtaidd fel
pwnc academaidd yn y prifysgolion. Mae Arnold fel petai'n hanner
teimlo y dylai seboni ei feistr Ralph Lingen ag un llaw, gan
fwynhau rhoi bonclust iddo a'i gyd-Saeson â'r llaw arall.

Roedd Palgrave o ran gwaith beunyddiol yn y swyddfa yn llawer
nes nag Arnold at Ralph Lingen, ond y mae'n amlwg ei fod ar hyd
ei oes yn ymhoffi yng Nghymru, ei thirwedd, a'i phobl, ac yn
fwyaf arbennig, yn ei llên a'i hiaith, gan fynnu eu bod fel teulu yn
ei dysgu. Anodd peidio â chynhesu at Palgrave, fel y mae dyn yn
cynhesu'n hawdd at George Borrow, Sais heb fod ymhell o'r un
ardal â Palgrave, ac a fynegodd yr un math o hwyl yn y Gymraeg
a'i llên yn ei *Wild Wales* (1862). Mae Palgrave a George Borrow yn
perthyn i'r un dosbarth o Saeson cydymdeimladol yn y cyfnod

hwnnw â Clarence Whaite a geisiodd ddelweddu tirwedd a hanes Cymru.[69] Eithr dagrau pethau yw fod Arnold a Palgrave ill dau, hyd y gwyddom, wedi methu â dylanwadu ar y pwyllgor addysg, a'u bod yn weision i gyfundrefn ddiddychymyg o dan law Stalinaidd Lingen, a hwnnw'n gwybod yn iawn bod mwyafrif rhieni plant Cymru yn cytuno ag ef mai gwthio'r Saesneg oedd prif ddiben y gyfundrefn yng Nghymru. Beth pe bai Arnold, ac yn arbennig, Palgrave, wedi dechrau dadlau â Lingen yn y swyddfa dros y Gymraeg? Oni fyddent wedi colli eu swyddi fel y gwnaeth Harry Longueville Jones druan? Pan ddaeth newidiadau i'r gyfundrefn haearnaidd, o'r 1880au ymlaen, yr oedd ychydig o gyfle gan y Gymraeg i anadlu eto.

Y mae un wers arall y gellir ei thynnu o edrych ar y tri Sais hyn – byddai Dafydd ap Gwilym wedi hoffi eu disgrifio ill tri yn y pwyllgor addysg fel rhyw 'drisais mewn gwely drewsawr' – sef na ddylem fod yn rhy barod i gyffredinoli am Gymry na Saeson unrhyw gyfnod hanesyddol. Rhaid cyffredinoli, bid siŵr, wrth ysgrifennu hanes, ond rhaid cofio bod amrywiaeth o Sais i Sais, bod ambell un yn wrth-Gymreig, un arall yn gymysg ei feddwl, neu'n ddauwynebog, ac un arall eto yn dwymgalon dros y Gymraeg. Fel y mae Hywel Teifi Edwards wedi pwysleisio ar hyd ei yrfa 'groesderau a thensiynau' bywyd Cymru rhwng 1847 a 1914, dylid cofio bod y Saeson hefyd wedi eu drysu yn y cyfnod hwn wrth ymgodymu o ddifrif â'r Celtiaid, a'u bod hwythau fel unigolion yn mynegi 'croesderau a thensiynau' bywyd Lloegr.

NODIADAU

[1] H. T. Edwards, *Codi'r Hen Wlad yn ei Hôl: 1850–1914* (Llandysul,1989), t. ix. Gw. hefyd idem, 'Y Prifeirdd wedi'r Brad', yn Prys Morgan, gol., *Brad y Llyfrau Gleision* (Llandysul, 1991), tt. 166–200; idem, 'The Eisteddfod Poet: an Embattled Figure', yn idem, gol., *A Guide to Welsh Literature, c. 1800-1900* (Cardiff, 2000), tt. 24–47.

[2] Idem, *Gŵyl Gwalia: yr Eisteddfod Genedlaethol yn Oes Aur Victoria, 1858–1868* (Llandysul, 1980), yn arbennig y bennod 'Social Science Section Hugh Owen', tt. 53–112.

[3] Gareth Elwyn Jones, 'Yr Iaith Gymraeg yn Llyfrau Gleision 1847', yn Geraint H. Jenkins, gol., *Gwnewch Bopeth yn Gymraeg: yr Iaith Gymraeg a'i Pheuoedd 1801–1911* (Caerdydd, 1999), t. 399.

[4] Yn anffodus, nid oes fawr ddim am eu cysylltiadau Cymreig ill tri yn yr *Oxford Dictionary of National Biography* newydd: Stephan Collini, 'Matthew Arnold (1822–88)', II, tt. 487–94; Gillian Sutherland, 'R. R. W. Lingen (1819–1905)', XXXIII, tt. 918–9; Megan Nelson Otton, 'F. T. Palgrave (1824–97)', XLII, tt. 454–6.

[5] *Report of the Commission of Inquiry into the State of Education in Wales* (London, 1847). P.P. (870), xxvii, mewn tair rhan. Lingen sy'n gyfrifol am Ran I. Cyhoeddwyd talfyriadau yn Gymraeg ac yn Saesneg gan y Llywodraeth ym 1848, ond defnyddir yma y fersiwn Saesneg cyflawn.

[6] Gillian Sutherland., *Oxford DNB.*, art cit.

[7] Gwyneth Tyson Roberts, *The Language of the Blue Books: the Perfect Instrument of Empire* (Cardiff, 1998), t. 88.

[8] *Reports*, I, t. 223.

[9] Ibid., I, tt. 2–3.

[10] Ibid., I, t. 3.

[11] Ibid., I, tt. 303–5.

[12] Ibid., I, t. 366.

[13] Ibid., I, tt. 253–4, 394.

[14] Ibid., I, t. 28.

[15] Ibid., I, tt. 6, 7.

[16] Ibid., I, t. 334.

[17] Ibid., I, t. 32.

[18] Ibid., I, t. 7.

[19] Prys Morgan, gol., *Brad y Llyfrau Gleision*, op. cit., tt1–21.

[20] Ieuan Gwynedd Jones, *Mid-Victorian Wales; the Observers and the Observed* (Cardiff, 1992), yn arbennig y bennod '1848 and 1868: *Brad y Llyfrau Gleision* and Welsh Politics', tt. 103–65; Matthew Cragoe, *Culture, Politics and National Identity in Wales, 1832-1886* (Oxford, 2004).

[21] Prys Morgan. 'Early Victorian Wales and its Crisis of Identity', yn L. Brockliss and D. Eastwood, goln., *A Union of Multiple Identities: the British Isles, c.1750 – c. 1850* (Manchester, 1997), tt. 93–109.

[22] H.G. Williams, 'Longueville Jones and Welsh Education: the Neglected Case of a Victorian H.M.I.', *Welsh History Review*, 15, no. 3 (1991), 416–42.

[23] Ibid., 433.

[24] Ibid., 438.

[25] *Oxford DNB*, II, tt. 487–94. Mae'r llenyddiaeth ar Arnold yn enfawr. Am ymdriniaethau ar Arnold a Chymru, gw. Rachel Bromwich, *Matthew Arnold and Celtic Literature: a Retrospect 1865-1965* (Oxford, 1965); F. J. W. Harding, 'Matthew Arnold and Wales', *Transactions of the Honourable Society of Cymmrodorion*, 1963, Part 2, 251–72; Emyr Humphreys, 'Arnold yng Ngwlad Hud', *Taliesin*, 37 (Rhagfyr, 1978), 10–23; Ned Thomas, *On Arnold and Celtic Literature* (Lampeter, 2007).

[26] Harding, art. cit., 252, 254.

[27] Ned Thomas, op. cit., t. 9; Emyr Humphreys, art.cit., 12 ar Diwtoniaeth Arnold.

[28] H. T. Edwards, *Gŵyl Gwalia*, op. cit., t. 145.

[29] Ned Thomas, op.cit., t. 10.

[30] H. T. Edwards, *Gŵyl Gwalia*, op. cit., tt. 143–5, 326–9.

[31] Cyhoeddwyd gan Smith Elder, Llundain ym 1867.

[32] Harding, art.cit., 268.

[33] Arnold, *Celtic Literature*, rhagair, tt. i–xviii.

[34] Ibid., t. 2.

[35] Ibid., t. 14.

[36] Ibid., t. 18.

[37] Mair Elvet Thomas, *Afiaith yng Ngwent: Hanes Cymdeithas Cymreigyddion y Fenni, 1833–1854* (Caerdydd, 1978), tt. 93–108. Ceir bywyd Stephens gan B. T. Williams yn ailargraffiad *The Literature of the Kymry* (London, 1876), tt. xix–xlviii.

[38] Moira Dearnley, 'Mad Ned'and the "Smatter-dasher": Iolo Morganwg and Edward "Celtic" Davies', yn Geraint H. Jenkins, gol., *A Rattleskull Genius: the Many Faces of Iolo Morganwg* (Cardiff, 2005), tt. 425–42.

[39] D. W. Nash, *Taliesin: or, The Bards and Druids of Britain; a Translation of the Earliest Welsh Bards, and an Examination of the Bardic Mysteries* (London, 1858).

[40] Arnold, *Celtic Literature*, tt. 55–6.

[41] Ibid., t. 61.

[42] Ibid., t. 85.

[43] Ibid., tt. 86-97. Yr ymdriniaeth lawnaf o'r gwahaniaethau hiliol hyn yw Patrick Sims-Williams, 'The Visionary Celt: the Construction of an Ethnic Preconception', *Cambridge Medieval Celtic Studies*, 11 (1986),71–96.

[44] Arnold, *Celtic Literature*, t. 101.

[45] Ibid., t. 102.

[46] Ibid., tt. 152–3, 161.

[47] Ibid., t. 176.

[48] Ibid., t. 179.

[49] Ibid., tt. 180–1.

[50] Rachel Bromwich, op. cit., t. 31.

[51] Ned Thomas, op. cit., t. 12. Mae'n arwyddocaol fod copi llyfrgell Prifysgol Abertawe o Arnold wedi ei brynu ym 1881 gan yr hanesydd John Edward Lloyd.

[52] Arnold, *Celtic Literature*, t. 148.

[53] *Oxford DNB*, XLII, tt. 454–6, gan Megan N. Otton. Gw. hefyd gofiant gan ei

ferch Gwenllian F. Palgrave, *F. T. Palgrave: his Journals, and Memorials of his Life* (London, 1899).

[54] F. T. Palgrave, *The Golden Treasury of the Best Songs and Lyrical Poems in the English Language* (ail argraffiad, London 1890), tt. 428–30.

[55] Henry Adams, *The Education of Henry Adams* (New York 1918, ail argraffiad 1928), t. 214. Gw. hefyd, ibid., t. 285 am Palgrave.

[56] G. F. Palgrave, op. cit., tt. 100, 107, 110.

[57] Ibid, t. 164.

[58] B. L. Palgrave Papers, Add. MS 45741. f.238.

[59] G. F. Palgrave, op.cit., t. 89.

[60] Ibid., t. 92.

[61] Cyhoeddodd ddwy ddarlith yn *Y Cymmrodor*: 'Early Welsh Milanese Literature', VII (1886), 207–11, a 'Henry Vaughan of Scethrog, 1622–1695: Some Notes on his Life and Characteristics as a Poet of Welsh Descent', XI (1890–91), 190–223.

[62] Ibid., t. 172.

[63] Ibid., t. 178.

[64] John Julian, gol., *A Dictionary of Hymnology* (London, 1892), t. 876, ii am Palgrave.

[65] F. T. Palgrave, *A Treasury of Sacred Song* (Oxford, 1889).

[66] G. F. Palgrave, op. cit., t. 212.

[67] Prys Morgan, 'Palgrave ac Elfed', *Taliesin* 38 (Gorffennaf 1979), 30–7.

[68] G. F. Palgrave, op. cit., t. 264.

[69] Peter Lord, *Clarence Whaite and the Welsh Art World: the Betws y Coed Artists' Colony, 1844–1914* (Aberystwyth, 1998).

John Jones, Llangollen, a'i Gyfnod[*]

Cymeriad rhyfedd ydoedd ymhob ystyr . . . Bywyd rhyfedd fu ei fywyd ef, o'i febyd i'w farwolaeth, ac mae ei hanes yn rhyfeddach nag un nofel a gyhoeddwyd yn ein hiaith erioed.[1]

HUW WALTERS

U n o'm breintiau mawr i, fel aelod o staff Llyfrgell Genedlaethol Cymru, yw'r cyfle a ddaw i'm rhan o bryd i'w gilydd, i gymdeithasu â rhai o'n darllenwyr ffyddlonaf ac i ddod i'w hadnabod yn dda. Bu'r Athro Hywel Teifi Edwards yn ddarllenydd cyson yn y Llyfrgell er hanner canrif a rhagor bellach, a deuthum innau i'w adnabod gyntaf dros chwarter canrif yn ôl. Daeth ar fy ngofyn lawer gwaith dros y blynyddoedd, yn holi am wybodaeth ynghylch rhyw fardd neu nofelydd neu ddramodydd di-nod ac anghofiedig, ac o chwilio mynegeion o bob math, llyfrau, cylchgronau a newyddiaduron, anaml iawn y byddai'r ymchwil hwnnw'n ddiffrwyth nac yn ofer. Yn wir, unwaith erioed y bu'n rhaid imi gyfaddef wrtho imi fethu'n llwyr a dod o hyd i'r wybodaeth a geisiai, a hynny'n gymharol ddiweddar, wrth iddo baratoi un o'i ddarlithiau eisteddfodol blynyddol. Roger Thomas (Adolphus), y nofelydd o Ystalyfera yng Nghwmtawe, oedd un o'i ddestunau ym Mhrifwyl Abertawe yn 2006. Bu Adolphus yn ffigur amlwg ym mywyd diwylliannol a llenyddol Cwmtawe yn ystod ail hanner y bedwaredd ganrif ar bymtheg, ond ofer hollol fu pob ymdrech ar fy rhan i ddod o hyd i fywgraffiad ohono nac ysgrif goffa iddo yn y wasg gyfnodol Gymraeg, yn lleol ac yn genedlaethol. Diflannodd yn llwyr i bob pwrpas, a darfu pob sôn amdano. Ac mae hynny'n wir am nifer o gymeriadau'r bedwaredd ganrif ar bymtheg, a'r rheini'n bobl a fu ar un adeg yn flaenllaw

*Sylwedd Darlith Goffa Islwyn a draddodwyd ym Mhrifysgol Caerdydd, 26 Ebrill 2005. Diolchaf i'r Athro Sioned Davies am ganiatáu imi gyhoeddi'r ddarlith yn y gyfrol hon.

ddigon ym mywyd llenyddol a diwylliannol Cymru. Cawsant fwynhau am ychydig, gyhoeddusrwydd y pulpud neu'r llwyfan eisteddfodol, a cholofnau'r wasg gylchgronol a newyddiadurol, ond diflanasant yn y man, ac anghofiwyd y cyfan amdanynt ymhen fawr o dro. Gŵyr Hywel cystal â neb am y cymeriadau anghofiedig hyn. Traethodd ef ei hun mewn darlith, ysgrif a chyfrol am nifer ohonynt dros y blynyddoedd, a phrif amcan y cyfraniad hwn i'w gyfrol gyfarch, yw ceisio codi un o wŷr rhyfeddaf y 'ganrif fwyaf' o lwch dinodedd y gorffennol, gan fawr hyderu y bydd y 'gwrthrych' a'i fynych helyntion wrth ei fodd.

Yr oedd John Jones ymhlith yr amlycaf o Gymry hanner cyntaf y bedwaredd ganrif ar bymtheg, a chafodd sylw mawr yn y wasg Gymraeg drwy gydol y cyfnod hwnnw. Medd John Thomas, Lerpwl, amdano, gŵr a'i hadwaenai'n dda, yn un o rifynnau'r *Tyst*, newyddiadur yr Annibynwyr Cymraeg ym 1875:

> Nid oedd yr un enw yn fwy adnabyddus yn Nghymru bump a deng mlynedd ar hugain yn ôl, nag enw John Jones, Llangollen. Cyrhaeddodd gyhoeddusrwydd mawr trwy ei ddarlithiau, ei ysgrifeniadau a'i ddadleuon, fel y daeth ei enw yn air teuluaidd yn ein gwlad. Edrychai llawer arno fel oracl, a gwrandawent arno gyda'r fath astudrwydd a phe buasai wedi derbyn datguddiad uniongyrchol o'r nefoedd; ond yr oedd llawer ereill yn edrych arno fel ymhonwr hyf, a gymerai fantais ar anwybodaeth y werin. Dichon na bu yr un dyn yn Nghymru yn yr oes yma ag yr oedd syniadau mor wahanol amdano, a phob plaid yn myned yn eithafol yn eu sêl drosto neu yn ei erbyn.[2]

Fel yr awgrymodd John Thomas, yr oedd nifer o farnau gwahanol am John Jones. Ceid pobl a oedd yn ei gasáu â chas perffaith ar y naill law, a phobl a oedd yn ei arwraddoli ar y llaw arall. Fe'i disgrifiwyd gan Owen Davies, Caernarfon, fel 'y creadur mwyaf haerllug a beiddgar a gerddodd ddaear Cymru erioed'.[3] Cyfeiriwyd ato fel 'y dyn gwir alluog hwn' gan awdur cyfres o ysgrifau difyr ar feirdd Dyfed, ond yn ôl John Bowen Jones, Aberhonddu, un o brif nodweddion John Jones oedd 'ei eofndra digywilydd i draethu ei syniadau personol am eraill nad ydoedd efe ei hun ond baban i gymharu â hwynt'.[4] Eto, cyfeiriwyd ato gan John Morris, golygydd *The Courier-Progress*, un o newyddiaduron Hyde Park, Pennsylvania, fel '*leviathan* meddyliol, heb yr un *apology* dros ei fawredd . . . yn *reformer* yn ei ddydd, a wnaeth fwy o les tuag at oleuo Cymru na chant o *Jackyddion* y pwlpud Cymreig y dyddiau hynny'.[6] Cafwyd nifer o lysenwau ar John Jones hefyd, a rhai ohonynt heb fod mor barchus â'i gilydd. Yn eu plith, gallwn restru *Nonesuch, Quick yn Tân, Llangollen Boy, Champion y Daenell, Ioan Slapdasiwr,* ac *Ioan Iscariot.* Ond er yr holl ddifenwi a fu arno, a'r holl sôn a fu amdano, diflannodd John Jones, anghofiwyd y cyfan amdano, ac er bod ysgrifennu a chyhoeddi cofiannau i bregethwyr a gweinidiogion yn ddiwydiant mor broffidiol yng Nghymru'r bedwaredd ganrif ar bymtheg, erys Jones, Llangollen, yn ŵr digofiant.

Mae'n bwysig dwyn i gof bod hanner cyntaf y bedwaredd ganrif ar bymtheg yn gyfnod o newidiadau eithriadol yng Nghymru, a bod chwyldro cymdeithasol mawr wedi digwydd ym mywyd y genedl ar yr union adeg hon. Yr oedd newydd brofi o gyfres o ddiwygiadau crefyddol grymus iawn yn y ddeunawfed ganrif; cafwyd twf aruthrol yn ei phoblogaeth, a thrawsnewidiwyd economi'r wlad o ganlyniad i'r datblygiadau diwydiannol newydd yn y de a'r gogledd, fel ei gilydd. Yr elfennau hyn, wrth gwrs, a greodd y radicaliaeth a ddaeth, yn y man, yn gymaint rhan o ymwybyddiaeth wleidyddol y genedl. Hon hefyd oedd canrif fawr y diwygiadau cymdeithasol, canrif y mudiad dirwest a'r cymdeithasau cyfeillgar, canrif y dadleuon diwinyddol – yn enwedig ei chwarter cyntaf hi – canrif fawr ymneilltuaeth Gymraeg a thwf ei gwasg gyfnodol, pan sefydlwyd rhai cannoedd o gyhoeddiadau, yn gylchgronau a phapurau newydd i wasanaethu pob un o'r enwadau crefyddol. Dyma ganrif yr ymfudo o Gymru i'r Taleithiau Unedig, i'r Wladfa ym Mhatagonia ac, yn ddiweddarach i Awstralia. I ganol y berw cymdeithasol hwn y ganwyd John Jones, ac ymatebodd ef yn gadarnhaol i'r cyffro hwn drwy gymryd rhan amlwg iawn yn nigwyddiadau'r dydd.

Brodor o Gaerfallwch ym mhlwyf Llaneurgain, sir y Fflint oedd John Jones, yr hynaf o wyth o blant a anwyd i Thomas a Ruth Jones, ac yn ôl cofrestri plwyf Helygain, fe'i bedyddiwyd ar 14 Ebrill 1801. Glöwr oedd ei dad, ac yntau'n ŵr crefyddol a oedd yn flaenor gyda'r Methodistiaid Calfinaidd. Dilynodd John ei dad i'r pwll, a dringo yn y man, i swydd arolygwr glofa yn ardal Rhosesmor. Ychydig yn ddiweddarach, fe'i penodwyd yn glerc ac yn ysgrifennydd i Syr Watkin Williams-Wynn, gan gartrefu yn nhref Llangollen. Ac fel 'John Jones, Llangollen', yr adwaenid ef fyth wedyn. Gŵr di-nod ac anadnabyddus ddigon, na chlywodd neb fawr sôn amdano fu John Jones tan hynny, ac ychydig iawn a wyddys am ei ddyddiau cynnar. Y mae'n annhebyg iddo dderbyn llawer o addysg, ac ni bu'n efrydydd mewn unrhyw goleg, ond daeth i amlygrwydd am y tro cyntaf ym mis Awst 1837, a hynny'n bennaf drwy ei gysylltiad â'r mudiad dirwest. Yn y Taleithiau Unedig y sefydlwyd y mudiad hwnnw gyntaf, a hynny yn ystod dauddegau'r ganrif, ond treiddiodd ei ddylanwad drwy Iwerddon, yr Alban a gogledd-orllewin Lloegr i Gymru. Erbyn diwedd y tridegau, gwelwyd sefydlu nifer o gymdeithasau cymedroldeb yn ne a gogledd Cymru, ond daethpwyd i goleddu'r syniad yn raddol, mai llwyrymwrthod â diodydd meddwol o bob math oedd fwyaf ymarferol.[6]

Ni ellir amau pwysigrwydd y mudiad yng Nghymru yn ystod y cyfnod hwnnw. Yr oedd iddo rai agweddau negyddol, y mae'n wir, a dywedwyd pethau dwl ac eithafol o'i blaid ac yn ei erbyn. Credai William Williams (Caledfryn), bardd a gweinidog dylanwadol iawn gyda'r Annibynwyr, mai dau fath o feddwyn a geid yng Nghymru'r cyfnod, sef y sawl a feddwai ar gwrw, a'r sawl a feddwai ar ddirwest. Eithr mae'n deg dweud hefyd, bod i'r mudiad ei agweddau negyddol yn ogystal â'i agweddau cadarnhaol ac adeiladol. Ac mewn gŵyl ddirwestol fawr a gynhaliwyd ym Mangor ym mis Awst 1837 y daeth John Jones i'r amlwg fel areithiwr tros ddirwest. Yno ar y maes y gwelwyd ef gan John Thomas, Lerpwl:

Y dydd cyntaf o Awst 1837 y gwelais ef gyntaf erioed a thynodd yr olwg gyntaf arno fy sylw. Ymysg ereill, gwelwn ŵr tal, tenau, melynwyn ei groen, gyda thrwch tew o wallt ar ei ben, a'i lygaid duon yn llechu dan eiliau trymion, a chariai ar ei wyneb drwyn o faintioli mwy nag a geir gan ddynion yn gyffredin. Yr oedd ei wddf yn hir, a gwddf-dorch lydan amdano yn bur llac yn ymddangos, ac yr oedd wedi ei wisgo yn dda ac yn ymddangos yn fwy boneddigaidd na neb yn y lle. Marchogai anifail da, porthianus yr olwg arno, ac yr oedd y ffrwyn a'r awenau dwbl yn peri i bawb gredu ei fod ef yn *rhywun*. Disgynai oddiar ei farch yn ymyl y capel, ac yr wyf yn cofio yn dda iddo ddyweyd wrth un o'r bechgyn a frysiai i gydio yn y ffrwyn, mewn llais fel pe buasai yn siarad trwy ei drwyn, 'Dywedwch chi mai ceffyl John Jones, Llangollen, ydyw, ac am iddynt roddi pob chwarae teg iddo', ond nid wyf yn meddwl fod yn y dref neb yn gwybod cymaint â bod John Jones, Llangollen. Yr oedd yn amser i ddechreu y cyfarfod hwyrol pan ddaeth i'r ddinas, ac yr wyf yn meddwl mai Mr Williams o'r Wern a awgrymodd y priodoldeb i'w roddi i areithio, yr hyn a wnaeth ar 'Winoedd y Beibl'. Nid oes gennyf fawr cof amdani, rhagor na'm bod yn teimlo ar y pryd ei bod yn faith ac yn ddifudd; ond yr oedd yno rai o'r bobl sydd yn credu bod mawredd mewn bod yn ddwfn, yn dyweyd mai araith ardderchog oedd hi pe buasai modd i'w deall hi.[7]

Dyna'r olwg gyntaf a gawn ar John Jones, ac awgrymir gan dystiolaeth John Thomas, ei fod yn ŵr hyderus ddigon a oedd yn sicr iawn ohono'i hun. Fel dirwestwr, bu galw mynych arno i annerch cyfarfodydd dirwestol led-led y wlad i hyrwyddo amcanion y mudiad newydd ac, fel y cawn weld yn y man, bu mewn sawl ysgarmes a helynt oherwydd ei sêl danbaid dros y mudiad.

Ond yr oedd pethau eraill ar wahân i ddirwest yn cynhyrfu'r ardaloedd yn ystod y cyfnod hwn, oblegid dyma oes aur y dadleuon diwinyddol mawr. Gwasg grefyddol ac enwadol oedd y wasg gylchgronol Gymraeg yn bennaf drwy gydol y bedwaredd ganrif ar bymtheg, ac un o ganlyniadau anorfod hyn oedd poblogrwydd dadleuon ar bynciau haniaethol athrawiaeth. Brithir tudalennau cylchgronau hanner cyntaf y ganrif gan ddadleuon diwinyddol; dadleuon rhwng Calfiniaid ac Arminiaid, rhwng Bedyddwyr ac Annibynwyr, dadleuon ar yr Iawn, dadleuon ar fedydd babanod, a dadleuon ar etholedigaeth. Ac nid oedd ddadleuwr hafal i John Jones. Ymadawsai â'r Methodistiaid Calfinaidd erbyn 1839 gan ymuno â'r Annibynwyr a chartrefu yn Rhosllannerchrugog, ac fel pob newyddian yn y ffydd, yr oedd Jones, Llangollen, yn benderfynol o osod trefn ar bob dadl ddiwinyddol yn eu holl ffurfiau, a'i dasg gyntaf, fel y gwelai ef hi, oedd mynd i'r afael â'r Bedyddwyr. Yr oedd yr ardal hon yng ngogledd ddwyrain Cymru – yng nghyffiniau Llangollen, y Cefn-mawr a Rhosllannerchrugog – yn un o gadarnleodd y Bedyddwyr, ac roedd cryn dddadlau yn eu plith ar y pryd, gan fod y Bedyddwyr Albanaidd yn fawr eu dylanwad ar eglwysi'r cylch.

Ym mis Tachwedd 1840, cynigiodd y Parchedig D. Rees, gweinidog y Bedyddwyr ym Moelfre, Llansilin, wobr o £100 i bwy bynnag a allai ddod o hyd i adnod o'r Ysgrythurau a brofai bod 'Crist, Pen y Bedyddwyr, dros fedyddio neu daenellu babanod; neu enghraifft eglur fod Iesu Grist neu ei Apostolion wedi bedyddio cymmaint (neu leied) ag un baban yn yr holl hanes Ysgrythurol'.[8] O ganlyniad i'r her hon y daeth Jones, Llangollen, i annerch cyfarfodydd yn Llansilin, sir Ddinbych, ar 23 a 24 Tachwedd y flwyddyn honno. Bu dadl gyhoeddus boeth rhyngddo a rhai o brif weinidogion Bedyddwyr y cylch am dridiau yn ystod yr wythnos ddilynol, pan ddaeth gwŷr fel John Edwards (Meiriadog), Richard Roberts, Cefn-mawr, a Robert Ellis (Cynddelw) i'r maes i amddiffyn eu credoau. Hwy a gariodd y dydd yn y diwedd ac, yn ôl yr adroddiad a gyhoeddwyd yn y wasg 'er fod y Parch. D. Rees wedi cymmeryd y £100 gydag ef i'r ddadl dri thro, i'w rhoddi am un adnod *babi*, er eu galar, ymadawyd, â'r can punt heb eu hennill'.[9]

Bryd hyn yr aeth John Jones ati i dramwyo'r wlad i ddarlithio o blaid taenellu babanod ac yn erbyn bedydd troch. Mae prif gylchgronau enwadol y cyfnod yn cynnwys nifer mawr o adroddiadau am deithiau darlithio Jones, Llangollen, ar fater bedydd, yn enwedig yn ystod y blynyddoedd 1841 a 1842, ac fel y gellid ei ddisgwyl, yr oedd colofnau *Y Cenhadydd Cymreig* a *Seren Gomer*, dau o gyhoeddiadau'r Bedyddwyr, yn ferw gan adroddiadau a oedd yn llawn gwawd a dirmyg tuag ato. Yr oedd *Y Diwygiwr*, misolyn yr Annibynwyr, ar y llaw arall, yn hael ei ganmoliaeth i Jones, a'i olygydd, David Rees, Llanelli, yn gefnogwr brwd iddo. Ymwelodd Jones â nifer o drefi a phentrefi siroedd Dinbych, Caernarfon a Meirionnydd ym 1841, a bu'n teithio drwy siroedd Morgannwg a Mynwy ym misoedd Hydref a Thachwedd yr un flwyddyn.[10] Parodd ei ymweliad â chymoedd y de gryn gyffro drwy'r ardaloedd, gan achosi cynhennau a rhwygiadau mewn eglwysi, a chanodd William Morgan (Gwilym Gelli-deg), un o brydyddion Cwm Rhymni, awdl foliant faith i'r dadleuwr pan gyrhaeddodd dref Merthyr Tudful ym mis Rhagfyr 1841.[11] Ond daeth yr holl ddadlau hyn ar fedydd i'w anterth ym mis Tachwedd 1841 pan heriwyd Jones i ymuno mewn dadl gyhoeddus yn Rhymni gan T. Gabriel Jones, Athro o Goleg y Bedyddwyr yn Hwlffordd.[12] Bu paratoi mawr ar gyfer y ddadl; cyhoeddwyd nifer o adroddiadau amdani yn y wasg gylchgronol a newyddiadurol, ac argraffwyd posteri a wasgarwyd ledled cymoedd y de yn ei hysbysebu.

Parhaodd y ddadl gyhoeddus hon am ddeuddydd ar 1 a 2 Tachwedd 1841, a hynny yn yr awyr agored ar ddau lwyfan a godwyd ar wagenni mewn cae yn ymyl eglwys Seion, Rhymni. Dywedir i bedair mil ar ddeg o drigolion ardaloedd Y Fenni, Blaenafon, Nant-y-glo, Pont-y-pŵl, Casnewydd, Aberdâr a Merthyr

Tudful dyrru i Rymni i fod yn dystion i'r ddadl, a gwyddys bod gweinidogion o bob un o'r enwadau crefyddol yn bresennol yn y cyfarfodydd. Cofnodwyd bob gair a lefarwyd gan y dadleuwyr gan fyfyrwyr o Goleg yr Annibynwyr yn Aberhonddu, ac argraffwyd hanes y gweithrediadau mewn dau lyfryn, – y naill gan gefnogwyr Gabriel Jones, a'r llall gan gefnogwyr Jones, Llangollen.[13] Ymddangosodd y dadleuwyr a'u swyddogion ar y llwyfan am hanner awr wedi dau o'r gloch ar y prynhawn cyntaf. Etholwyd dau gadeirydd i oruchwylio'r gweithgareddau a gosodwyd rhai rheolau pendant cyn i'r ddau ddechrau dadlau â'i gilydd. Bedydd yn unig oedd testun yr ymryson i fod, ac ni chaniateid i'r dadleuwyr wyro oddi ar y pwnc; saith munud yn unig yn ei dro a ganiateid i'r ddau siaradwr, ac nid oedd neb arall i ymyrryd yn y gweithgareddau o gwbl. Afraid dweud na wnaeth y dadleuwyr na'r dorf lynu wrth yr un o'r amodau hyn. Ni pharhaodd y ddadl yn hir cyn i'r Cadeiryddion orfod apelio am osteg a threfn pan ddymchwelodd un o'r wagenni ar y tir llithrig oddi tani, gan daflu'r gweinidogion a eisteddai arni i ganol y llaid. Wedi i'r dorf ymdawelu, penderfynwyd symud i'r darn tir o flaen capel Penuel gerllaw, ac esgynnodd y dadleuwyr i ben dau bortico'r adeilad i gynnal y drafodaeth. Oddi yno y bu'r ddau wrthi'n dadlau, drwy ddyfynnu a dadansoddi adnodau a rhannau o'r Ysgrythur am ddeuddydd, gan achosi cynnwrf a chyffro rhwng y gwahanol garfannau a gynrychiolid yn y dyrfa fawr a ddaeth ynghyd i'w gwrando. Mae lle i gredu i'r ddadl hon – dadl a ddaeth i'w hadnabod fel 'Ffair Fedydd Rhymni' – wneud mwy o ddrwg nag o les i achos crefydd, na dim arall, ac iddi chwerwi'r berthynas rhwng yr Annibynwyr a'r Bedyddwyr yng nghymoedd Gwent a Morgannwg am ddwy genhedlaeth.[14] Yr oedd y cyfan yn fêl ar fysedd David Owen (Brutus), golygydd *Yr Haul*, y misolyn eglwysig:

Clywsom gan ddynion syml a gwirioneddol, a fuont yn *Ffair Fedydd Rumni*, na ddarfu iddynt erioed feddwl fod dynion a gymmerent arnynt eu bod yn grefyddol, mor ddigrefydd! Nid oedd yno, yn ôl pob hanes, fwy o arwyddion crefydd nag sydd ym *Mhandemonium* uffern. Pregethwyr oedd ffyliaid a *merrymen y Ffair*, a'r miloedd dynion, yn wrywaid a benywaid, yn berwi ac yn dadlau â'i gilydd, gan flagardio a rhegi, a'r cannoedd cryts yn bloeddio wrth chwarae; a'r bwlis a'r pregethwyr yn tafodi mewn natur ddrwg o'r wagenni, nes yr oedd yn ddychrynllyd uwchlaw darluniad . . . Croniclwyd y *Ffair Fedydd* fel cyfnod neillduol perthynol i grefydd! John Jones, Llangollen – dyn wedi ei gynnyrchu gan Independia mewn undydd unnos, fel bwyd y barcud; dyn wedi deall a dysgu braidd holl ieithoedd y greadigaeth heb yn wybod i Ysgolion na Cholegau; a dyn yn cael ei anfon gan Barchedigion, fel cennad neillduol anfonedig gan yr Hollalluog i'r Deheudir, i herio, i faldardd, i gynhyrfu, ac i wneuthur y Bedyddwyr mor ddwl ag ef ei hun, ac yn offerynnau ei ddyrchafiad . . . Gwareded yr Arglwydd y Cymry rhag penboethni crefyddol yr oes bresennol.[15]

Ond yr oedd Brutus a John Jones eisoes yn hen elynion, oblegid croesodd y ddau gleddyfau â'i gilydd er yn gynnar ym 1841 ynghylch *Y Bedyddiwr: sef Sylwadau ar y Pwnc o Fedydd*, cyfrol swmpus o waith Jones, a gyhoeddwyd mewn naw o rannau rhwng 1841 a 1842. Amddiffyn bedydd babanod oedd ei amcan yn y gwaith hwn unwaith yn rhagor, a'r gyfrol hon a fu'n gymhelliad i Lywelyn Jenkins, Caerdydd, sefydlu cylchgrawn newydd i'w wrthwynebu. Ymddangosodd y rhifyn cyntaf o'r cyhoeddiad hwnnw ym mis Ionawr 1842, a hynny wrth y teitl *Y Gwir Fedyddiwr*, gan awgrymu, wrth gwrs, mai *Bedyddiwr* ffug a gau oedd cyhoeddiad Jones, Llangollen.[16] Y mae'n debyg i Jones anfon copïau o rai o'r rhannau cynharaf o'r *Bedyddiwr* at Brutus, a chyhoeddodd yntau adolygiad ffafriol ar y gwaith yn *Yr Haul*.[17] Ond daeth i feddiant John Jones gopi o lythyr a yrrodd Brutus at y Parchedig William R. Davies, Dowlais, golygydd *Y Cenhadydd Cymreig*, un o fisolion y Bedyddwyr yn y de. Collfarnodd Brutus *Y Bedyddiwr* yn gwbl ddiarbed yn y llythyr hwnnw, ac ni faddeuodd Jones iddo am y dichell hwn. Ymhen ychydig, ymddangosodd o wasg David Rees, Llanelli, lyfryn yn dwyn y teitl *Brad y Droch: yn Datguddio Ymwerthiad Taenellwr Enwog, ynghyd â'r Misolyn a Adolyga efe, i Wasanaeth y Blaid Wrthwynebus* gan Jones. At Brutus, wrth gwrs, y cyfeirid yn y gwaith hynod chwerw hwn, ac ymatebodd yntau yn gynnar ym 1842 mewn pamffledyn dychanol arall a argraffwyd yn Llanymddyfri – *'Styrau Quick Iscariot ym Mherson Robin Ddu yr Ail*, lle'r ymosododd yn gas, er yn glyfar a ffraeth eithriadol, ar ei wrthwynebydd.[18]

Yr oedd John Jones, Llangollen, bellach wedi dod i gryn amlygrwydd drwy Gymru gyfan, gan ennill enw iddo'i hun fel darlithydd, awdur, dadleuydd a phregethwr. Ni ellir amau ei alluoedd fel gŵr cyhoeddus; gallai swyno a chyfareddu'r cynulleidfaoedd gan ei huodledd, a meddai ar feddwl praff a chof da. Yna, yn ystod haf 1842, derbyniodd alwad i fugeilio cynulleidfaoedd eglwysi'r Annibynwyr yn Rhyd-y-bont, Capel Nonni a Bryn-teg, ar y ffin rhwng sir Aberteifi a sir Gaerfyrddin, a chynhaliwyd y cyfarfodydd ordeinio yno dros dridiau ym mis Hydref 1842. 'Ni welais yn fy oes urddiad â'r fath rwysg ynddo â'r eiddo ef', medd John Thomas am y cyfarfodydd, gan ychwanegu fod hoelion wyth yr enwad o bob rhan o Gymru yno.[19] Ond methiant hollol fu ei weinidogaeth, a darfu ei gysylltiad â Chapel Nonni ymhen ychydig fisoedd, er iddo barhau i weinidogaethu i'r ddwy eglwys arall. Oherwydd ei ysbryd dadleugar a'i duedd i dynnu'n groes i bawb, llwyddai John Jones i rwygo eglwysi a chynulleidfaoedd. Eithr y mae'n wir dweud bod ganddo'i gefnogwyr hefyd, ac adwaenid y rhain fel 'disgyblion Jones Llangollen'.

Ond odid mai un o nodweddion amlycaf John Jones, drwy gydol ei yrfa, oedd yr ysfa gyson a'i corddai i fentro gyda phethau newydd. 'Yr oedd yn llawn o ryw *speculations*', medd John Thomas amdano, ac un o'r pethau cyntaf a wnaeth pan sefydlodd yn Rhyd-y-bont oedd agor ei ysgol breifat ei hun ym Mhant-llyn. Ni bu fawr o lewyrch arni, fodd bynnag, ac fe'i caewyd yn fuan wedyn.[20] Ei fenter nesaf oedd sefydlu gwasg argraffu gan agor swyddfa yn ei gartref yn Rhyd-y-bont, ac yn hyn eto yr oedd John Jones yn hollol nodweddiadol o'i gyfnod. Hon oedd oes aur y wasg yng Nghymru, pan sefydlwyd swyddfeydd argraffu, nid yn unig yn y prif drefi fel Caernarfon, Dinbych, Aberdâr a Merthyr Tudful, ond mewn ardaloedd prin eu poblogaeth yn ogystal, fel Dolgellau a'r Bala yn y gogledd, a Chastellnewydd Emlyn a Rhyd-y-bont yn y de. Nid yw'n syndod ychwaith, i John Jones fynd ati gyda chryn frwdfrydedd i gyhoeddi ac argraffu deunydd ar gyfer yr eglwysi a'r ysgolion Sul.

Sefydlodd ddau gylchgrawn, – y naill *Y Seren Foreu*, yn fisolyn ar gyfer plant yr ysgolion Sul, a ymddangosodd rhwng mis Gorffennaf 1846 a mis Mehefin 1847, – a'r llall *Y Golygydd, neu Ysgubell Cymru*, yn gylchgrawn misol ar gyfer Annibynwyr y de, a gyhoeddwyd rhwng mis Ionawr 1846 a mis Mehefin 1847.[21] Defnyddiodd ei gyhoeddwr *Y Golygydd* fel cyfrwng i fflangellu ac ysgubo pawb a phopeth o'i flaen, ac i dynnu ei ysgrafell dros ei wrthwynebwyr mewn byd ac eglwys fel ei gilydd. Dadleuon diwinyddol ac ymosodiadau personol yw swm a sylwedd y cyhoeddiad hwn unwaith yn rhagor, ond bu Jones yn gyfrifol am argraffu un cylchgrawn misol arall, a hynny ar ran ei frawd Dan. Cafodd Dan fel John, yrfa gyffrous. Aeth i'r môr yn llanc, a bu'n ennill ei damaid fel morwr ar long yn cludo gwinoedd o Bortiwgal i Fryste am rai blynyddoedd. Ymfudodd i America tua 1840, a dwy flynedd yn ddiweddarach adeiladodd gwch ager ar afon Skunk yn Augusta, Iowa, o'r enw *The Maid of Iowa*, a bu'n cludo nwyddau a theithwyr ar afon Mississippi o New Orleans i St Louis mewn partneriaeth â gŵr o'r enw Lefi Moffit. Ar un o'r teithiau hyn y daeth i gysylltiad â nifer o ddilynwyr y brodyr Joseph a Hyrum Smith, – sefydlwyr Eglwys Iesu Grist o Saint y Dyddiau Diwethaf, neu yr Eglwys Formonaidd. Glaniodd *The Maid of Iowa* yn Nauvoo, Illinois, ar 12 Ebrill 1842, ac yno y cyfarfu'r Capten Dan Jones â Joseph Smith am y tro cyntaf. Argyhoeddwyd y Capten o wirionedd y grefydd newydd ac fe'i bedyddiwyd yn aelod o'r eglwys yn nyfroedd rhewllyd afon Mississippi ym mis Ionawr 1843.

Dychwelodd Dan Jones i Gymru yn ddiweddarach, a bu'n cenhadu ar ran y Mormoniaid yn ardaloedd Wrecsam yn y gogledd, a Merthyr Tudful yn y de. Yn y man, dechreuodd gyhoeddi nifer o fân draethodau a phamffledi yn Gymraeg a'u dosbarthu i ledaenu Mormoniaeth. Cafwyd cryn lwyddiant ar y genhadaeth yn rhai o gymoedd Gwent a Morgannwg, a bu bri ar Formoniaeth ymhlith rhai o drigolion yr ardaloedd gwledig yn ogystal, yn enwedig yn Abergorlech, Brechfa, Pencader a Llanybydder yng ngogledd sir Gâr.[22] Ond cafwyd ymateb ffyrnig i'r genhadaeth ymhlith yr enwadau anghydffurfiol uniongred, a brithir tudalennau *Seren Gomer*, *Y Bedyddiwr*, *Y Diwygiwr* a'r *Haul* â llu o adroddiadau a llythyrau yn condemnio'r eglwys yn ddiarbed. Ceisiodd Dan Jones amddiffyn Mormoniaeth drwy ateb yr ymosodiadau cyson hyn, ond amharod iawn fu golygyddion y cylchgronau Cymraeg i gyhoeddi ei erthyglau na'i lythyrau. Felly, penderfynodd y Capten sefydlu ei gyhoeddiad ef ei hun, ac ymddangosodd y rhifyn cyntaf o'i gylchgrawn misol, *Prophwyd y Jubili, neu Seren y Saint*, ym mis Gorffennaf 1846.[23] Yr oedd John Jones eisoes wedi argraffu un pamffledyn ar gyfer ei frawd mor gynnar â 1845, a chytunodd i ymgymryd â'r gorchwyl o argraffu rhifynnau o'r *Prophwyd* flwyddyn yn ddiweddarach. Yn wir, argraffwyd pob un o gyhoeddiadau Mormonaidd Dan Jones, ac eithrio'r cyntaf, yn ystod ei genhadaeth yng Nghymru rhwng 1845 a 1849 ar wasg Rhyd-y-bont.[24] Gŵr a oedd wrth ei fodd mewn helynt a dadl oedd Jones, Llangollen, ac roedd argraffu cylchgrawn a ystyrid yn hereticaidd fel *Prophwyd y Jubili* yn gyfle iddo gyffroi a chythruddo'r enwadau eraill. Llwyddodd yn ei amcan, oblegid haerodd un gohebydd ar dudalennau *Seren Gomer* 'na chawsid gwasg arall yn ddigon o *brostitute* er esgor ar y fath anghenfil'.[25] Ond yr oedd Jones eisoes wedi egluro'i safbwynt rai misoedd yng nghynt pan geisiodd ei gyfiawnhau ei hun fel argraffydd llenyddiaeth y Mormoniaid. Medd ef yn ei ddull dihafal arferol yn rhifyn mis Medi 1846 o'r *Golygydd*:

Fel argraffwyr condemnir ni am gynnorthwyo lledaenu cyfeiliorniadau y bobl hyn. Os ydym ni yn gyfranogion o'u cyfeiliorniadau, yna y mae'r ffermwr yn gyd-gyfranog â'r bragwr a'r darllawydd yn llofruddiaeth y meddwyn; yna mae'r adeiladwr yn gyfranog o athrawiaethau y capel Pabyddol yn Nowlais; a'r crydd, y teiliwr, a'r hetiwr yn gyd-gyfranog â'r pregethwr Mormonaidd, am y gwyddent mai i fyned allan i gyhoeddi cyfeiliorniadau y paratoid y dillad. Pe gwrthodasem argraffu iddynt, codasent wasg eu hunain, ac y mae eu harian yn llawer o gynnorthwy i argraffydd. Beth? A raid i'n cymmydog, y ffermwr Trindodaidd, wrthod gwerthu bara i bregethwr Sosiniaeth ac Arminiaeth? A ydyw *cuttlers* Sheffield yn cael eu ceryddu yn yr eglwysi am ffurfio cleddyfau, canys gwyddant mai pechu wneir â'r arfau hyny? *Exclusive dealing* – un o felldithion penaf y byd fyddai hyn.[26]

Y mae'n fwy na thebyg mai o ran diawledigrwydd yn fwy na dim arall, y cytunodd John Jones argraffu llenyddiaeth Formonaidd tros ei frawd Dan, oblegid gwyddys ei fod yn wrthwynebus ddigon i'r eglwys a'i chredoau, ac iddo draddodi nifer o ddarlithiau yn ei chondemnio.[27] Mae'n berthnasol sylwi hefyd, mai un o brif gynorthwywyr y wasg yn Rhyd-y-bont oedd John Sylvanus Davis, a fu'n bennaf cyfrifol am gyfieithu *Llyfr Mormon* i'r Gymraeg, a'i gyhoeddi'n glamp o gyfrol 483 o dudalennau ym Merthyr Tudful ym 1852.[29] Ymfudodd Davis i Ddinas y Llyn Halen ym 1854 lle bu farw ym 1882.

Ffair Fedydd Rhymni, a'r sylw mawr a gafodd Jones, Llangollen, yn y ddadl gyhoeddus honno a'i dug i gryn enwogrwydd, ond chwaraeodd ran yr un mor amlwg mewn dadl fawr arall hefyd, sef honno ynghylch dirwest, a ddaeth i'w hadnabod fel *Dadl Ddirwest Llantrisant*. Dadl gyhoeddus oedd hon unwaith yn rhagor, ac fe'i cynhaliwyd yn yr awyr agored ym marchnad Llantrisant ar ddydd

Gwener a dydd Sadwrn, 18 a 19 Tachwedd 1842. Dadleuai John Jones o blaid yr egwyddor o lwyrymatal rhag diodydd meddwol, ac fe'i gwrthwynebwyd gan Evan Davies (Ieuan Myfyr), a ddadleuai yn erbyn 'gwŷr y botymau gloyw' fel y galwai'r titotalwyr, ac o blaid cymedroldeb. Os bu dyn od erioed, Ieuan Myfyr oedd hwnnw. Yn frodor o Langrallo, bu'n wneuthurwr clociau ym Mhontypridd am flynyddoedd, ond effeithiwyd yn drwm arno gan y chwiw dderwyddol, a bu'n cynnal gorseddau ar y Maen Chwŷf ar Goed-Penmaen uwchben Pontypridd am flynyddoedd lawer.[29] Penodwyd nifer o fyfyrwyr o Goleg yr Annibynwyr yn Aberhonddu, ac Ieuan Gwynedd yn eu plith, i gofnodi pob gair o'r hyn a ddywedwyd yno, a chyhoeddwyd adroddiad llawn a manwl o weithrediadau'r deuddydd, yn llyfryn trigain o dudalennau yn fuan wedyn.[30] Y mae'r adroddiad hwn unwaith yn rhagor yn dangos yn eglur nad gŵr i fynd i'r afael ag ef ar chwarae bach oedd John Jones.

Dechreuodd y ddadl am ddeg o'r gloch ar y bore dydd Gwener, gan barhau tan ddiwetydd. Ail-ddechreuwyd fore trannoeth, parhawyd i ddadlau hyd yn hwyr y prynhawn, ac yn ôl yr adroddiad swyddogol, daeth torf o ryw ddeuddeng mil o bobl i'w gwrando, – nifer ohonynt yn frwd o blaid Jones Llangollen, ac eraill o'u plith yn pledio achos Ieuan Myfyr. Tystiolaeth yr Ysgrythurau oedd sail dadleuon y ddau, a chafwyd mynych ddyfynnu o adnodau'r Beibl drwy gydol y drafodaeth. Mynnai Ieuan Myfyr, fod esiampl Crist yn yfed gwin, ac yn troi'r dŵr yn win, yn dystiolaeth bendant yn erbyn llwyrymwrthod. Ymhellach, ystyriai ei bod yn warth ar gymeriad Cristion i ardystio o blaid yr egwyddor, am ei fod wedi addunedu i fyw yn sobr pan dderbyniwyd ef yn aelod eglwysig, ond credai ei fod yn beth iawn i ddyn digrefydd ardystio. Prif fyrdwn dadl Myfyr oedd na fynnai i neb ddweud wrtho beth i'w yfed na'i fwyta, a chyflwynodd ei achos yn eglur ddigon ar y prynhawn dydd Sadwrn. Medd ef:

> Ni all dynion gadw trefn ar eu bola heb iddynt osod eu cymmydog yn *drustee* arno. Fy *mhroperty* i yw fy mola. Pwy yw y pleidiau sydd i fod i *rulo* fy mola i? A raid i mi osod fy hun dan ddeddf y bobl sy'n methu cadw trefn ar eu boliau heb wisgo botwm gloyw?[31]

Ac yn y cywair dyrchafol hwn y bu'r ddau yn dadlau â'i gilydd am oriau lawer. Ystyriai John Jones na allai diodydd meddwol fod yn llesol i neb, a seliodd ei ddadl ar nifer o adnodau o lyfrau Numeri, Deuteronomium, Diarhebion a'r Pregethwr yn yr Hen Destament, gan ddyfynnu o'r Hebraeg gwreiddiol bob tro. Er i'r dadlau a'r taeru rhwng y ddau a'u cefnogwyr barhau am ddeuddydd, prin fod neb damaid callach yn y diwedd, ac yn wir, honnodd dau o brif haneswyr y mudiad dirwest yng Nghymru i'r ymgecru hwn lesteirio twf a datblygiad y mudiad yng nghymoedd y de, a hynny yng nghyfnod ei anterth.[32]

Crybwyllwyd eisoes sylw John Thomas, Lerpwl, ynghylch *speculations* John Jones, Llangollen, ac un o'r chwiwiau a afaelodd ynddo yn ystod y cyfnod hwn oedd ei ddiddordeb mawr mewn mesmeriaeth. Y bedwaredd ganrif ar bymtheg oedd canrif fawr y darganfyddiadau a'r damcaniaethau newydd. Bu cynnydd aruthrol mewn gwybodaeth wyddonol yn ogystal, ac un agwedd ddiddorol ar y diddordeb hwn oedd yr ymgais fwriadol i boblogeiddio gwyddoniaeth. Dau o blith llawer o'r pynciau gwyddonol poblogaidd hyn oedd pwyllwyddeg neu ffrenoleg – sef y gelfyddyd o 'ddarllen pennau' – a mesmeriaeth, ac adlewyrchir y diddordeb hwn yn y pynciau newydd hyn ar dudalennau cylchgronau'r cyfnod.[33] Dyma'r pryd y daeth darlithwyr teithiol yn gyffredin, a gwŷr a gwragedd oedd y rhain a ffolodd yn lân ar y gwyddorau newydd.[34] Yr oedd mesmeriaeth wrth gwrs, yn gelfyddyd a oedd yn arbennig o addas i'w pherfformio'n gyhoeddus, gan ganiatáu i'r hypnotegydd brofi'r wyddor newydd mewn dull dramatig ar lwyfan, drwy roi aelod neu aelodau o'i gynulleidfa mewn llesmair, a'u gorchymyn wedyn, i gyflawni'r campau rhyfeddaf – a hynny wrth gwrs, heb yn wybod iddynt hwy eu hunain.

Nid yw'n gwbl annisgwyl felly, i Jones yntau fynd ati i ymhél â mesmeriaeth, a chyhoeddwyd cyfres o ysgrifau ganddo ar y gelfyddyd yn ei gylchgrawn ef ei hun.[35] Tua'r adeg hon y cyhoeddwyd nifer o adroddiadau yng ngholofnau'r prif newyddiaduron yn sôn am deithiau darlithio Jones, Llangollen, ar fesmeriaeth. 'Mesmeriaeth a *clairvoyance* yw *hobby horse* Mr Jones yn awr', medd un adroddiad a gyhoeddwyd yn y wasg Americanaidd. 'Y mae wedi bod yn areithio ar y pynciau hyn drwy Wynedd, a mawr y cynhwrf y mae wedi ei achosi'.[36] Y mae'n debyg hefyd, iddo gael cryn lwyddiant wrth y gwaith, o leiaf yn ôl awgrym yr adroddiad a gyhoeddwyd yng ngholofnau'r *Cymro* ym mis Ionawr 1850. Crybwyllir yn yr adroddiad hwn am yr 'arddangosiad fesmeryddawl' a gynhaliwyd yn Neuadd y Rechabiaid ym Mangor, ychydig wythnosau yng nghynt, pan lwyddodd Jones fesmereiddio gwraig o'r gynulleidfa.[37] Ond bu cryn feirniadu ar y teithiau darlithio hyn. Sut y gallai gweinidog gyfiawnhau mesmereiddio ar nos Sadwrn a phregethu'r Efengyl drannoeth ar fore dydd Sul? Dyna a boenai nifer o arweinwyr crefyddol yr oes, a chafodd Jones driniaeth arw gan nifer ohonynt, gan gynnwys William Rees (Gwilym Hiraethog) yng ngholofnau'r *Amserau*.

Pregethu, dadlau, cadw ysgol, argraffu, mesmereiddio, dyna rai o brif weithgareddau John Jones, Llangollen, ond ysgrifennodd a chyhoeddodd lyfrau yn ogystal, yn gyfrolau o esboniadau Beiblaidd, yn gerddi a chaneuon a baledi.[38] Yr oedd *Deio Bach, neu Hiraeth Mam ar ôl ei Mab yn Myned i America*, ac *Y Llysfam Ddrwg*, er enghraifft, yn boblogaidd iawn gan gantorion pen ffair cymoedd Morgannwg a Gwent am flynyddoedd lawer. Fodd bynnag, penderfynodd yn niwedd y pedwardegau, y byddai'n rhaid iddo symud o ardal wledig Rhyd-y-bont os oedd ei fasnach fel argraffydd i lwyddo. A pha le gwell i fasnachwr sefydlu busnes ynddo na Merthyr Tudful? Merthyr wedi'r cyfan, oedd tref fwyaf Cymru yng nghanol y bedwaredd ganrif ar bymtheg. Yr oedd yn dref boblog a phrysur, yn dref gyfoethog i raddau helaeth lle'r oedd y bywyd Cymraeg yn ffynnu, a galw mawr yno am argraffwyr, gan gymaint oedd gweithgarwch y cymdeithasau cyfeillgar, yr eglwysi a'r ysgolion Sul, heb sôn wrth gwrs, am y cyfarfodydd llenyddol a'r eisteddfodau. Cyflwynwyd tysteb iddo gan aelodau ei gynulleidfaoedd a chan drigolion Rhyd-y-bont a'r gymdogaeth ar ei ymadawiad â sir Gaerfyrddin, a rhoddwyd geirda iddo fel gweinidog gan bedwar o ddiaconiaid ei ofalaeth – ei 'ddisgyblion' nid hwyrach – am iddo 'lafurio mewn ffyddlondeb, cydweithrediad a llwyddiant mawr, a'i fod yn ymadael mewn tangnefedd ac anrhydedd'.[39] I *Langollen House*, Stryd Victoria, Merthyr Tudful, y symudodd John Jones i agor ei swyddfa argraffu newydd yn gynnar ym 1849. Dyma'r pryd y croesawyd ef i'r dref gan John Thomas (Ieuan Morganwg), a ganodd folawd faith iddo a'i gymharu â Ralph Wardlaw, Thomas Chalmers a John Wilson (Christopher North), tri o lenorion amlycaf yr Alban.[40]

Yma y bu Jones, Llangollen, am ryw flwyddyn, yn argraffu, yn pregethu yn eglwysi'r Annibynwyr, a pharhau i ddadlau ar bynciau crefyddol a diwinyddol. Yma hefyd y penderfynodd atgyfodi'r

Golygydd, y misolyn y bu'n gyfrifol am ei gyhoeddi yn Rhyd-y-bont ym 1846–7. Ymddangosodd y rhifyn cyntaf o'r ail gyfres ym mis Mawrth 1850, a gobeithiai Jones mae'n debyg, y byddai'r *Golygydd* yn disodli'r *Diwygiwr*, cylchgrawn misol Annibynwyr y de a gyhoeddwyd gan David Rees yn Llanelli. Ceisiodd gefnogaeth Gwrdd Chwarter Annibynwyr Dwyrain Morgannwg i'w gynllun, ond aflwyddiannus fu'r cynnig hwnnw. Bu Rees yn gefnogol iawn i Jones yn nechrau ei yrfa, ac fe'i hamddiffynodd rhag ei elynion fwy nag unwaith ar dudalennau'r *Diwygiwr*. Gwasg David Rees hefyd a argraffodd lyfrau ac amryfal bamffledi John Jones, ond daeth terfyn sydyn ar eu cyfeillgarwch pan ddeallodd perchennog *Y Diwygiwr* beth oedd gwir gymhellion cyhoeddwr *Y Golygydd*. Ffromodd, gan edliw i Jones ei ddyled o £257.7.6g i'w wasg am yr holl waith argraffu a gyflawnwyd ganddi drosto. Ceisiodd Llangollen brofi mai'r wasg a gyhoeddai ar ei ran, ond ni thyciai ddim, a phrin y gellid disgwyl i fisolyn Jones gystadlu ag eiddo'r 'Cynhyrfwr' o Lanelli, beth bynnag. O ganlyniad, daeth gyrfa'r ail gyfres o'r *Golygydd* i ben gyda'r chweched rhifyn ym mis Awst 1850.[41]

Symudodd Jones i Aberpennar erbyn 1851, a'i anturiaeth nesaf oedd mentro i fyd masnach. Cododd siop a rhes o dai terras yn y gymdogaeth, y daethpwyd i'w hadnabod yn y man fel *Llangollen Square*, ond costiodd y mentrau hyn yn ddrud iawn iddo, ac aeth i drafferthion ariannol. Cynghorwyd eglwys Annibynnol Bethesda, Merthyr Tudful, gan swyddogion Cymanfa Flynyddol Annibynwyr Dwyreiniol y De, a gynhaliwyd yng Nglyn-nedd ym mis Mehefin 1852, i ail ystyried y priodoldeb o ganiatáu i Jones bregethu, ac ymhellach 'mai dymunol fyddai iddo aros dros amser heb ymddangos yn gyhoeddus'.[42] Yna ym mis Tachwedd 1852, cyhoeddwyd adroddiad yn un o'r misolion Cymraeg bod Jones yn awyddus i'w urddo'n offeiriad, iddo ymweld â'r Esgob Alfred Ollivant yn Llandaf, ac iddo yntau ei anfon i ymgynghori â'r Prifathro Lewellin Llewelyn, o Goleg Dewi Sant yn Llanbedr Pont Steffan. Dywedodd y Prifathro wrtho y byddai'n ofynnol iddo dreulio cyfnod o ddwy flynedd a hanner yn Llanbedr cyn y gellid ei urddo'n offeiriad, a rhoes Jones y gorau i'r syniad hwnnw ar unwaith.[43] Ni welwyd yr un cyfeiriad arall at y digwyddiad hwn, a hwyrach mai twyll oedd yr hanes wedi'r cyfan, yn enwedig o gofio mai yn *Y Bedyddiwr*, prif lwyfan gelynion Jones, y cyhoeddwyd yr adroddiad.

Tua'r adeg hon yr aeth John Jones ati i godi capel newydd i'r Annibynwyr yn y gymdogaeth, – capel a ddaeth i'w adnabod yn ddiweddarach fel Bethania, Aberpennar.[44] Ond roedd sefyllfa ariannol Jones, erbyn hynny'n argyfyngus, ac erbyn mis Tachwedd 1852, yr oedd ef ac eglwys Bethania wedi eu diarddel gan swyddogion Cwrdd Chwarter Annibynwyr Dwyrain Morgannwg.[45] Gwyddys i John Jones fenthyca £600 gan y *British Building Society* ym mis Chwefror 1854, ac wedi iddo fethu ad-dalu ei ddyledion am gyfnod o dri mis, daeth y capel yn eiddo i ymddiredolwyr y gymdeithas adeiladu.[46] A'r adeilad wedi ei hanner orffen, diflannodd Jones gan adael ei wraig a'i ddwy ferch yn Aberpennar. Ni wyddai neb ddim o'i hanes, a sylweddolwyd yn y man ei fod mewn dyledion mawr i nifer o drigolion lleol, yn siopwyr, adeiladwyr a chontractwyr fel ei gilydd. Yna ar 29 Mawrth 1854, cyhoeddwyd llythyr yn *The Swansea Herald*, yn honni bod Jones, y gŵr a fu'n ddraenen mor boenus yn ystlys y Bedyddwyr, wedi derbyn bedydd troch, ac iddo ymaelodi â'r eglwys Formonaidd. Fel y gellid ei ddisgwyl, achosodd y cyhoeddiad hwn gryn gynnwrf drwy'r wlad, – John Jones, Llangollen, *Champion y Daenell*, y gŵr a fu'n darlithio ac yn dadlau cymaint yn erbyn bedydd trwy drochiad, bellach wedi ei drochi a'i dderbyn yn aelod o'r eglwys Formonaidd gan ei frawd Dan. Bu gohebu mawr ar y mater yn y cyhoeddiadau Cymraeg am fisoedd lawer, ond mynnodd y Capten Dan, na wyddai ef ddim oll am y digwyddiad.[47] Ond, drwy'r cyfan, nid oedd sôn am John Jones yn unman. Er hynny, mae tystiolaeth ar gael bod dwy o'i ferched, Sarah ac Elizabeth, ynghyd â'i wraig Jane, wedi eu bedyddio a'u derbyn yn aelodau o'r eglwys ym mis Ebrill 1854, a hynny gan Dan Jones.[48]

Daeth i'r amlwg yn ddiweddarach, bod John Jones, bellach yn byw yn ninas Cincinnati, yn Ohio. Yno y dechreuodd bregethu yn eglwys y Presbyteriaid Cymreig, achos a ffurfiwyd yn wreiddiol yn dilyn ymraniad yng nghapel y Methodistiaid Calfinaidd Cymraeg, er i'r ddau achos gymodi ac uno â'i gilydd dan weinidogaeth Howell Powell, yn ddiweddarach.[49] Bu hefyd yn gwasanaethu rhai o eglwysi Cymraeg eraill Cincinnati o bryd i'w gilydd – ar wahân i eglwysi'r Bedyddwyr, wrth gwrs. Ond helbulus ddigon fu hynt a helynt Jones, Llangollen, yn Cincinnati. 'Mae cymaint erlid ar Jones yma ag a fu yn yr hen wlad erioed', medd gohebydd o Pittsburgh yn un o'r cylchgronau Cymraeg, ac o ystyried yr holl helyntion y bu ynddynt, nid yw'n syndod iddo ennyn cymaint o ddrwgdybiaeth ac amheuaeth ymhlith ei gydnabod.[50] Pan geisiodd Jones gael ei dderbyn fel pregethwr rheolaidd yn yr eglwys Bresbyteraidd yn Cincinnati, gorchmynnwyd J. Gordon Jones, ysgrifennydd y newyddiadur *The Presbyterian of the West* i holi yn ei gylch yng Nghymru. Yr oedd John Bowen Jones, gweinidog eglwys Hermon, Llandeilo Fawr ar y pryd, ac un o gynddisgyblion John Jones yn ysgol Rhyd-y-bont, ymhlith y rhai a holwyd, a gosododd yntau'r achos gerbron cynrychiolwyr Cwrdd Chwarter Annibynwyr sir Gaerfyrddin yn Llandeilo ar 23 Hydref 1855.[51] Ymatebodd i gais J. Gordon Jones fel hyn:

> Dear Sir
> At the Quarterly Meeting of the Independent Denomination in the County of Carmarthen, South Wales, held at the Tabernacle, Llandeilo Fawr, on the 23 October 1855, your letter was read, and the following replies were unanimously adopted to your queries respecting John Jones, Llangollen.
> *1st query*: Whether do you, or did you, before his coming to this country, recognize him as an upright minister, and a member of your body?
> *Reply*: We beg to state that John Jones was *not* recognized either as a minister or as a member by our denomination at the time of his leaving this country.
> *2nd query*: Whether he acted honestly with his creditors, printers, merchants etc?
> *Reply*: Very far to the contrary.
> *3rd query*: Whether you would consider him as a worthy candidate for our church?
> *Reply*: After reading our replies to the previous queries, we leave you to infer the third reply. Above thirty Independent ministers of the county and neighbouring counties, and two from north Wales were present at the Conference.
> John Jones B.A., Hermon
> Secretary.[52]

Dedfryd Thomas J. Briggs a John D. Thorpe, prif swyddogion Pwyllgor Sefydlog Presbytery Cincinnati, oedd gwahardd Jones rhag gwasanaethu eglwys y Presbyteriaid Cymreig yn y ddinas, a darfu ei gysylltiad â hi ym mis Rhagfyr 1855.[53]

Ond ni ddarfu am y *speculations* er hynny. Yn ystod yr union adeg hon y dechreuodd Jones, Llangollen, feddwl am sefydlu cylchgrawn newydd i wasanaethu Cymry Cymraeg America, gan roi iddo'r teitl *Y Golygydd*, fel y cylchgrawn a sefydlodd yng Nghymru rai blynyddoedd yn gynharach. Ni wyddys sawl rhifyn o'r *Golygydd* a gyhoeddwyd, gan nad oes yr un wedi goroesi mewn na llyfrgell nac archif yn America nac yng ngwledydd Prydain.[54] Ond mae'n fwy na thebyg i'r cyhoeddiad ymddangos gyntaf tua mis Ebrill 1856, yn ôl tystiolaeth nodyn a gyhoeddwyd yn un o fisolion Cymraeg y Taleithiau:

> Mae un rhifyn wedi dyfod allan o'r *Golygydd*, gan Langollen. Nis gwyddom pa un a oes gobaith am ychwaneg yn fuan ai peidio, ond cynghorwn ein cyfeillion i gofio hanes yr awdur cyn anfon y 75 *cents* ato. A yw y *Cwic* wedi arfer cwblhau ei *gontracts?* Ar ôl ei holl driciau rhyfeddol, cyn ac er ei ymadawiad â Chymru, a'i *branks* yn America, dywedir ei fod yn awr yn gorfod ymddibynu ar ychydig ddynion yn Pittsburgh a Cincinnati. Dyma fel y mae aflwydd a melltith yn gyffredin yn cyfarfod â dynion o'r *stamp* hynny. Nid ydym wedi gweld *Y Golygydd* ein hunain, ond deallwn mai rhywbeth tebyg i'w dad ydyw.[55]

Methiant hollol fu'r *Golygydd*, ac eglurodd Llangollen mai'r rheswm pennaf am hynny oedd amharodrwydd tanysgrifwyr i dalu eu dyledion i'r cyhoeddwr, ac mae'n debyg i Jones ei hun fynd i gryn ddyled unwaith yn rhagor wrth gyhoeddi'r cylchgrawn.[56]

Y mae'n briodol gofyn a oedd gan Jones gymhellion eraill, ar wahân i ffoi rhag ei ddyledion, pan ymfudodd i America. Awgrymodd Howell Powell, Cincinnati, iddo fwriadu ymweld â'i frawd Dan, yn Ninas y Llyn Halen, ac mae'r llythyr a ysgrifennodd y Capten Jones at Brigham Young, Llywydd Eglwys Iesu Grist o Saint y Dyddiau Diwethaf, dyddiedig 19 Medi 1854, yn cadarnhau'r awgrym hwn:

> I am happy to be able to introduce two of my Brotheren to Zion, hopeing that, if they can feel as they ought and as others do, they will be of service in the upbuilding of Zion. The Elder is called a scientific character and classed amongst the 'literati' of Wales . . . The other is a Botanist and has had several years experience in some of the principal gardens of England . . .[57]

Y mae'r Athro Ronald D. Dennis o'r farn mai at Jones, Llangollen, a'i frawd Edward, y cyfeirir yn y brawddegau hyn. Ni wyddys sut y cyfarfu John â'i frawd, y Capten Dan Jones, wedi iddo gyrraedd Cincinnati, ond yn ôl yr hyn a adroddodd wrth Howell Powell, penderfynodd deithio i Ddinas y Llyn Halen, a hynny ar ei ben ei hun – taith o rai miloedd o filltiroedd – na fyddai neb yn ei iawn bwyll fyth yn mentro arni o gwbl. Yn ôl yr hanes rhyfedd hwn, a groniclwyd yn fanwl gan John Thomas, syrthiodd i afael llwyth o 'Indiaid Cochion', a bu'n garcharor mewn gwersyll am rai wythnosau cyn iddo lwyddo i ddianc â'i einioes.[58] Flynyddoedd lawer yn ddiweddarach ym 1892, cyhoeddwyd llythyr gan ŵr o'r enw David Charles, o Tooele County, Utah, yn *Seren Cymru*, newyddiadur wythnosol y Bedyddwyr; tystiodd iddo gwrdd â Jones yn gynnar ym 1854, a hynny mewn gwersyll o Formoniaid yn agos i Kansas City, a hwythau ar eu ffordd i Utah. Dywedodd Jones wrtho ei fod wedi ymuno â'r Mormoniaid, iddo newydd ddarganfod mynydd o fwyn copr, a bod ei fryd ar ennill ei ffortiwn. Er i'r llythyr hwn, unwaith yn rhagor, esgor ar ddadl ffyrnig yn y wasg Gymraeg, prin bod unrhyw sail o gwbl i'r hyn a ddywed David Charles, yn enwedig o gofio mai yn wythnosolyn y Bedyddwyr y cyhoeddwyd ei lythyr.[59]

Yn Cincinnati y treuliodd Jones weddill ei ddyddiau, ac yno y bu farw wedi tair wythnos o gystudd, yn ŵr cymharol ifanc, hanner cant a phum mlwydd oed, ar 18 Tachwedd 1856. Proffwydwyd ei farwolaeth flwyddyn yng nghynt, pan oedd ar daith ddarlithio yn Efrog Newydd. Yno yr ymwelodd â'r ffrenolegydd enwog Lorenzo Niles Fowler, a ddywedodd wrtho ei fod yn ŵr o flaen ei oes, ac oherwydd ei frwdfrydedd tanbaid gyda'i amryfal orchwylion, y byddai'n sicr o farw'n ifanc.[60] Gadawodd wraig Jane, a dwy ferch, Sarah ac Elizabeth, a hwythau ar y pryd yn wneuthurwyr hetiau yn Cincinnati.[61] Yr oedd ganddo ddau o feibion hefyd, John a Samuel, 'pa un ai yn Nghymru ai yn y wlad hon y maent, nid oes neb yma a ŵyr', medd J. Gordon Jones, yn yr ysgrif goffa i'w tad a gyhoeddwyd yn *Y Diwygiwr*.[62] Fodd bynnag, y mae'n debyg i John Jones, un o'r meibion, gadw ysgol yn Provo, Utah, am gyfnod.[63] Dychwelodd i Gymru'n ddiweddarach a gwyddys ei fod yn athro yn Academi Holt, Wrecsam, ym 1867. Yn ôl Owen Morgan (Morien), a fu'n newyddiadurwr gyda'r *Western Mail*, fe'i cymhellwyd gan David Howell (Llawdden), i geisio urddau eglwysig a bu'n offeiriad yn Eglwys Loegr am flynyddoedd.[64]

Claddwyd Jones, Llangollen, ym mynwent enfawr Spring

Grove, Cincinnati, ac mae'n arwyddocaol mai'r adnod a ddewisodd Howell Powell bregethu arni yn y gwasanaeth angladdol, oedd y chweched ar hugain o'r bymthegfed bennod o Lythyr Cyntaf yr Apostol Paul at y Corinthiaid: 'A'r gelyn olaf a ddinistrir yw yr angau'.⁶⁵ Cafodd hanes ei farwolaeth sylw mawr yn y wasg Gymraeg yn America a Chymru, a rhoes gyfle i nifer o ohebwyr grafu hen grach ac agor hen glwyfau. Ysgrifennodd gŵr o'r enw William Jones, Cincinnati, lythyr bustlaidd i'r *Seren Orllewinol*, misolyn Bedyddwyr Cymraeg America, yn honni i Jones edifarhau ar ei wely angau am iddo dreulio'i oes mewn cynnen a dadl. Honnodd hefyd iddo dderbyn bedydd troch ac iddo 'fyw a chysgu wythnosau gydag Indies neu *squaw*'.⁶⁶ Achosodd y llythyr hwn gynnwrf mawr, a chymhellwyd Sarah un o ferched Jones i ateb yr honiadau hyn mwn llythyr a gyhoeddwyd yn *Y Cymro Americaidd*. Eithr daeth i'r amlwg yn y man, mai llythyr ffug a gyhoeddwyd yn *Y Seren Orllewinol* ac nad oedd William Jones, y gohebydd hwn, yn bod o gwbl.⁶⁷

Bu Richard Davies (Mynyddog), y bardd a'r arweinydd eisteddfodol o Lanbryn-mair, ar daith drwy gymunedau Cymraeg America ym 1876; ymwelodd â mynwent Spring Grove a dangoswyd iddo'r fan lle claddwyd Jones, Llangollen. 'Y mae ei fedd heb gymaint â llythyren arno', meddai, a bu'r sylwadau hyn a gyhoeddwyd ynghyd â'i gerdd 'Dinas y Meirwon' yn ei *Trydydd Cynyg*, yn gyfrwng i gymhell rhai o Gymry Ohio godi cofeb deilwng i Jones, a hynny er braw a syndod i Fedyddwyr Cymraeg y dalaith. 'Y mae hi yn dlawd iawn yn y byd coffadwriaethol y dyddiau hyn, pan na cheid neb amgen na Jones, Llangollen, i'w anrhydeddu', medd golygydd *Y Wawr*, cylchgrawn y Bedyddwyr, yn llawn dirmyg.⁶⁸ Sefydlwyd cronfa arbennig i godi arian ar gyfer y gofeb, ac ym mis Hydref 1883 symudwyd gweddillion John Jones i gwr gogledd-orllewin y fynwent. Yna, ar 4 Mehefin 1884, trefnwyd cyfarfod byr ar lan y bedd i ddadorchuddio'r gofgolofn newydd o wenithfaen llwyd. Cerfiwyd englyn (digon tila) o waith Thomas Edwards (Cynonfardd) ar y beddfaen.⁶⁹

Gwnaeth Jones, Llangollen, lawer o elynion yng Nghymru ac yn America, ymhlith Bedyddwyr, Undodiaid, Eglwyswyr a gwrth-ddirwestwyr fel ei gilydd. O gofio'r holl helyntion a'r ymrafaelion y bu ganddo ran mor amlwg ynddynt, y cwestiwn i'w ofyn yw, ai dyn drwg a diegwyddor ydoedd mewn gwirionedd? Y mae John

Thomas, Lerpwl, yn ei atgofion amdano, yn crybwyll un achlysur yn arbennig, pan gyfarfu ef ynghyd â rhai gweinidogion eraill, ar aelwyd Jones a'i deulu yn Rhyd-y-bont. Daeth un o'i ferched bychain at ei thad a dringo i'w arffed; cydiodd yntau ynddi, ei gwasgu i'w fynwes ac wylo'n hidl. Yr oedd yn olygfa galonrwygol a effeithiodd yn fawr ar bawb a oedd yn bresennol. 'Yr oedd fel pe buasai dau enaid yn yr un corff, a'r ddau yn hollol wahanol i'w gilydd', medd Thomas am y digwyddiad.[70] Gŵr a chanddo bersonoliaeth ddeublyg ydoedd, – rhyw fath o Jekyll a Hyde o ddyn, a allai ddangos tynerwch mawr ar rai adegau, a'r haerllugrwydd mwyaf ymhongar ar adegau eraill. Yr oedd yn sicr yn blentyn ei gyfnod, ac ni bu'n amharod rhag mentro gyda phethau newydd, er na thalodd bob un o'i *speculations* iddo. Heb unrhyw amheuaeth, yr oedd hefyd ymhlith yr hynotaf o Gymry anghofiedig y 'ganrif fwyaf'.

NODIADAU

[1] Thomas Rees a John Thomas, *Hanes Eglwysi Annibynol Cymru,* III (Lerpwl, 1873), t. 547.

[2] John Thomas, 'Fy Adgofion: Jones Llangollen', *Y Tyst a'r Dydd,* 8 Ionawr 1875.

[3] Owen Davies, *Cofiant y Parch John Prichard D.D., Llangollen* (Caernarfon, 1880), t. 299.

[4] [J. Hathren Davies], 'Beirdd Dyfed: John Jones, Llangollen', *Cymru,* XL (Mai 1911), [287]; John Bowen Jones, 'John Jones, Llangollen a'r Esbonwyr', *Cenad Hedd,* I (Awst 1881), 242.

[5] John Morris (Y *Courier*), *Y Ddau Gawr: Brutus a Llangollen* (Scranton, Pennsylvania, 1887), tt. 3–4.

[6] Ceir trafodaeth ar yr helynt rhwng y cymedrolwyr a'r llwyrymwrthodwyr, gan Glyn M. Ashton, 'Dirwest Ynteu Llwyrymwrthod?', *Y Traethodydd,* CXXIII (Gorffennaf 1968), 128–35.

[7] John Thomas, art. cit.

[8] John Edwards (Meiriadog), 'Dadleuaeth Bedydd yn Llansilin', *Seren Gomer,* XXIV (Ebrill 1841), 101.

[9] Ibid., 103–4.

[10] 'Mr J. Jones Llangollen', *Y Diwygiwr,* VI (Hydref 1841), 321.

[11] Gwilym Gelli-deg, 'Awdl ar yr Effeithiau a Gafodd Dyfodiad Mr John Jones, Llangollen trwy Ddeheudir Cymru', ibid., (Rhagfyr 1841), 365–6.

[12] Ar yrfa Gabriel Jones (1793–1875) gw. Thomas Lewis, 'Hen Gewri Pulpud y Bedyddwyr', *Seren yr Ysgol Sul,* 10 (1894), 30–4; idem, 'Y Parch Thomas Gabriel Jones', *Seren Gomer,* XX (Ionawr 1899), 1–4; A. S. Evans, *Hanes Eglwys Ramoth, Hirwaun o'i Chychwyniad hyd Ddiwedd 1911* (Blaenau Ffestiniog, 1912), tt. 56–8.

[13] E. R. Owens, *Y Ddadl ar Fedydd yn Rumni, Swydd Fynwy ar y 1af a'r 2ail o Dachwedd, 1841* (Crucywel, 1841); *Adroddiad o'r Ddadl ar Fedydd, a fu yn Rumney, Swydd Fynwy, Tachwedd 1af a'r 2il, 1841* (Llanelli, 1841).

[14] Cyhoeddwyd nifer o hanesion lliwgar am y ddadl, ond gw. yn arbennig eiddo J. S. Jones (Brân ap Llyr), 'Ffair Fedydd Rhymni', ac 'Ail Ddydd y Ffair', yn *Hanes Rhymni a Phontlottyn* (Dinbych, 1904), tt. 135–51. Timothy Davies, 'Hanes Rhymni', LlGC Cyfrol Amrywiol 60, t.109.

[15] 'Ffair Fedydd Rumni', *Yr Haul,* VI (Rhagfyr 1841), 382. Gw. hefyd 'Crefydd yr Oes', ibid., XI (Ionawr 1846), 6.

[16] Huw Walters, 'Y Gwir Fedyddiwr', yn *Llyfryddiaeth Cylchgronau Cymreig, 1735–1850* (Aberystwyth, 1993), tt. 39–9.

[17] 'Y Bedyddiwr', *Yr Haul,* VI (Awst 1841), 250–1.

[18] Gŵr a fu'n pregethu gyda'r Annibynwyr yng Nghyfundeb sir Gaernarfon, ac areithydd dirwestol o fri, cyn iddo syrthio oddi wrth ras, oedd Robert Parry (Robyn Ddu Eryri; 1804–92). Achosodd gryn helynt pan aeth i helbul gyda dwy butain yn Llundain ym mis Ionawr 1841, gan roi cyfle i ohebwyr y wasg gyfnodol ei ddifrïo a'i bardduo am fisoedd, os nad am flynyddoedd lawer wedyn. Dyma, mae'n debyg, ergyd teitl pamffledyn Brutus. Ond ni thawodd y dadlau rhwng Jones a Brutus gyda chyhoeddi *'Styrau Quick Iscariot* oblegid VIII 1843

ymddangosodd o wasg William Harris, Crucywel, lyfryn yn dwyn y teitl *Drych y Frad; yn cynnwys Yr Asyn Quadrupedaidd a'r Asyn Bipedaidd; Gwneuthur Ymenyn o'r Post; Cyfodi'r Gwynt, alias Puffiaeth; Y Black Art; Phenomena Eglwysig; Hit my Legs; Picking and Stealing ynghyd â Dwy Gân: Un ar Esgoriad Dic ar y Cwic, a'r llall, Ymddiddaniad rhwng Diabolus a'i Fab Cwic, gan Rigdum Funnidos, Awdwr y Comic Almanack, a'r Cat-o'-Nine-Tails*. Gwyddys mai Brutus oedd awdur y gwaith hwn, a dichon ei fod ymhlith y mwyaf cellweirus a rhyfygus o'i holl gyfansoddiadau.

[19] John Thomas, 'Fy Adgofion: Jones Llangollen', *Y Tyst a'r Dydd*, 22 Ionawr 1875. 'Nid yn aml y bu neb mewn urddiad mor lluosog o weinidogion a phregethwyr', medd yr adroddiad swyddogol am y cyfarfodydd. Gw. David Davies, 'Urddiad', *Y Diwygiwr*, VII (Tachwedd 1842), 343.

[20] Bu John Bowen Jones yn ddisgybl yn yr ysgol hon am ysbaid yn ystod gwanwyn 1843, ond gadawodd yn fuan 'am nad oedd addysg gan yr athraw i'w hepgor y pryd hwnnw, neu ei fod yn rhy brysur i'w chyfrannu'. Gw. 'Hanes Taith', *Cennad Hedd*, XX (Tachwedd 1900), 341–2.

[21] Huw Walters, *Llyfryddiaeth Cylchgronau Cymreig, 1735–1850* . . ., tt. 35–6, 50–1.

[22] Croniclwyd hanes y genhadaeth Formonaidd yng Nghymru gan T. H. Lewis, *Y Mormoniaid yng Nghymru* (Caerdydd, 1956). Gw. hefyd Ronald D. Dennis, 'The Welsh and the Gospel', yn V. Ben Bloxham a James R. Moss, *Truth Will Prevail. The Rise of the Church of Jesus Christ of Latter Day Saints in the British Isles, 1837–1987* (Salt Lake City, 1987); idem, *The Call of Zion: The Story of the First Welsh Mormon Emigration* (Provo, Utah, 1987); Geraint Bowen, *Ar Drywydd y Mormoniaid: Golwg ar Hanes y Mormoniaid Cymreig, 1840–80* (Llandysul, 1999).

[23] Huw Walters, *Llyfryddiaeth Cylchgronau Cymreig, 1735–1850* . . ., t. 49. Idem, '*Y Prophwyd a'r Udgorn*: Dau Gylchgrawn Mormonaidd', *Y Traethodydd*, CLIV (Gorffennaf 1999), 177–84.

[24] Rhestrir y deunydd Mormonaidd a argraffwyd gan Jones yn Ronald D. Dennis, *Welsh Mormon Writings from 1844 to 1862: A Historical Bibliography* (Provo, Utah, 1988).

[25] Dafydd Lewis, 'Darlith ar Formoniaeth', *Seren Gomer*, XXX (Rhagfyr 1847), 375.

[26] *Y Golygydd*, clawr rhifyn mis Medi 1846.

[27] Traddododd gyfres o ddarlithiau yn gwrthwynebu Mormoniaeth ym Merthyr Tudful ar 25 Chwefror, 3 a 17 o Fawrth 1852. Gw. yr adroddiad 'Darlithoedd ar Wyrthiau', *Udgorn Seion*, 4 (20 Mawrth 1851), 97–8.

[28] Ronald D. Dennis, '*Llyfr Mormon*. The Translation of *The Book of Mormon* into Welsh', *Journal of Book of Mormon Studies*, 11 (2002), 45–9.

[29] Adroddir prif gamre ei yrfa gan Huw Walters, 'Pontypridd a'r Cylch: Gwlad Beirdd a Derwyddon', yn *Cynnwrf Canrif: Agweddau ar Ddiwylliant Gwerin* (Abertawe, 2004), tt. 234–60; idem, Myfyr Morganwg and the Rocking Stone Gorsedd', yn Geraint H. Jenkins, gol., *A Rattleskull Genius: The Many Faces of Iolo Morganwg* (Cardiff, 2005), tt. 481–500. Gw. hefyd William Linnard, 'Evan Davies (Myfyr Morganwg), Arch-druid, Philomath, Clockmaker', *Antiquarian*

Horology, XXX (March 2007), 66–75; Ronald Hutton 'The Rebel Druids', *The Druids* (London, 2007), tt. 157–104.

[30] *Adroddiad o'r Ddadl ar Ddirwest a gynnaliwyd yn Llantrisant Tachwedd 18 a 19 1842, rhwng y Parch. John Jones, Rhydybont a Mr Evan Davies (Ieuan Myfyr), Llangrallo* (Llanelli, 1842).

[31] Ibid., 14. Ceir atgofion difyr am y ddadl gan Ddafydd Terry o Gwm Rhondda, a oedd yn llanc ifanc ym 1842, ac a gofiai'r digwyddiad yn dda. Rhoes ddisgrifiad doniol ac afieithus o ansawdd a natur y dadlau yn Daniel Thomas, 'Dafydd Terry', *Y Lladmerydd*, XI (Mawrth 1895), 77–9. Gw. hefyd yr erthygl ddienw 'Yng Nghamrau un o Gymry Ddoe', *Cymru*, LI (Medi 1916), 107–13.

[32] John Thomas, *Jubili y Diwygiad Dirwestol yn Nghymru* (Merthyr Tydfil, 1885), tt. 138–9; D. D. Williams, *Hanes Dirwest yng Ngwynedd* (Lerpwl, 1921), t. 41. Ceisiodd Myfyr amddiffyn ei safbwynt yn *Rhesymau E. Davies (Ieuan Myfyr), dros ei Ymddygiad yn Peidio Llaw-arwyddo Ardystiad y Titotalyddion, Cyfran o ba rai a Draddododd yn Nadl Llantrisant, yr hon a Gynnaliwyd Rhyngddo ef a'r Parch. John Jones, Llangollen* (Abertawy, 1842).

[33] Gw. er enghraifft, y ddwy erthygl ddienw 'Mesmeriaeth', *Seren Gomer*, XXX (Chwefror 1847), 58–9; 'Mesmeriaeth', *Y Gwladgarwr* [Cymdeithas Ddyngarol y Gwir Iforiaid], 2 (Ebrill 1851), 118–19.

[34] Terry M. Parssinen, 'Mesmeric Performers', *Victorian Studies*, 21 (Autumn 1977), 87–104.

[35] 'Philosophi Mesmeriaeth', *Y Golygydd*, 2 (Ebrill 1850), 76-80; 4 (Mehefin 1850), 149–52.

[36] 'Tywysogaeth Cymru: John Jones, Llangollen', *Y Seren Orllewinol*, VII (Rhagfyr 1850), 295.

[37] 'Mesmeriaeth', *Y Cymro* [Bangor], 17 Medi 1850, 565.

[38] Rhestrir ei weithiau cyhoeddedig gan John Ballinger a J. Ifano Jones, *Cardiff Free Libraries: Catalogue of Printed Literature in the Welsh Department* (Cardiff, 1898), tt. 270–1.

[39] 'Symudiad y Parch. J. Jones o Rhydybont i Ferthyr', *Y Dysgedydd*, XXVIII (Ebrill 1849), 120.

[40] John Thomas (Ieuan Morganwg), 'Cân ar Ymsefydliad y Parch. J. Jones, (gynt o Langollen) ym Merthyr Tydfil. Ei Gymeriad Llenyddol a'i Wasanaeth er Helaethiad Gwybodaeth a Dyrchafiad Moesau y Cymry', yn *Cyfansoddiadau Arobryn Ail Eisteddfod Cymrodorion Dirwestol Merthyr Tydfil, Rhagfyr 25ain, 1849* (Merthyr Tydfil, 1850), tt. 72–7.

[41] Ceir trafodaeth fanwl ar yr helynt gan Iorwerth Jones yn *David Rees, Y Cynhyrfwr* (Abertawe, 1971), tt. 127–8.

[42] 'Cymanfa Glynnedd', *Y Diwygiwr*, XVII (Awst 1852), 251. Owen Thomas a J. Machreth Rees, *Cofiant y Parchedig John Thomas D.D., Liverpool* (Llundain, 1898), tt. 171–2

[43] 'Jones Llangollen ac Eglwys Loegr', *Y Bedyddiwr*, XI (Tachwedd 1852), 354.

[44] William Bevan, *Hanes Mountain Ash: Traethawd Buddugol yn Eisteddfod y Pasc, 1896* (Caernarfon, 1897), tt. 20–1; Haydn Davies, *Braslun o Hanes Eglwys Annibynnol Bethania, Aperpennar, 1851–1951* (Aberpennar, 1951), tt. 6–7.

[45] 'Cyfarfod Chwarterol a Chenhadol Undeb Dwyrain Morganwg', *Y Diwygiwr*, XVII (Rhagfyr 1852), 379.

[46] Alan Vernon Jones, 'Early Days of the Independent / Congregational Chapels in Mountain Ash: The Church Deeds', *Providence: United Reformed Church* (Mountain Ash, 1987), t. 143.

[47] Cyhoeddwyd adroddiad 'Gwrth-brofiad Camgyhuddiad', yn *Udgorn Seion*, cylchgrawn Cymraeg yr Eglwys Formonaidd, ar 15 Ebrill 1854, 226–7, yn gwadu'r hanes yn bendant.

[48] Gwybodaeth gan yr Athro Ronald D. Dennis, gynt o Adran Bortiwgaleg Prifysgol Brigham Young, Provo, Utah, mewn llythyr dyddiedig 19 Tachwedd 1988. Y mae'r Athro yn disgyn o linach y Capten Dan Jones.

[49] Thomas Levi, *Cofiant y Parch. Howell Powell, New York* (New York, 1875?), tt. 42–3.

[50] Lot Jenkins, 'Hanes Mordaith i America', *Y Diwygiwr*, XXI (Ebrill 1856), 112–16.

[51] Yn rhyfedd iawn, ni chroniclir yr un gair am lythyr J. Gordon Jones yn yr adroddiad a gyhoeddwyd am y cyfarfod hwn yn *Y Diwygiwr*, XX (Rhagfyr 1855), 375.

[52] *Y Seren Orllewinol*, XIII (Mawrth 1856), 44–5.

[53] 'John Jones, Llangollen (O'r *Presbyterian of the West*)', *Y Cenhadwr Americanaidd*, XVII (Ionawr 1856), 27; (Mawrth 1856), 114.

[54] Yn ôl Hugh J. Hughes, ymddangosodd pedwar rhifyn o'r cylchgrawn ym 1856. Gw. 'Traethawd ar Hanes Enwogion Cymreig a'u Hiliogaeth, yn nghyd â Hanes Llenyddiaeth y Cymry yn America', yn R. D. Thomas, *Hanes Cymry America. Dosran C: Cyflawn Olygfa ar Gymry America* (Utica, 1872) tt. 50–1.

[55] Gwrthwynebwr Drwg, 'Y Golygydd', *Y Seren Orllewinol*, XIII (Mai 1856), 119.

[56] John Jones, 'At Dderbynwyr Y Golygydd', *Y Drych a'r Gwyliedydd*, 23 Awst 1856, 266–7.

[57] Gwybodaeth gan yr Athro Ronald D. Dennis, mewn llythyr dyddiedig 19 Tachwedd 1988. Ymfudodd Edward Jones, ei wraig a thri o blant ar fwrdd y *Golconda* ar 4 Chwefror 1854.

[58] Adroddir yr hanes yn llawn gan John Thomas fel y'i cafodd gan Howell Powell yn 'Fy Adgofion: Jones Llangollen', *Y Tyst a'r Dydd*, 12 Chwefror 1875.

[59] David Charles, 'Trochiad John Jones, Llangollen', *Seren Cymru*, 9 Medi 1892. Atebwyd y sylwadau hyn yn *Y Celt*, newyddiadur yr Annibynwyr, 10, 17 Ebrill 1892.

[60] 'Marwolaeth y Parch. John Jones, Llangollen', *Y Drych a'r Gwyliedydd*, 13 Rhagfyr 1856. Yr oedd Lorenzo N. Fowler (1811–1896) ymhlith yr amlycaf o hyrwyddwyr ffrenoleg yn America, a gwyddys iddo ddarllen pennau Edgar Alan Poe, Walt Whitman a Mark Twain. Gw. Madeleine B. Stern, *Heads and Headlines. The Phrenological Fowlers* (Norman, Oklahoma, 1971).

[61] Ymfudodd ei wraig a'i ferched i America ar fwrdd y llong *Chimborazo* ar 17 Ebrill 1855. Priodwyd Sarah â D. T. Davis o Ironton, Lawrence County, Ohio, a ganwyd iddynt ferch or enw Lilly. Bu farw Sarah yn wraig ifanc 37 oed ym mis Medi 1869 a cheir cofnod am ei marwolaeth yn *The Ironton Register*, 30 Medi

1869. Priododd Elizabeth â Jonathan Thomas, brodor o Wyddelwern, Meirionnydd a ganwyd iddynt ddau blentyn, John a Catherine. Bu'r teulu'n byw yn Ironton cyn symud i Cumberland Gap, Claiborne County, Tennessee, ym 1892, lle bu'r tad farw ar 3 Tachwedd 1906. Cyhoeddwyd ysgrif goffa iddo yn ibid., 15 Tachwedd 1906. Ni wyddys, hyd yn hyn, beth a ddaeth o Elizabeth na'r plant. Diolchaf i'r Athro Ronald D. Dennis am ei gyfarwyddyd gyda'r manylion hyn.

[62] 'Jones, Llangollen', *Y Diwygiwr*, XXII (Ionawr 1857), 21.

[63] John Jones Davies (Ieuan Ddu Alltwen), 'Nodion Americanaidd', *Y Gwladgarwr*, 9 Ebrill 1880.

[64] 'Jones of Llangollen. Morien's Recollections of the Popular Preacher', *News of the Week*, 14 May 1892.

[65] D. P. Williams, 'Pregeth Angladdol', *Y Drych a'r Gwyliedydd*, 27 Rhagfyr 1856, 414. Y mae mynwent enwog Spring Grove, sy'n ymestyn dros 733 o erwau, ymhlith un o'r mynwentydd mwyaf yn y Taleithiau Unedig. Fe'i hagorwyd ym 1845 a pharheir i gladdu meirwon ynddi heddiw. Gw. http://www.springgrove.org/sg/history/History.shtm Darllenwyd 4 Mai 2007.

[66] William Jones, 'Iaith y Diweddar Jones, Llangollen', *Y Seren Orllewinol*, XIV (Ionawr 1857), 23–4.

[67] 'Gair oddi wrth Ferch Llangollen', *Y Cymro Americaidd*, 7 Chwefror 1857.

[68] 'Peth Heb ei Eisiau', *Y Wawr*, VIII (Medi 1883), 182.

[69] 'Cofgolofn Jones, Llangollen', *Y Tyst a'r Dydd*, 25 Gorffennaf 1884.

[70] John Thomas, 'Fy Adgofion: Jones Llangollen', ibid., 22 Ionawr 1875.

Y Fforman Grasol

RHIDIAN GRIFFITHS

1847. Blwyddyn yr anfadwaith fawr yng Nghymru, blwyddyn 'Brad y Llyfrau Gleision', blwyddyn sarhau'r Gymraeg a bywyd y genedl yn gyffredinol gan y triawd dieflig a benodwyd gan lywodraeth Lloegr i ymchwilio i gyflwr addysg yn ein gwlad. Ni wnaeth neb fwy yn ystod y blynyddoedd diwethaf na'r Athro Hywel Teifi Edwards i ddangos fel y brwydrodd y Cymry i wrthbrofi haeriadau ysgeler y comisiynwyr addysg trwy ddadlau mai gwlad wâr, ddiwylliedig a goleuedig oedd Cymru'r bedwaredd ganrif ar bymtheg. Ond beth arall a ddigwyddodd yng Nghymru ym 1847? Cant a mil o bethau wrth reswm, a hwyrach mai gyda'r mwyaf di-nod oedd yr hyn a ddarfu yn Abertawe ar ddydd Llun y Sulgwyn a'r diwrnod canlynol:

> On the 24th and 25th instant [sef mis Mai], being Whit-Monday and Tuesday, the Institution was again thrown open for the free admission of the public; and the Council have the satisfaction to report, that during the two days upwards of 11,000 persons availed themselves of the privilege, and behaved with that decorum and evident sense of the kindness shown them as abundantly verified the expectations of the Council, and encourage them to recommend the annual repetition of the practice.[1]

Yr 'Institution' dan sylw oedd Sefydliad Brenhinol Deheudir Cymru, a sylfaenwyd ym 1835 ac a gafodd adeilad newydd ysblennydd ar y Burrows yn Abertawe ym 1841, adeilad sy'n parhau i fod yn gartref i Amgueddfa'r ddinas. Sefydliad preifat oedd hwn, a ddibynnai ar danysgrifiadau gan ei aelodau. Roedd yn amgueddfa ac yn llyfrgell i'r sawl a allai fforddio ei gefnogi a manteisio ar ei wasanaeth, ac i'r graddau hynny perthynai i elît deallusol Abertawe yn hytrach nag i drwch y boblogaeth. Ond dangosodd Louise Miskell mewn astudiaeth feistrolgar fod yr elît hwn wedi chwarae rhan bwysig a blaengar yn y gwaith o ddatblygu ymwybyddiaeth ddinesig, llywodraeth leol, a diwylliant Abertawe yn y bedwaredd ganrif ar bymtheg; a bod ei aelodau'n bobl ddeallus ac eang eu gweledigaeth. I'r rhain nid oedd yn amhriodol o gwbl i agor drysau'r amgueddfa led y pen i'r werin bobl ar adeg benodol bob blwyddyn, oherwydd roedd yn rhan o'u cenhadaeth addysgol a diwylliannol.[2]

Yr oedd yr arfer o agor drysau'r amgueddfa wedi'i sefydlu ers rhai blynyddoedd cyn 1847. Cychwynnodd ym 1842, pan oedd yr adeilad yn bur newydd, ac ar yr achlysuron cyhoeddus hyn deuai miloedd drwy'r drysau. Agwedd ar addysg y bobl oedd, agwedd mae'n debyg na fyddai'n cael ei chondemnio gan gomisiynwyr y Llyfrau Gleision am nad oedd yn Gymraeg, ac mai'r 'bobl iawn' oedd yn gyfrifol amdani, sef y sawl a oedd wedi sefydlu'r amgueddfa. Eto i gyd, mae'n debyg fod llawer o Gymry Cymraeg ymhlith y bobl a ddeuai i'r amgueddfa ar ddydd Llun y Sulgwyn, a phwy all fesur gwerth a diddordeb yr hyn a gaent yno? Mae'n agwedd ddiddorol ar gyfarfyddiad diwylliannau uchel-ael a gwerinol, Saesneg a Chymraeg, mewn tref yng Nghymru.

Aelodau'r elît hwn oedd diwydianwyr, dynion busnes a phobl gefnog y dref a'r ardal. Yn eu plith gellir cyfrif John Henry Vivian a'i fab Henry Hussey Vivian, a fu'n arloesi datblygiad y diwydiant copr yng Nghwmtawe ac a gynrychiolodd yr ardal yn y Senedd; Lewis Weston Dillwyn a'i fab John Dillwyn Llewelyn, diwydianwyr eto, ond y tad â diddordeb byw mewn hanes lleol a botaneg, a'r mab yn flaengar yn natblygiad ffotograffiaeth, ac yn gyfaill i Fox Talbot; a sawl un arall. Ac un o'r mwyaf lliwgar a mwyaf diddorol yn eu plith oedd prif sylfaenydd y Sefydliad Brenhinol, George Grant Francis.[3]

Ganed Francis yn Abertawe ar 10 Ionawr 1814, yn fab hynaf John Francis a'i wraig Mary (gynt Grant, sy'n esbonio enw canol y mab). Byddai ei oes, o 1814 hyd 1882, yn cwmpasu cyfnod pwysig o ddatblygiad economaidd a diwydiannol yn yr ardal, pan drowyd tref glan môr yn ganolfan ddiwydiannol o bwys. Adeg ei eni roedd y dref yn enwog am burdeb ei hawyr:

> The Air is very salubrious, and so mild, that it has induced several invalids to take up their winter residence here, and has fully justified their expectation, by effecting a very beneficial change in their health . . .[4]

Erbyn cyfnod ei farw roedd creithiau diwydiant yn drymach arni, ond roedd hefyd yn dref brysurach, gyfoethocach a mwy datblygedig. Chwaraeodd Francis ran amlwg ym mywyd cyhoeddus y dref yn ystod y cyfnod, ac ymddiddorodd yng ngorffennol, presennol a dyfodol Abertawe.[5]

Gwneuthurwr cerbydau oedd ei dad John, yn enedigol o Wlad yr Haf, ac a fu'n gweithio yn Llundain cyn dod i Abertawe. Sefydlodd ei weithdy yn y Stryd Fawr, lle y datblygodd fusnes llwyddiannus, a chymerodd ran ym mywyd cyhoeddus tref ei fabwysiad.[6] Tybir i George dderbyn ei addysg yn academi Samuel Springfield Harmsworth, a bu'n dilyn gyrfa fusnes yn Lerpwl am gyfnod cyn dychwelyd i Abertawe ym 1839 i gynorthwyo ei dad, a fu farw ddwy flynedd yn ddiweddarach, ym 1841. Ym 1840 priododd George â Sarah Richardson, merch i fasnachwr dylanwadol o'r enw John Richardson, a bu iddynt dri mab. Nid oedd dileit George ym myd masnach, ac ym 1846 gosododd fusnes ei dad i rywun arall, a'i werthu maes o law ym 1872. Gan nad oedd yn brin o fodd, gallai ymroi bron yn gyfan gwbl i weithgarwch dinesig ac ymchwil hynafiaethol. Ei brif ddiddordeb oedd tref ei eni:

> It mattered little whether the subject was one of antiquarian research . . . or a question of modern improvement and progress, such as railways, docks, or tramways. Whatever his hand found to do he did it with a might which certainly deserved success, though it by no means uniformly commanded it . . . As with many other men of a similar temperament, his enthusiasm ran away with him.[7]

Perthynai i oes a gredai'n angerddol mewn 'cynnydd' ('improvement'), ac i ysgol a gredai mai dyletswydd y cyfoethog a'r breintiedig oedd gwneud yr hyn a allent dros y werin. Yr ymdeimlad hwn o ddyletswydd a chyfrifoldeb a'i harweiniodd mae'n debyg at ei yrfa gyhoeddus yn Abertawe. Ym 1848 daeth yn ysgrifennydd y 'Swansea Dock Company' ac yn fuan wedyn ymunodd â Chyngor y Dref. Ymdrechion diflino Francis oedd yn gyfrifol am lwyddiant y cynllun i helaethu'r dociau yn wyneb gwrthwynebiad chwyrn Dug Beaufort, y tirfeddiannwr lleol, a bu am flynyddoedd yn un o Ymddiriedolwyr yr Harbwr. Francis a osododd gonglfaen y fynedfa i Ddoc y De ym 1854, ac yn yr un cyfnod, sef 1853–4, bu'n Faer Abertawe. Cymerai ei ddyletswyddau o ddifrif: adferodd yr arfer o wisgo gŵn y maer; perswadiodd y fwrdeistref i roi enwau ar yr holl strydoedd a rhifau ar y tai, er mwyn gwneud casglu trethi yn fwy effeithiol; a dyfeisiodd yr arwyddair, *Floreat Swansea* (Blodeued Abertawe). Ym 1855 daeth yn Ynad Heddwch yn Abertawe, a deng mlynedd yn ddiweddarach ymunodd â mainc ynadon Morgannwg. Aeth ei serch at dref ei enedigaeth tu hwnt i ddiddordeb yn ei hiechyd masnachol ac urddas ei llywodraeth: poenai hefyd am ei diogelwch. Pan ofnid ymosodiad o du Ffrainc ym 1859 cododd Francis gwmni o wirfoddolwyr milwrol a ddaeth yn y man yn rhan o Gwmni Gwirfoddolwyr Morgannwg, gydag ef yn brif swyddog. Aeth ati i gryfhau'r gaer ar Benrhyn y Mwmbwls a lleoli gynnau yno, a byth wedyn byddai'n arddel y teitl 'Cyrnol'.

Cyfunai ei weithgarwch dinesig â diddordeb hynafiaethol. Ef oedd un o sylfaenwyr Cymdeithas Hynafiaethau Cymru ym 1846, a daeth yn fuan yn aelod o bwyllgor y Gymdeithas ac yn ysgrifennydd iddi yn sir Forgannwg. Cyfrannai'n gyson i dudalennau ei chylchgrawn, *Archaeologia Cambrensis*, a mynychai'r cyfarfodydd blynyddol yn selog. Roedd yn hynafiaethydd brwd a chydwybodol: wrth ymateb i amheuaeth rhai am ei ddamcaniaethau parthed cestyll Abertawe ac Ystumllwynarth yng nghyfarfod blynyddol y Cambriaid yn Abertawe ym 1861, mynegodd ei gyffes ffydd yn syml:

> he only advanced his theories in order that better ones might be set up. He was obliged to those gentlemen for the notice they had been pleased to take of his labours, and he could assure them that his highest enjoyment was to find that they had given pleasure to others as well as to himself.[8]

Beth bynnag am ei ddamcaniaethau, llwyddodd trwy waith ymarferol i ddiogelu nifer o hen adeiladau a chofebau'r cylch. Trefnodd i glirio tunelli o rwbel a sbwriel er mwyn gwneud Castell Ystumllwynarth yn amlwg eto, ac ymddiddorodd yn hanes yr Esgob Henry de Gower a chyfraniad hwnnw at adeiladau Castell Abertawe. Ym 1840, pan ddymchwelwyd yr hen blas, y 'Place House' a safai o flaen y castell (er mawr siom i Francis), gofalodd fod rhai o'r ffenestri'n cael eu hail-ddefnyddio yn Abaty Singleton, cartref teulu Vivian. Trefnodd hefyd i adfer beddrodau Syr Mathew Cradock (*ca.*1468–1531) a Syr Hugh Johnys (*ca.*1410–*ca.*1485) yn eglwys y Santes Fair, ac ysgrifennu'r hanes yn fanwl daclus.[9]

Enghraifft arall o ymroddiad Francis oedd ei ymdrechion i ail-sefydlu'r Ysgol Ramadeg yn Abertawe. Sylfaenwyd hon ym 1682 gan Hugh Gore, Esgob Waterford a Lismore yn Iwerddon, a chyngurad Oxwich ar Benrhyn Gŵyr, er mwyn darparu cyfleoedd addysgol i feibion ugain o fwrdeisiaid tlawd Abertawe. Erbyn 1842, pan fu farw'r prifathro, y Parchedig Evan Griffith, roedd yr ysgol wedi darfod i bob pwrpas, ac roedd Francis yn un o'r rhai a ysgrifennodd at bapur newydd y *Cambrian* i bwyso am ei hadfer a'i moderneiddio i gwrdd ag anghenion addysg yr oes; ond gan fod y rhan fwyaf o'r ymddiriedolwyr wedi marw, aeth yr ystad i Siawnsri. Gan arddangos ei egni arferol llwyddodd Francis i olrhain etifedd yr ymddiriedolwr olaf yn Ne America, a'i berswadio i drosglwyddo'r ystad i ddeuddeg ymddiriedolwr newydd. Cyflwynwyd petisiwn i'r Siawnsri i ailsefydlu'r ysgol, a chafwyd ateb ffafriol. Cyhoeddodd Francis hanes yr ysgol, gwaith sy'n cynnwys copi o ewyllys Hugh Gore a'r weithred sylfaen yr oedd Francis wedi ei hachub o ebargofiant. Roedd hefyd yn pwyso am gael ehangu maes llafur yr ysgol i gynnwys pynciau cyfoes yn ogystal â'r clasuron. Ym mis Medi 1850 penodwyd ef yn gadeirydd yr ymddiriedolwyr yn gydnabyddiaeth o'i lafur a'i sêl dros y lle, a'i fab hynaf, John Richardson Francis, oedd un o'r disgyblion cyntaf. Ond aeth diddordeb Francis ymhellach. Pwysodd am gael codi adeilad newydd yn gartref i'r ysgol ar gae Bellevue, Mount Pleasant, a gosodwyd y garreg sylfaen yno ym 1852. Francis ei hunan a agorodd yr ysgol newydd ar 14 Medi 1853. Cadwodd lygad barcud ar y datblygiad: symudodd i Gae Bailey, bron gyferbyn â safle'r ysgol newydd, i arolygu'r gwaith adeiladu, a bu'n ddraenen yn ystlys y prifathro, Dr Thomas Noon, am flynyddoedd, nes i hwnnw ei roi yn ei le. Gymaint oedd ymyrraeth Francis yng ngwaith y pensaer, Thomas Taylor, nes i'w gyd-gynghorydd ar Gyngor y Dref, y bargyfreithiwr William Henry Smith, ei lysenwi'n 'Great Gracious Foreman'.[10]

Casglwr mawr oedd Francis. Casglai hen ddarnau arian a seliau, ac roedd ganddo ddiddordeb byw mewn dogfennau hanesyddol, mewn cyfnod pryd y gellid prynu siarteri canoloesol yn weddol rad. Ym 1849, er enghraifft, pan oedd y Cambriaid yn cwrdd yng Nghaerdydd, un o'r pethau a fenthyciodd Francis iddynt oedd llythyr a ysgrifennwyd o Rufain at berchennog Castell Sain Dunwyd ym 1456.[11] Daeth â'r ddwy siarter a roddodd Oliver

Cromwell i Abertawe yn ôl i'r fwrdeistref o blith 'llwyth o hen bapurach mewn llofft uwchben stabal yn y Cantref, ger Aberhonddu'.[12] Cadwai hefyd gopïau arbennig o lyfrau'n ymwneud â de Cymru, gyda dalennau gwag wedi eu rhwymo ynddynt, ac ysgrifennai nodiadau lu ar y rhain.[13] Byddai'n cyhoeddi traws-grifiadau o ddogfennau oedd yn ei feddiant, gweithredoedd a siarteri lleol yn bennaf, ac at ei gilydd mae'n ymddangos bod ei destunau'n bur gywir. Yn unol ag arfer ei gyfnod cyhoeddai ddogfennau mewn teip 'record', sy'n darlunio'r talfyriadau oedd yn rhan o gonfensiwn dogfennau yn yr Oesoedd Canol. Un o'r pethau pwysicaf a gyhoeddodd oedd cytundeb dyweddïad Edward II ac Isabella o Ffrainc, testun a ymddangosodd yn *Archaeologia Cambrensis* ym 1848, yr un flwyddyn ag yr etholwyd ef yn Gymrawd o Gymdeithas Hynafiaethwyr Llundain (F.S.A.).[14]

Mae ei waith cyhoeddi'n dangos mai casglwr a hynafiaethydd ydoedd: nid oedd yn meddu ar ddawn naratif. Er iddo arfaethu ysgrifennu cyfrol ar hanes Abertawe – ac ym 1850 roedd yn gwahodd tanysgrifiadau iddi – ei wir gryfder oedd casglu a chyflwyno dogfennau y gallai haneswyr gloddio ynddynt. Casgliadau o ddogfennau yw ei brif weithiau, yn eu plith: *Original Charters and Materials for a History of Neath and its Abbey* (1845); *The Free Grammar School, Swansea* (1849); *Surveys of Gower and Kilvey*, a olygwyd ar ran Cymdeithas yr Hynafiaethwyr (1861–70); *The Smelting of Copper in the Swansea District* (1867), gwaith a helaethwyd yn ddirfawr erbyn yr ail argraffiad ohono ym 1881; *The Value of Holdings in Glamorgan and Swansea in 1545 and 1717* (1869); a llu o fân bapurau ar destunau amrywiol iawn, sy'n cynnwys 'The Street Nomenclature and Coastal Defences of Swansea', 'A Descriptive Catalogue of Wrecks in and Around Swansea Bay', a 'The Damage done to Neath Abbey by Careless Visitors'. Dechreuodd sawl un o'r rhain ar ei rawd ar ffurf llythyrau at olygydd y *Cambrian* – dyna wraidd ei waith pwysicaf, *The Smelting of Copper* – ac fe'u hargraffwyd wedyn i'w cylchredeg yn breifat. Cyhoeddodd bron bopeth o'i waith mewn argraffiadau cyfyngedig iawn: *The Value of Holdings* mewn argraffiad o 25; fersiwn cyntaf *The Smelting of Copper* mewn argraffiad o 50; ac *Original Charters . . . of Neath* eto mewn argraffiad o 50 (fe'i cystwywyd yn hallt am hyn gan ei adolygydd yn *Archaeologia Cambrensis*). O ganlyniad aeth ei weithiau'n brin erbyn heddiw.

Ond efallai hefyd taw cylch cyfyng o wybodusion oedd ei wir gynulleidfa, ac mai boddhad yr hynafiaethydd oedd ynddo i rannu gwybodaeth ymhlith ei gyfeillion. Ei waith enwocaf efallai yw ei argraffiad moethus, *Charters Granted to Swansea*. Er mai 1867 yw'r dyddiad ar yr wynebddalen, ym 1873 yr ymddangosodd mewn gwirionedd, ac fe briodolodd yr awdur yr oedi hwn i 'the varied tribulations incidental to the production of Topographical works in particular'.[15] Argraffwyd can copi ar draul o tua £700 a dalwyd gan fwrdeistref Abertawe.[16] Mae'r argraffiad yn gain, ar un ochr i'r papur yn unig, a chyda dalennau gwag i ganiatáu ychwanegu nodiadau mewn llawysgrif; fe'i rhwymwyd mewn lledr morocco, ac arfbais Abertawe wedi ei stampio mewn aur ar y clawr. Cynhwysir portread lithograff o Francis yn ei lifrai milwrol, ac mae'r rhestr o danysgrifwyr yn debyg i 'Who's who' o Forgannwg y cyfnod. Argraffwyd y testun, sy'n cynnwys llawer mwy na siarteri, mewn colofnau gyda chyfieithiad cyfochrog: mae'n gloddfa o ddogfennau hanes Abertawe, ac yn gofeb deilwng i ddiddordebau Francis ei hun.

Ond ei gofeb fwyaf arbennig mae'n siŵr yw Sefydliad Brenhinol Deheudir Cymru a'i lyfrgell, un o'r llyfrgelloedd gorau yng Nghymru yn y bedwaredd ganrif ar bymtheg.[17] O amser sylfaenu Sefydliad Brenhinol Prydain Fawr ym 1799 tyfodd y mudiad i greu cymdeithasau llenyddol ac athronyddol mewn trefi a dinasoedd yn gyflym, ac fe'u sefydlwyd yn Leeds, Efrog, Sheffield, Hull a mannau eraill, gan arwain yn y pen draw at greu'r Gymdeithas Brydeinig er Hyrwyddo Gwyddoniaeth (British Association for the Advancement of Science). Roedd gan Abertawe ei 'Mechanics' Institution', a sefydlwyd gan Matthew Moggridge ym 1827, ond ni fu hwn yn llwyddiannus iawn yn ei flynyddoedd cynnar. Yna ym 1835, yn ŵr ifanc 21 oed, aeth Francis ati i geisio sefydlu cymdeithas o'r math hwn yn Abertawe. Paratodd brosbectws a denu dros hanner cant o danysgrifwyr o fewn wythnos. Cynhaliwyd dau gyfarfod cyffredinol, a chychwynnwyd Sefydliad Athronyddol a Llenyddol Abertawe (Swansea Philosophical and Literary Institution), a'i nod:

the Cultivation and Advancement of the various Branches of Natural History, as well as the Local History of the Town and Neighbourhood . . . the Extension and Encouragement of Literature and the Fine Arts, and . . . the general Diffusion of Knowledge.[18]

Dechreuodd mewn dwy ystafell yn Sgwâr y Castell ac roedd llyfrgell yn rhan o'r Sefydliad o'r cychwyn. Roedd Francis yn aelod o'r pwyllgor cyntaf dan lywyddiaeth Lewis Weston Dillwyn, ac o fewn y flwyddyn gyntaf denwyd 172 o aelodau. O fewn ychydig flynyddoedd roedd y sylfaenwyr yn teimlo'n ddigon hyderus i godi adeilad newydd yn ardal ffasiynol y Burrows, a Francis oedd ysgrifennydd y gronfa adeiladu. Yr adeilad a godwyd sydd heddiw'n gartref i Amgueddfa Abertawe. Cafodd y gymdeithas ei bendithio â nawdd brenhinol a dod yn 'Royal Institution of South Wales', erbyn agor yr adeilad ym 1841.

Pan gyhoeddwyd catalog cyntaf llyfrgell y Sefydliad Brenhinol ym 1848, rhoddodd Francis gownt o'r dechreuadau, gan ddisgrifio sut y bu iddo gasglu at ei gilydd lyfrau o lyfrgelloedd cylchynol, o gasgliad Cymdeithas Ddaearegol y Cambrian ac o gasgliad Sefydliad y Mecanyddion, ond bod angen mwy:

> When I projected the Institution in 1835, one of my strongest and most successful arguments with the public, was the necessity and importance of establishing a good general Library, and by unrelaxed energy much has been accomplished.[19]

Roedd wedi dechrau ym 1835 trwy anfon cylchlythyr yn apelio am roddion o weithiau o ddiddordeb lleol a diddordeb Cymreig, a thrwy garedigrwydd unigolion a rhoddion megis deuddeg gini gan Glwb Llyfrau Abertawe, llwyddodd i ddatblygu casgliad Cymreig o bwys a gwerth. Mae'n amlwg fod Francis am weld datblygu casgliad sylweddol o lyfrau yn parhau'n rhan ganolog o waith y Sefydliad Brenhinol yn ei gartref newydd, a chredai y gallai ddenu rhoddion i'r llyfrgell gan garedigion yr achos yn yr ardal. Ym mis Mawrth 1840 ysgrifennodd am ei fwriadau at yr hynafiaethydd J. M. Traherne:

> when the building is completed I intend to move that a circular be addressed to the gentry of the country around, begging donations of duplicate Volumes for it – much may be done in this way.[20]

Pan agorwyd y ganolfan newydd ym 1841 penodwyd Francis yn Llyfrgellydd Mygedol, ac arhosodd yn y swydd honno tan 1879. Gellir olrhain twf y llyfrgell yn adroddiadau blynyddol y Sefydliad Brenhinol.[21] Hyd yn oed ym 1841 gallai'r casgliad Cymreig frolio rhyw 200–300 o gyfrolau, ynghyd â mapiau, printiau a darluniau.

Cafwyd addewid gan J. H. Vivian o ddeunydd seneddol, ac roedd Cymdeithas Ddarllen Abertawe hefyd wedi cynnig rhoddion. Yn y flwyddyn ganlynol cyflwynodd Cyngor y Dref set o Gofnodion Tŷ'r Cyffredin a Thŷ'r Arglwyddi a fuasai gynt yn Neuadd y Dref. Ym 1844 datblygodd Francis gynllun i dderbyn cyfnodolion cyfredol heb fawr o gost i'r Sefydliad, ac wedi marw'r naturiaethwr J. E. Bicheno ym 1851 pwrcaswyd ei lyfrgell yntau.

Ond arian oedd y bwgan mawr ar hyd y blynyddoedd. Gwnaed apêl reolaidd mewn adroddiadau blynyddol am dalu tanysgrifiadau blynyddol, ac ym 1847 pwysleisid na ddylai neb fenthyca llyfr o'r llyfrgell heb iddo'n gyntaf dalu ei danysgrifiad. Y flwyddyn flaenorol agorwyd cronfa gyhoeddus er mwyn ychwanegu at gasgliad y llyfrgell, a dyna sut y cafwyd set o'r papur newydd lleol, *The Cambrian*. Ym 1848 sefydlwyd clwb llyfrau'r Sefydliad:

> for the purchase of books of a superior class in literature and science, by the rules of which it is provided that every book, after having been two years in circulation amongst its members, shall be presented to the library of the RISW.[22]

Dros y deuddeng mlynedd dilynol cyflwynodd y clwb 243 o gyfrolau i'r llyfrgell, a thrwy'r adeg roedd unigolion, Francis ei hunan yn bennaf, yn cyflwyno rhoddion. Ymddangosodd y catalog printiedig cyntaf ym 1851 (er taw 1848 yw'r dyddiad arno), ac mae'n rhestru tua 1800 o weithiau yn ôl pwnc, prawf mai pwrpas y llyfrgell oedd addysgu pobl ac nid rhoi darllen difyr yn unig iddynt. Roedd y casgliad Cymreig yn gyfoethog tu hwnt, yn enwedig mewn deunydd lleol; cynhwysai nifer o rediadau o bapurau newydd ac ambell drysor megis argraffiad Thomas Johnes, Hafod o gronicl Monstrelet.

Mae argraffiad 1876 o'r catalog yn helaethach o dipyn, yn gyfrol sylweddol o 371 tudalen. Fe'i rhennir yn saith adran, sef 'Arts & Sciences', 'Jurisprudence', 'Religion', 'Polite Literature', 'History', 'Geography' a 'Wales', gydag isbenawdau i bob un. Ceir ymhob adran argraffiadau cynnar o weithiau pwysig, ond rhaid nodi hefyd fod elfen o hap a damwain yn perthyn i'r casgliad fel y'i darlunnir yn y catalog. Oherwydd dibyniaeth helaeth y Sefydliad ar roddion gan garedigion, roedd ei lyfrgell, er yn fawr ac yn amrywiol, hefyd yn anwastad. Hwyrach ei bod o'r herwydd yn llawer iawn mwy diddorol i'r llyfrbryf a'r darllenydd cyffredin. Gwelir hyn yn yr adran ar Gymru, sy'n rhestr sylweddol o 1800 a mwy o eitemau, nifer mawr ohonynt yn ymwneud ag ardal Abertawe ac â de Cymru'n gyffredinol. Rhestrir llawer iawn o fân bamffledi a rwymwyd mewn cyfrolau amryw, gan gynnwys nifer o weithiau Francis ei hun, yn ogystal â gweithiau unigol. Gwelir llu o bethau lleol, megis adroddiadau Abernethy ar Harbwr Abertawe rhwng 1853 a 1872, gweithiau arloesol Henry De La Beche ar iechyd cyhoeddus yn y trefi ac ar ddaeareg Cymru, gweithiau Lewis Weston Dillwyn ar lysieueg yr ardal, holl weithiau Francis ei hun ar hynafiaethau Morgannwg, cyfresi o ddeddfau seneddol yn ymwneud ag Abertawe a'r cylch, gweithiau crefyddol, gan gynnwys hanes capeli unigol a marwnadau, a hefyd nifer o bethau'n ymwneud â datblygiad yr harbwr. Ymysg y deunydd hanesyddol ceir copïau o Feibl Cymraeg 1620 a nifer o bamffledi o gyfnod y Rhyfel Cartref yn yr ail ganrif ar bymtheg. Mae sawl un o'r gweithiau crefyddol a bywgraffyddol lleol wedi eu hysgrifennu yn Gymraeg, a gwelir hefyd yn y catalog argraffiadau o'r clasuron, gan gynnwys argraffiadau 1740 a 1854 o *Drych y Prif Oesoedd*. Ceir yn ogystal rai o weithiau Griffith Jones, Llanddowror, cyfrolau'r *Welch Piety*, argraffiad 1714 o *Canwyll y Cymry* Rhys Prichard, argraffiad 1744 o *Aleluia* Williams Pantycelyn, a gweithiau William Owen Pughe a Twm o'r Nant. Ymhlith y llyfrau hynaf yn y casgliad nodir Gramadeg Siôn Dafydd Rhys (1592). Agwedd ddiddorol arall ar y casgliad yw ei fod yn cynnwys catalogau casgliadau eraill, megis *Catalogue of the Cardiff Free-Library* (1870) a *Catalogue of the Swansea Free-Library* (1876) – ymgais mae'n siŵr i wireddu delfryd y sylfaenwyr y dylai'r llyfrgell fod yn llyfrgell gyfeiriadol deheudir Cymru. Casgliad oedd hwn, felly, a geisiai adlewyrchu bywyd Cymru yn ei gyfanrwydd, gan gwmpasu hanes, llenyddiaeth, masnach a gwyddoniaeth, a chyda llyfrau yn Gymraeg ac yn Saesneg.

Y llyfrgell oedd un o lwyddiannau mawr blynyddoedd cynnar y Sefydliad Brenhinol, yn enwedig gan na thyfodd y Sefydliad mor gyflym ag y byddai aelodau ei gyngor rheoli'n dymuno. Gwnaethpwyd pob ymdrech i estyn y cortynnau, trwy gynnal dyddiau agored a darlithiau cyhoeddus, ond clwb aelodau ydoedd yn y diwedd. Ceisiwyd ym 1856 sefydlu ysgol wyddonol, ond ni chafwyd athro cymwys iddi, ac ym 1857 penderfynodd y cyngor dderbyn aelodau cysylltiedig, a gâi ddefnyddio'r llyfrgell trwy dalu hanner y tanysgrifiad arferol, gan droi'r llyfrgell yn fwy o ystafell ddarllen gyhoeddus, mewn oes cyn bod llyfrgell gyhoeddus rad yn Abertawe. Erbyn canol y 1860au roedd yno gasgliad o fwy na 4000 o gyfrolau, tua'u hanner yn cylchredeg i'r aelodau bob blwyddyn. Ond ni fyddai cyfaddawdu ar safonau. Nid oedd cyngor y Sefydliad am ddatblygu casgliad o ffuglen i ddifyrru pobl, ond yn hytrach:

> to furnish the Institution with works of sterling and permanent value in the higher departments of literature . . . paying due regard to the demands made for the lighter branches of reading, included in works of fiction, &c., selecting those whose authors are a guarantee for their high character.[23]

Ym 1870 cofnodwyd bod y Parchg Rowland Williams wedi ewyllysio ei lyfrgell i dref Abertawe, ac roedd y Sefydliad Brenhinol yn awyddus i'w sicrhau. Nid felly y bu. Ym 1874 sefydlwyd Llyfrgell Rad y Fwrdeistref, a ddaeth yn ddiweddarach yn Llyfrgell Gyhoeddus Abertawe, ac yma y cartrefwyd casgliad Rowland Williams. Ymddangosai na fyddai dyfodol bellach i lyfrgell 'breifat' y Sefydliad Brenhinol. Tua'r adeg hon bu Francis, gan arddangos ei flaengarwch arferol, yn pledio y dylid adleoli'r Sefydliad ymhellach i'r gorllewin, lle'r oedd poblogaeth y dref yn symud. Erbyn y 1870au, meddai, roedd ardal y Burrows wedi troi'n ardal fasnachol yn unig, heb ynddi ryw lawer o dai annedd, ac roedd hyn yn tueddu i ddarfu ar yr awyrgylch myfyrgar a ddylai berthyn i'r lle. Ofer, fodd bynnag, fu ei ymdrechion.[24]

Tua diwedd ei oes treuliai Francis fwy a mwy o'i amser yn Llundain, ac yn ei gartref yn Kensington y bu farw, 21 Ebrill 1882. Er iddo gael ei gladdu yn hen fynwent ddinesig Dan-y-graig yn Abertawe, ychydig o sylw a gafodd ei farwolaeth yn y dref, ac efallai nad oedd llawer o ddiddordeb yn ei waith erbyn hynny. Gyda sefydlu'r llyfrgell gyhoeddus, lle y cartrefwyd casgliadau Rowland Williams, Robert Jones o Rotherhithe, a brawd iau Francis ei hun, John Deffett Francis, roedd llai a llai o obaith y byddai llyfrgell y Sefydliad Brenhinol yn dod yn llyfrgell gyfeiriadol deheudir Cymru, oherwydd ni allai sefydliad o danysgrifwyr gystadlu â darpariaeth llyfrgell rad. Ond yn ei gyfnod chwaraeodd y Sefydliad a'i lyfrgell rôl bwysig yn y gwaith o gefnogi diwylliant y dref ac o greu a chadw casgliad Cymreig o bwys, mewn oes cyn bod gan Gymru ei llyfrgell genedlaethol na llawer o lyfrgelloedd sefydliadol o gwbl. Ac er gwaethaf llu o anawsterau dros y blynyddoedd, fe oroesodd, ac erbyn hyn y Sefydliad yw Cymdeithas Cyfeillion Amgueddfa Abertawe. Mae ei gartref yn yr un adeilad a agorwyd ym 1841. Gwasgarwyd llawer o gynnwys cyffredinol y llyfrgell, ond cadwyd y casgliad lleol, ac fe'i ceir yn adeilad yr Amgueddfa o hyd, yn arwydd gweladwy o weledigaeth ei sylfaenydd.

Hwyrach y gellid dweud nad yw gyrfa Francis o ddiddordeb mawr i gynulleidfa Gymraeg. Wedi'r cyfan nid oedd, mae'n ymddangos, yn medru'r iaith, ac os oedd yn deall rhywfaint arni, nid oedd yn ei harddel yn gyhoeddus. Eto i gyd, nid oedd y cylch y symudai ynddo heb gydymdeimlad â'r Gymraeg. Amddiffynnodd Lewis Weston Dillwyn hawl Cymry Cymraeg i gyflwyno materion yn eu hiaith eu hunain, er mai gwantan oedd ei afael ef ar yr iaith.[25] Roedd lle i lyfrau Cymraeg yn llyfrgell y Sefydliad Brenhinol, ac mae'n siŵr fod llawer o Gymry Cymraeg y cylch wedi elwa'n ddiwylliannol o fynychu'r diwrnodau agored yn yr amgueddfa, er mai Saesneg oedd iaith gweithgareddau'r Sefydliad ei hun. Teg cofio hefyd fod Francis a'i debyg yn bobl oedd â pharch mawr at draddodiad a gorffennol y genedl. Iddo ef yr oedd diogelu hanes a dogfennaeth ei fro, hynny yw, cadw'r cof, yn holl bwysig, a heb ei ddygnwch a'i ymroddiad byddai llawer o ddogfennau pwysig yn hanes Abertawe wedi diflannu am byth. Roedd yn aelod o'r 'Welsh Manuscripts Society', a gofalodd fod y Sefydliad yn casglu dogfennau a seliau Cymreig.[26] Er ei fod yn rhan sefydlog o batrwm cymdeithas a dderbyniai oruchafiaeth y frenhiniaeth a senedd San Steffan, nid Sais digydymdeimlad ydoedd, ond un o blith llawer o'r di-Gymraeg a gyfrannodd at draddodiad dinesig Cymru, traddodiad na chafodd lawer o sylw gennym hyd yma, hwyrach am ein bod wedi tueddu meddwl mai peth estron ydyw i'r wir Gymru, y Gymru wledig Gymraeg. Ond mewn cyfnod lle y mae'r genhedlaeth iau yn sefydlu traddodiad dinesig Cymraeg newydd, ni ddylid gwadu rhan y profiad dinesig hanesyddol hwn yng ngorffennol ein cenedl, na diystyru'r gwyrda ymroddedig a wnaeth lawer i roi'r hanes ar gof a chadw. A minnau wedi fy magu'n Gymro Cymraeg yn Abertawe, ni allaf ond codi fy het i'r Fforman Grasol a wnaeth gymaint dros ei dref enedigol, a thref fy ngeni innau.

NODIADAU

[1] Royal Institution of South Wales. *The Twelfth Annual Report of the Council: MDCCCXLVI-VII* (Swansea, 1847), t. 9.

[2] Louise Miskell, *'Intelligent Town': An Urban History of Swansea, 1780–1855* (Cardiff, 2006).

[3] Am y rhain gw. *Oxford Dictionary of National Biography* (Oxford, 2004) ac *Y Bywgraffiadur Cymreig hyd 1940* (Llundain, 1953).

[4] [Anad.], *A Description of Swansea and its Environs* (Swansea, 1813), t. 11.

[5] Crynhoir gyrfa Francis gan Sandra Thomas, *George Grant Francis of Swansea 1814–1882* (Swansea, 1993). Gw. hefyd Gerald Gabb, 'What Manner of Men? The Founders of the Royal Institution', *Minerva: Transactions of the Royal Institution of South Wales*, 3 (1995), 18–26; Andrew Dulley a Katie Millien, 'On Entering into the Fruits of his Labour: George Grant Francis and the Royal Institution's Archive Collections', ibid., 13 (2005), 58–65; Gareth Williams, 'Swansea's Great Gracious Foreman', *Country Quest*, 26 (Medi 1985), 27–8; Louise Miskell, op.cit.

[6] Sandra Thomas, 'John Francis, Coach-maker', *Minerva*, 2 (1994), 29–34.

[7] Dyfynnir yn *Oxford Dictionary of National Biography* (Oxford, 2004), XX, tt. 737–8, 'Francis, George Grant' (cofnod gan George Goodwin, diweddarwyd gan Beti Jones).

[8] Cambrian Archaeological Association. *Report of the Fifteenth Annual Meeting . . . held at Swansea, 1861. Report*, t. 23.

[9] T. Bliss and George Grant Francis, *Sir Hugh Johnys and his Monumental Brass in St Mary's Church, Swansea* (Swansea, 1845); George Grant Francis, 'Notes on the Removal of the Brass, and an Examination of the Supposed Place of Sepulture of Sir Hugh Johnys . . .', yn RISW, *12th Annual Report* (Swansea, 1847), tt. 17–20.

[10] Sandra Thomas, op.cit., tt. 15–20; Carl Smith, *Bishop Gore's Swansea Grammar School: A History* (Swansea, 1982). Ceir copi anodedig o waith Francis, *The Free Grammar School, Swansea* (1849) yn llsgr. Ll[yfrgell] G[enedlaethol] C[ymru] 6586C.

[11] *Archaeologia Cambrensis*, IV (1849), 307.

[12] George Grant Francis, *Charters Granted to Swansea* (Swansea, 1867 [recte 1873]), t. xi.

[13] Enghraifft ddiddorol yw ei gopi o waith Lewis Weston Dillwyn, *Contributions Towards a History of Swansea* (Swansea, 1840), lle'r ychwanegodd nodiadau helaeth. Llsgr. LlGC 5239C.

[14] *Archaeologia Cambrensis*, III (1848), 150–55.

[15] Francis, *Charters*, t. v.

[16] Glyn Roberts, 'The Municipal Development of the Borough of Swansea to 1900' yn *Aspects of Welsh History* (Cardiff, 1969), t. 157.

[17] Sandra Thomas, op.cit., 10–14; W. A. Beanland, *The History of the Royal Institution of South Wales, Swansea, 1835–1935* (Swansea, 1935).

[18] Swansea Philosophical and Literary Institution, [Rules and list of members] (Swansea, 1836), [t. 1].

[19] George Grant Francis, *Catalogue of the Library of the Royal Institution of South Wales* (Swansea, 1848), t. v. Cyhoeddwyd yr ail argraffiad, sy'n dipyn mwy o faint, ym 1876.

[20] George Grant Francis at J. M. Traherne, 5 Mawrth 1840. Llsgr. LlGC 6599E, rhif 168. Am John Montgomery Traherne (1788–1860) gw. *Y Bywgraffiadur Cymreig hyd 1940*, tt. 916–17.

[21] Trafodir y llyfrgell a'i dau gatalog yng nghyd-destun hanes llyfrgelloedd yn Abertawe gan Eiluned Rees a G. Walters, 'Swansea Libraries in the Nineteenth Century', *Journal of the Welsh Bibliographical Society*, X (1966–71), 43–57.

[22] RISW, *13th Annual Report* (1848), t. 9.

[23] RISW, *31st Annual Report* (1866), t. 6.

[24] George Grant Francis, *The Question of a New Site for the Royal Institution of South Wales, Swansea* (Swansea, 1875).

[25] Miskell, *Intelligent Town*, t. 171; R. Elwyn Hughes, 'Naturiaethwyr y Plas', *Cylchgrawn Llyfrgell Genedlaethol Cymru*, XXXIII (2004), 259–84 (271).

[26] Miskell, op.cit., t. 180.

Pentref Aber-arth – y 'Pentre Gwyn'.

John Daniel ac Olwen Edwards, Aber-arth.

Y glaslanc.

Cryts Aber-arth: Hywel yn y rhes flaen ar y dde.

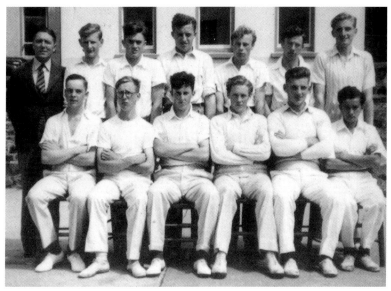

Aelod o dîm criced Ysgol Aberaeron:
Hywel yw'r cyntaf ar y chwith yn y rhes flaen.

Tîm pêl-droed Coleg Aberystwyth, 1953–54:
Hywel yw'r ail o'r chwith yn y rhes gefn.

Dosbarth Anrhydedd Cymraeg, Coleg Aberystwyth, 1956:
Hywel yw'r gŵr tal yn y cefn.

'The tall one is very clever'.

Diwrnod graddio, 1956.

'Dydd Ein Priodas', 1960.

Y teulu: Aerona, Meinir, Huw a Hywel.

Urdd Derwydd Gorsedd y Beirdd, Eisteddfod Machynlleth, 1981,
gyda Huw ac Aerona.

Cyhoeddi'r Eisteddfod Genedlaethol ym Meifod, 2002.

Huw a Meinir.

Cadeirydd Cyngor Cymuned
Llangennech.

Cartŵn gan Tegwyn Jones, 1992.

Tad-cu a'i wyrion!

Beirdd y Môr yn Oes Victoria

E. G. MILLWARD

Y mae nerthoedd y dymhestl yn medru troi a thrin y llongau mawrion,
trymion, a chedyrn . . . fel ag y trin hogyn ei deganau yn ei law. Druain
o breswylwyr y temlau symudol hyn, yn nghanol y dymhestl ysgythrog
ar wyneb noethlwm, diysgog, a digymdeithas yr eigion mawr.

Dewi Wyn o Essyllt

> *Mae'n dda gan i mae'r eigion yw*
> *Ein cartref, dweyd y gwir,*
> *Y nef a helpo'r rhai sy'n byw*
> *Mewn stormydd ar y tir...*
> *Wel diolch i Ragluniaeth fawr*
> *Ein bod ni'n dau yn forwyr.*

Mynyddog

'*I think that every poor lad should have the chance of walking the quarterdeck*'.

Capten y *Vale of Clwyd* yn *The Life and Opinions of Robert Roberts*.

* * *

Gwaith anodd yw dod o hyd i bwnc yn ymwneud â barddoniaeth neu ryddiaith Gymraeg y bedwaredd ganrif ar bymtheg nad yw Hywel Teifi wedi taflu goleuni arno. Trafododd gyfraniad beirdd y môr i'n 'prif eisteddfodau' ond, hyd y gwn, nid yw wedi mynd ar ôl y beirdd llai hysbys ac anhysbys, llawer ohonynt heb fod yn gystadleuol, pwnc y cyfraniad hwn. A'r peth iawn i'w wneud cyn disgyn ar y pwnc fyddai amlinellu pwysigrwydd y môr i Gymry'r bedwaredd ganrif ar bymtheg. Ond ni feiddiwn fentro i faes hanes morwriaeth yng Nghymru. Gwnaed hynny'n ardderchog gan Aled Eames, J. Geraint Jenkins, David Thomas a'r cyfranwyr i *Cymru a'r Môr*. Nid dyma'r lle ychwaith i fynd ar ôl y siantis a hanes yr athrawesau a'r athrawon a fu'n ymateb i'r galw newydd trwy ddysgu morwriaeth yn eu hysgolion, rhai fel Ellen Edwards, Cranogwen ac Eben Fardd. Ac yr wyf am adael heibio ddelwedd ffrwythlon y môr yn yr emynau Cymraeg o amser Pantycelyn ymlaen. Y cwbl yr wyf am ei wneud yw agor y drws – dim mwy na hynny – ar y modd yr oedd amryw o feirdd 'seciwlar' yn mynegi eu hymateb i arwyddocâd y môr a ffawd morwyr Cymru yn ystod teyrnasiad Victoria, oes aur llongwriaeth Gymreig. Rhaid nodi hefyd fod llawer iawn o'r cerddi hyn wedi cael oes estynedig fel caneuon. Bu Joseph Parry, wrth gwrs, wrthi'n brysur yn llunio tonau i eiriau Mynyddog – 'Cydgan y Morwyr', a fu'n boblogaidd o 1874 ymlaen, a 'Gwraig y Morwr' (1875). Yr oedd canu i wraig y morwr neu ei gariad, gwraig 'y cadben' a merch y capten yn thema arbennig o gynhyrchiol. Y mae cân Tudno 'Arafa Don', yn boblogaidd o hyd a chafwyd prawf yn ddiweddar fod y ddeuawd 'Y Ddau Forwr', o waith Cynonfardd (y Parchg T. C. Edwards, 1848–1927) a Joseph Parry, yn dal yn ei bri dros gan mlynedd ar ôl ei llunio, fel y clywsom gan Geraint Jones yn *Y Cymro*, 14 Gorffennaf 2006, y colofnydd hwnnw y mae'r *Cymro*'n dlotach o'i golli.

Yr oedd Cynonfardd yn enw mawr ym maes y gelfyddyd boblogaidd o adrodd. Felly hefyd Cynalaw (David L. Jones) a fu'n gyfrifol am *Trysorfa'r Adroddwr; at Wasanaeth y Dadleuwr, yr Adroddwr, a'r Canwr* (1888–1907) a gyhoeddwyd yn chwarterol. Y mae darnau prydyddol yn darlunio morwyr mewn tymestl neu longddrylliad yn cael lle amlwg yn y rhain: 'Y Dymhestl Olaf' gan D. T. Evans, Fforest Fach; 'Y Badwr a'i Fab' gan A. L. Harries (Taronwy); 'Colliad y Bad' o waith Cynalaw; 'Boddiad y Bachgen' gan brydydd yn dwyn yr enw barddol difyr 'Myfyr Twrch' ac yn y blaen. Y maent yr un mor gyffredin yn y casgliadau a'r llyfrau dysgu ar gyfer adroddwyr a oedd yn dal yn boblogaidd ym mlynyddoedd cynnar yr ugeinfed ganrif fel *Camp yr Adroddwr* (1905) gan Elfed; *Codi'r Hwyl: Llyfr Newydd o Adroddiadau* (1909) gan John Herbert Jones, golygydd *Y Brython*, a chyfraniad Carneddog *Cyfaill y Adroddwr* (1910). Mynnai Carneddog fod 'y gelf ddiddorol o adrodd a dadleu yn dod i fwy o fri yn ein mysg fel cenedl'. Arwres y cyfnod diweddarach hwn oedd yr adroddreg Llaethferch (Mary Jane Francis-Evans, 1888–1922). Tyfodd Llaethferch yn seléb enwog yn y patrwm o ddiwylliant cyfoethog yn ne Cymru a ddisgrifir gan ei chofiannwr, y Parchg Ben Davies,

Pant-teg. Sonnir am bwysigrwydd *Trysorfa'r Adroddwr* a llyfr Cynonfardd *Darllen a Siarad* (1890) wrth iddi ddechrau ymddiddori mewn adrodd o flaen cynulleidfa, a dywed Ben Davies fod 'Dymchweliad y Bad yn Aberafon' gan Eilir Mai yn rhan o'i *repertoire* ynghyd â'r gerdd Saesneg gan Clement Scott 'The Women of Mumbles Head', y cafwyd fersiwn ohoni gan 'I. F.', 'Rhianod Penrhyn Gŵyr'.

Peth cyffredin gan y beirdd oedd canu, fel y gwnaeth Ioan Siencyn yn y ddeunawfed ganrif, 'I Ddymuno Llwyddiant i Long Newydd', a thystiolaeth i'r diddordeb cynyddol ym mhwysigrwydd y môr i lawer o'r Cymry yn oes Victoria yw traethawd sylweddol y Parchedig David Griffith, Y Felinheli, gwaith tra phregethwrol a fu'n fuddugol yn Eisteddfod Genedlaethol Caer, 1866[1]:

> Dirif ydynt y profion a geir ymhob cyfeiriad o fawredd rhwymedig-aethau y deyrnas hon i'r bobl 'y rhai a ddisgynant mewn llongau i'r môr'. Y mae cyfoeth a gogoniant trafnidiol a chenedlaethol Prydain Fawr wedi ei grynhoi a'i gynnyrchu i raddau pellach nag y meddylir yn gyffredin, drwy fedr ac egniadau ein morwyr dewrwych. I ddosbarth neillduol o honynt hwy hefyd y perthyn y gorchwyl o *amddiffyn* y cyfoeth hwnw, ac o gynnal i fyny anrhydedd y Faner Brydeinig ymhob rhan o'r byd.

Ac am ei genedl ei hun dywed:

> Nid oes dref, na phentref, na chwmmwd braidd yn unman oddeutu glànau y môr, heb fod yno gartrefleoedd i'r dosbarth morwrol . . . Nis gwyddom beth oedd nifer llongau Cymru, na pha faint oedd eu tunelliaeth, tua dechreu y ganrif hon; ond y mae yn gwbl sicr genym nad oedd y cwbl ond distadl o'u cymharu â'r hyn ydynt yn bresennol.

Fe ŵyr yn iawn am y peryglon enbyd a wynebai morwyr y cyfnod ar y cefnfor ac am y llongddrylliadau trychinebus a oedd mor gyffredin o gwmpas y glannau. Dyfynnir disgrifiad cyffrous o long mewn 'tymmestl fawr' a gafodd gan 'ein hysbysydd', a dywed fod yr ystadegau swyddogol yn dangos bod 1738 o longddrylliadau o gwmpas glannau Prydain ym 1865 a 472 o forwyr wedi'u boddi:

> Pwy o honom na chofia gydag alaeth am y colledion mawrion a gafwyd tua dechreu y flwyddyn bresennol? Y tymmor a welodd golli y *London*, y *Glasgow*, yr *Amalia*, a'r *Spirit of the Ocean*, a welodd hefyd golli cannoedd ar gannoedd o lestri godidog eraill yn perthyn i'r deyrnas hon.[2]

Manylir hefyd ar y gwahanol gymdeithasau elusennol a sefydliadau a oedd yn gefn i forwyr. Ond fel yr awgrymwyd, y wedd bregethwrol sydd amlycaf. Rhestr faith o anogaethau crefyddol a moesol 'i'n cyfeillion morwrol' yw baich y traethawd. Ni cheir ganddo'r un gair am yr awch gyffredin i elwa trwy orlwytho llongau, a nifer o'r rheiny'n hen lestri bregus, a'r perchenogion yn gwybod y byddai'r yswiriant yn elw i'r buddsoddwyr. O degwch iddo, efallai, dylid dweud bod Griffith yn ysgrifennu cyn i Samuel Plimsoll (1824–98) gychwyn ar ei yrfa nodedig fel aelod seneddol, a chyn iddo gyhoeddi ei ymosodiad chwyrn ar berchenogion diegwyddor, *Our Seamen* (1873). Pasiwyd y *Merchant Shipping Act* ym 1876 a orfododd y llinell lwytho, y 'Plimsoll line', ar longau masnachol, er na phennwyd union leoliad y llinell ar gragen llongau tan 1894. Ond yn wahanol iawn i Plimsoll nid oedd Griffith yn ddiwygiwr cymdeithasol.

Yn wir, mentraf ddweud bod y cerddi liaws yn trafod peryglon bywyd y morwyr yn ennyn llawer mwy o gydymdeimlad na holl bregethu David Griffith. Gwyddai'r beirdd o'r gorau am galedi bywyd ar fwrdd llongau hwyliau'r oes a'r 'agerlongau' cynnar yn nes ymlaen, a bod cynulleidfa barod ar gyfer eu canu. Yn yr adran ar ddiffygion addysgol bechgyn ifainc, y mae Griffith yn sôn am blant amddifad a bechgyn 'llafurwyr tlawd' yn mentro i'r môr. Y mae'r beirdd yn ymroi i fynegi tristwch colli'r llanciau hyn mewn storm neu longddrylliad, yn arbennig wrth ddod i olwg y tir wedi mordaith hir. Eisoes erbyn diwedd y ddeunawfed ganrif yr oedd allforio llechi i Iwerddon yn mynd ymlaen yn ei rym a rhagflaenwyd galarnadau'r beirdd diweddarach gan Jac Glan-y-gors, er enghraifft:

Och alarnad ganiad gaeth
Trom hiraeth yw hon,
Wrth gofio William Jones a'i wedd,
Un lluniedd, llon,
Oedd fachgen heini wisgi wawr . . . [3]

Yn nes ymlaen, Glasynys (a fu'n gweithio mewn chwarel llechi yn llencyn), biau'r gerdd batrymig am y gwrthrych calonrwygol hwn:

O'i gartref cychwynnodd dan ganu yn llon;
Ffarweliodd â'i deulu heb ofid i'w fron;
Chwibanai wrth fyned â'i gist at y dref;
Ei fryd oedd mor dawel â glesni y nef . . .

Caed mordaith gysurus. Dychwelwyd yn ôl,
A'r môr oedd â'i wyneb mor wastad â dôl . . .

Ryw noson pan oeddynt yng ngolwg y tir,
Y nefoedd bardduodd ei gwyneb glân clir;
Y mellt a ymmwylltient, – a'r daran yn groch
Ymladdai'n fileinwedd â'r corwynt a'i froch . . .

Ar hyn aeth y llestr yn erbyn y graig,
Ac arni fe wleddai holl donnau yr aig;
Fe geisiwyd ymwared, – ond gwael oedd eu rhan –
Fe foddodd y cyfan yn ymyl y lan.

Sawl bachgen o Gymru, yn fywiog ei fryd.
A gollodd ei enaid wrth ennill y byd?
Llong gafodd, a mordaith, ond dyma ei ran –
Boddi, O! boddi yn ymyl y lan.[4]

Adroddir stori'r trychineb heb ddim myfyrdod arno a dwyseir y
cyfan trwy ailadrodd y byrdwn creulon:

Ow! Ow! dad a mam!
Ow! Ow! dad a mam
Eich bachgen a foddodd
Yn ymyl y lan!

Yn 'Y Morwr Bach' gan Eben Fardd, fel yng ngherdd Glan-y-gors,
enwir y bachgen a foddwyd a hynny'n pwysleisio dwyster y golled,
ond mae ymdriniaeth Eben yn llawer mwy teimladus:

Fel hyn bu farw'r llengcyn teg
Cyn cyrraedd pedair blwydd ar ddeg,
Oddiwrth ei fam, led moroedd draw,
Heb obaith mwy cael ysgwyd llaw.

Ond angel glân a wylia'r lle,
Nes delo galwad fawr y Ne',
I ddwyn y llongwr bach i'r lan,
Ar draeth Paradwys yn y man.

I Eben, nid digon canu fel hyn yn boenus o sentimental ar brydiau,
yn null llawer o'r beirdd. Canodd ar destun geni mab i Gapten
Evan Owen o Glynnog ac yna'n nes ymlaen lluniodd gerdd 'Ar
farwolaeth yr unrhyw' a fu farw 'Ar ôl tramwyo tir a môr':

> Ond mordaith angau ddaeth ag ef,
>> Yngrym rhyw farwol chwyth,
> I fan lle'r erys mwy tan gêl,
>> Yn ôl ni ddychwel byth.

Esiampl arall, o blith llawer, heb fod mor gynnil, yw 'Boddiad y Bachgen' gan Myfyr Twrch, cerdd *scena*, fel gwaith Dewi Afan y dyfynnir ohoni'n nes ymlaen:

> Pa le, pa le yn awr mae'r bachgen llon?
> A ddaliwyd ef gan freichiau ffyrnig don?
> O! do, Ow! dacw ef ar gefn y lli'
> Yn brwydro – brwydro am ei fywyd cu.

Nid y cyw-forwyr, wrth gwrs, yw'r unig rai a goffeir. Y mae'r caneuon i forwyr a gollwyd mewn storm a llongddrylliad yn lleng. Ceir sylw i amryw o faledi am longddrylliad yn y rhagymadrodd i'r gyfrol gyntaf o *Cerddi Cymru* o waith David Samuel, Aberystwyth (casgliad sydd yn ddyledus iawn i *Cerddi Gwlad y Gân*), ac ymroes Edward Hughes, Bodfari, a fu'n gaplan ar long ryfel am beth amser, i ganu un a deugain o benillion ar 'Y Llongddrylliad'. Monolog ddramatig, gyffrous, gan yr unig un a oroesodd sydd yma am fordaith 'Rhwng tir y Werddon, fawr ei brad / A Chymru wlad fynyddawg'. Daw storm ofnadwy ar warthaf y llong:

> Y nos oedd dywyll: – lloer na sêr,
>> O'r uchder ni ddysgleirient;
> Ond tònau'r môr ar fawr wahân,
>> Fel byd o dân dywynent . . .
>
> Yn uwch, yn uwch cyfodai'r gwynt,
>> Oer helynt oedd i'r hwyliau;
> Y llong heb lyw na llywydd âi,
>> A syrthio wnai'r hwylbrenau.

Rhaid wedyn oedd cael y diddordeb personol yn yr olygfa arswydus hon er dwysáu'r effaith bathetig:

> Llesmeiriai'r fam, gwallgofai'r tad,
>> Y baban oedd, heb wybod pa'm,
> Ar fronau'i fam yn cysgu . . .
>
> O'r llong fy nghartref lawer dydd,
>> Ar Werydd For a Bisci,

> Nid oedd ond darnau – ac un rhan
> Oedd ar y lan o honi!

Yna daw 'lluaws mawr' ato ond nid i gynnig cymorth ac ymgeledd; y mae 'eu bryd ar long-ysbeilio'. Bydd y rhain yn gorfod ateb am y gwaith anfad hwn mewn 'diwrnod llawer mwy ofnadwy' ac fe welwn mai trosiad o Ddydd y Farn yw'r llongddrylliad:

> Y diwrnod hwnw, cariad cu,
> Medd Iesu, fydd anrhydedd;
> Ac i'r trugarog, o bob rhyw,
> Y dengys Duw drugaredd.

Y mae apêl ddeuol i'r cerddi hyn. Yr un amlycaf yw apêl y *scena*, y darn dramatig hwnnw ym myd cerddoriaeth ac opera, arddull y gallai beirdd fel Byron yn 'The Shipwreck', Longfellow yn 'The Wreck of the Hesperus' a Walt Whitman yn 'O! Captain! My Captain!' ei defnyddio'n fedrus.[5] Yn rhy aml o lawer y mae'r beirdd Cymraeg yn orawyddus i fanteisio ar chwaeth y cyfnod a dibynnu ar y math o rethreg ebychnodol a oedd mor dderbyniol gan adroddwyr oes Victoria a'u gwrandawyr gwerthfawrogol, fel yn y darn hwn o waith Dewi Afan:

> "Help! Help!! Oh! achubwch fy mywyd, 'rwy'n boddi!"
> Medd llais yn y pellder, rhwng tonau y weilgi!
> "Help! Help!!" Daw y llais fel dros frigau y tonau!
> Mae'n tori nes adsain rhwng dannedd y creigiau!
> "Help! Help!!" Mae y llanw o'm cylch yn ymchwyddo
> A'r tonau brigwynion o'm blaen yn dyruo!
> Help! Help!! Help!!!"[6]

Gallai beirdd yr Eisteddfod ganu *scena* estynedig gystal â neb. Enillodd Caledfryn gadair Eisteddfod Frenhinol Biwmares, 1832 â'i 'Awdl ar Ddrylliad y Rothsay Castle', llong a ddrylliwyd ger glannau gogledd Ynys Môn yn storm fawr 1831. Bu Gutyn Peris yn ail a chystadlodd Ieuan Glan Geirionydd ac Eben Fardd. Dyma'r 'De Mille catastrophic and epic effects', chwedl Hywel Teifi, gyda'r hanesydd cymdeithasol Russell Davies, sy'n perthyn i genhedlaeth ffilm ychydig yn ddiweddarach, yn mynnu bod ynddi 'Spielbergian catastrophic and epic effects'.[7] Wele flas ar yr arddull hon yn awdl Caledfryn:

E ddeuai eilwaith yn nerthol ddyli',
O entrych hoewnef, gan wyllt drochioni,
Nes rhwygo y safngerth, aelgerth weilgi
Anferthawl, a'i ddreigiawl gynddeiriogi;
Y llong yn mherfedd y lli' – ymsiglodd,
A tharanodd pob peth ei thrueni.

Gweithiodd Mynyddog yn egnïol trwy ei fywyd i fodloni'r
chwaeth gyffredin gyda'i ganeuon a'i gerddi rhydd poblogaidd ond
yr oedd hefyd yn gynganeddwr o fri yn ystod ei oes. Mynnodd
T. R. Roberts (Asaph) mai 'yn y mesurau caethion y cyflawnodd ei
waith goreu'. Beth bynnag am hynny, lluniodd hir-a-thoddeidiau ar
'Colliant y "Royal Charter"', gan ddangos ei fod yntau yn dipyn o
feistr ar greu effeithiau tra dramatig:

Moriai, hir hwyliai'r "Royal Charter" hylon
Heb arw agwedd ar wyneb yr eigion;
A difyr ddwndwr dyfroedd y wendon,
A'i ru o danynt dawelai'r dynion;
Eithr er alaeth rhuthrai yr awelon,
A huliwyd awyr a chymyl duon;
Cynhyrfa, digia y don! – croch rua –
Ei brig a lidia, – berwa'i gwaelodion!

Ac ymlaen â'r ddrama a'r berfau yn yr amser presennol hanesyddol
er mwyn cryfhau'r hanes trallodus. Yn yr un modd rhoes yr englynwr
enwog Trebor Mai gynnig ar hir-a-thoddeidiau ar yr un testun.

Yn eu tro, gallai'r baledwyr ymarfer arddull felodramatig cystal
â'r un cynganeddwr ac nid yw'n syndod eu bod mor barod i ail-
greu drama ddirdynnol llongddrylliad neu long yn suddo mewn
storm anorchfygol a hwythau mor effro i apêl trychinebau. A nodi
rhai yn unig, cafwyd baled i'r *Rothsay Castle* gan Ywain Meirion a
Dic Dywyll. Ger glannau Ynys Môn y collwyd y *Royal Charter*
ym 1858 pryd y boddwyd rhyw bedwar cant o ddynion, a
chofnodwyd y golled yn theatraidd gan Ywain Meirion, Dewi
Dywyll a'r Bardd Crwst. Ceir ymhlith *Adgofion Andronicus* (1894)
nofelig dan y teitl 'Pont Pant y Ceubren, neu Helyntion Chwarelwr'
yn olrhain effaith llongddrylliad ar Benja Tomos a'i gariad a'i fro.
Ffuglen yw'r gwaith difyr hwn ond fe ddengys y dylanwad truenus
y gallai digwyddiad o'r fath ei gael ar bobl y glannau. Bu'r
baledwyr ac eraill wrthi'n brysur hefyd yn cofnodi colli'r *City of*

Bristol, yr *Ocean Monarch*, y *Tayleur*, yr *Austria*, yr *Atlantic*, y *Great Britain*, y *Victory*, y *Marietta*, y *Teviotdale*, y *Drummond Castle*, y *Princess Alice*, yr *Elbe*, y *Frances Mary*, y *Cyprian*, y *Cospatrick* a'r *Utopia*. Collwyd amryw o'r llongau hyn o gwmpas glannau Cymru, nifer ohonynt yn 'agerlongau', a gellid ychwanegu at y rhestr. Eisoes yn hanner cyntaf y ganrif teimlai Ywain Meirion reidrwydd i lunio *Galar-gân er cof am y llongddrylliadau diweddar, sef yn nechrau 1843*, baled yn rhestru llongddrylliadau gan nodi union ardaloedd arfordirol y colledion personol ac ariannol hyn o Fôn i lawr at Aberystwyth, gyda myfyrdod i gloi a fyddai wedi plesio David Griffith:

> Ar afonydd Caer a Lerpwl
> Bu aml chwerw drwbwl draw,
> A channoedd sydd trwy Lŷn ac Arfon
> I'w gweld yn bruddion gan y braw,
> Gwragedd gweddwon ac amddifaid
> Fe red o'u llygaid ddagrau'n lli,
> Wrth gofio am effeithiau 'stormydd
> Y flwyddyn newydd ddaeth i ni.
>
> Am hynny byddwn ninnau'n barod
> Cyn ein gosod dan y gwys,
> Ymofyn rhan yng Nghrist ein noddfa
> A fyddo'n hymdrech penna'i bwys,
> Fel y caffom mewn llawenydd
> Gael cwrdd â'n llywydd heb un llen,
> 'R ôl byw i Dduw nes dêl i alw,
> Yna marw i Grist, Amen.

Ceir gan rai beirdd ymateb i apêl chwithig ffawd y llong na wyddys ble y suddodd. Dyna, er enghraifft, 'Y Llong a Gollwyd' gan Gwenffrwd, cerdd sy'n perthyn i hanner cyntaf y bedwaredd ganrif ar bymtheg:

> Aeth llong ar hawddfyd hyfryd gynt
>   Gan rym y gwynt drwy frig y don,
> A hwyliai hi yn hardd ar hynt
>   Ei rhawd yn nghynt na'r wylan lon;
> Ond llawer grudd fu'n llaith y dydd,
>   Tra'n canu'n iach wnai'u ceraint hwy,
> A braw a ddaeth o'r dynged brudd,
>   Ni welwyd fyth mo honynt mwy!

Â'r bardd ymlaen i holi'n drist beth oedd achos y golled – suddo mewn 'storm hy' neu gael ei dryllio 'ar grigyll llym'. Ond ofer yw'r dyfalu:

> Ni wiw ymholi mwy fel hyn,
>   Cyfrinach tyn eu helynt toes;
> A'r môr sy'n dal dirgelion syn,
>   A gobaith gryn o gur a gloes!
> Dysgwyliad maith a fu mewn braw,
>   Heb air o'u hynt – eu beddrod hwy
> Sydd yn yr eigion didran draw,
>   Am danynt ni chawn hanes mwy![8]

Yr oedd darlunio stormydd dychrynllyd a llongau mewn trafferth ynddynt yn thema gyffredin yng ngwaith y baledwyr a beirdd parchusach fel ei gilydd ledled y wlad, gyda Robyn Wyn o Eifion; Dafydd o Went; William O. Jones, Caernarfon; Cynalaw; Ceiriog; Maesyddog; Ap Ionawr; Dyfed a Sarnicol yn eu plith. Bu pryddest Nathan Wyn, aml ei wobrwyon eisteddfodol, 'Suddiad yr *Elbe*', yn gyd-fuddugol â cherdd J. Gwrhyd Lewis, yn Eisteddfod Hirwaun, 1895, a'r un yw'r cynllun a'r arddull yn y bryddest hon – y llong gadarn, hardd, 'Fel alarch profedig marchogai yr eigion'; a drama alaethus y storm ddifaol:

> Mae'r nos yn eu dal a'r storm yn dynesu
> A'i marwol saethyddion o'u cylch yn ymgasglu,
> Rhwng traflwnc yr eigion, a duwch y nen,
> Mae angau yn agor ei ddôr led y pen!
> Ust! dyna dwrf! Ow! wrthdrawiad ofnadwy,
> Yr *Elbe* wneir yn aberth i raib y rhyferthwy!
> Mae'n suddo! yn *suddo*!! yn Suddo i'r eigion!!!

Yna tristwch anaele yr olygfa olaf, ac os oes mymryn o amheuaeth ynglŷn ag amcan theatraidd y bardd:

> Y llen dros olygfa mor bruddaidd ei gwawr,
> A chalon glwyfedig, a dynwn yn awr.

Y mae'r storm yn drosiad cynhyrchiol, amlochrog, yn nwy bryddest fawr Islwyn. Yn awr ac yn y man, y mae'n annerch 'y morwr blin' sy'n ymladd yn erbyn nerth y storm, a dyry sylw hefyd i wraig a phlentyn y morwr. Fel y crybwyllwyd, y mae'r beirdd telynegol yn hoff o gadw'r diddordeb personol hwn yng nghanol apêl y *scena*. Yn fynych iawn, nid oes bedd na beddfaen i gofio am y morwr a gollwyd. Canodd Gwenffrwd eto yn 'Y Morwr Mwyn':

> I nodi'r man rhoir meini hardd,
>   Lle hun rhai hoff mewn hedd,
> Ac englyn geir o fri gan fardd,
>   Neu wers i gofio'r bedd;
> Ond maen ni cheir er cof na chŵyn,
> I nodi bedd y Morwr mwyn . . .
>
> Cwsg ef ymhell o'i anwyl fro,
>   A'i lân (O! lymed) wedd,
> Lle mae tymhestloedd lawer tro
>   Yn rhuthro tros ei fedd;
> Ond un ar dir a ddeffry gŵyn
> Mynwesawl am y Morwr mwyn.

Ceir adlais o gerdd Gwenffrwd yn 'Bedd y Morwr: Pa le y mae?' gan Robyn Ddu Eryri:

> Rhyw anwyl ferch, a'i serch yn syn,
>   Sy'n awr mewn glyn tan orfawr glwy';
> Rhyw fam a thad, rhyw geraint gant,
>   A gwraig a phlant, ymwylant mwy;
> Wrth gofio cyflwr Morwr mwyn,
>   Mawr yw y gŵyn, yn wâr eu gwedd,
> O dan y don, a'i fron heb friw,
> Mae'r un fu wiw mewn oer iawn fedd!

Unwaith eto, ni ddylid gadael i natur ddyddiedig yr arddull guddio'r ffaith fod trychinebau cymdeithasol a theuluol colli morwyr ifainc yn digwydd yn fynych yn ail hanner y ganrif. Adlewyrchu realaeth greulon y mae'r cerddi hyn, nid ymroi i greu breuddwydion rhamantllyd, ansylweddol.

Y mae'n wir, serch hynny, fod y manylu cyffredin ar dorcalon y ffigurau benywaidd – gwraig y morwr, ei fam neu ei gariad – yn rhoi rhwydd hynt i ddod â ffrwd o sentiment i'r canu, sentiment gormodol i'n chwaeth soffistigedig ni heddiw, a'r sentiment hwn yn fynych yn troi yn sentimentaliti. Dyry *Geiriadur Prifysgol Cymru* 'teimlad (arwynebol) gor-ramantus neu or-hiraethus' fel un o ystyron 'sentiment'. Arall oedd agwedd y beirdd a'u darllenwyr yn oes Victoria. Tystiodd y gŵr diddorol hwnnw, Edward William

Cole (1832–1918) i hyn yn ei ragair i'w gasgliad cyfoethog sydd yn dwyn y teitl herfeiddiol *The Thousand Best Poems in the World* (1891):

> The pieces in this collection may not all be what a severe critic would call good poetry. I have selected them for their soul-stirring ideas rather than for their mere poetic embellishment. A grand idea which produces noble resolves, or a humane recital which brings tears of sympathy into the eyes, although given in simple, or even in ungrammatical language, is of far greater value to mankind than volumes, or dozens of volumes, of exquisite obscurities, or 'sublime nonsense'.

Yr oedd darllenwyr barddoniaeth a rhyddiaith yr oes ac edmygwyr yr arluniaeth *genre* gyfoes wrth eu bodd yn colli'r dagrau cydymdeimlad hyn. Gallai ambell forwr ddychwelyd o'i fordaith hir i gael y newydd trist fod ei fam wedi marw a dyna destun darlun Arthur Hughes, 'Home from the Sea', gyda'r morwr ifanc yn gorwedd yn ei drallod o flaen y bedd. Gwaeth byth, efallai, yw'r darlun geiriol o gariad y morwr yn dod o hyd i'w gorff ar y traeth. Fel hyn y canodd Ieuan o Leyn yn 'Anwylyd y Morwr':

> Rhyw ddydd pan oedd y gwyntoedd
>   Yn chwyddo tonau'r aig,
> Merch ieuanc hardd a welid,
>   Yn wylo ar y graig ;
> Draw dros y môr berwedig,
>   Hi daflai olwg brudd,
> A gofid yn ei mynwes,
>   A dagrau ar ei grudd.

Ofer yw dagrau anwylyd y morwr ifanc:

> Ond troi ei golwg ddarfu
>   Ar don ewynawg ddig,
> A chorff ei Hidwal welai
>   Yn nofio ar ei brig;
> Saeth lem drywanai'i chalon,
>   Cyfnewid wnaeth ei gwedd,
> Ac fel y lili gwywodd
>   Nes mynd i'w hisel fedd.

Ceir cerdd gyffelyb gan Daniel Owen sy'n dilyn yr un patrwm yn union, 'Canig. Efelychiad o John Gay' a welir yn *Y Siswrn* (1886):

Fe chwythai'r gwynt yn ffyrnig,
Dyrchafai tonau'r aig,
Tra geneth ledorweddai
Ar uchaf gopa'r graig;
Ei gwedd oedd wyllt a gwelw,
Fel calchen wen – a'i gwallt
A chwifiai yn y dymestl,
Uwchben yr eigion hallt.

Yn ofer y mae hon hefyd yn disgwyl yn hiraethus am ei chariad:

'Paham yr eist, f'anwylyd,
I'r moroedd creulon cry'?'

Ac fe gaiff yr un profiad dychrynllyd – ac angheuol – o weld corff y morwr ifanc yn cael ei ysgubo i'r lan:

Fel hyn am ei hanwylyd
Cwynfanai' [*sic*] llwythog fron, –
Pob chwa y rhoe ochenaid,
A deigryn am bob ton;
A phan gyfododd, gwelai
Ei gorff yn nofio i'r lan!
Ac megys lili – hithau
A drengodd yn y fan!

Yn yr un modd, y mae'r 'eneth heinyf lon' yng ngherdd Buddug 'Cennad y Donn' yn rhodio ar lan y môr gan feddwl am ei chariad a aeth â'i chalon a'r atgof yn fyw am 'gusan felus felus / Ei morwr ar ei gwefus'. Ond y mae llong y morwr ifanc yn ddarnau fyrdd 'ar ddanedd certh y creigiau'. Yn ei enbydrwydd ni all ond anfon ei neges olaf at ei gariad mewn 'costrel' ac y mae hi, wrth reswm, yn dod o hyd iddi:

Llewygodd yr eneth, a'r saeth yn ei bron,
Trywanwyd ei henaid gan gennad y donn.

Yn dilyn, ceir myfyrdod ar 'ddirgelwch ofnadwy y môr', y math o drafodaeth y sonnir amdani yn nes ymlaen. Dyma sentimentaliaeth afreal ac anfaddeuol o ddi-chwaeth, medd y beirniad modern. Ond cofier am 'soul-stirring ideas' a 'humane recital' Cole a'r dagrau o gydymdeimlad. Yr un oedd amcan Gwenffrwd, Ceiriog, Alun, Glasynys, Eben Fardd, Caledfryn a llu o rai eraill mewn cerddi i anffodusion y môr. Dyma ail amcan y math yma o ganu poblogaidd – deffroi'r teimlad nobl o gydymdeimlad â ffawd y morwr a'r mamau a'r gwragedd a adawyd yn ddiymgeledd ac yn amddifad ar ôl eu colli, ac mae'n hawdd anghofio bod y cerddi hyn yn adlewyrchu sefyllfa gymdeithasol real dros ben. Ys dywedodd David Griffith yn y frawddeg agoriadol i'w draethawd: 'Diau y gallwn hòni yma ar y dechreu nad oes un dosbarth o'r boblogaeth yn meddu cryfach hawl ar gydymdeimlad y cyhoedd na'r dosbarth morwrol'. Adleisiwyd hyn gan y Capten Thomas Owen, priod Ellen Owen y cyhoeddwyd ei dyddiadur gan Aled Eames. 'Y mae y moroedd yn foddion tra gwerthfawr i gymdeithas ac i fasnach rhwng trigolion y byd', meddai'r Capten, 'fel y gallo llawnder rhai gwledydd gyflenwi diffygion gwledydd eraill', a'r morwyr o'r herwydd 'yn teilyngu ein cydymdeimlad dwysaf'. Y mae ymdriniaeth deimladus y beirdd â ffawd merched y morwyr mewn oes ddidrugaredd yn ennyn cydymdeimlad sydd yn hawlio rhyw ymdrech i 'leshau a dyrchafu' morwyr yr oes a'r rheiny 'a ddibynnai arnynt' chwedl Griffith.

Dangosai'r mamau a'r gwragedd a'r cariadon a adawyd ar y tir arwriaeth dawel yn wyneb eu colled. Yn achos y morwyr eu hunain rhaid oedd edmygu eu harwriaeth amlwg wrth ymladd â nerth yr eigion greulon hyd at angau. Enillodd cerdd ddramatig Nathan Wyn 'Y Morwr yn y Dymhestl' yn Eisteddfod Undebol y Rhondda, 1877. 'Cymro profiadol', medd y bardd, 'y beiddgar ymdrechwr', yw'r morwr sy'n arwain y frwydr yn erbyn 'y dymhestl ofnadwy'. Y tro hwn, ymladd yn llwyddiannus y mae:

> Tra'n cychwyn i'w fordaith ar ysgwydd y don
> A'i wyneb ar wledydd estronol,
> Aberthodd fwynderau afrifed o'r bron,
> Ar allor dyngarwch crefyddol;
> Ar gyfrif ei yni a dewrder ei fryd
> Teilynga barch gwreng a boneddwr;
> Llwyr danio edmygedd a chariad y byd,
> I'w hoffi bob enyd wna'r Morwr.

Gwedd hollbwysig ar 'ddyngarwch crefyddol' yw llafur a menter y morwr. 'Gwroniaid tra gwyrennig' yw'r morwyr, meddai Taliesin o Eifion yn ei awdl i'r môr ar gyfer Eisteddfod Genedlaethol Caer, 1866. Un arall a gystadlodd am gadair yr eisteddfod hon oedd Rhisiart Ddu o Wynedd. Mewn awdl gynhwysfawr, anfeidrol hir, dangosodd fod dynion a'u dawn 'yn trechu, yn tasgu'r tir' ond bod rhaid iddynt ildio i nerth aruthrol yr eigion er gwaethaf eu 'gwrhydri mawr'. Ond mewn cerdd arall gan Nathan Wyn 'Yr Ymfudlong' cawn ddarlun gwahanol, mwy ffyddiog, o'r capten sydd 'Mor ddedwydd a diogel â theyrn yn ei gastell' a phan ddaw'r storm y mae ef a'i griw yn gallu herio 'cynddaredd' y tonnau:

Drwy brofiad blynyddoedd i ddyn o'r fath ddewrder,
Y wendon a gollodd ei ffyrnig erchyllder;
Cynefin yr ydoedd o'i ddyddiau boreuol
A thrwst a rhialtwch elfenau dinystriol;
Ar nerth a chadernid ei lestr diogel,
A'i brofiad morwrol gorphwysai yn dawel . . .

Yng nghanol y dymestl y mae 'gwreng a boneddig' yn syrthio ar eu gliniau mewn gweddi, yn anfon 'dwys eirchion i'w Hior' ac 'yn aros eu tynged'. Nid oedd rhaid iddynt ofni:

Y cadben a'r dwylaw drwy feiddgar wroldeb,
Heriasant y dymhestl a'i digllawn erwindeb;
Gan ddyblu diwydrwydd a gweithio fel cewri,
Y llong a'i chynwysiad achubwyd rhag soddi.

'Gwrolion' a 'dewrion' sy'n ymladd yn erbyn 'y ffyrnig storm' ym mhryddest Gwilym Teilo i'r môr. Y mae ei forwyr ef yn wynebu peryglon dychrynllyd y don yn ffyddiog:

A glyw di ganiadau'r gwrolion,
    Y morwyr sydd ynddynt yn awr,
Mor foddus marchogant y wendon,
    Ymhoffant ei gwerddfron a'i gwawr.
Er erchus beryglon yn agor
    Eu safnau am danynt bob pryd;
Yn llawen yr ânt i bob goror,
    Ymserchant yn mawredd y byd.

Pa fonwes all fod yn ddideimlad?
    Pa fron nad ymchwydda gan serch?
Na ddidwyll fwrlwma o gariad
    At forwyr ar wyneb môr erch?
Y dewrion anturiant yn oesdad –
    Drwy'i drochion a'i stormydd heb fraw,
I'n ffyddlon was'naethu yn wirfad,
    O! Dduw cymer hwynt yn dy law!

Y mae ei edmygedd yn gwefru ei galon, medd Gwilym Teilo:

> O serch at wrhydri y morwyr
> Anturiant i groesi'th erch don,
> Aberthant yn ufudd bob cysur
> Er mwyn ein gwas'naethu yn llon.

Fe welir bod y canu cyffrous a phrudd i'r morwyr dioddefus ac anturus yn eu delfrydu a'u gwneud yn arwyr digamsyniol. Gellid gwneud hynny ar dro yn lled-ddigrifol, fel y gwna Mynyddog yn 'Miri Morwyr'. Saif y math yna o ganu ar y pegwn eithaf i'r realaeth a ddangoswyd gan David Griffith a chan y mwyafrif o'r beirdd. Yn fynych iawn y mae'r ymdriniaeth yn ddelfrydu syml, teimladus, yn gyfle i ramantu am apêl bywyd ar y môr i'r bechgyn ifainc na fynnent lafurio ar y tir neu mewn chwarel, fel yng ngherdd Ieuan Ebrill 'Y Morwr':

> Pan dyfa i fyny, ei gartref yw'r môr,
> Y llong yw ei balas, a'r gwynt yw ei gôr;
> Y weilgi ei briffordd, a chana o hyd –
> "'Rwyf yma fel brenin ar orsedd y byd,
> Y gwynt wna fy suo i gysgu mewn hedd,
> Fel telyn Gwyllt Walia fe rydd i mi wledd,"
> Sibryda wrth gysgu – "Mae Nhad wrth y llyw,
> Diangol a fyddaf, fe'm ceidw yn fyw."
> Mae bywyd y morwr yn hapus a llon,
> Pan byddo yn hwylio ar wyneb y don;
> Er garwed yw'r tonau a'r gwyntoedd yn nghyd,
> Mae bywyd y morwr yn swynol o hyd.[9]

A cham bychan ymlaen oedd delfrydu'r morwr fel arwr heddychlon, gwerinol. Fe welwyd uchod fod Nathan Wyn ac eraill yn gwneud hyn yn frwdfrydig. Dyna a wneir yn ogystal gan Eilir Evans yn ei gerdd fawl 'Y Morwr Cymreig':

> Mae llu o fechgyn Cymru
>   Ar donnau'r eigion mawr,
> Yn nghanol y rhyferthwy
>   Yn disgwyl toriad gwawr;
> Deil ysbryd dewr y Cymro
>   I ymladd fel y graig
> Ag ysbryd yr ystorom
>   Hyd wyneb tonnau'r aig . . .

Mae ysbryd gwladgar Cymru
Mor anorchfygol byth
Ag ysbryd dewr ei morwr,
    Er pob tymhestlwynt chwyth;
Os egwan yw ei gallu,
    Os bechan yw ei rhif,
Nawf ysbryd ei gwladgarwch
Uwch pob ystormus lif.

Gallai cryn dipyn o'r gerdd hon fod yn ddisgrifiad o'r milwyr o Gymru mewn llu o gerddi cyffelyb: 'caiff farw yn orchfygwr'; 'ysbryd dewr y Cymro'; 'ysbryd gwladgar Cymru' ac yn y blaen. Yn y modd yma y mae'r morwr o Gymro yn cymryd ei le teilwng yn y *pantheon* o arwyr a grewyd gan y meddylfryd Victoraidd, Cymreig. Ac arwyr gwerinol yw'r rhain (ac eithrio ambell gapten a all fod yn dad i'r morwr ifanc, fel yn 'Cwynfan y Morwr' gan Thomas Owen, Cytir!), yn wahanol i'r arwyr hanesyddol a gynigir yn y rhamantau hanesyddol ac awdlau a phryddestau'r cyfnod yn ymwneud ag arwyr hanes Cymru; mae'r rhain yn debycach i 'arwyr glew erwau'r glo'. Hoffai cofianwyr eu gweinidogion adnabyddus sôn am yr ymdrech a'u cododd o ddinodedd eu cefndir gwerinol i fod yn arwyr crefyddol. Testun balchder ac edmygedd i'r beirdd y dyfynnwyd o'u gwaith oedd bod morwyr gwerinol, dewr a hunanaberthol Cymru yn barod i weithio hyd at angau i lesoli eu teuluoedd, eu cymunedau a'r gymuned Brydeinig ehangach. 'Cynnal i fyny' anrhydedd y faner Brydeinig ym mhob rhan o'r byd y mae ef, chwedl David Griffith. 'Cyn ini ei gladdu dan y don / Rhoem faner Prydain ar ei fron', meddir yn y gân 'Claddedigaeth y Morwr'. Caiff yr hen forwr 'dewr addfwyn fel derwyddfardd' (am ryw reswm) yr un fraint yn 'Angladd y Morwr' gan Geiriog:

Ac fry ar led, yn haner godedig,
Chwyfiai, ymdònai'r faner Brydeinig;
Hen "liw" anwyl yw hwnw – tafl ogonedd
A bri a mawredd tros y byw a'r marw.

Gwyddai David Griffith, a'r beirdd o'i flaen ac ar ei ôl, am dwf cyflym masnach bydeang Prydain a'r rhan bwysig a chwaraeai morwyr Cymru yn y datblygiad nodedig hwnnw, ac o'r herwydd yr oeddynt yn ddiball eu mawl cynnes i'r morwyr hynny. Bardd a fu'n forwr ei hun yn llencyn oedd Telynog. Fe'i ganed yn Aberteifi

a bu'n hwylio o'r dref honno o gwmpas glannau Cymru cyn symud
i Gwm-bach, Aberdâr, lle bu'n gweithio fel glöwr tan ei farw yn
bump ar hugain oed. Yn Eisteddfod Merthyr Tudful, 1864, cafodd
fuddugoliaeth â'i bryddest i'r *Alabama*, llong ryfel enwocaf
taleithiau'r de yn Rhyfel Cartref America. Bu'r *Alabama* yn fygythiad
difaol i lynges a masnach y gogledd cyn ei dinistrio ger Cherbourg.
Wylodd masnach wrth wylio 'gyrfa arw' y llong ddinistriol hon,
meddai'r bardd. Yn ei gywydd 'Yr Agerlong' dangosodd Telynog
yn eglurach fyth fel yr oedd y math newydd hwn o long yn hwb
grymus arall i'r fasnach ryngwladol a oedd yn hawlio trafnidiaeth
gyflymach o lawer na'r hyn y gallai'r llongau hwyliau 'araf, araf'
ei gynnig:

> Twrf hynodol Trafnidiaeth
> Gan nawdd hon ar gynnydd aeth . . .
> Yr "Agerddlong" gref hefyd
> Sy'n wych borth i fasnach byd;
> Tania ffwrdd, estyn ei phig
> Am oror làn Amerig;
> Nofia'n syth, ac hyf nesha
> I olwg aur Awstralia,
> Fel y fellten wen, yn wir,
> Gyr i India a'i grawndir;
> Ac ar daen ei hager dig
> A ddeffry ddyfroedd Affrig;
> Dros y don yn union â
> I hynod lanau China;
> Bwria daith i bob rhyw dir,
> Ca fyn'd i bob Cyfandir . . .
> Ac asio pob bro mewn bris
> A wna hon, fel un ynys!

Prin y gallai Tegid ffrwyno ei frwdfrydedd yn ei awdl 'Trafnidiaeth'
a luniwyd yn hanner cyntaf y ganrif:

> Goludawg uwch y gwledydd – oll ydwyt,
> Lledu mae dy gynnydd . . .

Nid oes angen cenfigennu wrth lyngesau gwledydd y gorffennol,
medd y bardd:

> Sôn mwy am Brydain sydd, – gwiw ei llongau!
> Gollyngir hwy beunydd

Draw i'r môr, a rhagor rhydd
I'w fynwes o'i hafonydd.

Ond Prydain gain mae hi ar gynnydd,
Ac er ei chadw, Duw yw'n gwarcheidydd . . .

Ynys heb ail, Brenhines byd! – ynot
Mae annedd dedwyddfyd;
Trafnidiaeth helaeth o hyd
A feddi, wlad celfyddyd!

Trafnidiaeth ar draws y moroedd sy'n sicrhau cynnydd masnachol Prydain a 'mirain fawredd' Prydain ym mhob rhan o'r byd. Mae Rhisiart Ddu o Wynedd yr un mor ecstatig ei glod i'r Ymerodraeth nad oedd yr haul byth yn machlud arni ac a ddibynnai ar dramwyo'r môr am ei bodolaeth a'i lledaeniad:

O! Frydain glodforedig,
Da ei dawn, enbyd ei dig;
Hoff Frydain! sain ei henw sydd
Yn nod i glod y gwledydd;
Drwy ei hynt ni edy'r haul
Ei thiroedd prydferth araul;
Cenhedloedd, pobloedd pob pau
Gwyrant dan rym ei geiriau . . .

Yn y drydedd ran o'i awdl ddiddiwedd, gynhwysfawr, mae Rhisiart Ddu, fel ei gymrodyr, yn ymroi i foli gwroldeb y morwyr yn eu brwydr yn erbyn grym aruthrol y môr didostur:

Ar y môr y mae'r morwr
Adre', a'i dud ydyw'r dŵr;
Cref yw ei fraich, cryf ei fryd,
Asbri sy'n fflamio'i ysbryd;
Yn nghanol blin anghenion ,
Oer fraw ni wyra ei fron;
Ac yn nhwrf eigion enfawr
Lleinw ei gylch yn llon gawr.

Nid mawl arwynebol yw hyn oll. Yn y cyd-destun hwn yr oedd morwyr gwerinol Cymru yn mynnu lle hollbwysig i'w gwlad fach yn nhwf yr Ymerodraeth Brydeinig a chynnydd mawr y fasnach fydeang a oedd yn mynd law-yn-llaw â lledaeniad yr Ymerodraeth. Mawrygwyd morwyr Cymru yn y cyd-destun hwn gan David

Griffith. Wrth drafod goruchafiaeth fasnachol Prydain mynnai Bill Nasson (nad yw'n hanesydd o Sais):

> England opened up to Welsh and Scots, who romped in as minor Anglo-Welsh and Anglo-Scottish partners, nourished by the consumerism and trading networks of a swelling merchant capitalist economy . . . Not without reason have some writers seen a connection from the sixteenth century between a domestic English colonialism rolling up its Celtic outskirts and subsequent imperial conquest overseas.[10]

Yn ôl Linda Colley, yr oedd astudio'r llenyddiaethau clasurol yn y cyfnod hwn ac ymhyfrydu yng nghampau arwyr Plutarch, Cicero a Homer, yn ysbrydoli *élite* imperialaidd Prydain i ymladd a gwasanaethu'n arwrol. Ond ar ben hynny, meddai, perthynai'r arwyr hyn i'r gorffennol, heb fod, felly, yn fygythiad i neb.[11] Cafwyd cysyniad cyffelyb yng Nghymru. Yr oedd beirdd yr awdlau a'r pryddestau hanesyddol ac awduron y rhamantau hanesyddol yng Nghymru yn ysbrydoliaeth loyw i Gymry'r byd modern, ac arwriaeth ymladdgar eu harwyr yn aros yn ddiogel yn y gorffennol, 'Ie, Cymru *fu*', meddai Llew Llwyfo. Y mae'n amlwg fod arwyr morwrol a gwerinol y beirdd Cymraeg hwythau yn cael eu cyflwyno fel rhai yn gwneud cyfraniad cwbl angenrheidiol i'r bywyd economaidd cyfoes a thwf yr Ymerodraeth, ac nid oeddynt yn fygythiad o unrhyw fath i awdurdod a goruchafiaeth Seisnig gynyddol yr oes. Yn hollol fel arall: 'Brenhines byd', 'Prydain glodforedig', 'Goludawg uwch y gwledydd', chwedl y beirdd. Adleisio Tennyson yr oeddynt:

> Britain's myriad voices call,
> 'Sons, be welded each and all,
> Into one imperial whole,
> One with Britain, heart and soul!
> One life, one flag, one fleet, one Throne!'
> Britons, hold your own![12]

Y wedd olaf, i bwrpas y sylwadau hyn, ar y cysyniad o'r arwr morwrol yw gŵyr y bad achub, y 'bywyd-fad', neu'r 'bywyd-gwch'. Dyma faes toreithiog yn Saesneg. Canodd beirdd adnabyddus fel Wordsworth a Swinburne i arwriaeth Grace Darling. A chanwyd cytgan o fawl haeddiannol i wŷr y badau achub gan liaws o feirdd llai, gyda phrifardd y canu hwn, Clement Scott, yn ben arnynt.[13]

Dywedwyd 'gwŷr y badau achub' ond chwaraeodd gwragedd ran anrhydeddus yn y gwaith peryglus hwn hefyd. Nid gwragedd goddefus mo'r rhain, yn wahanol i'r arwresau dioddefus y soniwyd amdanynt uchod, ond rhai yr un mor ddewr ac anturus â'r morwyr, fel y cofnodwyd gan Clement Scott yn 'The Women of Mumbles Head', hanes y bad a ddymchelwyd ar 27 Ionawr, 1883, wrth achub criw barc Almaenig. Aeth merch ceidwad y goleudy i mewn i'r môr a thaflu ei siôl at ddau o griw'r bad achub a'u tynnu i'r lan, gyda chymorth ei chwaer:

> Bring, novelists your note-book! bring dramatists your pen!
> And I'll tell you a simple story of what women do for men.
> It's only a tale of a lifeboat, the dying and the dead,
> Of a terrible storm and shipwreck, that happened off Mumbles Head!

Mewn baled gynharach canodd Ywain Meirion am chwech o griw bad achub a gollwyd ger Y Rhyl ar 22 Ionawr 1853:

> Mi ddychmygaf weld y dynion
> Yn y môr rhwng tonnau maith
> Yn codi eu dwylo mewn cyfyngder
> Am help i'w dwyn o'r llifddwr llaith . . .

Ond mae'r dehongliad yn ddi-sigl:

> Roedd hon yn ddamwain drom alarus
> A hynny yn ôl ewyllys Iôr . . .

Yng ngherdd Emrys, 'Y Bywyd-Fad', 'Arglwydd y don' a gaiff ddiolch y bardd, nid criw'r bad:

> Dychwelodd y bad, cyrhaeddodd y lan!
> Prysured tosturi i weini i'r gwan;
> Dyrchafwn, dyrchafwn, ein mawlgerdd yn llon,
> I Geidwad ein bywyd ac Arglwydd y don.

Dyma'r cyd-destun i'r rhan fwyaf o'r cerddi i'r môr a'r morwyr. Gall yr eigion fod yn drosiad o nerth anfeidrol Duw, fel yng ngherdd R. J. Derfel 'Yr Afon a'r Môr:

> Nac edrych yn fach ar orchymyn yr Iôr,
>   Ni thorir yr un yn ddigerydd;
> Myrdd hawddach i ddyn fyddai lluddias y môr
>   Na lluddias neshad y dialydd.

> Y ddeddf leiaf roddwyd sydd gryfach na'r môr,
> Adnoddau ei nerth sydd ddiderfyn –
> Mae hollalluawgrwydd a mawredd yr Iôr
> I gyd yn mhob gair a gorchymyn.

Yn 'Y Bywyd-Fad' o waith Treforfab, Treforys, mae'r trosiad yr un mor amlwg:

> O, Dduw! a yw'r bad a'i wroniaid dewrgalon
> I gael eu haberthu i'r gwallgofus eigion?
> Na, na, daw i'r golwg ar y wendon drachefn . . .
> Mae'n ddarlun o'r Cwch sydd ar Fôr Colledigaeth,
> Cwch Iawn Pen Calfaria er achub y byd.

Felly hefyd 'arwyr dewrion cydymdeimlad / Ar gefn y weilgi yn y derch Fywydfad' yng ngherdd Alfryn, Tre-boeth, a fu'n fuddugol yn eisteddfod Burry Port, 1894. Yma eto y mae criw'r bad achub yn llaw'r Goruchaf:

> Mawl, mawl i Dduw, am estyn llaw ei gariad
> I achub y trueiniaid drwy'r Bywydfad!

Yr oedd y beirdd wedi cael cynsail dda i'r cyd-destun hwn yng ngherdd boblogaidd Dafydd Ddu Eryri 'Myfyrdod y Llongwr ar y Môr', a ganwyd cyn i Victoria ddod i'w gorsedd. Y mae'r trosiad crefyddol yn eglur ddigon:

> Mae'r môr yn dwyn rhyw gyffelybiaeth
> I'r byd sy'n llawn o lygredigaeth;
> Llawn yw'r gwyrddlas fôr o heli,
> Llawn yw'r galon o ddrygioni;
> Gwyntoedd chwantau, cnawdol nwydau,
> Ac ymrysonau sydd
> Am suddo llestr, enaid tyner,
> I lawr y dyfnder lawer dydd.

A rhaid derbyn bod hyn oll dan lywodraeth rhagluniaeth fawr y nef:

> Mae Duw yn nhrefn ei ragluniaethau
> Yn y wybr wen ar brydiau;
> Ei ffyrdd sydd yn y moroedd mawrion,
> A'i lwybrau yn y dyfroedd dyfnion;
> Uchel odiaeth, anchwiliadwy,
>   Ofnadwy Frenin nef,

Nyni a ddylem iawn addoli
Ei fawrhydi, a'i ofni ef;
Trwy annrhaethol allu hollol
Anfeidrol Iôr nef wen,
Bydded llwyddiant i'n holl eiddo
Tra bo'm yn ceisio morio, Amen.

Lleiafrif yw'r beirdd sy'n ymwrthod â'r dehongliad hwn. Y mae Ieuan Ebrill (Evan Lewis) yn 'Y Bywyd-Fad' yn ymroi'n afieithus i roi'r clod dyladwy i wŷr y bad achub:

Gwel ddewrion yn gyru y bad dros y weilgi,
Gwroldeb sy'n chwerthin yn ngwyneb pob ton . . .
Yn eofn y rhwyfent y bad dros y tonau,
A'u gwaith sy'n llwyddianus er gwaethaf y gwynt . . .

Ac yn y llinellau olaf mae Ieuan yn dilyn ei drywydd ei hun trwy fynnu rhoi lle anrhydeddus, cyfwerth, i'r achubwyr yn y cyd-destun crefyddol cyfarwydd:

I'r nefoedd diolchwn am fywyd-fad gwiwlon,
I achub bywydau rhag dyfrllyd oer fedd;
Tair bonllef a roddwn i'r glewion dewrgalon, –
Y glewion ddymchwelodd hyll angeu o'i sedd!

Esiampl arall o fardd yn mentro anwybyddu'r cymhwysiad crefyddol yw 'Rhianod Penrhyn Gŵyr', yr addasiad o faled Clement Scott; ni cheir yma ond mawl edmygus i'r merched dewr ar ddiwedd y gerdd:

Hyd eu bronau yn y tonau –
Ond pallu'n lân mae iaith –
Cipiasant fraswd yn fyw o'r môr,
O! fendigedig waith;
Fe lonwyd llawer calon –
Bydd cof hyd amser hwyr
Am y merched dewrion hyny –
Rhianod Penrhyn Gŵyr!

Ond fel arfer y mae safbwynt y beirdd yn eglur. Yr oedd goroesi storm neu longddrylliad a dioddef marwolaeth dan reolaeth rhagluniaeth. Ac yntau ar fin ildio i gynddaredd y môr, mae'r 'truan yn ei adfyd' yng ngherdd Glan Padarn 'Gwaredigaeth y

Morwr' yn meddwl am y tro olaf am ei wraig a'i blant ac Ellen
fach, 'yr enethig oedd yn afiach':

> Gobeithion cyrraedd at ei blant
> Ymsuddent oll o un i un i bant.

Ond y mae gwaredigaeth yn ymyl:

> I'w ymyl cyrhaeddodd y Bywydfad,
> Pan ydoedd ar drengu ymhell o'i wlad;
> Diolchodd i'r nefoedd pan gafodd ei hun
> Yng nghwch gwaredigaeth yn llesg ei lun;
> Aeth adre'n fuddugwr y weilgi werdd,
> A sŵn "gwaredwr" yn sain ei gerdd . . .

Gwaredwr, nid gwaredwyr. Ac wrth gyrraedd gartref:

> Llawenydd daear oedd yn y lle, –
> Gorfoledd cariad yn ddrych o'r Ne . . .

Yn ei faled ar longddrylliad y *Rothsay Castle* ym mis Awst 1831,
canodd Dic Dywyll (yn hynod ryddieithol) am gant a saith a aeth 'i
dragwyddoldeb fel mewn un funud ennyd awr'. Ac mae'r
colledigion a'r rhai a achubwyd, yn ddiwahân, yn ymuno mewn
cân o fawl:

> Gobeithiwn ninnau fod eneidiau rhai aeth i lawr i'r dyfrllyd fedd,
> Yn rhoddi mawl i'r Duw bendigaid o fewn i wlad yr hyfryd hedd,
> A'r rhai waredwyd rhag dychrynllyd winedd Angau brenin braw
> Fu'n moli'r gŵr a gadwodd Pedr gynt ar y dyfroedd yn ei law.

Gall y môr fod yn 'llawn hudoliaeth', meddai Dewi Medi, ac yfory
'ymgynhyrfu' ac 'ymddyrchafu' yn ddinistriol, ac 'Mae i fywyd
drai a llanw, / Fel y môr'. Nid oes modd deall gweithredoedd
rhagluniaeth ac ni all dyn wneud dim yn wyneb ei nerth
anorchfygol, dim ond derbyn ei ffawd:

> Chwyddo mae y Cariad Dwyfol,
> Fel y môr;
> Ton ar don ddaw yn olynol,
> Fel y môr;
> Annirnadwy ei ddyfnderau,
> Anchwiliadwy ei drysorau,
> Anorchfygol ei effeithiau,
> Fel y môr.

Ym marn y crefyddwyr a adwaenai capten y *Vale of Clwyd*, yr oedd morwyr Cymru i gyd ar y ffordd i uffern, ond nid ymagwedd y beirdd yn unig oedd ceisio rhoi peryglon bywyd y môr mewn cyd-destun crefyddol. Yn ôl cofianwyr Gwilym Hiraethog byddai morwyr 'yn dyfod yn finteioedd, nid yn unig o borthladd Mostyn, ond o Bagillt, Fflint, a Connah's Quay' i wrando arno pan weinidogaethai ym Mostyn, a cheir tystiolaeth gan un hen forwr ei fod ef ac eraill 'yn angori eu llongau yn Mostyn dros y Sabbath er mwyn cael myned i'w wrandaw'. Nid peth anghyffredin ychwaith oedd cynnal gwasanaethau crefyddol ar longau capteiniaid o Gymry.

Dadleuodd Anthropos yn chwareus yn *Y Porth Prydferth* (1904) fod angen canu mawl i 'Arwyr Cyrddau Llenyddol Cymru Fu' a beirniadodd 'ein poetau ni' am beidio â '[ch]ymeryd y mater mewn llaw'. Yn sicr ni ellir dweud bod poetau'r môr yn euog o hynny. Trwy dymestl a hindda saif y morwr o Gymro yn arwr gwerinol, yn arwr dioddefus a heddychlon yng nghyd-destun llwyddiant materol ei fyd. Yr oedd bri ar gwlt yr arwr yn Lloegr er yn gynnar yn y bedwaredd ganrif ar bymtheg gyda gŵr fel William Pitt, yn batrwm o'r gwladweinydd delfrydol, ynghyd ag amryw o arwyr militaraidd. Ond nid gwerinwyr mo'r rhain.[14] Wrth i gyfnod teyrnasiad Victoria fynd ymlaen, teimlid yn fwy byth yn Lloegr yr angen am arwyr patrymig i wella drygau cymdeithas fasnachol.[15] Dangosodd Hywel Teifi Edwards fod Brad y Llyfrau Gleision wedi cael dylanwad ffurfiannol a chyson negyddol ar seicoleg Cymry oes Victoria. Cryfhawyd y dylanwad hwnnw gan Arddangosfa Fawr 1851, y ddangoseg ddigamsyniol o nerth masnachol Lloegr imperialaidd. Yn wyneb yr ymosodiadau cynyddol ar eu cenedligrwydd a'u hunan-barch yn y bedwaredd ganrif ar bymtheg aeth y Cymry ati i greu eu harwyr eu hunain a fyddai'n swcwr ac yn ysbrydoliaeth, yn gynhaliaeth gysurlon, wrth iddynt chwilio am rywfaint o statws a pharch mewn byd a oedd yn eu gadael ar ôl, ym marn llawer, yn rhyfeddol o gyflym. Enillodd morwyr gwerinol, crefyddol Cymru eu lle yn rhwydd yn y meddylfryd hwn.

NODIADAU

[1] David Griffith, *Morwyr Cymru: sef Traethawd Buddugol y Pwyllgor Morawl yn Eisteddfod Genedlaethol Caerlleon, Medi, 1866* (Caernarfon, 1867). Ceir cyflwyniad da i safon bywyd morwyr yr oes yn Ronald Hope, *Poor Jack: The Perilous History of the Merchant Seaman* (London, 2001).

[2] Griffith, op. cit., t. 6. A dywed un o'n haneswyr diweddar: 'The list of the ships and of the lives lost in savage weather around the coast of Wales is vast . . . Deep-blue-water sailing brought even greater dangers than the coastal trade'. Russell Davies, *Hope and Heartbreak* (Cardiff, 2005), tt. 179–80.

[3] 'Och Alarnad. Cerdd newydd, yn cwynfanu am William Jones o Gerrigydrudion, yr hwn a foddodd wrth fynd o Gaernarfon i'r Werddon, gyda chysur i'w deulu i beidio ag wylo ar ei ôl', yn E. G. Millward, gol., *Cerddi Jac Glan-y-gors* (Abertawe, 2003), tt. 109–111.

[4] *Gwaith Barddonol Glasynys* (Wrecsam, 1898), tt. 82–83. Gosodwyd y gerdd ar dôn gan Eos Mallwyd ar ôl marw Glasynys. Y mae pawb yn boddi yng nghyfraniad Rees Rees (Teifi), 'Boddi yn Ymyl y Lan', *Trysorfa'r Adroddwr*, 9 (Gorffennaf / Medi 1905), 226–7.

[5] Troswyd cerdd Longfellow i'r Gymraeg gan Iorwerth Glan Aled a Taliesin o Eifion. Enillodd y Parchg Ellis Williams, Froncysylliau, gyda throsiad o'r 'Ancient Mariner' gan Coleridge, yn Eisteddfod Genedlaethol Llangollen, 1896, 'Cân yr Hen Forwr'.

[6] J. Gwrhyd Lewis, *Ysgol yr Adroddwr* (d.d.), t. 93. Gw. hefyd 'Dymchweliad y Bad yn Aberafon', tt. 91–2 gan Eilir Mai; 'Y Groes Ddu' gan Llwcharian, tt. 96–7 (gwedd annisgwyl ar fywyd criw yr *Irvon*), ac amryw o gerddi am stormydd yn Gymraeg a Saesneg. Diddorol gweld bod D. Roy Saer yn awgrymu bod dull tawel, mwynaidd Ben Bach (a aned ym 1871) o ganu, yn adwaith yn erbyn 'the former histrionic tradition of pulpit and stage in Wales'. Gw. '"Ben Bach" ("Little Ben"), the Mathry Folksinger', *Medel*, 2 (1985), 17. Diau na buasai Ben yn gartrefol gyda'r cerddi *scena* am y môr – er bod dau o'i frodyr wedi mynd yn forwyr. Nid y pwlpud a'r llwyfan oedd unig gynheiliaid y traddodiad gorddramatig.

[7] Russell Davies, op.cit., t. 180.

[8] Ymddangosodd cerdd Gwenffrwd gyntaf yn *Seren Gomer*, XVI (Medi, 1833), 278, ac yn fuan wedyn fe'i cynhwyswyd yn y casgliad o waith I. D. Ffraid ac eraill, *Difyrwch Bechgyn Glanau Conwy* (Llanrwst, 1835). Ymddengys y dylid darllen 'yr eigion didrain' yn yr ail bennill a ddyfynnir.

[9] Ceir gan Ieuan Ebrill hefyd emyn dan y teitl 'Boddiad y Morwr' yn ei gasgliad *Telyn Ceredigion* (Dolgellau, 1895) sy'n ddynwarediad digywilydd o emyn Samuel Roberts. Yma, er gwaethaf y ffaith ei fod yn 'un tyner a serchog' a'i riant a'i frodyr yn gweddïo drosto, caiff y morwr ifanc roi 'ei fywyd yn aberth i lawr' ac aiff i gael 'tragwyddol fwynhad'. Ond hyd yn oed yma, daw'r nodyn o realaeth greulon i mewn:

> Hiraethid ei weled ef gartref o'r fordaith,
> Yn fuan – yn iach, ac yn siriol ei wedd;
> O! freuddwyd t'wyllodrus, fe'u t'wyllwyd gan obaith,
> Gwag ydyw yr aelwyd, y môr yw ei fedd.

[10] Bill Nasson, *Britannia's Empire: Making a British World* (Stroud, 2004), tt. 19–20.

[11] Linda Colley, *Britons: Forging the Nation* (London, 1994), t. 168.

[12] 'Opening of the Indian and Colonial Exhibition by the Queen', 1886. Canwyd y gân hon ar dôn o waith Sir Arthur Sullivan. Cf. Kathryn Tidrick: 'The term "English character" is used, of course, merely as a convenient shorthand for an untidy bundle of thoughts and feelings which seemed to have occurred with some regularity among the people described in this book; and 'English' is used in preference to 'British' because though Scots and Irish and even Welsh proliferated throughout the Empire, the ideas by which they were consciously guided as imperialists were English in origin'. *Empire and the English Character* (London, 1990), t. 1. Gw. hefyd K. Theodore Hoppen, *The Mid-Victorian Generation 1849–1886* (Oxford, 1998), tt. 516–18. Dywed Andrew Porter: 'For many Welsh and even more Scots and Irish, the Empire was the vehicle through which they expressed their own nationality and contributed to Britain's greatness', *The Nineteenth Century. The Oxford History of the British Empire* (Oxford 1999), t. 20.

[13] Clement William Scott (1841–1904), beirniad drama *The Daily Telegraph* am ddeng mlynedd ar hugain a thipyn o ddramodydd ei hunan. Bu hefyd yn feirniad drama *The New York Herald* am ddwy flynedd. Yr oedd yn feirniad adnabyddus iawn yn ei ddydd a'i farn yn fynych yn ddadleuol.

[14] 'The bulk of admirals were of landed birth, as were almost all of the generals and diplomats', Linda Colley, op.cit., t. 191. Gw. hefyd 'Heroes of their own Epic', tt. 178–93. 'A highly selective cult of heroism, never focussing on ordinary soldiers or seamen but only on those commanding them'. t. 180.

[15] Walter E.Houghton, *The Victorian Frame of Mind 1830-1870* (Yale, 1979), t. 318. 'In the fifty years after 1830 the worship of the hero was a major factor in English culture'. t. 310.

Thomas Henry Thomas
(Arlunydd Penygarn)

ALLAN JAMES

Ym mlynyddoedd olaf y bedwaredd ganrif ar bymtheg, dangosodd cenhedlaeth o Gymry ddiddordeb arbennig yn eu treftadaeth genedlaethol, ac o ganlyniad ymgyrchwyd mewn gwahanol ffyrdd i gydnabod a thrin y winllan ddiwylliannol honno. Yn eu plith yr oedd T. H. Thomas, a fabwysiadodd yr enw gorseddol Arlunydd Penygarn, ar ôl ei ardal enedigol yng nghyffiniau Pont-y-pŵl, ac a benodwyd ym 1895, yn Arwyddfardd Gorsedd y Beirdd, – y cyntaf i ddal y swydd arbennig honno.[1] Ar ôl dilyn gyrfa broffesiynol yn Llundain am flynyddoedd lawer ym maes arlunio a dylunio, dychwelodd Thomas i Gaerdydd ar drothwy'r 1880au, ac ymsefydlu yno ar ôl cyfnod o ymweliadau achlysurol â'r ddinas er mwyn cyfrannu at wahanol arddangosfeydd pan fyddai galw am ei arbenigedd proffesiynol. Fel y gwyddys, roedd yr wythdegau yn gyfnod o adfywiad ac o ddadeni diwylliannol, pan oedd gwahanol sefydliadau a chymdeithasau yn ceisio diffinio a hybu ymwybyddiaeth genedlaethol mewn cynifer o feysydd. Roedd ysbryd newydd ar led, a theimlad o hyder ac optimistiaeth genedlaethol a adlewyrchid yn y gweithgarwch cenhadol hwnnw a oedd wrth wraidd cynifer o'r mudiadau Cymraeg a Chymreig newydd. Nid bod y fath ddatblygiadau yn unigryw Gymreig, am fod modd cyfeirio at brosesau tebyg mewn rhannau eraill o Ewrop. Ond yng Nghymru, roedd cynlluniau penodol ar y gweill a fyddai'n arwain at wireddu rhai o'r amcanion a gynhwysid o fewn agenda hynod eang ei chysylltiadau diwylliannol.

Am flynyddoedd lawer, ni ellid fod wedi canfod y math o ganolfannau a sefydliadau diwylliannol a fyddai wedi meithrin undod a statws cenedlaethol. Ond daeth tro ar fyd. 'From the early 1880s', yng ngeiriau K.O. Morgan, 'all this began to change'.[2] Cyfeirir ymhellach at 'dramatic transformations' a ystyrid ganddo yn gyfystyr â dadeni cenedlaethol. Dilynir yr un trywydd gan Simon Brooks. Mewn trafodaeth gynhwysfawr a dadlennol ar yr hyn a elwir ganddo yn Oleuedigaeth Ewropeaidd, dadleuir gan Brooks mai yn ddiweddarach y daeth yr Oleuedigaeth i wledydd diwladwriaeth Ewrop. Sonnir yn benodol am 'gofnodi ac ysgrifennu ieithoedd anwladwriaethol, creu llenyddiaeth naratif a mytholeg ar eu cyfer, tacluso eu horgraff, safoni gramadeg a chreu register cenedlaethol, sef math safonol o'r iaith genedlaethol newydd a fyddai'n ddealladwy i'w siaradwyr i gyd, beth bynnag eu tafodiaith'.[3] Ond roedd i'r math hwnnw o ddatblygiad arwyddocâd llawer ehangach. 'Ymhob man', meddai Brooks ymhellach, 'pryd bynnag y digwyddodd, roedd y gwyddori gramadegol hwnnw ynghlwm wrth dwf y genedl'. Gwyddys i John Morris-Jones, O. M Edwards ac eraill ddechrau ar y gwaith o safoni'r orgraff ar ôl sefydlu Cymdeithas Dafydd ap Gwilym yn Rhydychen dan gyfarwyddyd tadol Syr John Rhŷs. Yn dilyn hynny, cyhoeddwyd testunau safonol gan John Morris-Jones, gwaith a ystyrid 'yn gwbl greiddiol i'r Oleuedigaeth yng ngwledydd llai Ewrop, gan fod y gwledydd mawr yn aml wedi gwadu bodolaeth y testunau hyn, neu wedi eu dibrisio'.[4] Ond nid dilyn y trywydd cyffredinol hwnnw yw'r nod, eithr ceisio dangos drwy gyfrwng gohebiaeth T. H Thomas pa mor amrywiol oedd agenda'r gŵr a ymgartrefodd yng Nghaerdydd, a pha mor awyddus y bu i sicrhau bod i'w holl weithgarwch bwyslais Cymreig. Hynny yw, pan oedd cenhedlaeth newydd o ysgolheigion Cymraeg, yn ôl y patrwm Ewropeaidd, yn gweld bod angen diwygio orgraff yr iaith a safoni gramadeg, roedd eraill yn mynnu troi at agweddau eraill ar y diwylliant brodorol, a hynny nid yn unig yn eu cymunedau hwy eu hunain ond trwy ymgyrchu i ddatblygu sefydliadau rhanbarthol a chenedlaethol. Ymddengys fod y Cymry hwythau, bellach, yn ymdeimlo â 'that sense of consciousness and of historic identity which fired so many European peoples in the later 19th century'.[5]

O droi yn benodol at T. H Thomas, ceir bod natur ei weithgarwch, a groniclir yn fanwl mewn casgliad helaeth o lythyrau, yn cynnig darlun hynod arwyddocaol o'r math o optimistiaeth a nodweddai'r cyfnod – y math o hyder newydd a oedd wrth wraidd cynifer o'r cynlluniau y bu ef ynghlwm wrthynt.[6] Oherwydd, ar wahân i'w gysylltiadau amlwg â rhai o gymdeithasau'r ddinas, roedd yn awyddus ar yr un pryd, i hybu

Cymreictod ar bob achlysur mewn cyd-destun cenedlaethol. Yn sgil cyfres o arddangosfeydd penodol yng Nghaerdydd, bu'n cenhadu dros sefydlu canolfan genedlaethol, barhaol a allai ddiogelu ac arddangos enghreifftiau amlwg o gelfyddyd gain y genedl. Bu'n dadlau'n frwd dros flynyddoedd lawer y dylid cydnabod Cymru fel gwlad ar faneri ac arfbeisiau Prydeinig; bu'n gyfrannwr cyson i weithgareddau Cymdeithas Naturiaethwyr Caerdydd, ac yn ystod yr un cyfnod, bu'n hynod weithgar dros yr Eisteddfod Genedlaethol fel Arwyddfardd, gan ymdrechu i osod trefn urddasol ar seremonïau Gorsedd y Beirdd. Ar ben hynny, roedd galw mawr am ei gyngor a'i gymorth fel arlunydd a dylunydd proffesiynol, ac mae'r casgliad o lythyrau a ddiogelwyd ganddo, yn dyst i'w ddiddordebau mewn amryfal feysydd eraill megis astudiaethau gwerin, crochenwaith a gwarchod adar a'r amgylchfyd. Hawdd cynnig tystiolaeth i ddangos pa mor eang oedd cylch diddordebau'r polymath hwn. A defnyddio tafodiaith Morgannwg, roedd yn ddiamau yn ddyn pur 'rownd' ei fyd a'i ddylanwad, ac yn ddyn 'piwr' ei gymeriad o ystyried yr holl gymwynasau a gysylltir â'i enw.

Ganed Thomas Henry Thomas ym Mhont-y-pŵl ym 1839. Derbyniodd ei addysg gynnar yng nghwmni ei dad a oedd yn Brifathro ar Goleg Diwinyddol y Bedyddwyr yn ei dref enedigol cyn symud yn ddiweddarach i Ysgol Gelf Bryste ac Ysgolion yr Academi Frenhinol yn Llundain. Derbyniodd hyfforddiant ym maes arlunio a chynllunio cyn ychwanegu at y profiad hwnnw drwy gyfrwng ymweliadau â Pharis a Rhufain ym 1863–4, gan ddychwelyd i Lundain, lle bu am gyfnod o ryw ugain mlynedd yn dilyn gyrfa fel dylunydd a darlithydd. Ac eto, er mai mewn gwledydd estron y bu'n meithrin ei ddoniau artistig, parhaodd i arddel cysylltiad â'i wlad enedigol drwy gyfrwng cyfres o ymweliadau penodol yn gysylltiedig â'i waith fel arlunydd. Gwyddys i Thomas arddangos ei waith yn Arddangosfa Celfyddyd Gain a Diwydiant 1870, menter arloesol a drefnwyd yng Nghaerdydd, er mai yn ddiweddarach o lawer y daeth i ymgartrefu yn y ddinas. Ar ôl i'w dad ymddeol, daeth i fyw yn 'The Walk' yng Nghaerdydd ym 1877, cartref a etifeddwyd gan Thomas ei hun wedi marwolaeth ei dad ryw dair blynedd yn ddiweddarach. Er i'r arlunydd alltud fynnu cydnabod ei wreiddiau cenedlaethol dros gyfnod ei ddatblygiad proffesiynol mewn cyfres o sefydliadau

penodol, byddai dychwelyd i Gaerdydd, bid siŵr, wedi cynnig
ffocws newydd i'w weithgareddau, a sbardun iddo gynnig ei
wasanaeth arbenigol mewn cyfres o gyd-destunau penodol
Gymreig, – cyd-destunau amrywiol iawn eu cyfeiriad a'u pwyslais.
A defnyddio geiriau John Ballinger mewn teyrnged dwymgalon i'r
Arlunydd, roedd dychwelyd i Gaerdydd wedi rhoi iddo'r cyfle i
barhau gyda'r 'many lines of work and study in which he was so
ardently interested – and developing on fresh lines, chiefly in
connection with the Cardiff Naturalists' Society and the aspirations
of the Welsh people'.[7] Hynny yw, adeiladu a wneir ar astudiaethau
a chynlluniau a oedd eisoes wedi mynd â'i fryd, ond bod yr
arlunydd bellach o fewn cyrraedd i gymdeithasau a sefydliadau a
fyddai'n gwahodd ac yn gwerthfawrogi ei gyfraniad.

Ymddengys iddo ymaelodi â Chymdeithas Naturiaethwyr
Caerdydd ym 1879, yn fuan ar ôl ymsefydlu yn y brifddianas, a
cheir cofnod iddo gyflwyno papur yn y cyfarfod a gynhaliwyd ar
16 Ionawr y flwyddyn honno. Sail y papur oedd darganfyddiad a
wnaethai ym mhentre'r Drenewydd yn Notais, ger Porthcawl y mis
Medi blaenorol. Wrth grwydro o amgylch yr eglwys yn y pentref
arbennig hwnnw, dywed Thomas iddo sylwi ar 'a large slab of
stone, and upon it five trifid impressions in a clear series'.[8] Y
canlyniad fu llunio'r papur a draddodwyd gerbron aelodau'r
gymdeithas, papur yn dwyn teitl a fyddai'n her i unrhyw leygwr o
naturiaethwr a fyddai wedi taro i mewn i'r cyfarfod ar y noson
arbennig honno, sef 'Tidactyl Uniserial Ichnolites in the Trias of
Newton Nottage, near Porthcawl, Glamorgan, read before the
(C.N.) Society, January 16th 1879'.[9] Rhannwyd yr wybodaeth â
Chymdeithas Ddaeareg Llundain, a denwyd cyllid i drosglwyddo'r
maen i Amgueddfa Caerdydd, gyda'r bwriad o'i drosglwyddo yn y
man, i'r adran briodol o fewn amgueddfa genedlaethol. Dyma fan
cychwyn tros ddeng mlynedd ar hugain o wasanaeth i'r gymdeithas
arbennig honno, ac mae'r rhestr o bapurau a gyhoeddwyd dan enw
T. H. Thomas yn nhrafodion y gymdeithas yn dyst, nid yn unig i'w
gyfraniad hynod werthfawr a sylweddol, ond i'w ddiddordeb byw
mewn cynifer o'r meysydd gwahanol a ddenai sylw'r gymdeithas.[10]

Erbyn i Thomas ddychwelyd i Gaerdydd, felly, roedd yn y
brifddinas, garfan o bobl a oedd yn awyddus i hybu achos
diwylliant gweledol eu mamwlad, a go brin bod angen argyhoeddi
arlunydd proffesiynol o werth ac arwyddocâd y symbolau gweledol

hynny. Trefnwyd Arddangosfa Celfyddyd Gain a Diwydiant yng Nghaerdydd mor gynnar â 1870, a bu sôn ar wahanol adegau am sefydlu amgueddfa barhaol. Hyd yn oed yn y cyd-destun hwn, roedd i Gymdeithas Naturiaethwyr Caerdydd ei phwysigrwydd, gan i'r aelodau fod yn gyfrifol am sicrhau fforwm cyhoeddus a fyddai'n cynnig llwyfan ar gyfer trafod amrywiaeth eang o bynciau, gan gynnwys agweddau ar ddiwylliant gweledol y cyfnod. Tua'r un cyfnod, ymaelododd Edwin Seward â'r gymdeithas, gŵr a dderbyniasai hyfforddiant yn Ysgol Gelf Caerdydd, ond a benderfynodd ddilyn gyrfa fel pensaer. Ni raid rhyfeddu fod y ddau wedi dod yn bennaf ffrindiau. Yr oedd y naill a'r llall wedi derbyn hyfforddiant tebyg mewn colegau celf, a'r ddau yn coleddu'r un syniadau gwladgarol ynglŷn â phwysigrwydd creu canolfannau penodol i hybu diwylliant gweledol cenedlaethol. Yng nghwmni cefnogwyr o'r un anian, bu Seward yn gadeirydd ar bwyllgor a drefnodd ail Arddangosfa Celfyddyd Gain a Diwydiant ym 1881. Drachefn ym 1883, bu'r un garfan ymroddedig, dan arweiniad Thomas y tro hwn, yn gyfrifol am drefnu arddangosfa gelf a chrefft Eisteddfod Genedlaethol Caerdydd. Arweiniodd hyn at ymgyrch dros sefydlu corff cenedlaethol ar gyfer y celfyddydau gweledol yng Nghaerdydd, ac i'r perwyl hwn, trefnwyd arddangosfeydd pellach ym 1884 a'r flwyddyn ddilynol.[11] Ac eto, er na chafwyd unrhyw lwyddiant terfynol am nifer o flynyddoedd, yr oedd Thomas, yn ystod yr wythdegau, yn ei amlygu ei hun, nid yn unig yn ei briod faes fel un a oedd yn awyddus i hybu diwylliant gweledol ei wlad, ond mewn nifer o gyd-destunau diwylliannol a gwyddonol eraill a fyddai, o bryd i'w gilydd yn mynnu ei sylw. Yn ychwanegol at hyn, pa mor eang bynnag oedd cylch ei ddiddordebau a'i weithgareddau, daeth yn bur amlwg ei fod yn gweld canran iach o'i gynlluniau mewn cyd-destun Cymreig ac o safbwynt penodol genedlaethol.

Awydd i feithrin ymwybyddiaeth genedlaethol yn ddi-os, felly, oedd y cymhelliad wrth geisio ymgyrchu er sefydlu canolfan benodol yng Nghaerdydd a fyddai'n gartref i waith cerflunwyr ac artistiaid o Gymry ac roedd Thomas yn un o nifer o drigolion blaenllaw y brifddinas a fyddai'n parhau i genhadu'n frwd am flynyddoedd lawer i sefydlu'r math o sefydliadau a fyddai'n sicrhau hunaniaeth ddiwylliannol gref i'r genedl. Ymddengys, o ganlyniad, fod gweithgareddau'r degawd hwn yn awgrymu'n glir

beth fyddai natur agenda'r dyfodol yn hanes Thomas a'i
gymheiriaid. Hynny yw, ar sail profiad y blynyddoedd hyn, gellid
disgwyl cyfraniad ganddo a fyddai'n trosgynnu ffiniau arferol yr
artist proffesiynol, a hyn a ddangosir yn eglur ddigon, o ystyried
natur ei gyfraniad amlweddog i raglen Cymdeithas Naturiaethwyr
Caerdydd ac i amrywiaeth o fudiadau eraill. Ar yr un pryd, amlygir
doniau un a oedd yn hapus, os nad yn awyddus i arwain gwahanol
ymgyrchoedd pe bai angen, a hynny mewn amrywiaeth o gyd-
destunau diwylliannol ac ar lefel genedlaethol.

Cawsai T. H. Thomas, yr arlunydd alltud, gyfle i ddatblygu ei
ddoniau artistig dros nifer o flynyddoedd, a phan ymgartrefodd yng
Nghaerdydd, roedd yn hollol amlwg ei fod yn gweld agenda
gelfyddydol Gymreig yn ymffurfio, a'i fod ef ei hun yn bur
awyddus i gyfrannu at unrhyw ddatblygiadau a fyddai'n
gysylltiedig â'r cyfryw agenda. Fel yn achos cynifer o feysydd
eraill a fu'n denu ei sylw, mae natur ei gyfraniad i fyd celf yn
adlewyrchu ystod eang o agweddau ar y pwnc, ac yn dangos pa
mor hyblyg ydoedd, a pha mor hyderus wrth ymateb i gynifer o
geisiadau amrywiol iawn eu pwyslais artistig. Yn hyn o beth,
rydym yn ddyledus iawn i Peter Lord, sydd wedi ymdrin â
chyfraniad proffesiynol Thomas mewn cyfres o gyd-destunau
gwahanol, gan gyfeirio, ar y naill law, at ei waith creadigol, ac ar y
llaw arall, at ei awydd i feithrin ymwybyddiaeth gelfyddydol
Gymreig, drwy sicrhau canolfan barhaol a fyddai'n caniatáu casglu
ynghyd, drysorfa o weithiau pwysig ac a fyddai'n adlewyrchu'r
traddodiad Cymreig. Mae'n amlwg fod enw'r Arlunydd dros y
blynyddoedd, wedi cael ei gysylltu'n benodol â'r ymgyrch i
sefydlu amgueddfa genedlaethol, fel y tystia'r gwahoddiad a
dderbyniodd gan J. Hugh Edwards ym mis Gorffennaf 1903, i
gyfrannu erthygl i *Young Wales*. 'No one has done so much as
you', medd y golygydd, 'in the matter of creating national interest
in the demand for a national museum', fel mai naturiol yw'r cais
sy'n dilyn am 'a contribution from your pen upon so timely a
subject'.[12] Roedd y pwnc yn un a gawsai sylw am hir amser,
oherwydd mewn llythyr dyddiedig 23 Tachwedd 1893, a
dderbyniasai Thomas gan Vincent Evans ryw ddeng mlynedd
ynghynt, cyfeirir at dacteg benodol, sef 'to get at the Museum
Grant leaving the question of site in abeyance as tending to retard
the financial question'. Yr awgrym oedd peidio â phledio achos

Caerdydd am y tro, – 'time enough to put in a claim when money is in sight'.[13] Afraid dweud bod Vincent Evans wedi hen gyfarwyddo â thactegau diplomatig y gweinyddwr proffesiynol.

Fodd bynnag, wrth ystyried gogwydd gwaith celfyddydol y cyfnod, dangosir pa mor ganolog oedd dylanwad Syr John Rhŷs, a bod sefydlu'r gadair Geltaidd yn Rhydychen wedi bod yn fodd 'i feithrin hyder newydd mewn gwreiddiau Celtaidd a'u perthnasedd i ddyheadau modern'.[14] O ganlyniad, bu modd i'r mudiad eisteddfodol adeiladu ar y pwyslais Celtaidd hwnnw. Mae'n wir fod helyntion Brad y Llyfrau Gleision am gyfnod, wedi peri bod hynafiaetheg yn cael ei diystyru. 'Serch hynny', meddir, 'yn ystod y 1880au ymddangosai ei bod yn bosibl unwaith eto i fod yn flaengar drwy gyflwyno celfyddyd, technoleg, gwyddoniaeth a materion cymdeithasol yng Nghymru drwy'r mudiad Eisteddfodol (a nifer o sefydliadau newydd eraill) a chynnal y dreftadaeth Geltaidd yr un pryd'.[15] Hynny yw, gellid dadlau bod astudio llenyddiaeth Gymraeg wedi arwain at ddiddordeb cyffelyb mewn 'diwylliant Celtaidd gweledol', ac yn y cyd-destun hwn, roedd gan Thomas ran flaenllaw i'w chwarae. Bu'n annerch y Cymmrodorion ar y pwnc ac yn dadlau dros roi llawer mwy o bwyslais ar gelfyddyd Geltaidd yn ysgolion celf y wlad.[16] Ar wahân i'r defnydd a wnaed o ddelweddaeth Geltaidd gan Thomas yn ei waith ei hun, ym marn Lord 'poblogeiddio' defnydd o'r ddelweddaeth honno oedd ei bennaf cyfraniad. Parhaodd yr Eisteddfod Genedlaethol i fod yn 'ganolbwynt pwysig ar gyfer y defnydd o elfennau Celtaidd mewn dylunio', a dangosir hefyd pa mor ddylanwadol y bu ymgais O. M. Edwards i sicrhau lle teilwng i ddiwylliant gweledol yn ei gylchgronau, drwy gynnig cyhoeddusrwydd a chefnogaeth i waith cenhedlaeth newydd o arlunwyr.[17] Mae'r ymdriniaeth hon gan Lord, yn dangos yn eglur pa mor bwysig ac amlweddog oedd cyfraniad Thomas. Sonnir am gyfraniad yr arlunydd creadigol, egni'r lladmerydd dros ddelweddaeth Geltaidd, brwdfrydedd yr ymgyrchwr dros ddiogelu a dathlu diwylliant gweledol ei famwlad, a chymwynasgarwch y dylunydd parod, a fyddai'n ymateb i bob math o geisiadau am gymorth gan gyfoeswyr o'r un anian. Yr hyn sy'n arbennig yn hanes Thomas, yw mai un agwedd ar gyfraniad hynod eang ei natur yw'r pwyslais hwn ar y gweledol.

Ar wahân i ymdriniaeth safonol Lord, ceir cyfeiriadau pellach at amrywiaeth ei weithgarwch fel arlunydd mewn gwahanol deyrngedau a fu'n croniclo a dathlu pwysigrwydd a pherthnasedd ei gyfraniad. Cyfeirir yn benodol at ei ddawn fel peintiwr portreadau, ond dychwelir dro ar ôl tro at hen thema, sef natur amrywiol ei gynnyrch a'i gyfraniad. 'His work, however, was by no means confined to portaiture. As a young man he accompanied the Challenger Expedition and his clever drawings of deep sea life were published with the Government report. He was a frequent contributor in black and white to many of the leading periodicals of the day, including *The Graphic*, while the pages of *The Red Dragon*, a magazine published by *The Western Mail* in the 80s, testify to his versatility with pen and pencil.'[18] Mewn cyfrol gan T. Mardy Rees ar y celfyddydau gweledol yng Nghymru, ceir ymdriniaeth gryno â chyfraniad Thomas, lle ceir cyfeiriadau cyfarwydd at yr amryfal weithgareddau a gysylltir â'i enw: 'Acted as special artist for *Graphic* and *Daily Graphic* in England, America, and Italy . . . He has written many papers on Art, Archaeology, and Natural History, chiefly of Wales, and has published a 'Memoir' of his father . . . Mr Thomas was Chairman of the National Committee upon Welsh Emblems, Cardiff, which resulted in the re-affirmation of the Red Dragon as the Badge of the Prince of Wales, and has otherwise added to the expression of the Nationality of Wales'.[19] Yn ychwanegol at yr wybodaeth a gyflwynwyd gan Mardy Rees ac yn y teyrngedau, cafwyd ymdriniaeth bellach â'i waith yn y cylchgrawn *Cymru* ym mis Mawrth 1911, mewn cyfres yn dwyn y teitl 'Celf yng Nghymru'. Unwaith yn rhagor ceir cyfeiriadau at ei amryw ddoniau gan gynnwys ei waith i'r *Graphic*, ei ddawn fel peintiwr portreadau a'i ymdrechion dros sefydlu 'Ysgol Gymreig mewn Celf'.[20]

Ar waethaf unrhyw feirniadaeth a gysylltid â hynt a helynt yr Eisteddfod Genedlaethol o'r 1880au ymlaen, gellid deall yn hawdd apêl y sefydliad o ystyried cefndir proffesiynol Thomas a'i ddyheadau gwladgarol. Bu'n effro iawn i bosibiliadau cyfrwng a allai hyrwyddo amrediad eang o weithgareddau diwylliannol yn absenoldeb canolfannau sefydlog yng Nghymru, a gwelodd yn eglur bod modd hybu achos celf a chrefft drwy gyfrwng cystadlaethau ac arddangosfeydd priodol. Yn ychwanegol at hynny, dangosodd ddiddordeb yn y seremonïau gorseddol, ac mor gynnar â 1894, anfonodd lythyr at yr Archdderwydd Clwydfardd yn tynnu sylw at wisgoedd penodol, a oedd yn ei farn ef, yn hollol anaddas ac annilys: 'The robes are good and suitable, plain and of ancient design but I think neither the caps nor the mitre are what they should be . . . Then I cannot think the mitre correct for the Gorsedd . . . We ought to be very anxious on this point that any display of the Gorsedd should be of insignia as fine as art can make them.[21] Ar ôl ei benodi'n Arwyddfardd ym 1895, byddai ganddo gyfrifoldeb am sicrhau urddas y gwahanol seremonïau, a golygai hynny fod ganddo gyfle i ychwanegu at regalia'r Orsedd. Bu'r Arwyddfardd ei hun yn gyfrifol am ddylunio baner newydd a welwyd am y tro cyntaf yng Ngorsedd Llandudno ym 1896, ac yn seremoni cyhoeddi Eisteddfod Genedlaethol Casnewydd yn Belle Vue Park ym mis Awst 1896 'ymddangosodd yr Archdderwydd (Hwfa Môn) am y waith gyntaf yn ei urddwisg newydd gyda'r Goron a'r Ddwyfronneg a oedd wedi'u dylunio a'u saernïo gan Hubert Herkomer'.[22] Yn ystod yr Eisteddfod ei hun ym mis Awst 1897, cyhoeddwyd fod Arglwydd Tredegar yn bwriadu cyflwyno Corn Hirlas i'r Orsedd, ac yn ddiweddarach cyflwynodd y Wyddeles, Mrs Alicia Needham, Gorn Gwlad arian i'r Orsedd a ddefnyddiwyd gyntaf yng Ngorsedd Bangor ym 1902. O ganlyniad, cyfoethogwyd regalia seremonïau'r Orsedd dan oruchwyliaeth Thomas yn y cyfnod hwn, ond ceir cyfeiriadau pellach sy'n awgrymu i'r Arwyddfardd hefyd ddechrau rhoi sylw i drefn ac urddas y gwahanol seremonïau.

Erbyn diwedd y ganrif, roedd yr Arlunydd wedi hen ennill ei blwyf fel un o hoelion wyth yr Eisteddfod Genedlaethol, a bu mynych alw am ei gyngor a'i gefnogaeth mewn amrywiaeth helaeth o achosion. Yn naturiol ddigon, bu ymweliad y Brifwyl â Chaerdydd ym 1899 yn gyfle i arddangos yr Orsedd yn ei holl ogoniant, yn gyfle i ychwanegu at amrediad y regalia, ac i sicrhau gwell trefn ar y seremonïau nag a welid mewn eisteddfodau cynharach. Afraid dweud fod cyfraniad T. H. Thomas at weithgareddau'r Eisteddfod Genedlaethol honno yn un sylweddol. Ar sail ei gynllun ef y codwyd Cylch yr Orsedd a'r manylion wedi'u cofnodi yn *Rhaglen Y Dydd*:

There are two Concentric circles, the outer circle, 100ft diameter, consists of upright Stones of red conglomerates from Radyr, in height varying from 6ft : 6ins to 8ft. The inner circle is of pink alabaster from Penarth in large masses laid upon the turf. The central stone or Maen Llog is of Radyr Stone, having a surface of 6ft by 7ft weighing about 8 tons. This is the most perfect Gorsedd Circle erected in modern times for the purpose of the celebration.[23]

Ond nid meini'r Orsedd oedd yr unig elfen i ddenu sylw'r trefnwyr, gan fod ymdrech hefyd i gyflwyno regalia gorseddol newydd a fyddai'n ychwanegu at gyffro a lliw'r seremonïau. Yma yng Nghaerdydd, felly, y gwelwyd y Cleddyf Mawr a'r Corn Hirlas am y tro cyntaf. Goscombe John a fu'n gyfrifol am lunio'r Corn Hirlas ond ei fod yntau fel nifer o'i gyfoedion yn pwyso ar yr Arlunydd am gyfarwyddyd a chefnogaeth. Ar sail tystiolaeth llythyr dyddiedig 13 Gorffennaf 1898, ymddengys bod Goscombe John mewn cryn frys i sicrhau ymateb gan yr Arlunydd: 'Enclosed I send you a copy of the inscription to be put on the 'Hirlas'. Will you correct it if necessary and send it back to me at once, as there is so little time to spare to get it engraved etc. Don't fail to let me have it back at once'.[24] Ymddengys mai'r nod oedd i'r 'Hirlas' gyrraedd amgueddfa Caerdydd erbyn dechrau Awst 'for in a fortnight after that it will go to Liverpool until the end of the year'. Fel y nodwyd eisoes, yn Eisteddfod Genedlaethol Caerdydd y flwyddyn ddilynol, yr oedd y Corn Hirlas i ymddangos yn orseddol gyhoeddus am y tro cyntaf.

Mewn llythyr diweddarach dyddiedig 24 Gorffennaf 1899, yn sgil Eisteddfod Genedlaethol Caerdydd, ceir bod Goscombe John yn canmol y trefniadau yn gyffredinol a chyfraniad yr Arlunydd yn benodol: 'What a great success the Eisteddfod has been, at least I speak from having seen only the first day. The Gorsedd was a most brilliant and unique ceremony and must have delighted your heart, for you have done so much for it in every way, in fact have made it more than anybody else I think by your constant and devoted care and attention. You have seen it grow from a rather awkward country lad into a polished and courtly gentleman. What a delightful dazzle and colour and sparkle there was about the whole affair'.[25] Yr hyn sy'n nodweddu'r ohebiaeth yw'r pwyslais manwl a roddid bellach ar regalia a gweithgareddau'r Orsedd – datblygiad a oedd yn dyst i hyder arbennig y gorseddogion yn eu traddodiadau a'u seremonïau, a hynny ar waethaf ymosodiadau chwyrn yr Athro John Morris-Jones ar hynafiaeth yr Orsedd ychydig flynyddoedd ynghynt, a fu'n gyfrwng symbylu cymaint o ymgecru cyhoeddus. Y nod erbyn hyn, oedd sicrhau pasiant urddasol a lliwgar a fyddai'n symbol weladwy a chyhoeddus o bresenoldeb a ffyniant yr Eisteddfod Genedlaethol fel sefydliad cenedlaethol.

Ond roedd agweddau mwy ymarferol i'w hystyried weithiau, a Gwernyfed, yn sgil Eisteddfod Genedlaethol Merthyr 1901, yn gresynu bod cyn lleied o drefn yn perthyn i weithgareddau'r Orsedd. Er bod y mwyafrif yn mynnu 'canmol y trefniadau, yn neillduol trefniadau yr Orsedd', a oedd, meddir, 'yn tra rhagori mewn urddas a threfn i'r rhai a gynhaliwyd yn flaenorol', arall oedd barn y gohebydd. 'Ond rywsut', meddai Gwernyfed, 'nid oeddwn yn gweld fod un ymgais o gwbl gan neb o *Swyddogion yr Orsedd* at gadw *trefn a dull arbennig o gynnal* Gorsedd. Oni buasai am ein trefniadau ni, buasai yr oll o'u rhan hwy yn bentwr o aflerwch'.²⁶ Mae'n amlwg nad oedd seremonïau'r Orsedd wedi plesio, gydag 'Eifionydd yn gwylltio yma [a] thraw heb wybod yn iawn beth oedd i'w wneyd, yn clebran a hwn, ac yn clebran a'r llall nes oedd yr holl Gylch yn gleber i gyd, yr hyn ni ddylasai fod'. 'Hefyd', ychwanegodd, 'peth hollol wrthun oedd gweled dau a thri o bersonau yn sefyll ar y Maen Llog fel pe am wneuthur *show* o honynt eu hunain'. Sicrhau gwell trefn yn y dyfodol fyddai'r nod, 'a phan gyfarfyddwn etto,' meddai wrth Arlunydd Penygarn, 'bydd gennyf lawer o bethau i'w dywe(d)yd wrthych er gwella moes a defod yn yr Orsedd'.

Mewn llythyrau eraill, ceir cyfeiriadau diddorol at yr Eisteddfod Genedlaethol ei hun, at hynt a helynt Gorsedd y Beirdd yn benodol ac at amrywiaeth o agweddau a gysylltir â'r traddodiadau gorseddol, gan gynnwys ymdrechion i roi trefn ar y seremonïau blynyddol. Mae Watcyn Wyn, er enghraifft, yn diolch i Arlunydd Penygarn 'for your article on the old peithynen and Coelbren y Beirdd', am mai ychydig o wybodaeth sydd ganddo ef ei hun i'w gyfrannu ar y pwnc. 'I must confess', meddai Watcyn Wyn, 'that my knowledge of these things is very limited indeed, and I am very glad to find that you and others are doing something to enlighten such as I am'.²⁷ Ceir bod eraill megis J. Romilly Allen, golygydd *Archaeologia Cambrensis*, yn llawer mwy parod i fynegi barn ar y pwnc, a hynny yn hollol ddi-flewyn-ar-dafod. Wrth ymateb i gais Thomas am wybodaeth, cyfeirir at 'the so-called Bardic Alphabet' fel 'a gigantic fraud'.²⁸ 'I think', meddai ymhellach, 'an article giving drawings of the existing Peithynen and showing up the whole thing would be interesting, but I don't believe you will find it

[will] repay you to look at these bogus alphabets and pseudo-
Druidic antiquities as anything but the most bare-faced impostures'.

Cyfeiriwyd eisoes at ddylanwad Syr John Rhŷs, a'r modd y bu
sefydlu cadair Geltaidd yn Rhydychen yn sbardun i weithgarwch
penodol Geltaidd ym myd y celfyddydau gweledol. Ond roedd i'r
brwdfrydedd cenhadol hwn mewn hynafiaetheg lawer agwedd. Er
enghraifft, bu'r Athro Rhŷs yn feirniad mewn cystadleuaeth am
gasgliad o lên gwerin Morgannwg yn Eisteddfod Genedlaethol
Aberdâr ym 1885. Yn ei feirniadaeth, ar wahân i ddyfarnu'r wobr i
Crofton Croker, sef T. C. Evans (Cadrawd), manteisiwyd ar y cyfle
i bledio achos astudiaethau hynafiaethol drwy apelio 'to the
newspapers of South Wales to encourage the collecting of Welsh
Folklore before it is altogether too late'. Ceir ganddo hefyd gyngor
penodol ac ymarferol: 'A county like Glamorgan ought to have a
society to organise this and other kinds of antiquarian research; but
in the absence of one, I feel sure that the editors of local
newspapers would willingly give some of the valuable space too
often devoted to horrible murders and other atrocities, to
interesting bits of Folklore and antiquity'.[29] Mae'n briodol nodi fod
T. H. Thomas ar wahanol adegau wedi gohebu â Chadrawd ac â'r
Athro, y buddugol a'r beirniad, fel na raid synnu fod Thomas
yntau, wedi dewis dilyn rhaglen hynafiaethol hynod amrywiol ei
phwyslais, na chyfyngid mohoni i'r celfyddydau gweledol, –
rhaglen a fyddai'n ei gysylltu'n uniongyrchol â diddordebau ei
ddau ohebydd.

Tystia'r ohebiaeth a ddiogelwyd i ddiddordeb yr Arlunydd mewn
cynifer o feysydd diwylliannol, ond gwelir hefyd pa mor barod y
bu i ymateb i'w gyd-hynafiaethwyr pan ddeuai cais am ei gymorth
proffesiynol. Mae'n wir iddo sylweddoli ym mha fodd y gallai
regalia hynafiaethol gyfoethogi seremonïau'r Eisteddfod Genedlaethol
drwy symboleiddio gogoniant y gorffennol; yr un pryd roedd yn
ymwybodol o bwysigrwydd agweddau eraill ar y byd hynafiaethol,
fel bod astudiaethau gwerin, er enghraifft, yn cael cryn sylw
ganddo. Iddo ef, elfennau cytras fyddai'r gwahanol feysydd hyn o
fewn maniffesto diwylliannol hynod gatholig ei natur. O fewn cyd-
destun gwerinol, byddai'n casglu hen wrthrychau ac offer a
gysylltid â'r oes a fu; byddai ar adegau yn mabwysiadu rôl yr
ymchwilydd maes, a phryd arall yn gwahodd cyfraniadau ar
bynciau penodol gan wahanol ohebwyr. Mae'r casgliad helaeth o

offer, a fu unwaith yn ei feddiant, ond sydd bellach ar gadw yn Sain Ffagan, yn dyst i'w ddiddordeb mewn diwylliant materol, –casgliad sy'n cynnwys amrywiaeth diddorol o hen wrthrychau, ac yn eu plith offer traddodiadol y gegin a'r fferm.[30] Ar ben hynny, mae'r papurau a draddodwyd i wahanol gymdeithasau, yn brawf o'r modd y byddai'n ymateb yn egnïol academaidd i'r amryfal gwestiynau y teimlai'r ymchwilydd diwyd bod arno reidrwydd i'w hateb. O ystyried ansawdd y papurau hyn, gellir adnabod dulliau sicr yr ymchwilydd cydwybodol a fynnai sicrhau dilysrwydd ei ffynonellau a chydbwysedd gwrthrychol ei gasgliadau.

Wrth olrhain cyfraniad llinach o gofnodwyr diwyd a fu wrthi'n casglu a phrosesu deunydd 'gwerinol' Morgannwg o'r 1880au ymlaen, gwelwyd fod gan T. H. Thomas hawl i'w ystyried fel un a wnaeth gyfraniad o bwys i'r mudiad hynafiaethol hwnnw, cyfraniad y gellid cyfiawnhau ei alw'n gyfraniad unigryw. Hynny yw, roedd yn hollol amlwg nad oedd modd ymdrin â'i gyfraniad arbennig ef yn unol â'r teithi cyffredinol hynny a fyddai'n nodweddu gweithgarwch nifer helaeth o'i gyfoedion. Nid oedd ei gyfraniad yn cydymffurfio â'r norm; nid ymgais i ddathlu gorffennol ei filltir sgwâr, fel yn achos nifer o gofnodwyr, a fu'n ei ysgogi i ymddiddori mewn diwylliant gwerin, ac ni fu'n ymateb i her gwahanol gystadlaethau eisteddfodol. Yn achlysurol y bu'n mentro i'r byd 'gwerinol', weithiau'n derbyn cyfrifoldebau'r ymchwilydd gwyddonol, yn amlach na pheidio yn gymwynaswr hael a fyddai'n cynorthwyo eraill, yn enwedig ym maes arlunio a dylunio. Ac eto, rhaid pwysleisio mai un agwedd ar raglen amlweddog a chyfoethog oedd y diddordeb hwn, a'i fod yn ddigon amryddawn i ymgymryd ag amrywiaeth o ddyletswyddau mewn meysydd gwahanol iawn i'w gilydd, megis celf, archaeoleg, botaneg a chrochenwaith, heb sôn am astudiaethau gwerin. Ar yr un pryd, bu'n cenhadu'n gyson dros sicrhau annibyniaeth ddiwylliannol i Gymru, dros sefydlu canolfannau a symbolau priodol a fyddai'n pwysleisio hunaniaeth arbennig y wlad. Hynny yw, gellid dadlau bod ei ddiddordeb mewn llên gwerin yn un elfen mewn rhaglen genedlaethol bur eang ei ffiniau a chyffrous ei natur.

Fel y gellid disgwyl, mae rhai o'r llythyrau a ddiogelwyd yn ei gasgliad, yn tystio i'r modd y bu i nifer o ohebwyr elwa ar y cymorth a'r cyngor a roes ar faterion penodol yn ymwneud â maes arlunio a dylunio, sef ei briod arbenigedd. Ac eto, ceir bod ambell lythyr arall yn cyfeirio'r darllenydd at feysydd mwy annisgwyl. Er enghraifft, wele ran o lythyr ato oddi wrth Christopher J. Thomas, Drayton Lodge, Redland, Bristol, wedi'i ddyddio 10 Hydref 1891:

> I have pleasure in telling you what I know about the ancient Coracle. I can remember the Taff river from the year 1814. I never saw a coracle upon it nor did I ever hear my Grandfather Christopher James who was born at Whitchurch in 1752 mention the use of one. I have heard him say that salmon came up plentifully, and was to be bought 2d to 3d a pound before the enlargement of the Iron Furnaces at Pentyrch. Consequent I believe on the increase of the Melin Griffith Tin Works, the Taff river would not be of sufficient volume for Coracle Fishing. I fancy the person you mention, as having one near Cardiff 40 to 50 years ago must have copied the use from the Towy or the Teifi. The practice of the Langadock fishermen, with whom I was best acquainted was to go out at nightfall, in couples with their boats on their backs, walk 4 to 5 miles up the river side and come down on the water keeping as widely apart as possible, their net being stretched between them, and when the fish coming up, struck the net, work quickly together to have the salmon in the fold. I remember when very young as I crossed Caermarthen Bridge in the Mail Coach, seeing quite a crowd of Coracles on the river, the tide I suppose must have been high at the time. Paying some attention to etymology as I advanced in life, I have always thought that Cabalfa House Landaff derives its name from a Ferry existing there before the erection of the bridge above, worked by a boat, a hollowed tree 'Gau-balfa'.[31]

Dro arall, mewn llythyr o eiddo Cadrawd, gwelir yn eglur ym mha fodd y byddai rhywrai o'i gyfoedion a'i gydnabod yn elwa ar arbenigedd proffesiynol yr arlunydd, ac ar ei gymwynasgarwch wrth iddo gefnogi pob math o weithgaredd mewn dull hollol ymarferol. Y pwnc dan sylw yma yw coffáu rhamant Y Ferch o Gefn Ydfa drwy gyfrwng coeb yn eglwys plwyf Llangynwyd:

> Since I saw you Thursday morning I was at Mr Clark's yard in Llandaff to see what the plans were re the floor of the Church. It is designed to have the spot where the grave of the Maid of Cefn Ydfa is to cover it with tessellated paving but they agreed to place a marble slab(b) of any size we wished and to get a brass plate inlaid in the marble and to have the work done with the rest of the paving, so I expect we will only have a brass with the following inscription on

BEDD
Ann Thomas
Y Ferch o Gefn Ydfa[32]

Y mae'r gofeb hon i'w gweld heddiw yn eglwys Llangynwyd, a cherfiwyd arni yr union eiriad a nodir uchod yn llythyr Cadrawd.

Yr oedd llên gwerin hefyd yn un o'r pynciau a ddenodd sylw Arlunydd Penygarn yr ymchwilydd, a chyhoeddwyd darlith o'i eiddo yn ymdrin yn benodol â llên gwerin de Cymru, – darlith a oedd yn cynnwys adrannau ar bynciau megis 'Arthurian Legends', 'Rude Stone Monuments and Tumuli', 'Well and Water Legends' a 'Healing by Dissolution of Objects which have Touched Sores, etc'.[33] Gwelir bod yr adran ar chwedlau sy'n ymwneud â ffynhonnau, yn trafod 'Rag Wells' (tt.5-6) a diddorol yw gweld mewn llythyr a anfonwyd at yr Arlunydd, y math o waith ymchwil y byddai'r awdur yn ei gyflawni wrth ymdrin â'i bwnc. Sonnir yn y llythyr dyddiedig 14 Mai 1904, am ardal Tremains ger Pen-y-bont ar Ogwr, ac am 'the well in the field adjoining'. Ymwelsai'r ymchwilydd â'r ardal gan adael rhestr o gwestiynau manwl ym meddiant gwraig y gohebydd, cwestiynau a atebir fesul un mewn dull hynod drefnus a gwyddonol:

1. The name of the well. Ffynon cae moch.
2. I cannot find trace of an older name either in Welsh or English.
3. There is no saint connected with it as far as I can gather.
4. People tie rags on the thorn bush near by as a kind of offering for benefits received from treatment by the well.
5. I cannot find any trace of the idea that the disease from which the patient suffers leaves the patient as the rag decays. I also find that in addition to rags being tied on the bush, people throw pins into the well and the saying is that if no rag is pinned to the tree no benefit is derived.
6. The diseases for which the well is supposed to be beneficial are not clearly specified, but people go to the well for weakness in limbs, and also for sprains etc., such as a sprained ankle.[34]

Yr ymchwilydd ymarferol a chyfrifol sydd drachefn yn derbyn llythyr gan Syr John Rhŷs, Athro Celteg Prifysgol Rhydychen, ynglŷn â darllen arysgrifau annelwig ar hen gerrig, a hynny, mae'n debyg, ar gais Mr Illtyd Nicholl, a oedd, yn ôl tystiolaeth y llythyrau, yn awyddus i elwa ar brofiad yr ysgolhaig Celtaidd. Dyma'r Athro yn ysgrifennu at Thomas o Hwlffordd:

I have been at Merthyr Mawr at the old crosses again. This was in consequence of a promise I made to Mr Nicholl that if I put the stones in the soil for some months to kill the lichen I would come and try to read them. He did so and they were in the mould for nine months, and the result is that the smaller one is now absolutely clear and I have detected several blunders I made in reading it . . . But my object in writing to you is to suggest that if you could spare the time you should go over and take squeezes of the stones. The stones are now flat and if you could imagine a dry day occurring your squeeze would dry up in situ and be really valuable. Mr Illtyd Nicholl would be delighted if you could do so, and he told me to tell you so. If you can go I shall be delighted to give you my last readings.[35]

Gellid ystyried yr offer a'r creiriau o eiddo Thomas a drosglwyddwyd i Amgueddfa Werin Cymru yn Sain Ffagan, yn brawf pellach o'i ddiddordeb yn y maes arbennig hwn. Ef, er enghraifft, a gyflwynodd y tŷ dryw a gysylltid gynt â'r arfer o hela'r dryw adeg y Nadolig, ac sydd am flynyddoedd wedi ei arddangos yn oriel yr amgueddfa. Diddorol yn y cyswllt hwn, yw darganfod ymhlith ei bapurau, ddau lythyr oddi wrth 'W. J. Roberts, Printer and Publisher, Bookseller, Stationer and Bookbinder, Dealer in Antiquarian Relics, Prints and Curiosities'.[36] Dyma briod alwedigaeth yr hwn a adwaenid mewn cylchoedd eraill fel Gwilym Cowlyd. Ar wahân i'w waith fel argraffydd a llyfrwerthwr, bu'n gyfrifol am sefydlu Gorsedd Geirionydd mewn gwrthwynebiad i Orsedd Beirdd Ynys Prydain, ac roedd yn nai i Evan Evans (Ieuan Glan Geirionydd). Yma, ymddengys ei fod yn gweithredu fel math o asiant ar ran yr Arlunydd, gan gynnig iddo gasgliad o hen greiriau gwerinol eu cysylltiadau a brynwyd beth amser ynghynt. Mae'r rhestr a gyflwynir, yn cynnwys gwybodaeth ddiddorol am hanes y gwahanol offer, a'r awgrym yw bod yr Arlunydd yn cynnwys casglu hen greiriau ymhlith yr amryfal weithgareddau eraill a gysylltir â'i enw.[37]

Ceir yn Llyfrgell y Ddinas, Caerdydd, gyfres o lythyrau at Thomas a ysgrifennwyd gan Wirt Sikes, llysgennad America yn y ddinas honno.[38] Bu'r Arlunydd yn gyfrifol i ddechrau, am greu cyfres o frasluniau a ddefnyddiwyd i addurno cyfraniadau Sikes i'r *Harpers Magazine* – cyfraniadau ar amrywiaeth o bynciau gwerinol eu pwyslais. Yn yr un modd, cyfrannodd Thomas gyfres o ddyluniadau i gyfrol gyhoeddedig Sikes, *British Goblins: Fairy*

Mythology, Legends and Traditions, a gyhoeddwyd ym 1881. Ceir yma brawf pellach o barodrwydd Thomas i ymateb i wahanol geisiadau am gymorth proffesiynol, Sikes yr ymchwilydd a'r awdur yn awyddus i addurno'i waith â dyluniadau pwrpasol, a'r Arlunydd unwaith eto'n gymwynaswr hael ac effeithiol. Drwy gyfrwng gweithgareddau o'r fath, dangosir sut y bu i'w allu a'i chwilfrydedd cynhenid arwain at raglen gyffrous ac amrywiol o waith ymchwil personol. Ar ben hynny, roedd ei hyfforddiant proffesiynol wedi hwyluso'r ffordd iddo gyfrannu at nifer o brosiectau mewn modd hollol ymarferol, gyda'r canlyniad iddo greu iddo'i hun maniffesto eang iawn ei ffiniau a'i chysylltiadau.

Ni raid rhyfeddu fod Thomas a dderbyniasai hyfforddiant mewn gwahanol golegau celf, yn rhoi cymaint o bwyslais ar symbolau gweladwy mewn cynifer o gyd-destunau Cymreig. Mae'n wir fod ei gyfraniad i seremonïau'r Eisteddfod Genedlaethol yn enghraifft amlwg o'r agwedd hon, ond bu ymgyrchoedd eraill hefyd yn denu ei sylw. Mor gynnar â mis Mawrth 1893, ceir llythyr diddorol gan I. T. Jacob, (Miskin St., Cardiff), sy'n awgrymu fod Thomas eisoes yn cenhadu dros sicrhau lle teilwng i Gymru ar darian y Deyrnas Unedig. 'Your influence with the editors of both daily newspapers', meddai, 'would, I am sure, suffice to bring the matter very prominently before the public and lead to its being taken up by the editors of all our Welsh newspapers. This would stir up Welsh feeling, and cause a demand to be made for proper recognition in such matters'.[39] Rhaid aros tan ddiweddglo'r llythyr cyn canfod union bwyslais yr ymgyrch Cymreig y cyfeirir ato: 'Heartily wishing you success in your efforts to get the bearings of Wales on the shield of the U.K.'

Mewn cyd-destun cyffelyb, ceir ymhlith ei gasgliad o lythyrau, un oddi wrth 'J. L. Wheatley, Town Clerk, Cardiff', dyddiedig 17 Mawrth 1897, sy'n trafod y posibilrwydd o greu baner i Gymru. 'May I ask you to be kind enough', medd Wheatley, 'to let me know during the course of tomorrow (Thursday) what should really be the emblem upon the National Flag of Wales, or if you can give me a sketch thereof I shall be glad'.[40] Yn atodiad eglurhaol i lythyr Wheatley, ceir nodyn yn llaw Thomas sy'n cynnig crynodeb o'r hyn a anfonwyd at y clerc: 'In reply to this letter the copy of letter by 'Portcullis' was sent to Mr Wheatley together with my paper read at Pontypridd Eisteddfod and a request to bring the matter before the Council of Cardiff'. Nid dros nos y bydd rhywun yn dwyn perswâd ar awdurdodau unrhyw gyngor i newid cyfeiriad neu addasu polisïau, ac mewn llythyrau pellach, dair blynedd yn ddiweddarach, yr un yw'r cywair:

> I have to acknowledge the receipt of your letter of todays (sic) date enclosing Drawing of the Royal Shield made by Surrey Herald containing the Red Dragon for Wales together with a Print of the same. As to the remarks contained in your letter I will write you further.[41]

Arddangosir yn eglur, y pwyslais a roddai Thomas ar symbolau cenedlaethol, gweladwy; dangosir ar yr un pryd pa mor gyndyn oedd yr awdurdodau i ymateb i'r hyn a awgrymid ganddo ar waethaf ei ddadleuon hanesyddol a chelfyddydol a'i ddycnwch cynhenid. Ar sail y dystiolaeth a ddiogelwyd drwy gyfrwng y gyfres arbennig hon o lythyrau, mae'n hollol amlwg fod Thomas dros y blynyddoedd, wedi cydnabod fod gwir angen sicrhau statws priodol i'r genedl, a bod hynny'n golygu dehongli ac arddangos y statws hwnnw mewn modd sy'n weladwy gyhoeddus. Yn hyn o beth, ymddengys fod Thomas wedi'i gynysgaeddu â'r hyder ac â'r optimistiaeth sy'n nodweddu cymaint o'r gweithgarwch cenedlaethol a gysylltir â diwedd y bedwaredd ganrif ar bymtheg yng Nghymru.

Bu farw T. H. Thomas ar 5 Gorffennaf 1915, a lluniwyd teyrngedau haeddiannol i goffáu ei gyfraniad sylweddol i fywyd diwylliannol Cymru mewn cyfres o feysydd gwahanol. Drannoeth ei farw, mewn teyrnged yn y *Western Mail*, cyfeiriwyd ato fel 'artist, archaeologist, scholar, littérateur, warmly devoted to the uplifting of the artistic and educational side of Welsh national life'.[42] Yn y deyrnged hon, mae dau bennawd yn tynnu sylw at y ddeuoliaeth sy'n nodweddu cynifer o'i weithgareddau: 'Promotion of Art' yn pwysleisio gwedd broffesiynol ei gyfraniad, a'r llall 'Services to the Gorsedd' yn symboleiddio'r pwyslais arbennig a roddai Thomas ar ddiogelu a hyrwyddo'r agweddau Cymreig ar y meysydd amrywiol a ddenai ei sylw. Tebyg oedd byrdwn yr anerchiad angladdol a draddodwyd gan y Prifathro W. Edwards, lle cyfeirir at allu Thomas mewn cynifer o feysydd: 'he distinguished himself in art, in archaeology, in literature, in education', cyn troi at y wedd wladgarol a'i weld fel 'patriot of the noblest type'.[43] Fel y gellid disgwyl, mae'r teyrngedau hyn wrth geisio pwyso a mesur gwir gyfraniad yr Arlunydd, yn cyfeirio at amrywiaeth arbennig o weithgareddau. Ar yr un pryd, ceir cipolwg ar bersonoliaeth hawddgar, 'a charming and genial personality' a allai gyfrannu mewn ffordd dawel ond effeithiol ar bob achlysur pa mor amrywiol bynnag fyddai'r cyd-destun diwylliannol.[44] Ymddengys nad oedd yn un a chwenychai sylw, er ei fod yn hapus i ymateb i bob math o ymholiad a chais am gyngor a chefnogaeth. Ac eto, ar waethaf ei safbwynt diymhongar, roedd ei gyfoedion yn ymwybodol iawn o werth y doniau personol hynny a osodid mor gyson at wasanaeth cynifer o gymdeithasau ac unigolion dros flynyddoedd lawer. Gallai pawb a wyddai am natur ei gyfraniad, bid siŵr, uniaethu â sylwadau'r Prifathro Edwards yn yr araith a gofnodwyd yng ngholofnau'r *Western Mail*:

> His was one of the most potent influences in the National Eisteddfod, and he quietly revolutionised several of its departments, and contributed, it may be, in some respects, more than any other, to win for the Eisteddfod the admiration of outsiders, who in former years were more prone to criticise than to admire. There was hardly a Welsh national institution that had not benefited by his influence and support.[45]

Ar waethaf unrhyw duedd i organmol ar achlysur o'r fath, ni ellir gwadu bod cyfraniad Thomas yn ymestyn dros amrywiaeth anghyffredin o feysydd a bod ei ddylanwad i'w ganfod ar nifer helaeth o gymdeithasau a mudiadau diwylliannol ei gyfnod.

Daeth Arlunydd Penygarn yn ôl i'w wreiddiau ar adeg pan oedd awydd i arddangos a dathlu llawer gwedd ar y diwylliant brodorol Gymreig. Mewn cyfnod o optimistiaeth cenedlaethol, felly, y dechreuodd Thomas ymsefydlu o'r newydd yn ne Cymru. Drwy gyfrwng yr ohebiaeth a ddiogelwyd, ynghyd â chyfres o erthyglau a dyluniadau sy'n dwyn ei enw, cawn gipolwg gwerthfawr ar natur y gweithgarwch personol a fu'n sail i gynifer o gynlluniau. Nid hawdd o beth fyddai ceisio dadansoddi natur ei gyfraniad yn wyddonol gyfleus; byddai amrywiaeth ei weithgareddau yn gwarafun hynny. Roedd yr artist proffesiynol yn mynnu cyfuno gwaith creadigol personol ag ymgyrch a fynnai sicrhau cydnabyddiaeth a llwyfan i artistiaid eraill yng Nghymru; roedd diddordeb mewn llên gwerin yn cyplysu gwaith ymchwil personol yn y maes a dylunio pob math o ddeunydd ar gais ymchwilwyr eraill; roedd brwdfrydedd dros yr Eisteddfod Genedlaethol yn golygu sicrhau gwell trefn ar weithgareddau'r Orsedd, a thrwy hynny ychwanegu at urddas ac apêl gweladwy y gwahanol seremonïau; roedd parch at famwlad yn golygu sicrhau statws priodol i Gymru mewn dull gweladwy ac urddasol ar wahanol faneri ac arfbeisiau. Mewn cyfnod o ddadeni cenedlaethol mewn cynifer o feysydd, dangosodd Thomas allu arbennig fel gweinyddwr ac arweinydd, fel un a allai sicrhau gweithredu a chydweithredu. Gellir dangos yn eglur ddigon gymaint o waith ymarferol a chynlluniau a gysylltid â'i enw, yn ddarluniau, yn ddyluniadau, yn ddarlithiau a phapurau ar wahanol bynciau ac yn arddangosfeydd. Ar ben hynny, bu'n gyfrannwr parod i wahanol gymdeithasau a mudiadau, gan dderbyn cyfrifoldeb am lywio strategaeth yn amlach na pheidio. Ymddengys, hefyd, fod ganddo'r bersonoliaeth i allu ysbrydoli eraill a chydweithio â hwy mewn dull effeithiol a chall. Cofir, ar yr un pryd, iddo gynorthwyo nifer helaeth o'i gydwladwyr drwy baratoi pob math o ddyluniadau a brasluniau pwrpasol ar eu cyfer. Hynny yw, drwy gyfrwng hanes yr Arlunydd, gellir synhwyro cymaint o weithgarwch a oedd wrth wraidd yr adfywiad cenedlaethol a gysylltir â diwedd y bedwaredd ganrif ar bymtheg. Ar yr un pryd, wrth ddilyn ei yrfa ac ystyried yr ohebiaeth a ddiogelwyd, gellir dechrau dirnad pa mor eang oedd cylch diddordebau personol Thomas, a pha mor awyddus yr oedd ef a'i gyfoedion i ddiogelu a dathlu cyfoeth diwylliannol eu gwlad.

NODIADAU

[1] 'Penygarn' oedd y ffurf a arferid yn y cyfnod dan sylw, a dilynir y patrwm hwnnw yma er mwyn cysondeb er mai 'Pen-y-garn' fyddai'n orgraffyddol safonol. Hen gymuned ar gyrion Pont-y-pŵl yw Penygarn yn ymylu ar gwmwd o'r enw Trevethin. Codwyd capel gan y Bedyddwyr ym Mhenygarn mor gynnar â 1727 ar ôl cynnal cyfarfodydd cyn hynny mewn ffermdy cyfagos. A dyfynnu geiriau Chris Barber, hanesydd lleol: 'The influence of Penygarn became substantial. In 1736 only nine years after the chapel was built, the first academy in Wales was set up at Trosnant for training young men for the Baptist ministry . . . This was the progenitor of the academy at Abergavenny and the Baptist College at Pontypool'. Gw. ei *Eastern Valley: The Story of Torfaen* (Abergavenny, 1999), t. 298. Gan gofio i dad T. H. Thomas fod yn Brifathro ar Goleg y Bedyddwyr ym Mhont-y-pŵl am flynyddoedd lawer, peth naturiol oedd i'r mab arddel ei berthynas â'r ardal ac â Phenygarn yn benodol.

[2] Kenneth O. Morgan, *Rebirth of a Nation: Wales 1880–1980* (Cardiff, 1981), t. 94. Mae'r bennod sy'n dwyn y teitl 'The National Revival', tt. 90–122, yn arbennig o berthnasol yng nghyd-destun y drafodaeth hon.

[3] Simon Brooks, *Dan Lygaid Y Gestapo* (Caerdydd, 2004), t. 17.

[4] Ibid., t. 23.

[5] Kenneth O. Morgan, op.cit., t. 94.

[6] Ceir yn llyfrgell Amgueddfa Werin Cymru, Sain Ffagan, gasgliad o lythyrau sy'n cynnig arolwg dadlennol o wahanol gynlluniau a gweithgareddau Thomas dros nifer o flynyddoedd. Yn rhagluniaethol, diogelwyd gohebiaeth oddi wrth nifer helaeth o gyfeillion a chydnabod a ddangosai'r un parch tuag at ddiwylliant eu gwlad â Thomas ei hun. Gw. Llawysgrifau A[mgueddfa] W[erin] C[ymru] 2435, 1–395: Casgliad T. H. Thomas (Arlunydd Penygarn 1839-1915); AWC 2591, 1–24. Diogelwyd deunydd pellach yng Nghaerdydd, yn Y Llyfrgell Ganolog. Gw. er enghraifft, Llsgrau. 4.434, 948.2 (060.2) a (663), a 571.94 (045). Diolchaf i staff Amgueddfa Werin Cymru ac yn arbennig i'r diweddar Niclas Walker (Llyfrgellydd), i Meinwen Ruddock (Archifydd) ac i Lowri Jenkins am ymateb i lu o ymholiadau gyda chryn amynedd a gras.

[7] John Ballinger, 'Memoir: Thomas Henry Thomas, R.C.A.', *Transactions of the Cardiff Naturalists' Society*, XLVIII (1915), 7.

[8] Ibid.

[9] Ibid., 12.

[10] Ibid., 12–16. Ceir y rhestr mewn atodiad i'r deyrnged a luniwyd gan Ballinger ar ran y gymdeithas.

[11] Ceir trafodaeth benodol a chynhwysfawr gan Peter Lord sy'n ymdrin â hanes carfan o gymwynaswyr, a fu'n ymdrechu i sicrhau statws a llwyfan gyhoeddus i wahanol agweddau ar ddiwylliant gweledol y genedl yn *Diwylliant Gweledol Cymru: Delweddu'r Genedl* (Caerdydd, 2000). Noder yn arbennig 'Adeiladu Byd Celf', tt. 279–310; 'Adfywiad Cenedlaethol', tt. 311–52.

[12] Llyfrgell Ganolog Caerdydd, Llsgr. 4.434.

[13] AWC 2435, 72.

[14] Peter Lord, op.cit., t. 318.

[15] Ibid., tt, 318-19. Gw. hefyd gyfraniad Thomas ar 'Celtic Art' a gyhoeddwyd yn *Y Cymmrodor*, XII, (1897), 87–111. Seiliwyd yr erthygl ar yr hyn a draethodd gerbron aelodau Anrhydeddus Gymdeithas y Cymmrodorion rai blynyddoedd cyn hynny ym mis Chwefror 1891.

[16] Ibid., t. 320.

[17] Ibid., t. 321.

[18] *The Western Mail*, 6 July 1915.

[19] T. Mardy Rees, *Welsh Painters, Engravers, Sculptors (1527-1911)* (Caernarfon, 1912), tt. 131–2. Idem, 'Arlunydd Pen Y Garn', *Cymru*, L (Ebrill 1916), 161–2. Diolchaf i Brynmor Jones, Llyfrgell Ganolog Caerdydd, am dynnu fy sylw at sylwadau Rees ac at rai teyrngedau eraill a gofnodwyd yng ngholofnau'r *Western Mail* ac am nifer o gymwynasau eraill.

[20] T. Matthews, 'Celf yng Nghymru', *Cymru*, XL (Mawrth 1911), 173–6.

[21] Geraint a Zonia Bowen, *Hanes Gorsedd y Beirdd* (Dinbych,1991), t. 258.

[22] Ibid., 263.

[23] Ibid., 268.

[24] AWC 2435, 100.

[25] Ibid., 107.

[26] Ibid., 146.

[27] Ibid., 57.

[28] Ibid., 59.

[29] 'The Folklore of Glamorgan', *Transactions of the National Eisteddfod of Wales, Aberdare 1885* (Cardiff, 1887), tt. 184-5.

[30] Mae'n ddiddorol nodi bod y casgliad 'T. Thomas Bequest', yn cynnwys y canlynol: 'Bardic Robes' (17.118G) a 'Replica of a Wren house, made by Mr R. Cobb and of the type used around Marloes, Pembrokeshire, about 1848'.

[31] AWC 2435, 40.

[32] Ibid., 50.

[33] Ceir copi o'r ddarlith 'Some Folk-Lore of South Wales' yn AWC 2591 (7).

[34] AWC 2591, 19. Fel y dywed Williams yn ei lythyr: 'My wife handed me the short particulars of questions which you gave her and I now have pleasure in endeavouring to answer them'. Eto, mae'n werth nodi fod 'Rag offerings from a well at Tremains, Glamorgan', ymhlith y rhestr o greiriau ac offer a drosglwyddwyd gan Thomas i ofal Amgueddfa Werin Cymru yn Sain Ffagan.

[35] AWC 2435, 168.

[36] Ibid., 81, 83.

[37] 'I beg to report 5 old articles purchased last week . . . They are all old and quaint including 1 Cwpan Edafedd, 2 Gwehynydd, 3 Cengliadur troell bach, 4 Rholbren pobi bara ceirch, 5 Grafell i droi bara ceirch wrth eu crasu ar y Rudell Lech. = The lot for £1-1-0'. AWC 2435, 81. Llythyr W.J. Roberts at yr Arlunydd.

[38] Caerdydd, Y Llyfrgell Ganolog, Llsgr. 2.1360. Dyddiad y llythyr cyntaf yw Dydd Gŵyl Dewi, 1878, a'r olaf 21 Mawrth 1879.

[39] AWC 2435, 55.

[40] Ibid., 84.

[41] Ibid., 117.

[42] *The Western Mail*, 6 Gorffennaf 1915. Cyfraniad dienw yn dwyn y teitl 'Herald Bard'. Cyhoeddwyd teyrnged ychwanegol yn y golofn olygyddol.

[43] Ibid., 10 Gorffennaf 1915. Ceir adroddiad yma ar y gwasanaeth angladdol, enwir y rhai oedd yn bresennol, a manylir ar drefn y gwasanaeth a chynnwys yr areithiau.

[44] Ibid., 6 Gorffennaf 1915.

[45] Ibid., 10 Gorffennaf 1915.

Cwm Rhondda a Cheinewydd:
Croth a Chrud Diwygiad 1904–05

E. WYN JAMES

*Pennod agoriadol yw hon mewn astudiaeth sydd gennyf ar y gweill ar
ferched a Diwygiad 1904–05, astudiaeth a fydd yn rhoi sylw arbennig
i'r llenorion Allen Raine, Sara Maria Saunders, Eluned Morgan (Y
Wladfa) a Sidney Margaret Roberts (Bryniau Khasia). Barnwyd y
byddai'n addas fel pennod mewn cyfrol i anrhydeddu'r Athro Hywel
Teifi Edwards, nid yn unig oherwydd y cysylltiadau agos rhwng y pwnc
â'r rhan o Geredigion lle ganed yr Athro, ond oherwydd ei waith mawr
ar ddiwylliant Cymoedd y De a'i gyfraniad arloesol i astudiaethau
merched yng Nghymru.*

Y Parchedig Eli Jenkins, bardd-bregethwr Llaregyb, yw gweinidog
Anghydffurfiol enwocaf Cymru, ym myd llên o leiaf. Yr
oedd gan ei grëwr, Dylan Marlais Thomas (1914–53), gysylltiadau
agos â de Ceredigion. Er iddo farw ymhell cyn geni Dylan, bu
ewythr ei dad, yr Undodwr radicalaidd Gwilym Marles (William
Thomas; 1834–79) – yr enwyd Dylan ar ei ôl – yn athro ac yn
weinidog yng nghyffiniau Llandysul am flynyddoedd. Bu Dylan ei
hun yn ymweld droeon â theulu a chydnabod mewn mannau yn ne
Ceredigion o 1930 ymlaen (yn enwedig Plas Gelli yn Nyffryn
Aeron a Phlas Llanina, cartref y noddwr celfyddydau, Howard de
Walden); a threuliodd y naw mis rhwng Medi 1944 a Gorffennaf
1945 ym mhentref glan-môr Ceinewydd. Y mae rhai wedi gweld ôl
ei hen ewythr, Gwilym Marles, ar Eli Jenkins; ond i eraill, yr
ysbrydoliaeth oedd y Parchg T. Orchwy Bowen, tad y prifeirdd
Euros a Geraint, a oedd yn weinidog yng Nghapel y Towyn
(Annibynwyr), Ceinewydd, yn ystod cyfnod Dylan yno.[1]
    Erbyn hyn, derbynnir yn gyffredinol fod ôl Ceinewydd a'r
cyffiniau yn drwm ar *Under Milk Wood*.[2] Nid oes llawer o ôl
Diwygiad 1904–05 ar bentref Llaregyb, a dweud y lleiaf. Nid oedd

llawer o ôl y Diwygiad ar Geinewydd yn y cyfnod rhwng y ddau ryfel byd, ychwaith, os derbyniwn ddisgrifiadau Geraint Bowen o gymdeithas y pentref yn ystod blynyddoedd ei fagwraeth yno. Meddai, er enghraifft, yn ei hunangofiant:

> Yn grwtyn chwilfrydig, byddwn yn] loetran o gwmpas Cnwc y Clap, cornelyn uchel uwchben harbwr y Cei, a gwrando ar y morwyr a'r pysgotwyr a arferai ymgasglu yno ac adrodd am eu hanturiaethau ar y môr a sôn am arferion cudd rhai o bobl barchus y Cei a hynny mewn Cymraeg graenus, anfeiblaidd [. . .] Ehangwyd fy ngeirfa aflednais a deuthum i ddyfnach adnabyddiaeth o gymdeithas ddauwynebog y Cei.[3]

Ond hanner canrif cyn cyhoeddi *Under Milk Wood* am y tro cyntaf ym 1954, ym mhentref Ceinewydd y taniwyd matsien y Diwygiad hwnnw, a hynny trwy gyfrwng gweinidog arall a chanddo'r cyfenw Jenkins. Joseph Jenkins (1861–1929) oedd y gweinidog hwnnw, gweinidog y Tabernacl, eglwys y Methodistiaid Calfinaidd yng Ngheinewydd, rhwng 1892 a 1907.

Byddin Booth

Brodor o Gwmystwyth oedd Joseph Jenkins. Aeth yn brentis dilledydd i'r Pentre, Cwm Rhondda ym 1873. Yr oedd yn parhau yno ym 1879 pan fu Cwm Rhondda yng ngafael adfywiad ysbrydol grymus, nad yw wedi cael llawer o sylw ond a fu'n gam allweddol ar y llwybr a arweiniodd at Ddiwygiad 1904–05.

Gweithgarwch cenhadol gan Fyddin yr Iachawdwriaeth oedd man cychwyn Diwygiad Cwm Rhondda 1879. Mudiad newydd oedd Byddin yr Iachawdwriaeth ym 1879. Fe'i lansiwyd y flwyddyn flaenorol gan William Booth (1829–1912), brodor o Nottingham a weithiai fel efengylydd ymhlith tlodion dwyrain Llundain. Yn Fethodist Wesleaidd o ran ei gefndir crefyddol, adweithiodd Booth yn gryf yn erbyn y ffurfioldeb a'r parchusrwydd 'dosbarth-canol' a gydiai'n gynyddol yn y Methodistiaid, a'r byd crefyddol ym Mhrydain yn gyffredinol, erbyn canol y bedwaredd ganrif ar bymtheg. Sefydlodd genhadaeth Gristnogol yn nwyrain Llundain ym 1865, ac allan o hynny y tyfodd Byddin yr Iachawdwriaeth.

Byddin efengylaidd a ymosodai ar ddrygioni ac anghyfiawnder o bob math oedd Byddin Booth. Gweithiai yn enwedig ymhlith haenau isaf cymdeithas, gan geisio cyfarfod ag anghenion corfforol y bobl yn ogystal â'u hanghenion ysbrydol. Mudiad anghonfesiynol ydoedd, a gynigiai 'soup, soap and salvation' i'r bobl ac a wnâi ei bresenoldeb yn amlwg yn y gymuned trwy gyfrwng ei fandiau a'i gerddoriaeth fywiog, ei orymdeithiau a'i gyfarfodydd awyr-agored. Yn ogystal â'i gyfundrefn filwrol, nodweddid y mudiad gan efengylu taer, uniongyrchol ac addoli hwyliog, anffurfiol. Ymgais ydoedd, yn y bôn, i greu diwylliant poblogaidd Cristnogol ar gyfer y dosbarth gweithiol.

Merched y Fyddin

Nodwedd arall ar y mudiad, o'r dechrau'n deg, oedd y safle cyfartal a roddwyd (mewn egwyddor, o leiaf) i ferched yn y Fyddin. Yr oedd y diolch am hynny i ddylanwad gwraig William Booth, Catherine Mumford (1829–90). Er bod lleisiau merched i'w clywed mewn cyfarfodydd crefyddol, yn moli Duw ac yn mynegi eu profiadau, a hynny yn enwedig ar adegau o adfywiad ysbrydol, yr oedd cytuneb eithaf cyffredinol ymhlith yr enwadau Anghydffurfiol a'r Eglwys Sefydledig yn y ddeunawfed ganrif a'r bedwaredd ar bymtheg, nad oedd yn iawn i ferched gymryd swyddogaeth arwain a dysgu yn yr eglwys (ac eithrio hyfforddi gwragedd eraill a phlant).[4] Anghytunai Catherine Booth yn ffyrnig â hyn. Credai nad oedd dim yn y Beibl a ddysgai na ddylai merched arwain a phregethu yn yr eglwys, os oeddynt wedi derbyn y doniau priodol gan Dduw. I'r gwrthwyneb, yr oedd cyfrifoldeb arnynt i ddefnyddio'r doniau hynny, os oedd Duw yn eu cymell i wneud. Iddi hi, codi o'r sefyllfa ddiwylliannol yn y Dwyrain Canol ar y pryd yr oedd y cyfarwyddiadau yn y Testament Newydd yn erbyn merched yn pregethu. Nid gwaharddiadau absoliwt mohonynt, a chredai mai addysg annigonol, rhagfarn, ynghyd ag arfer cymdeithasol, a gadwai merched rhag arwain a phregethu yn eglwysi Prydain yn y bedwaredd ganrif ar bymtheg, yn hytrach nag unrhyw egwyddorion beiblaidd neu ddiffyg gallu cynhenid a chymhwyster naturiol ar ran merched.[5]

Er iddo anghytuno ar y dechrau â safbwynt ei wraig, argyhoeddwyd William Booth gan ddadleuon Catherine, ac yn enwedig gan ei doniau pregethu nodedig, a bu gan ferched le amlwg ym Myddin yr Iachawdwriaeth o'r cychwyn cyntaf. Daeth gwrthwynebiad i'r mudiad newydd o lawer cyfeiriad: o du tafarnwyr, ceidwaid puteindai a llabystiaid afreolus ar y naill law, a chan y sefydliad crefyddol (Anglicanaidd ac Anghydffurfiol) ar y llaw arall, a anghytunai'n ffyrnig â'i ddulliau anghonfensiynol, dros-ben-llestri; ac un o'r prif gwynion yn erbyn y mudiad oedd y lle a'r statws a roddai i ferched. Ond er pob gwrthwynebiad, tyfodd y Fyddin yn gyflym. Erbyn 1879 yr oedd ganddi 81 o orsafoedd pregethu ym Mhrydain, ac erbyn marwolaeth William Booth ym 1912 yr oedd yn fudiad rhyngwladol, yn gweithredu mewn 58 o wledydd.

'Mother Shepherd' a'r 'Rhondda Rowdies'

Bu peth gweithgarwch gan William Booth a'i genhadaeth yng Nghymru yn y blynyddoedd cyn sefydlu Byddin yr Iachawdwriaeth yn ffurfiol ym 1878,[6] ond yn ystod y flwyddyn honno, anfonwyd nifer o genhadon i gymoedd diwydiannol y De, y rhan fwyaf ohonynt yn ferched. Yn eu plith yr oedd Mrs Pamela Shepherd, a ddyrchafwyd yn 'gapten' yn y Fyddin ym mis Medi 1878 a'i hanfon i ddechrau cenhadaeth yn Aberdâr. Merch o Dal-y-waun ger Abersychan yng Ngwent oedd Pamela Shepherd (1836–1930), Pamela Morgan cyn iddi briodi. Hanai ei rhieni o siroedd Caerfyrddin a Cheredigion, ac yr oedd ei thad yn of yn y gweithfeydd haearn ac yn gefnogwr brwd i fudiad radicalaidd y Siartwyr.[7] Symudodd y teulu i ddwyrain Llundain ym 1845. Yno, yn y 1860au, a hithau'n fam i bedair o ferched bach, yn dlawd, yn feddwyn, a'i gŵr wedi'i gadael, daeth Pamela dan ddylanwad cenhadaeth William Booth.

Ar ôl gweithio am tua deng mlynedd gyda chenhadaeth Booth yn Llundain (gan gydweithio, ymhlith pobl eraill, â Dr Thomas Barnardo, sefydlydd y cartrefi enwog i blant amddifaid), anfonwyd Pamela Shepherd (neu 'Mother Shepherd' fel y daethpwyd i'w hadnabod) i genhadu yn Aberdâr ym 1878, am ei bod yn medru'r Gymraeg. Yr oedd ei merch hynaf, Kate, yn 16 oed ar y pryd, a chyn hir dechreuodd gynorthwyo ei mam gyda'r gwaith cenhadol yn Aberdâr a'r cyffiniau, a'i phrofi ei hun yn efengylydd effeithiol. Yna, ym mis Chwefror 1879, anfonwyd Kate i'r Pentre, Cwm Rhondda, i weithio ymhlith y 'Rhondda Rowdies', fel y'u gelwid. Yr ysgogiad dros ei hanfon yno oedd cais am gymorth a dderbyniodd arweinwyr y Fyddin yn sgil ffrwydriad mawr a gafwyd ym mis Ionawr 1879 ym mhwll glo'r Dinas, tua phum milltir i lawr y cwm o'r Pentre, tanad a laddodd 63 o ddynion. Y mae'n bosibl mai'r rheswm dros ddewis y Pentre yn ganolbwynt i genhadaeth Kate oedd mai Cwmni'r Brodyr Cory oedd perchnogion pwll glo'r Pentre. Yr oedd y brodyr John a Richard Cory, y perchnogion llongau a phyllau glo o Gaerdydd, yn Gristnogion selog ac yn gefnogwyr brwd i William Booth a Byddin yr Iachawdwriaeth; a diddorol gweld mai un o'r pethau cyntaf a wnaeth Kate Shepherd ar ôl cyrraedd y Pentre oedd mynd i lawr pwll glo, er mwyn gallu gwerthfawrogi'n well amodau gwaith y glowyr. Aeth â chopïau o bapur newydd newydd-anedig William Booth, *The Salvationist* (rhagflaenydd *The War Cry*) i lawr y pwll gyda hi, i'w dosbarthu ymhlith y glowyr.[8]

Diwygiad Cwm Rhondda

Dechreuodd diwygiad grymus iawn yng Nghwm Rhondda yn sgil dyfodiad Kate Shepherd i'r Cwm. Dywedir iddi fod yn gyfrwng tröedigaeth tua mil o bobl yno dros gyfnod o ryw dri mis. Yn yr un cyfnod cafwyd diwygiad crefyddol grymus yn Newcastle upon Tyne trwy gyfrwng rhai o efengylesau Byddin yr Iachawdwriaeth, neu'r 'Hallelujah Lassies' fel y'u gelwid. Cafodd y diwygiad hwnnw dipyn mwy o sylw ar y pryd, ac wedi hynny, na'r un yng Nghwm Rhondda, ond dywedir mai gwaith Kate Shepherd a argyhoeddodd William Booth ynghylch priodolder anfon merched ifainc i wneud gwaith cyhoeddus o'r fath.[9] Yn hynny o beth, bu'r gwaith yng Nghwm Rhondda yn drobwynt pwysig yn hanes datblygiad Byddin yr Iachawdwriaeth.

Fel y nodwyd eisoes, aeth Joseph Jenkins o Gwmystwyth yn brentis dilledydd i Gwm Rhondda ym 1873, a bu'n llygad-dyst i weithgareddau Byddin yr Iachawdwriaeth yno ym 1879. Dyma ei ddisgrifiad o'i gysylltiad cyntaf â gweithgareddau'r Fyddin yr adeg honno:

Cyraeddaswn y tŷ o'r Cyfarfod Gweddi, a pharatown at y gwasanaeth dilynol, pan glywn i a channoedd eraill sŵn, neu seiniau, seindorf bres o'r pellter. Rhuthrai pawb i'w drysau, canys anarferol oedd seindorf ar y Sul hyd yn oed yng Nghwm Rhondda'r pryd hwnnw. Deuai'r sŵn yn nes atom, a deallasom mai o gyfeiriad y stesion y deuai. Yn y man, gwelem orymdaith, gyda'r Gentral [*sic*] Booth o'i blaen [. . .] Daethai'r 'General' o Aber Dâr y bore hwnnw, a chyrraedd ein stesion ychydig

wedi deg o'r gloch, gyda thorf o'i filwyr, neu'n hytrach, milwyr yr
Iesu, a bu ei ymweliad â ni'n gychwyn Diwygiad mawr yn ein dyffryn
annuwiol, gyda'r Pentre'n ganolfan iddo. Ni welswn ni'r fath beth o'r
blaen. Gwelsom rai'n dyfod i'r seiet yn y Cwm [sef Cwmystwyth] â'r
dagrau ar eu gruddiau, ond pobl ystyriol ac o foesoldeb uchel oeddynt
cyn eu cyffwrdd gan ras achubol yr Efengyl; eithr yn y cyffro hwn,
codid pechaduriaid mawr, na obeithiai'r eglwys am eu cadwedigaeth,
o'r **dyfnder** ar eu traed. Ni ddeuai'r math hwn i sŵn yr Efengyl a
bregethid yn y capeli. Hwynt-hwy oedd **pariahs** gwlad y breintiau
mawr.[10]

A dywed ymhellach am Kate Shepherd 'brydferth, naturiol a seml':

Ni chyfarfûm i hyd yma a neb a fedrai gyflwyno cenadwri achubol yr
Efengyl i bechaduriaid yn y dyfnderoedd fel yr eneth hon. Yr oedd ei
symledd yn hudolus, a 'gobaith' ei henaid yn dinc yn ei llais a
gyrhaeddai islaw traed yr annuwiolion gwaethaf a soddai yn y dom.[11]

Jerusalem, Ton

Yr oedd Joseph Jenkins ar y pryd yn aelod ffyddlon gyda'r
Methodistiaid Calfinaidd yn y Pentre. Pan aeth i Gwm Rhondda,
trosglwyddodd ei aelodaeth eglwysig o eglwys y Methodistiaid
Calfinaidd yng Nghwmystwyth i Jerusalem, eglwys y Methodistiaid
Calfinaidd yn Nhonpentre, lle'r oedd ei gyflogwr, John Lloyd, yn
arweinydd amlwg. Ym 1877 symudodd Joseph Jenkins o Jerusalem
i Nasareth, sef achos newydd y Methodistiaid Calfinaidd yn y
Pentre, lle cafodd gwmni arweinydd mawr y glowyr, Mabon
(William Abraham; 1842–1922), a oedd yn arweinydd y gân yno.[12]

Diddorol gweld fod John Lloyd a Mabon, ill dau, wedi cefnogi
cenhadaeth Byddin yr Iachawdwriaeth yng Nghwm Rhondda ym
1879, ac wedi dangos eu cefnogaeth yn agored yng nghanol yr
erlid a'r gwrthwynebiad a wynebai gweithwyr y Fyddin o lawer
cyfeiriad.[13] Diddorol gweld hefyd mai yn Jerusalem, Ton y
sefydlodd Cranogwen gangen gyntaf Undeb Dirwestol Merched y
De ym 1901, mudiad pwysig o ran y cyfle cyhoeddus a roddai i
ferched, a mudiad hefyd a fu'n rhan o'r braenaru tir ar gyfer
Diwygiad 1904-05.[14]

Un o Langrannog oedd yr awdures a'r ddarlithwraig arloesol,
Cranogwen (Sarah Jane Rees; 1839–1916), ond yr oedd Cwm
Rhondda fel ail gartref iddi. Meddai ei chofiannydd:

Buasai hi ar hyd ei hoes yn arfer rhoddi tro mynych i'r Rhondda. Yr oedd yn adwaen llawer yno [. . .] Yn wir yr oedd hi'n boblogaidd iawn yn y darn yma o'r byd glofaol, ac ymdyrrai lliaws o'i drigolion i'w gwrando pryd bynnag y deuai i'w mysg i bregethu neu ddarlithio.

Yr oedd iddi swyn yn y Rhondda. Gwelai yn y ddau gwm filoedd ar filoedd o drigolion [. . .] Ac yr oedd naturioldeb a bywiogrwydd preswylwyr y cylch yn cyffwrdd a'i chalon pryd bynnag y deuai yn agos atynt.[15]

Dechreuodd Cranogwen ar ei gyrfa gyhoeddus yn y 1860au, a diau i'w phoblogrwydd yng Nghwm Rhondda fod yn gymorth i leddfu rhagfarnau yn erbyn efengylesau Byddin yr Iachawdwriaeth yno ym 1879.

Rhagflas o Ddiwygiad 1904–05

Dyma ran o'r hyn sydd gan y *Western Mail* i'w ddweud am Ddiwygiad Cwm Rhondda 1879:

The Upper portion of the Rhondda Valley [. . .] is in a ferment in consequence of a remarkable religious revival which has taken place in all the Chapels in the district. The public houses are almost totally abandoned, and nearly the whole population are seen nightly crowding into the Chapels to attend Prayer Meetings. And the religious enthusiasm which characterises these Meetings is most extraordinary, reminding one of the great revivals of the past [. . . It] manifests itself among all denominations [. . .] The revival was brought about through the instrumentality of a young English lady, named Miss Kate Shepherd [. . .] It is said that on Sunday afternoon thousands of men and women walked in procession through the valley singing Welsh and English hymns, while in another part of the valley, near Ystrad Station, standing on the embankment, by the side of the road, Miss Shepherd addressed a throng of 3,000 people, who manifested a remarkable religious feeling [. . .] Nothing like it was witnessed in the district before, and nothing else is spoken about throughout the valleys.[16]

Yn y diwygiad hwn ym 1879 cawn ragflas o Ddiwygiad 1904–05 mewn nifer o ffyrdd: yn y frwdaniaeth grefyddol, wrth reswm, ond hefyd mewn agweddau eraill megis y gorymdeithio a'r canu a'r lle blaenllaw a roddwyd i ferched. Bu gan 'Mother Shepherd', mam Kate, ran amlwg yn Niwygiad 1904–05 yn Aberdâr, a hithau'n 68 oed erbyn hynny; ac mae'n ddiddorol ei gweld yn dweud fel a

ganlyn yn ei hatgofion am Ddiwygiad 1904–05: 'What a wonderful
time we had here in Aberdare – more converts than anywhere else,
for its size, I like to think – it was Kate's Rhondda all over again'.[17]

Yn ogystal, effeithiodd diwygiad mawr 1879 yn drwm ar nifer o
bobl ifainc y byddwn yn cwrdd â hwy eto ar lwyfan Diwygiad
1904–05. Dyna Joseph Jenkins ei hun, y byddai ganddo ran mor
allweddol yn Niwygiad 1904–05 maes o law. Tystiai iddo gael
'ysgydwad go fawr' yn ystod yr adfywiad yng Nhwm Rhondda ym
1879;[18] yn wir â mor bell â dweud mai'r adeg honno 'y cefais i'r
weledigaeth fawr a'm gwnaeth yn ddyn arall am dragwyddoldeb,
sef bod yr **Efengyl yn abl i achub yr annuwiolion pennaf**'.[19] Ymhen
ychydig wythnosau wedi iddo dderbyn yr ysgytwad mawr hwnnw
yng Nghwm Rhondda, byddai'n ymgeisydd am y weinidogaeth
ymhlith y Methodistiaid Calfinaidd, er iddo wrthod pob perswâd
taer a roddwyd arno cyn hynny i ystyried y llwybr hwnnw.

'Diwygiad Joseph Jenkins'

Er mai 'Diwygiad Evan Roberts' yw'r llysenw a roddir yn aml ar
Ddiwygiad 1904–05, o gysylltu'r diwygiad hwnnw ag enw un dyn
penodol, byddai'n fwy priodol ar lawer ystyr ei alw'n 'Ddiwygiad
Joseph Jenkins'. 'He himself [Evan Roberts] would willingly agree
that he was more the child than the founder of the work', meddai
R. B. Jones;[20] ac yn sicr, fel y nodwyd eisoes, bu gan Joseph
Jenkins ran allweddol yn nechreuadau'r Diwygiad ym mis
Chwefror 1904. Y mae'n werth cofio geiriau R. Tudur Jones yn y
cyd-destun hwn: 'Gwelwn Evan Roberts, felly, fel y cyfrwng i
gychwyn y Diwygiad yng Nghasllwchwr, Gorseinon a Threcynon
[yn nechrau mis Tachwedd 1904]. Ond o hyn ymlaen byddai'r
Diwygiad wedi ei ragflaenu ym mhobman'.[21] Dyna dystiolaeth Bob
Owen, Croesor, yntau, un a fu'n bresennol mewn cyfarfodydd
diwygiadol a arweinid gan Joseph Jenkins a chan Evan Roberts. 'Y
gwir amdani', meddai, 'yw mai Joseph Jenkins a daniai'r bobloedd
adeg y diwygiad – nid Evan Roberts'.[22]

Diddorol felly yw gweld fel y bu'r cof am Kate Shepherd a
Diwygiad Cwm Rhondda yn pwyso ar Joseph Jenkins yn y cyfnod
yn union cyn Diwygiad 1904, oherwydd wrth seiadu â'i nai, John
Thickens, ym mis Hydref 2003, gofidiai Joseph Jenkins ei fod wedi
'troi i bregethu'n *ethical* [. . . ac ymdroi] o gylch moeseg yr

Efengyl [. . . gan dueddu] i beidio a phwysleisio'r gwirioneddau achubol'. Yn y cyfwng hwnnw, meddai John Thickens, cofiai 'am genadwri seml Kate Shepherd a'r achub mawr a gyd âi â'i thraethu. Nid ymosodai hi ar feddwdod, y pechod parod a amgylchai ei gwrandawyr, eithr cyhoeddai fod y Gwaredwr yn abl i "achub hyd yr eithaf y pechaduriaid mwyaf", ac achubid hwynt wrth ei gwrando'.[23]

Rosina Davies, 'Yr Efengyles Fach'

Un arall a ddaeth yn drwm dan ddylanwad y diwygiad yng Nghwm Rhondda ym 1879, ac y byddai lle amlwg ganddi yn Niwygiad 1904–05, oedd Rosina Davies (1863–1949). Merch o Dreherbert ym mlaenau Cwm Rhondda Fawr oedd Rosina. Yr oedd yn gymeriad egnïol a phenderfynol, yn meddu ar lais canu da, ac a thuedd ddramatig ynddi. Pan oedd yn blentyn, byddai wrth ei bodd yn adrodd ac yn canu'n gyhoeddus, a'r cymdogion yn proffwydo y byddai'n sicr o gael gyrfa ar lwyfan.[24] Nid yw'n syndod deall, felly, ei bod yn hen-fodryb i'r actores enwog, Siân Phillips.[25]

Ym mis Chwefor 1879, tra oedd Kate Shepherd yn efengylu yn y Pentre, yr oedd dau arall o weithwyr Byddin yr Iachawdwriaeth, Capten a Mrs Hayter o Dredegar, yn cynnal cenhadaeth yn uwch i fyny'r cwm, yn Nhreherbert. Daeth Rosina, a oedd yn 16 oed ar y pryd, yn Gristion wrth eu clywed yn canu i gyfeiliant consertina ac yn tystiolaethu ar Sgwâr Bute, Treherbert. Er gwaethaf gwrthwynebiad chwyrn ei mam, cafodd ei thynnu i mewn i waith y genhadaeth, gan arwain y canu ar y gorymdeithiau ac yn y cyfarfodydd.

Yn fuan wedyn, penderfynodd y Fyddin sefydlu gorsaf newydd ym Maesteg, a gofynnwyd i Rosina fynd yno i gynorthwyo'r swyddogion yn eu gwaith. Yr oedd y swyddogion yn ddi-Gymraeg, a syrthiodd y canu a'r tystiolaethu yn y Gymraeg i'w rhan hi. Gwnaeth argraff fawr. Tyrrai'r bobl i'r cyfarfodydd, yn rhannol er mwyn gweld ffenomen mor anghyffredin â merch yn cymryd rhan yn gyhoeddus. Yn ei geiriau hi ei hun: 'A girl preaching and singing the Gospel created a sensation'.[26]

Y mae'n ddigon posibl mai Rosina Davies yw un o'r rhai a oedd mewn golwg gan Dr Owen Evans (1829–1920) – un o awduron defosiynol mwyaf poblogaidd y Gymraeg yn ei ddydd – pan

ddywedodd yn y rhagarweiniaid i'w gyfrol *Merched yr Ysgrythyrau*
(1886): 'Anfonir am ferched i bregethu yma a thraw, yn y gobaith y
byddant yn offerynau i gynhyrchu diwygiad crefyddol yn y manau
y byddant yn ymweled â hwynt' (t.14). Aeth Rosina Davies i
Lundain i gynnal cenhadaeth ar wahoddiad eglwysi Cymraeg
Llundain ym mis Hydref 1883, ac un o'r gweinidogion a oedd yno
ar y pryd oedd Owen Evans.[27]

Yn y rhagarweiniad i *Merched yr Ysgrythyrau* (1886), pwysleisia
Owen Evans fod Cristnogaeth yn gosod merched yn gydradd â
dynion – yn wahanol i grefyddau eraill, meddai, sy'n edrych arnynt
'fel creaduriaid israddol, i wneuthur pob caledwaith, ac i fod naill
ai yn gaethforwynion, neu yn deganau i ddynion'. Y mae hefyd yn
cefnogi rhoi'r bleidlais i ferched; ond dadleua'n gryf – gan
ddyfynnu Tennyson ('For woman is not undeveloped man; / But
diverse [. . .] / Not like to like, but like in difference'), yn ogystal
â'r Beibl – fod benywod a gwrywod yn wahanol o ran eu natur a'u
swyddogaethau, ac na ddylai merched o'r herwydd arwain mewn
byd ac eglwys, gan gynnwys pregethu.[28] Yn hynny o beth,
cynrychiolai Owen Evans farn y mwyafrif ymhlith Anghydffurfwyr
Cymreig ei ddydd.[29]

Nid dyna agwedd William Booth wrth reswm. Yr oedd yn
awyddus i Rosina ddod yn un o swyddogion Byddin yr
Iachawdwriaeth; ond yr oedd Rosina ei hun a'r arweinwyr
eglwysig lleol am iddi ymroi i efengylu yng Nghymru. Trefnwyd
pwyllgor cydenwadol ym Maesteg i gefnogi ac arolygu ei gwaith,
ac efengyles a diwygiwr cymdeithasol fu hi weddill ei bywyd hir.[30]
Yn ei hymrwymiad i'r bywyd crefyddol Cymreig ar y naill law ac i
ddulliau Byddin yr Iachawdwriaeth ar y llaw arall, y mae Rosina
Davies ar lawer gwedd yn gyfuniad diddorol o'r sefydliad
Rhyddfrydol Anghydffurfiol Cymreig ar y naill law ac, ar y llaw
arall, o'r mudiad 'sancteiddrwydd', diwygiadol, Americanaidd-ei-
darddiad, a oedd yn dylanwadu'n gynyddol ar grefydd Cymru yn
ystod ail hanner y bedwaredd ganrif ar bymtheg.[31]

Gwnaeth Rosina Davies gyfraniad pwysig fel efengylydd yn
ystod Diwygiad 1904–05 ei hun ac yn y cyfnod a arweiniodd ato.
Noda yn ei hunangofiant fel yr oedd y llanw ysbrydol yn codi
ymhob man yn ystod 1903, ac yna fel y bu'n arwain 256 o
wasanaethau yn ystod 1904, a thua 223 ym 1905, llawer ohonynt
yn y Gogledd. Yr oedd Rosina yn bresennol yng nghyfarfod cyntaf

Evan Roberts yn y Tabernacl, Pontycymer, ar 16 Tachwedd 1904, tua dechrau ei daith ddiwygiadol gyntaf. Neilltuwyd rhan gyntaf y cyfarfod hwnnw i Undeb Dirwestol Merched y De, a Chranogwen a Rosina Davies ill dwy yn cymryd rhan.[32] Ond yn gyffredinol, fel nifer o'r diwygwyr amlwg eraill, megis Joseph Jenkins ac R. B. Jones, gweithiai Rosina yn annibynnol ar Evan Roberts. Fel y dywed hi ei hun: 'having so many Missions and Services myself, I had but few opportunities to attend Meetings where Mr. Evan Roberts took part'.[33]

Seth Joshua a'r Symudiad Ymosodol

Er na ddaeth yn uniongyrchol o dan ddylanwad Kate Shepherd a'r diwygiad yng Nghwm Rhondda ym 1879, daeth un arall o ffigurau allweddol Diwygiad 1904–05, sef Seth Joshua (1858–1925), o dan eu dylanwad yn anuniongyrchol. Hanai teulu Seth o Bont-y-pŵl, ond erbyn 1879 yr oedd wedi symud i weithio yn y gweithfeydd haearn yn Nhrefforest, ger Pontypridd. Ym mis Ebrill 1879, tra oedd Kate Shepherd yng Nghwm Rhondda, bu'n cynorthwyo mewn cenhadaeth gan Fyddin yr Iachawdwriaeth ym Mhontypridd. Yn ystod y genhadaeth honno, cafodd brawd iau Seth, Frank Joshua, dröedigaeth. Gwrthsefyll fu hanes Seth yr adeg honno, ond dywedir i'r genhadaeth gael dylanwad arhosol arno; ac ar ôl 'gwingo yn erbyn y symbylau' am gyfnod, cafodd yntau dröedigaeth ym 1882 mewn ymgyrch ym Mhontypridd dan arweiniad John Pugh (1846–1907), sefydlydd y Symudiad Ymosodol.[34]

Braich genhadol enwad y Methodistiaid Calfinaidd oedd y Symudiad Ymosodol (neu'r 'Forward Movement' fel y'i gelwid yn Saesneg).[35] Tyfodd allan o weithgarwch cenhadol John Pugh yn Nhredegar yn y 1870au, a daeth yn rhan swyddogol o weithgarwch yr enwad ym 1892. Prif faes cenhadol y Symudiad oedd ardaloedd trefol a diwydiannol Morgannwg a Mynwy, a gweithiai trwy gyfrwng y Saesneg yn bennaf. Dywedodd John Pugh amdano un tro ei fod hanner ffordd rhwng Byddin yr Iachawdwriaeth a'r eglwysi 'arferol'.[36]

Fel yn achos y Fyddin, cafwyd tipyn o bwyslais ar bregethu awyr-agored, ar ddirwest, ar ganu bywiog, ac ar ofal dros y tlawd a'r anghenus; a bu lle amlwg i ferched hefyd. Yng nghyfarfod awyr-agored cyntaf un John Pugh, yn y cylch ger cloc y dref yn

Nhredegar ym mis Gorffennaf 1872, hanner dwsin o ferched o'i eglwys oedd y rhai a ddaeth yn gwmni ac yn gefnogaeth iddo. Yr oedd hynny'n rhagflas o'r lle amlwg a fyddai i ferched yng ngweithgareddau'r Symudiad. Ymhlith pethau eraill, agorwyd llochesau ar gyfer gwragedd, merched a babanod; crewyd rhwydwaith o gyfarfodydd yn arbennig ar gyfer merched; hyfforddwyd nyrsys ar gyfer trin cleifion tlawd; a ffurfiwyd urdd o ferched, 'Chwiorydd y Bobl', i gynorthwyo'n llawn amser yng ngwaith cenhadol a bugeiliol y Symudiad. Golygai hynny fod gan ferched swyddogaethau arwain a phregethu yn neuaddau efengylu'r Symudiad Ymosodol nad oedd ar gael iddynt yn eglwysi 'prif ffrwd' yr enwad, er nad aethpwyd mor bell â'u hordeinio'n ffurfiol.[37]

Dechreuadau Diwygiad 1904–05

Yn fuan ar ôl ei dröedigaeth, aeth Seth Joshua yn efengylydd i Gastell-nedd, ac efengylydd fu ef o ran ei alwedigaeth weddill ei fywyd, gan weithio am gyfran helaeth o'i amser dan nawdd y Symudiad Ymosodol.[38] Bu'n cynnal cenhadaeth yng Ngheredigion ym mis Medi 1904; a'i ddeisyfiad ef, 'Lord, bend us', wrth iddo weddïo ar ddiwedd cyfarfod ym Mlaenannerch, ddydd Iau, 29 Medi 1904, a fu'n gyfrwng ysgwyd y myfyriwr ifanc, Evan Roberts, i'w seiliau, profiad a'i gyrrodd oddi yno i'w waith diwygiadol.[39] Ond er mor bwysig fu Evan Roberts yn hanes a datblygiad Diwygiad 1904–05, nid gyda'i brofiadau dwys ef ym Mlaenannerch ym mis Medi 1904 y dechreuodd y diwygiad hwnnw, fel y dywedir weithiau. Fel yr awgrymwyd eisoes, bu'r diwygiad ar gerdded yng Ngheredigion am fisoedd lawer cyn hynny – er mis Chwefror 1904 yng Ngheinewydd i fod yn fanwl. Rhan o ffrwyth diwygiad a oedd eisoes yn y tir oedd profiadau Evan Roberts ym Mlaenannerch, ac nid ei ddechreuad.

Fel y byddai'n wir am Ddiwygiad 1904–05 ar ei hyd, bu nifer o ferched yn ffigurau amlwg yn nyddiau cynnar y Diwygiad yng Ngheinewydd a'r cyffiniau. Cranogwen, o Langrannog gerllaw, oedd un ohonynt. Un arall oedd Sara Maria Saunders, un o deulu Cwrt Mawr, Llangeitho.[40] Gwraig gweinidog Methodist yn Abertawe ydoedd ar y pryd.[41] Bu'n weithgar yng nghylchoedd y Symudiad Ymosodol ac yn awdures boblogaidd.[42] O ddechrau

1904 ymlaen, deuai'n gyson i dde Ceredigion i annerch cyfarfodydd diwygiadol. Ym 1907 fe fyddai'n cyhoeddi casgliad o ysgrifau dan y teitl *Y Diwygiad ym Mhentre Alun*, y cynnyrch ffuglennol Cymraeg pwysicaf i ddeillio o Ddiwygiad 1904–05.[43] A rhaid enwi un arall: Florrie Evans, y ferch a gododd yng nghwrdd y bobl ifainc yng nghapel Joseph Jenkins yn y Cei un bore Sul ym mis Chwefror 1904, ac a daniodd fatsien y Diwygiad â'r geiriau: 'Yr wyf fi yn caru Iesu Grist a'm holl galon'.[44] Cyneuodd y geiriau hynny dân yng Ngheinewydd y diwrnod hwnnw a fyddai, ymhen ychydig fisoedd, yn troi Cymru'n goelcerth eirias, a thân a fyddai, maes o law, yn cyrraedd pellafoedd byd.[45]

NODIADAU

[1] Fel yr awgryma ei enw barddol 'Orchwy', brodor o Dreorci yng Nghwm Rhondda oedd Thomas 'Orchwy' Bowen (1882–1948). Bu yng Ngheinewydd o 1923 hyd ei farw; gw. hunangofiant ei fab, Geraint Bowen, *O Groth y Ddaear* (Caernarfon, 1993). Y mae'n werth nodi hefyd mai 'Jenkins' oedd cyfenw gweinidog Bethel, eglwys y Bedyddwyr yng Ngheinewydd, yn ystod y 1940au, sef y Parchg W. O. Jenkins; gw. David N. Thomas, *Dylan Thomas: A Farm, Two Mansions and a Bungalow* (Bridgend, 2000), tt. 218, 228.

[2] Gw. erthyglau David N. Thomas, 'Dylan the Cardi', *New Welsh Review*, 47 (Winter 1999–2000), 18–20; '*Under Milk Wood*'s Birth-in-Exile', ibid., 52 (Spring 2001), 47–53; 'Dylan Thomas's New Quay', ibid., 56 (Summer 2002), 4–13. Idem, *The Dylan Thomas Trail* (Tal-y-bont, 2002) a *Dylan Thomas: A Farm, Two Mansions and a Bungalow*.

[3] *O Groth y Ddaear*, tt. 10–11; cf. tt. 58–9.

[4] Gw. er enghraifft, Linda Wilson, '"Constrained by Zeal": Women in Mid-Nineteenth Century Nonconformist Churches', *The Journal of Religious History*, 23 (June 1999), 201. Gw. hefyd fy nhrafodaeth ar le merched yn y mudiad Methodistaidd Cymreig yn y ddeunawfed ganrif, yn 'Merched a'r Emyn yn Sir Gâr', *Barn*, 402/403 (Gorffennaf / Awst 1996), 27–8.

[5] Gw. pamffledyn Catherine Booth, *Female Ministry; or, Woman's Right to Preach the Gospel* (London, 1859) – ceir nifer o fersiynau electronig o'r testun ar y we.

[6] Ar weithgarwch cynnar Byddin yr Iachawdwriaeth yng Nghymru, gw. Glen Horridge, 'The Salvation Army in Wales, 1878–1900', *Journal of Welsh Ecclesiastical History*, 6 (1989), 51–70, ynghyd â chyfrolau Bill Parry, *Gwaed a Thân* (Caernarfon, 1986) a *Cyn y Cardotyn Dall* (Caernarfon, 1990).

[7] Diddorol gweld fod William Booth yntau yn gefnogwr brwd i'r Siartwyr pan oedd yn fachgen ifanc yn Nottingham.

[8] Ar Pamela a Kate Shepherd a'u gwaith cenhadol yng Nghymoedd y De, gw. Charles Preece, *Woman of the Valleys: The Story of Mother Shepherd* (Port Talbot, 1988; ail argraffiad, 1989); Bill Parry, *Cyn y Cardotyn Dall*; John Thickens, 'Joseph Jenkins', *Y Drysorfa*, 132 (Ionawr 1962), 19–21; (Chwefror 1962), 44–6; Karen Lowe, *Carriers of the Fire: The Women of the Welsh Revival 1904/05* (Llanelli, 2004), tt. 19–26; Glen Horridge, 'The Salvation Army in Wales, 1878–1900', 59–61.

[9] Charles Preece, *Woman of the Valleys*, t. 137.

[10] John Thickens, 'Joseph Jenkins', *Y Drysorfa*, 132 (Ionawr 1962), 18–19.

[11] Ibid., 19.

[12] John Thickens, 'Joseph Jenkins', *Y Drysorfa*, 131 (Tachwedd 1961), 256–7; (Rhagfyr 1961), 276.

[13] Bill Parry, *Cyn y Cardotyn Dall*, tt. 45–6, 65, 67. Un arall a fu'n gefnogol iawn i genhadaeth y Fyddin yng Nghwm Rhondda oedd y gweinidog Annibynnol, Ben Davies (1840–1930) – Treorci ar y pryd, ond Tre-lech yng nghyfnod anterth ei boblogrwydd fel pregethwr; gw. *Cyn y Cardotyn Dall*, t. 45. Yng nghyd-destun

Diwygiad 1904–05, diddorol gweld mai ef oedd gweinidog Ebeneser, Castellnewydd Emlyn yng nghyfnod y Diwygiad.

[14] D. G. Jones, *Cofiant Cranogwen* (Caernarfon, [1932]), tt. 132–3. Y mae'n werth nodi, wrth fynd heibio, mai yn Jerusalem, Ton yr ymaelododd y bardd ifanc, Ben Bowen, brawd T. Orchwy Bowen, ar ôl iddo gael ei ddiarddel gan y Bedyddwyr yn y Pentre, flwyddyn cyn ei farw annhymig ym 1903; gw. Geraint Bowen, *O Groth y Ddaear*, t. 42. Ar bwysigrwydd y mudiad dirwest o ran rhoi cyfleoedd cyhoeddus i ferched, gw. Ceridwen Lloyd-Morgan, 'From Temperance to Suffrage?', yn Angela V. John, gol., *Our Mothers' Land: Chapters in Welsh Women's History, 1830–1939* (Cardiff, 1991), tt. 135–58.

[15] D. G. Jones, op. cit., t. 132. Rhoddir sylw i Granogwen yn erthygl R. Tudur Jones, 'Daearu'r Angylion: Sylwadau ar Ferched mewn Llenyddiaeth, 1860–1900', yn J. E. Caerwyn Williams, gol., *Ysgrifau Beirniadol*, XI (Dinbych, 1979), tt. 191–226.

[16] Dyfynnwyd yn John Thickens, 'Joseph Jenkins', *Y Drysorfa*, 132 (Chwefror 1962), 44–5; cf. Edward Parry, *Llawlyfr ar Hanes y Diwygiadau Crefyddol yn Nghymru* (Corwen, 1898), tt. 157–8, lle dywedir fod Cwm Rhondda 'yn ferw crefyddol drwyddo o ben bwy gilydd' ym 1879. Y Parchg C. Tawelfryn Thomas (1840–1939), gweinidog eglwys Annibynnol y Groes-wen, ger Caerffili, oedd cyn-berchennog fy nghopi i o gyfrol Edward Parry. Bu'n cymryd rhan yng nghyfarfodydd Evan Roberts pan ymwelodd ef â Chaerffili ym mis Rhagfyr 1904. Prynodd Tawelfryn y gyfrol ar 27 Tachwedd 1905, pan oedd y Diwygiad yn dechrau tawelu. Y dyddiad hwnnw oedd diwrnod olaf ymgyrch genhadol fer gan Evan Roberts yn nwyrain Morgannwg, yr olaf ond un o saith ymgyrch genhadol y Diwygiwr. (Yr oedd gwraig Tawelfryn Thomas yn ddisgynnydd uniongyrchol i William Williams, Pantycelyn ac yn hen fam-gu i'r gohebydd gwleidyddol, Vaughan Roderick).

[17] Charles Preece, *Woman of the Valleys*, t. 168. Yn Aberdâr y dechreuodd taith ddiwygiadol gyntaf Evan Roberts ar 13 Tachwedd 1904, gan gynnau tân o'r newydd ar hen aelwyd Mother Shepherd.

[18] Eliseus Howells, 'Toriad y Wawr yn Ne Aberteifi', yn Sidney Evans a Gomer M. Roberts, goln., *Cyfrol Goffa Diwygiad 1904–1905* (Caernarfon, 1954), t. 27.

[19] John Thickens, 'Joseph Jenkins', *Y Drysorfa*, 132 (Ionawr 1962), 18.

[20] R. B. Jones, *Rent Heavens: The Revival of 1904*, adargraffiad (London, 1950), tt. 16–17, a cf. t. 39. Gw. hefyd Geraint Tudur, 'Evan Roberts and the 1904–5 Revival', *Journal of Welsh Religious History*, 4 (2004), 94–5; Robert Pope, 'Dadfythu "Diwygiad Evan Roberts"', *Y Traethodydd*, CLIX (Gorffennaf 2004), 134–6; Glanmor Williams, 'Diwygiad 1904–05', *Trafodion Cymdeithas Hanes y Bedyddwyr*, 2005, 8–12.

[21] R. Tudur Jones, *Ffydd ac Argyfwng Cenedl. Cristnogaeth a Diwylliant yng Nghymru 1890–1914: Dryswch a Diwygiad* (Abertawe, 1982), t. 137.

[22] Dyfed Evans, *Bywyd Bob Owen* (Caernarfon, 1977), t. 125. Ar Joseph Jenkins fel pregethwr, gw. Robert Ellis, *Living Echoes of the Welsh Revival 1904–5* (London, [1951]), tt. 28–38.

[23] John Thickens, 'Joseph Jenkins', *Y Drysorfa*, 133 (Mawrth 1963), 64–5.

[24] Rosina Davies, *The Story of My Life* (Llandysul, 1942), tt. 19–21, 23, 27.

[25] Paentiwyd llun Rosina Davies ym 1896 gan yr artist a'r ffotograffydd o Ferthyr Tudful, George Frederick Harris (1856–1924), tad-cu Rolf Harris, y cyflwynydd teledu a'r artist o Awstralia. Yn ddiweddarach, ym 1907, tynnodd lun ei mam, Hannah. Y mae'r ddau lun bellach yn y Llyfrgell Genedlaethol. Cyflwynwyd copi o'r llun o Rosina Davies i'w gor-nith, Siân Phillips, pan agorodd y Drwm, awditoriwm newydd y Llyfrgell, yn swyddogol ym mis Mehefin 2004. Gw. Eira M. Smith, 'Rosina Davies 1863–1949: A Welsh Evangelist', yn T. F. Holley, gol., *Merthyr Historian*, 17 (Merthyr Tydfil, 2004), tt. 83, 87; atgynhyrchir ei llun mewn lliw llawn ar glawr cefn y gyfrol – cyfrol sy'n cynnwys nifer o ysgrifau ynghylch Diwygiad 1904–05.

[26] Rosina Davies, *The Story of My Life*, t. 39.

[27] Ibid., tt. 67–9. Dichon fod Owen Evans hefyd yn meddwl am efengylesau Byddin yr Iachawdwriaeth.

[28] Yn eironig ddigon, cyflwynwyd y gyfrol *Merched yr Ysgrythyrau* i un o arweinwyr mawr y mudiad cenedlaethol Cymreig yn y bedwaredd ganrif ar bymtheg, Arglwyddes Llanofer! Y mae'n werth ychwanegu, efallai, fod Owen Evans yn arddel perthynas ag Ann Griffiths yr emynyddes.

[29] Gwedd bwysig ar hunangofiant Rosina Davies, *The Story of My Life*, yw'r dystiolaeth a rydd ynghylch yr ymateb i ferched yn pregethu yn chwarter olaf y bedwaredd ganrif ar bymtheg a dechrau'r ugeinfed – y gwrthwynebiad i hynny o lawer cyfeiriad, yn enwedig ym mlynyddoedd cynnar ei gweinidogaeth, ac o'r ochr arall, y rhwydwaith o gyfeillion gwrywaidd a benywaidd a'i cefnogai yn ei gwaith, pobl megis Cranogwen a'r Parchedigion Evan Phillips, Castellnewydd Emlyn, a Thomas Job, Cynwyl. Bu Rosina Davies yn aelod o fyddin dirwest Cranogwen, Undeb Dirwestol Merched y De, oddi ar ei ffurfio ym 1901. Hi a olynodd Cranogwen yn drefnydd i'r Undeb pan fu Cranogwen farw ym 1916, a pharhaodd wrth y gwaith tan 1930.

[30] Ar ddechreuadau ei gwaith fel efengyles, yn Nhreherbert a Maesteg, gw. Rosina Davies, *The Story of My Life*, tt. 27–33; Bill Parry, *Cyn y Cardotyn Dall*, tt. 103–6. Yr wyf yn trafod ei bywyd a'i gwaith yn fanylach yn f'erthygl, 'Rosina Davies, "Yr Efengyles Fach" Anghofiedig', *Taliesin*, 124 (Gwanwyn 2005), 39–49.

[31] Gw. D. W. Bebbington, 'Holiness Unto the Lord', yn *Evangelicalism in Modern Britain* (London, 1989), tt. 151–80 (ac yn enwedig tt.164–5). Ymhlith ffrydiau'r mudiad 'sancteiddrwydd' hwn a ddylanwadodd ar Gymru i ryw raddau neu'i gilydd, gellir enwi diwygiadaeth Charles Finney, y mudiad dirwest, Byddin yr Iachawdwriaeth, ymgyrchoedd Sankey a Moody, a mudiad Keswick.

[32] Noel Gibbard, *Caniadau'r Diwygiad: Golwg ar Emynau, Penillion a Thonau Diwygiad 1904–05* (Pen-y-bont ar Ogwr, 2003), t. 57. Disgrifir patrwm cyfarfodydd efengylu Rosina Davies ganddo, tt. 15–16.

[33] *The Story of My Life*, t. 187. Am gyfeiriadau pellach at weithgarwch Rosina Davies yn ystod Diwygiad 1904–05, gw. Eifion Evans, *The Welsh Revival of 1904*, trydydd argraffiad (Bridgend, 1987), tt. 28–9.

[34] Bill Parry, *Cyn y Cardotyn Dall*, tt. 107–8.

[35] Ar y Symudiad Ymosodol a'r brodyr Joshua, gw. Howell Williams, *The Romance of the Forward Movement of the Presbyterian Church of Wales*

(Denbigh, [1949?]); T. Mardy Rees, *Seth Joshua and Frank Joshua, The Renowned Evangelists* (Wrexham, 1926); John Morgan Jones ac Abraham Morris, *Hanes Symudiad Ymosodol y Methodistiaid Calfinaidd* (Caernarfon, 1931); Geraint Fielder, *Grace, Grit and Gumption: The Exploits of Evangelists John Pugh, Frank and Seth Joshua* (Bridgend, 2000).

[36] Howell Williams, *The Romance of the Forward Movement*, t. 146. Bu'r Brodyr Cory, Caerdydd, yn noddwyr amlwg i'r Symudiad Ymosodol, fel y buont i Fyddin yr Iachawdwriaeth.

[37] Ar weinidogaeth merched yn y Symudiad Ymosodol, gw. Howell Williams, *The Romance of the Forward Movement*, tt. 156–69, a phennod Geraint Fielder, 'Poverty and Prostitution', yn *Grace, Grit and Gumption*, tt. 101–10.

[38] Diddorol yw nodi, wrth fynd heibio, gyfraniad eithaf gwahanol Lyn (Llewelyn) Joshua, mab Seth, i'n diwylliant poblogaidd, oherwydd Lyn Joshua oedd awdur gwreiddiol geiriau'r gân, 'We'll keep a welcome in the hillsides'; gw. Elwyn Evans, '"We'll keep a welcome in the hillsides": A Note', *Transactions of the Honourable Society of Cymmrodorion*, 1991, 307–9.

[39] T. Francis, gol., *Y Diwygiad a'r Diwygwyr* (Dolgellau, 1906), tt. 40–2.

[40] Ynghylch ei hachau, sy'n cynnwys yr emynydd David Charles, Caerfyrddin (brawd Thomas Charles o'r Bala), gw. E. Wyn James, '"A'r Byd i Gyd yn Bapur . . .': Rhan 3: Dylanwadau Rhyngwladol – Sansgrit a Hebraeg', *Canu Gwerin*, 27 (2004), 41.

[41] Yr oedd ei gŵr, y Parchg John M. Saunders, yn fab i Dr David Saunders (1831–92), un o hoelion wyth y pulpud Cymraeg yn ei ddydd, a llywydd cyntaf Symudiad Ymosodol y Methodistiaid Calfinaidd (er nad oedd yn or-hoff o ddulliau Byddin yr Iachawdwriaeth). Ar ochr ei fam, yr oedd John M. Saunders yn nai i Ddeon Tyddewi, David Howell (Llawdden), a wnaeth ddatganiad grymus a dylanwadol ynghylch yr angen am ddiwygiad ychydig cyn ei farw yn nechrau 1903. Ar Lawdden a'i ddatganiad, gw. D. Densil Morgan, 'Diwygiad Crefyddol 1904–5', yn Geraint H. Jenkins, gol., *Cof Cenedl: Ysgrifau ar Hanes Cymru, XX* (Llandysul, 2005), tt. 174–6, a'i fywgraffiad gan Roger L. Brown, *David Howell: A Pool of Spirituality* (Denbigh, 1998). Bu farw Dr David Saunders ar 14 Hydref 1892. Ar 15 Hydref 1893 ganed John Saunders Lewis, yn fab i Lodwig Lewis a'i wraig, Mary – merch i un arall o hoelion wyth y pulpud Cymraeg, Dr Owen Thomas, Lerpwl. Nid cyd-ddigwyddiad mo enw'r plentyn. Yr oedd y ddau deulu yn adnabod ei gilydd yn dda. Dr David Saunders a wasanaethodd ym mhriodas rhieni Saunders Lewis ym 1891, a bu Lodwig Lewis yn was priodas i John M. Saunders ym 1887.

[42] Arni fel awdures, gw. Jane Aaron, *Pur fel y Dur: Y Gymraes yn Llên Menywod y Bedwaredd Ganrif ar Bymtheg* (Caerdydd, 1998), tt. 131, 179, 198–200. (Rwy'n ddiolchgar i Rosanne Reeves am gael gweld defnyddiau ar S. M. Saunders sydd yn ei meddiant.)

[43] Trawiadol yw nodi fod y cynnyrch llenyddol Cymreig pwysicaf i ddeillio o'r Diwygiad, sef nofel Allen Raine, *Queen of the Rushes* (1906), hefyd yn agos gysylltiedig â chyffiniau Ceinewydd. Un o Geredigion oedd yr awdures ac yn byw yn Nhre-saith adeg ysgrifennu'r nofel, nofel sydd wedi'i lleoli mewn pentref glan-môr yn ne Ceredigion. Y mae llythyr Allen Raine ar y Diwygiad, a gyhoeddwyd

yn y *Western Mail*, 31 Rhagfyr 1904, yn grynodeb da o'r agwedd (feirniadol, ond eithaf cytbwys) at y Diwygiad a amlygir yn y nofel; atgynhyrchir y llythyr yn Sally Jones, *Allen Raine* (Cardiff, 1979), tt. 54–5.

[44] R. R. Davies, 'Y Diwygiad yn Sir Aberteifi', *Y Drysorfa*, 75 (Chwefror 1905), 65; Thomas Francis, gol., *Y Diwygiad a'r Diwygwyr*, t. 53; John Thickens, 'Joseph Jenkins', *Y Drysorfa*, 133 (Gorffennaf 1963), 153–4.

[45] Y drafodaeth fwyaf cytbwys ar Ddiwygiad 1904–05 yw'r tair pennod 'Nefol Dân', 'Blwyddyn Gorfoledd' ac 'Aur Pur ynteu Lludw Llwyd?', yn ail gyfrol campwaith R. Tudur Jones, *Ffydd ac Argyfwng Cenedl. Cristnogaeth a Diwylliant yng Nghymru 1890–1914: Dryswch a Diwygiad*, tt. 122–227. Ysgrif gynhwysfawr ddiweddar yw un Robert Pope, 'Dadfythu "Diwygiad Evan Roberts"', *Y Traethodydd*, CLIX (Gorffennaf 2004), 133–52, a ailgyhoeddwyd yn ei gyfrol, *Codi Muriau Dinas Duw* (Bangor, 2005), tt. 14–36. Ar ledaeniad y Diwygiad a'i ddylanwad byd-eang, gw. Noel Gibbard, gol., *Nefol Dân: Agweddau ar Ddiwygiad 1904–05* (Pen-y-bont ar Ogwr, 2004); idem, *On the Wings of the Dove: The International Effects of the 1904–05 Revival* (Bridgend, 2002).

Tirluniau Dychymyg Gwenallt[*]

CHRISTINE JAMES

Bydd dyn wedi troi'r hanner-cant yn gweld yn lled glir
Y bobl a'r cynefin a foldiodd ei fywyd e'.

Dyma linellau agoriadol 'Y Meirwon',[1] un o gerddi mwyaf
adnabyddus Gwenallt, a geiriau y gallaf innau bellach
uniaethu'n llwyr â hwy! Wrth edrych yn ôl ar y bobl hynny a
'foldiodd' fy mywyd academaidd, rhaid cyfrif Hywel Teifi
Edwards ymhlith y mwyaf ffurfiannol. Pan benodwyd ef yn Athro
ac yn Bennaeth Adran y Gymraeg ym Mhrifysgol Cymru,
Abertawe, ym 1989, daeth â brwdfrydedd ac agenda ymchwil
gydag ef a fyddai'n effeithio ar bob un o aelodau ei staff. Yn fy
achos i, ymhen fawr o dro roedd fy niddordeb yn llenyddiaeth
cymoedd de-ddwyrain Cymru nid yn unig wedi'i harneisio i
ddibenion dysgu cwrs ar 'Lên y Cymoedd', ond hefyd wedi'i
droi'n faes ymchwil yn sgil ceisiadau rheolaidd ganddo am
gyfraniadau i'w 'Gyfres y Cymoedd' arloesol. Ar ben hynny,
cefais gomisiwn ganddo i baratoi golygiad newydd o gerddi
Gwenallt. Ac fel y gŵyr pawb sy'n ei adnabod, mae ceisio
gwrthsefyll Hywel Teifi mor fuddiol â sefyll yn llwybr stêm-rolar.
Eto, os oedd ei ddisgwyliadau'n uchel a'i alluoedd 'perswadio' yn
anorthrech, roedd ei gefnogaeth yn ddigwestiwn a'i anogaeth yn
wresog, ac iddo ef yn anad neb arall y mae'r diolch imi lwyddo i
ddwyn y gwaith o olygu cerddi Gwenallt i ben. O'r herwydd, un
maes yn unig a ymgynigiai pan gefais wahoddiad i gyfrannu i'r
gyfrol gyfarch hon, sef gwaith Gwenallt, a gwnaed y penderfyniad
hwnnw'n fwy dwys gan y ffaith i weddw Gwenallt – 'Modryb Nel'

---

* Traddodwyd fersiwn cynharach ar yr ysgrif hon dan y teitl '"Oddi ar Gopa
Gellionnen": Gwenallt a Chwm Tawe' fel Darlith Eisteddfodol Prifysgol Cymru ar
faes Eisteddfod Genedlaethol Abertawe a'r Cylch, 11 Awst 2006.

ys galwai Hywel hi – farw ar 1 Medi 2007, yn ystod cyfnod paratoi'r bennod hon.

*   *   *

Disgrifir Gwenallt weithiau fel bardd dwy fro: sir Gaerfyrddin wledig ar y naill law, a Morgannwg ddiwydiannol ar y llall. Er bod hedyn o wirionedd yn y label honno, nid yw'n gwneud cyfiawnder mewn gwirionedd ag ehangder a chymhlethdod ei awen – roedd Gwenallt, wedi'r cwbl, yn fardd cenedlaethol ei statws mewn cyfnod ymhell cyn i'r teitl hwnnw fagu priflythrennau dan nawdd yr Academi, a'i waith yn cwmpasu pynciau o arwyddocâd a pherthnasedd eang: ffydd ac amheuaeth, perthynas â'r wladwriaeth ac â chyd-ddyn, gwladgarwch, gormes a thrais, heb enwi ond rhai. Eto, mae'n debyg mai'r cerddi hynny sydd wedi'u gwreiddio ym mhridd Caerfyrddin wledig a chymunedau Morgannwg ddiwydiannol a gydiodd dynnaf yn y dychymyg poblogaidd, a nod yr ysgrif hon yw ystyried nodweddion y bröydd hynny fel y'u cyflwynir inni gan Gwenallt hyd at gyhoeddi *Eples* (1951), ei gyfrol orau yn ôl amryw o feirniaid,[2] gan sylwi ar y modd y tramwyodd y bardd yn ei waith rhwng y naill fro a'r llall. Oherwydd nid yw agwedd Gwenallt at y ddwy sir mor ddu-a-gwyn ag y tybir weithiau.[3]

Byddai ymwelwyr ag Eisteddfod Genedlaethol Abertawe 1926, ar ddiwrnod y cadeirio, wedi gweld yr Archdderwydd Elfed yn gwahodd *Bardd y Fynachlog* i'r llwyfan i'w gadeirio 'yn ôl Braint a Defawd Beirdd Ynys Prydain' am awdl ar destun 'Y Mynach'. Roedd y bardd ifanc a dywyswyd o'i sedd yn y pafiliwn – ac y bu'n agos iddo gael ei lyncu'n fyw gan y gadair anferth o Shanghai a roddwyd yn wobr y flwyddyn honno – yn ddyn lleol, o'r Allt-wen, Pontardawe. Ei enw oedd David James Jones. Nid 'Gwenallt' yr adeg honno, sylwer, na hyd yn oed 'D. Gwenallt Jones'; oherwydd yn sgil y fuddugoliaeth genedlaethol gyntaf hon ym 1926 y cymerodd yr enw a'i cysylltai'n anwahanadwy o hynny allan â'r pentref y'i magwyd ynddo.[4]

Ar un olwg, mae'n bur eironig bod yr ymuniaethu hwn â'r Allt-wen yn digwydd yn sgil canu awdl mor anleoladwy ei daearyddiaeth ac annelwig ei chyfnod ag 'Y Mynach'.[5] Gellir ymdeimlo mewn mannau â thirwedd Cymru a'i bywyd gwyllt:

Mynachlog y Grog ar greigiau – a saif
Uwch sŵn y glas donnau (ll. 15–16)

Rhodio maes, ar hyd y môr, – yn y wlad
Gwylio'r blodau'n agor,
Hel rhos Mair i ddelwau'r Iôr,
Briallu bro i'w allor. (ll. 51–4)

Ond mae llinellau o'r fath mewn gwirionedd yn amwys o
amhenodol, ac ym mhwyslais yr awdl ar ddefodaeth y fynachlog,
yn ei chyfeiriadaeth litwrgaidd a'i dyfyniadau Lladin, yn ei
hawyrgylch rhamantaidd-ganoloesol, prin y gallwn fod ymhellach
oddi wrth ddiriaeth y pentref diwydiannol, anghydffurfiol yng
Nghwm Tawe lle magwyd Gwenallt. Eto, roedd yr ymgysylltu
ymwybodol hwn â'i gynefin trwy ei ddewis o enw barddol yn
ymylu ar fod yn broffwydol, oherwydd prin y gwnaeth neb fwy na
Gwenallt yn ddiweddarach yn ei fywyd i gyflwyno ac i ddehongli
bywyd y bobl gyffredin yng nghymoedd diwydiannol Morgannwg
fel yr oedd yn negawdau cyntaf yr ugeinfed ganrif.[6] Ac wrth geisio
deall sut y trodd Bardd y Mynachlog yn 'Gwenallt', sut y
disodlwyd clochdy Mynachlog y Grog yn nhirlun ei ddychymyg
gan stac y gwaith dur, a sut y daeth bardd y gymuned fynachaidd
dangnefeddus yn lladmerydd cymdeithas ddiwydiannol
ddirwasgedig, bydd rhaid inni groesi Llwchwr 'mewn cerbyd neu
mewn trên'[7] a mynd am dro trwy gaeau sir Gaerfyrddin.

Dechreuais yr ysgrif hon trwy ddyfynnu llinellau agoriadol 'Y
Meirwon', y gerdd a roddai'r boddhad mwyaf i Gwenallt yn ôl ei
dystiolaeth ef ei hun tua diwedd ei fywyd.[8] Ynddynt gwelir y bardd
yn cydnabod dylanwad ffurfiannol cynefin a chymdeithas yn ei
ddatblygiad personol. Mewn man arall aeth mor bell â honni mai
'dylanwad y cynefin yw'r dylanwad trymaf ar bawb ohonom'.[9] Beth
felly oedd 'cynefin' Gwenallt, y bobl a'r mannau a'r amgylchiadau
hynny a 'foldiodd' nid yn unig ei fywyd ond hefyd ei awen?
Oherwydd dim ond o wybod rhywbeth am y rheini y gellir, yn fy
marn i, werthfawrogi'r darluniau cyferbyniol o siroedd Caerfyrddin
a Morgannwg a gyflwynodd yn ei waith.[10]

Ganed Gwenallt ym Mhontardawe ym 1899, yr hynaf o dri
phlentyn Thomas a Mary Jones, pâr yr oedd eu gwreiddiau hwy ill
dau'n ddwfn ym mhridd sir Gaerfyrddin wledig, ond a ddenwyd i
Gwm Tawe gan y llewyrch economaidd a grewyd gan y 'gweithie'

a ddatblygasai yno yn ystod ail hanner y bedwaredd ganrif ar
bymtheg – y diwydiannau dur ac alcam yn bennaf, ac i raddau llai
y diwydiant glo. Pan oedd Gwenallt yn dair oed symudodd y teulu i
dŷ yn yr Allt-wen, rhan fwy dymunol o'r pentref, uwchlaw'r
gweithfeydd ar lawr y cwm. Gadawer i Gwenallt ei hun baentio
darlun o'i bentref genedigol yn ystod ei fachgendod:

> Pontardawe yw'r enw swyddogol ar yr holl bentre, ond i ni yn yr
> Alltwen Pontardawe oedd enw'r pentre ar lawr y dyffryn. Wrth edrych
> ar y Gwaith Dur a'r Gwaith Alcan a'u mwg a'u mwrllwch ym
> Mhontardawe, fe fydden ni, fechgyn, yn dweud wrth ein gilydd: 'Dyna
> dwll o le.'[11]

Gallwn dybio fod y tirlun hwn, a baentiwyd ganddo yn y dull
cyntefig, nid annhebyg i waith L. S. Lowry ond heb y dynion pìn
nodweddiadol, wedi'i lunio ar sail yr hyn a welsai'n fachgen â'i
lygaid ei hun: amlinell adeiladau diwydiannol anferth a brwnt
(gwaith dur Gilbertson ym Mhontardawe oedd un o'r rhai mwyaf
yn y wlad ar y pryd), a staciau tal a chwydai bileri o fwg i'r awyr a
oleuai'n annaturiol pan agorid y ffwrneisiau.[12] Ond roedd yn
ddarlun a liwiwyd hefyd gan yr hyn a glywsai gan ei rieni am fro
arall, gyferbyniol. Soniodd Gwenallt ar fwy nag un achlysur am y
modd y byddai ei rieni'n cofio'n hiraethus am eu bywyd blaenorol
yn sir eu gwreiddiau, Caerfyrddin, gan ddyheu am gael dychwelyd
yno wedi ymddeol o'u gwaith:[13] bu hyn yn fodd sefydlu ym
meddwl y bachgen ifanc ddelwedd o sir Gaerfyrddin baradwysaidd
o wledig, wâr, a gadarnhawyd gan ei ymweliadau idylaidd ef ei
hun â'r fro yn ystod gwyliau'r haf pan oedd yn fachgen ysgol. Ac
er i'w rieni sôn yn agored hefyd, meddai Gwenallt, am galedi'r
bywyd amaethyddol, a'r cyni a'u gyrasai i chwilio am waith ym
Morgannwg,[14] nid amharodd hynny ar y myth cynhaliol a feithrinid
ar eu haelwyd o sir Gaerfyrddin hardd ei gwedd, rywiog ei hiaith,
dynn ei chymunedau a chyfoethog ei thraddodiadau.

Ar yr aelwyd hefyd y dechreuodd Gwenallt ymhél â barddoniaeth.
Roedd ei dad, Thomas Jones, yn fardd lleol adnabyddus, ac ef a
gyflwynodd ei fab ifanc i ddiwylliant yr eisteddfodau lleol, y *penny
readings* a cholofnau barddol y papurau lleol.[15] Mae cerdd Thomas
Jones, 'Pontardawe a'r Cylch',[16] yn werth ei dyfynnu am fod y
darlun o'r fro a gyflwynir ynddi'n cyferbynnu mor chwyrn â
disgrifiad Gwenallt ohoni'n 'dwll o le':

Pontardawe a'r Cylch

Awen cân i Bontardawe,
    Bannog fangre greigiog hardd,
Rhwng y bryniau gwyrddlas talion,
Yn gornentydd gwynlas gloewon,
    Llifa ysbrydoliaeth bardd.

Cribog yw'r mynyddoedd cedyrn,
    Gemog yw'r olygfa fyw;
Prancia iechyd ar y tyrau,
A'r llechweddau yn gyfrolau
    O farddoniaeth awen Duw.

Nid 'twll o le' ond '[m]angre greigiog hardd'; nid 'mwg a mwrllwch'
ond 'iechyd' a '[g]olygfa fyw'; nid 'y Gwaith Dur a'r Gwaith Alcan'
ond 'bryniau gwyrddlas talion'. Nid edrych 'ar lawr y dyffryn' o'r
Allt-wen a wna Thomas Jones yn ei gerdd ond yn hytrach troi ei
gefn ar yr olygfa honno ac edrych i fyny tua'r 'mynyddoedd
cedyrn' – a chaf fy nhemtio i ychwanegu gyda'r Salmydd, 'o'r lle y
daw fy nghymorth',[17] oherwydd Duw yw ffynhonnell yr awen sy'n
ysbrydoli'r tirlun delfrydedig hwn. Roedd y math hwn o ganu
rhamantaidd, pantheistaidd bron, yn nodweddiadol o awen llawer o
feirdd Cymru yn nechrau'r ugeinfed ganrif. A bwrw bod cof
Gwenallt yn ddibynadwy, ac mai fel 'twll o le' yn wir y syniai ef
a'i gyfeillion ifainc am Bontardawe, byddai raid aros tipyn eto cyn
gweld paentio tirlun realaidd o'r fath mewn cerdd.

Digwyddodd cam pwysig yn y broses araf tuag at sefydlu'r
arddull honno ar ben Craig yr Allt-wen, sef y mynydd y tu cefn i
gartref y teulu yn Railway Terrace. Yno, ac yntau bellach tua dwy
ar bymtheg oed, cafodd y bardd brofiad apocalyptaidd: gwelodd – a
benthyca geiriau gweledydd arall – 'nef newydd, a daear newydd':[18]

'Rwy'n cofio mynd i ben Craig yr Allt-wen, a gweled yn y pellter
uwch bae Abertawe y byd perffaith: yr Iwtopia: byd heb garchar, heb
ryfel, heb dlodi, heb ormes ac anghyfiawnder, byd heddychlon,
cyfiawn, rhydd a pherffaith.[19]

Tirlun rhamantaidd sydd yma, panorama aruchel, hytrach yn
Turneresque, a'i arwyddocâd yn gorwedd lawn cymaint yn yr hyn
sy'n absennol o'r cefndir ('heb . . . heb . . . heb . . .') ag yn yr
ideolegau haniaethol sy'n llenwi'r blaendir. Er ei ddelfrydiaeth

optimistaidd, mae'n arwyddocaol bod yr Iwtopia anghyraeddadwy hwn wedi'i gysylltu'n baradocsaidd o benodol â'r dirwedd leol, ddiriaethol; mae'n ddarlun o bopeth nad oedd yn wir am y byd o gwmpas y bardd, yn ymwadiad o'i gynefin daearyddol, gwleidyddol a moesol. Y dyddiad, mae'n rhaid, oedd tua 1916.

A'r Rhyfel Byd Cyntaf bellach yn ei anterth, daethai Gwenallt yn gynyddol siomedig yng ngallu Anghydffurfiaeth i ateb y cwestiynau dwfn a'i poenai'n bersonol, a'r problemau cymdeithasol mawr a welai yn y gymuned o'i gwmpas, a dechreuodd chwilio am atebion mewn ideolegau eraill gan ymroi i'r bywyd gwleidyddol bywiog a nodweddai Bontardawe a'r cyffiniau ar y pryd. Ymunodd â'r gangen leol o'r Blaid Lafur Annibynnol yn ogystal â dwy gymdeithas basiffistaidd, sef y Gymdeithas Wrth-Gonsgripsiwn a Chymdeithas y Cymod, a bu'n ffyddlon hefyd yn y dosbarthiadau Marcsaidd a gynhelid yn siop ddillad Griffith Davies ar sgwâr y pentref. Mewn gair, gwrthryfelodd. Pan ddaeth yr alwad i Gwenallt ymrestru'n filwr, ar ôl ei ben-blwydd yn ddeunaw oed ym mis Mai 1917, nid oedd ei wrthodiad yn annisgwyl. Roedd y penderfyniad hwn i lynu wrth ei argyhoeddiadau'n un dewr, yn enwedig o gofio mor atgas y gwrthwynebiad i'r 'conshis' o sawl cyfeiriad yn lleol, nid lleiaf o bulpud Soar, Pontardawe, yr eglwys Bresbyteraidd y magwyd Gwenallt ynddi, lle bu ef ei hun yn aelod selog, a lle oedd ei dad yn flaenor ac yn athro ysgol Sul.[20]

Er bod yr union fanylion bellach yn gymysglyd, ymddengys i Gwenallt dreulio'r rhan fwyaf o'r cyfnod rhwng Mai 1917 a Mai 1919 yng ngharchardai Wormwood Scrubs a Dartmoor.[21] Bu'r cyfnod hwnnw'n un ingol iddo, ac ymhen rhai blynyddoedd rhoddodd gynnig ar ddarlunio'r ing hwnnw yn *Plasau'r Brenin*,[22] y nofel fer – os nofel hefyd – a weodd o edafedd amrywiol brofiadau'r carchar. Er bod y beirniaid yn gwahaniaethu yn eu barn ynghylch safon lenyddol y gwaith a'i gywirdeb hanesyddol,[23] pwysigrwydd profiadau'r carchar yn ôl Saunders Lewis oedd mai trwyddynt y gwnaed Gwenallt yn fardd.[24] Cyn troi at dirluniau'r gyfrol honno, fodd bynnag, rhaid oedi i ychwanegu ychydig at y portread o'r bardd ei hun. Dychwelodd Gwenallt o'r carchar ym 1919 – nid i Gwm Tawe ond i sir Gaerfyrddin, lle treuliodd rai misoedd yn ymadfer ar ffermydd y tylwyth yn ardal Rhydcymerau, cyn mynd ymlaen ym mis Hydref y flwyddyn honno i Goleg Prifysgol Cymru, Aberystwyth. Ar wahân i gyfnodau o wyliau ac ymweliadau achlysurol, ni fyddai'n dychwelyd i bentref ei fagwraeth, ac eithrio trwy gyfrwng yr awen. Yn Aberystwyth, yn yr hinsawdd academaidd a chymdeithasol afieithus o gyffrous a nodweddai'r cyfnod yn union ar ôl y Rhyfel, dechreuodd awen Gwenallt flaguro wrth iddo gael ei ddenu'n arbennig gan y byd aesthetig a rhamantaidd hwnnw a gâi fynegiant llachar yng ngwaith ei athro a'i fentor barddol, T. Gwynn Jones.[25] Nid anodd dychmygu atynfa'r ddihangfa hudolus a gynigiai'r byd hwnnw, a'i bwyslais ar ganoloesoldeb, ar arwriaeth draddodiadol a phendefigaeth, ac ar yr ymchwil am baradwys, i ddyn ifanc a siomwyd yn ei gynefin diwydiannol ac anghydffurfiol ac a ddoluriwyd gan brofiadau'r carchar. I'r byd rhamantaidd hwnnw y ffodd Gwenallt yn 'Ynys Enlli', er enghraifft, yr awdl a enillodd Gadair Eisteddfod Coleg Prifysgol Cymru Aberystwyth iddo ym 1922.[26] Ynddi mae'r llefarydd, yntau'n 'ŵr lleddf', yn datgan ei awydd i ffoi 'O ddadwrdd blin y ddinas, / Byd y boen, a'r bywyd bas' (ll. 1–2) i Enlli, lle caiff 'deg ymgeledd' a 'diderfyn hedd' (ll. 30–1) mewn tirwedd hardd, doreithiog ei bywyd gwyllt. Ond caiff hefyd weledigaeth o'r gymuned fynachaidd a addolai yno gynt, a hwythau'n trin y tir yn dangnefeddus mewn rhyw orffennol 'pell, di-gur, / Cyn aru â dolur ein cain ardaloedd' (ll. 39–40). Ar Enlli, meddai'r bardd yn niwedd ei gerdd, caed 'Bywyd na ŵyr ein byd ni' (ll. 156). Paradwys o le yn wir. Neu Iwtopia efallai; oherwydd diddorol yw cymharu nodweddion y 'byd perffaith' a welodd Gwenallt oddi ar ben Craig yr Allt-wen â'r darlun o Enlli a gyflwynir yma, yn dir 'didlawd' (ll. 28), lle nad oes nac 'ofn na thrais' (ll. 26), a lle mae'r gweithwyr yn 'foddog . . . mewn trymwaith' (ll. 59-60), 'yn wych eu rhodiad, glân a charedig' (ll. 118). Bron na ellid dweud bod y bardd wedi ailbaentio'i dirlun o Iwtopia gan adleoli'r byd perffaith hwnnw ar Enlli ganoloesol. Mewn lle o'r fath câi Gwenallt – fel '[g]ŵr lleddf' ei gerdd – gysur a chynhaliaeth i'w ysbryd blinedig.

Os tirlun dihangfa mewn lloches ramantaidd ganoloesol yw hanfod awdl 'Ynys Enlli', yr un dirwedd ddaearyddol, hanesyddol a chymdeithasol ramantaidd sy'n nodweddu hefyd awdl 'Y Mynach' ym 1926, er na leolir digwydd y gerdd honno mewn man na chyfnod penodol, fel y nodwyd eisoes.[27] Fodd bynnag daeth newid sylfaenol i ddaearyddiaeth tirluniau Gwenallt o 1928 ymlaen, a'r digwyddiad allweddol o ran deall y newid hwnnw oedd marwolaeth ei dad yn sgil damwain ddiwydiannol ym mis Medi 1927. Er ei fod yn perthyn i gyfnod diweddarach, mae'n werth dyfynnu yn y fan hon y tirlun Breughelaidd ei fanylion cymdeithasol a dynnodd Gwenallt o'i gynefin yng Nghwm Tawe yn ei ysgrif 'Credaf' ym 1943, sy'n gorffen ag amgylchiadau erchyll y ddamwain honno:

> Yr oedd Marcsiaeth i ni yn llawer gwell efengyl na Methodistiaeth. Efengyl oedd hi; crefydd, a chrefydd gymdeithasol, ac yr oeddem yn barod i fyw drosti, i aberthu drosti, ie, a marw er ei mwyn, ond ni chodem fys bach dros Galfiniaeth. Yr oedd cyfalafiaeth i ni yn beth byw. Gwelem y tlodi, y newyn a'r hanner-newyn, aflendid yr hofelau, mamau yn myned yn hen cyn eu hamser, creulondeb y milwyr a'r plismyn yn adeg y streiciau, meddygon yn rhoi 'tuberculosis' ar dystysgrif y marw yn lle 'silicosis' er mwyn osgoi talu iawndal i berthnasau, a'r cyrff yn dod adref wedi'r damweiniau. Daeth corff fy nhad, ymhen blynyddoedd ar ôl hyn, adref, wedi ei losgi i farwolaeth gan y metel tawdd, a hynny heb eisiau. Yn y bregeth angladdol, pan ddywedodd y gweinidog mai hyn oedd ewyllys Duw, tywelltais oddi mewn i mi holl regfeydd yr 'haliars' ar ei bregeth ac ar ei Dduw, a phan ganasant ar lan y bedd 'Bydd myrdd o ryfeddodau' cenais yn fy nghalon 'The Red Flag'. Pe gallwn godi'r arch o'r bedd fe chwilfriwiwn â hi y gyfundrefn gyfalafol felltigedig, a roddai fwy o bwys ar gynnyrch nag ar fywyd, ar elw nag ar ddyn.[28]

Ymhen llai na blwyddyn i'r ymwrthodiad ffyrnig ac ymddangosiadol derfynol hwn, ar lan bedd ei dad, â'i gynefin crefyddol a diwydiannol, gwelwn y bardd yn troi am ddihangfa ac ysbrydoliaeth nid at greigiau Enlli ganoloesol ei awdlau gynt ond at gynefin ei dad yn sir Gaerfyrddin. Er iddo honni ymhen blynyddoedd mai yn ystod ymweliad ag Iwerddon ym 1929 y daeth i sylweddoli arwyddocâd ei wreiddiau yn y Gymru wledig,[29] mewn gwirionedd rhoddodd fynegiant llachar i ffurf ddelfrydedig o'r gwreiddiau hynny yn y weledigaeth o sir Gaerfyrddin sy'n llenwi trydydd caniad 'Y Sant' ym 1928[30] – yr awdl y gwrthododd y beirniaid ei gwobrwyo yn Eisteddfod Genedlaethol Treorci, yn bennaf oherwydd iddynt ystyried ei bod yn 'bentwr o aflendid',[31] er cydnabod mai hi oedd cerdd orau'r gystadleuaeth. Ynddi, mae'r prif gymeriad, *persona*'r Sant, yn frodor o sir Gâr. Wedi olrhain ei gwymp i bechod, gartref ar y fferm ac yna yn y ddinas fawr ddrwg, fe'i hargyhoeddir ynghylch cyflwr ei enaid a rhoddir iddo weledigaeth o'i sir enedigol, tirlun amaethyddol lle mae'r wlad a'i phobl oll yn gysegredig:

A gwelais ogoniant glas y gweunydd,
A moesau mwynion plant maes a mynydd,
Eu bywyd dewr ar wyneb y tiroedd,
Yn y gwair a'r gwŷdd, yn gyrru'r gweddoedd
Â'u haradr isel ar hyd yr oesoedd,
Yn hau hefyd rhwng daear a nefoedd,
Haf a hydref, yn cywain aeddfedrwydd
Haidd, ŷd ar gaeau eu ffydd dragywydd.

Y mae heddiw bob pant a chnwc yn santaidd,
Pob tywarchen a phren, gwartheg a phraidd; [. . .]
Y mae hen gewri'r sir yma'n gorwedd,
Gweddillion emynyddion yn ei hedd,
Y gwŷr hoff a gâi ynddi gorff a gwedd
Eu Gwaredwr briw [. . .] (ll. 484–501)

Er nad oedd y tirlun dyrchafol hwn o'r Jerwsalem newydd wedi'i thrawsblannu ar lannau Tywi yn ddigon i achub y gerdd yng ngolwg beirniaid Eisteddfod 1928, mae'r anwesu ar sir Gaerfyrddin a geir yma'n arwyddocaol am ei fod yn adlewyrchu ymwadiad cyfatebol a chyfamserol y bardd â'i Forgannwg enedigol. Y ffydd Gristnogol *versus* Marcsiaeth; cynhaeaf toreithig *versus* newyn; gogoniant byd natur *versus* hofelau brwnt; 'moesau mwynion' *versus* creulondeb; marwolaeth aberthol y Gwaredwr *versus* angau diangen y gweithiwr dur. Mae'r cyferbyniadau'n llu, a'r naill ddarlun fel petai wedi'i lunio o elfennau sy'n wrthwyneb i gynnwys y llall.

Mae'r un cyferbyniadau sylfaenol rhwng y ddwy fro i'w gweld hefyd yn *Plasau'r Brenin* (1934), gwaith sy'n tynnu ar brofiadau Gwenallt yn y carchar rhwng 1917 a 1919. Nid dyma'r fan i geisio tafoli'r elfennau hunangofiannol yn *Plasau'r Brenin*. Er gwaethaf y nodyn ymwadu ar gefn yr wyneb-ddalen, 'Nofel fechan yw hon, a dychmygol yw'r cymeriadau', naïfrwydd fyddai dadlau na allai'r prif gymeriad, Myrddin Tomos, fod yn hunan-bortread am fod hwnnw'n '[b]aladr o ddyn tal, main . . . [a ch]anddo gnwd o wallt modrwyog, o liw gwellt, a llygaid glas a edrychai'n ofnus ac yn freuddwydiol ar y byd [. . .]',[32] tra oedd Gwenallt yn ŵr 'bychan iawn ei daldra, yswil, â thrwch o wallt o dduwch y frân', yn ôl un a fu'n gyd-garcharor ag ef yn Dartmoor.[33] Prin, ychwaith, y dylid

gosod gormod o bwys ar y ffaith i Myrddin Tomos dreulio'i
gyfnod dan glo ar ei hyd yn 'un o garcharau Llundain' (t.
46), tra bod Gwenallt wedi cael ei drosglwyddo i Dartmoor ar ôl rhyw
'gyfnod byr' yn Wormwood Scrubs;[34] nac ychwaith ar y ffaith bod
Myrddin Tomos wedi'i fagu 'ar fferm o'r enw Pant-y-pistyll, yn
ymyl pentref Llansadwrn, yn Sir Gaerfyrddin' (t. 11), tra perthynai
Gwenallt ei hun i ail genhedlaeth o alltudion o'r sir honno.[35]
Manion yw'r rhain; manylion ymylol i brif thema'r nofel, sef
dioddefaint Cymro ifanc synhwyrus ym mheiriant imperialaidd
Lloegr, ac yn hynny o beth prin bod lle inni amau nad gwaith
hunangofiannol yw *Plasau'r Brenin* yn ei hanfod.[36] Mae'r darlun o
galedi a gerwinder bywyd y carchar, ei ddychryn, ei ddiflastod a'i
ddylanwadau dad-ddyneiddiol yn argyhoeddi'n emosiynol beth
bynnag am gywirdeb ffeithiol ei fanylion. A'r hyn sy'n peri bod y
darlun hwnnw mor affwysol o dywyll yw'r cyferbyniad a dynnir
drosodd a thro rhwng bywyd y carchar a chynefin Myrddin Tomos
yng Nghymru wen.

Peth cwbl naturiol i berson a ddadleolwyd neu a ddadwreiddiwyd
yw hiraethu am ei fro enedigol. Fel y dywedodd Gwenallt yn y
rhagymadrodd a gyfrannodd i gyfrol ei gyfaill T. E. Nicholas,
Llygad y Drws: Sonedau'r Carchar (1940), casgliad a luniwyd tra
oedd y bardd hwnnw dan glo oherwydd ei safiad fel
gwrthwynebydd cydwybodol i'r Ail Ryfel Byd, 'Ar ei atgofion y
bydd dyn yn byw yn y carchar. Yn y llonyddwch a'r caethiwed
daw'r hyn sydd ddyfnaf a hynaf ynddo i'r wyneb.'[37] Nid rhyfedd
felly i Nicholas – brodor o Lanfyrnach, sir Benfro – ffoi yn ei
ddychymyg oddi rhwng muriau'r gell

> at lechweddau Sir Benfro; at yr aelwyd yng Nghrymych; [. . .] at
> 'drydar annwyl adar bythynnod' ei fro; at y lloi a'r moch a'r gaseg
> benwen a gerddai'r cylch dyrnu; at fagïen ym mol y clawdd, a gwenyn
> yn ymdroi mewn bysedd cŵn [. . .][38]

Mae'n drawiadol, felly, nad ei gynefin ef ei hun ym Mhontardawe
y dewisodd Gwenallt ei ddarlunio'n antithesis i fywyd y carchar,
ond rhyw ddelfryd o sir Gaerfyrddin wledig. O'r pangfeydd cyntaf
o 'hiraeth am y cartref a adawsai yn Sir Gaerfyrddin' ar dudalen
cyntaf y bennod gyntaf (t. 7), i'w ddychmygion yn ystod y daith
adref ar y trên yn niwedd y bennod olaf (t. 134), mae'r weledigaeth
yn gyson; caiff Myrddin Tomos ddihangfa barod rhag creulondeb a

chaledi'r carchar yn ei atgofion am ardd Eden o sir lle mae gwŷr a
gwragedd duwiolfrydig yn cydweithio i ddarostwng y ddaear, gan
fwynhau ffrwyth eu llafur yn helaeth doreithiog. Er y sonnir yn
achlysurol am gyni bywyd yn y wlad, am renti uchel a landlordiaid
trahaus (tt. 123-4), eithriadau prin yw cyfeiriadau o'r fath, a'r
rheini ond yn fodd i bwysleisio arwriaeth y bobl. Pan fo
profiadau'r carchar ar eu mwyaf tywyll, a Myrddin Tomos mewn
cell gosb, dyna pryd yr ymffurfia'r darlun o'r baradwys wledig
gliriaf ar gynfas ei feddwl:

> Gwelai Myrddin Tomos orffennol ei fywyd yn loyw o flaen ei lygaid,
> cwrs ei flynyddoedd yn eglur, fel caeau sofl tan loer y cynhaeaf.
> Gwelai'r nerthoedd a adawodd eu hôl ar ei ysbryd, y bobl y bu'n byw
> yn eu plith ac y disgynnodd ohonynt, a'r wlad lle y bu'n chwarae, yn
> chwerthin, yn chwysu, yn gweithio a gweddïo. Gwŷr caredig oedd
> gwŷr sir Gaerfyrddin; gwŷr cymwynasgar, tylwythgar, teulugar;
> cymdogion da; boneddigion y tir; gwragedd diwyd, doeth a ffrwythlon;
> [. . .] y bobl a fu'n dioddef gorthrwm a thrais y meistri tir a'r
> stiwardiaid, yn ymladd yn erbyn anghyfiawnder, yn aberthu pob dim er
> mwyn egwyddor ac yn dal at eu hargyhoeddiadau hyd y carchar a'r
> bedd. Pobl unplyg, gweddïgar, duwiol, yn mwmian emynau wrth ladd
> y gwair a chywain y cynhaeaf, yn cynnal y weddi deuluaidd bob bore
> wrth ford yr allor, gan dynnu Duw i lawr i'r ceginau rhwng y potiau a'r
> pedyll.[39]

Mae strwythur y darlun yn ddi-feth: trwy gyfres o gymalau byrion
gan mwyaf, crewyd *collage* o olygfeydd gwahanol o'r gymuned
amaethyddol sy'n cyfuno i greu gweledigaeth o frawdoliaeth
gydweithredol Gristnogol nid annhebyg i'r un a gafodd Waldo yn y
bwlch rhwng dau gae yn sir Benfro.[40] 'Oni bai am ruthm a hwyl a
barddoniaeth y darn,' meddai Saunders Lewis, 'byddai'n rhaid
chwerthin arno. Y mae mor wrthrychol a thua mor gywir ag ydyw
Angelus y peintiwr Ffrengig Millet'.[41] Eto nid yng ngwrthrychedd
nac yng nghywirdeb realaidd y darlun y gorwedd ei rym artistig
na'i arwyddocâd, ond yn y ffaith mai mewn atgofion am sir wledig
ei wreiddiau a'i wyliau, ac nid ei gynefin ei hun ym Mhontardawe
ddiwydiannol, y cafodd yr awdur hyd i dirlun y ddihangfa sy'n
cynnal ysbryd *persona*'r carcharor yn ei nofel.

Er i Myrddin Tomos a T. E. Nicholas ill dau ddianc yn eu
dychymyg i'r un cyfeiriad yn fras yn y Gymru wledig, mae
gwahaniaeth go sylfaenol yn natur y tirluniau sy'n cynnal ysbryd y

naill a'r llall. Lle mae bro breuddwydion carcharor Gwenallt wedi'i phoblogi gan gymuned weithgar a chytûn, mae'r wlad yr hiraetha Nicholas amdani'n drawiadol wag o bobl:[42] ar ddylanwadau iachusol byd natur y mae'r pwyslais cyson:

> Canfûm y blodau ar lechweddau'r Frenni
> A chryndod talpau aur yn tyrru eu brig;
> Y grug a'u lliw a'u clych a'u sawr yn tonni,
> A gwenyn uwch eu mêl yn chwarae mig [. . .]
> Rhwng muriau'r carchar fel ar gaeau'r wlad
> Mae lliw a sawr y blodau'n rhoi mwynhad.[43]

Bu T. E. Nicholas yn weinidog yn y Glais, Cwm Tawe, yn y cyfnod 1904–14, lle bu'n lladmerydd brwd dros ideolegau Marcsaidd a Sosialaidd, ond digon prin yw'r cyfeiriadau at y De diwydiannol yn *Sonedau'r Carchar*.[44] Prin hefyd yw'r golygfeydd o sir Forgannwg ar dudalennau *Plasau'r Brenin*. Er inni gael ambell gip cynnil trwy gymeriad John Niclas,[45] mewn un man yn unig y darlunnir Morgannwg ddiwydiannol yn uniongyrchol, a llun *cameo* trawiadol yw hwnnw:

> Pan letyai Myrddin Tomos mewn pentref yn Sir Forgannwg, cofiai weled, yn ystod streic, blismyn boliog y Dociau yn cerdded strydoedd y pentref hwnnw, gan drin y gweithwyr fel cŵn a bwrw enllib ar foesoldeb eu gwragedd. Chwalai'r plismyn gyfarfodydd heddychlon y streicwyr â'u clybiau. Ceibiai'r gweithwyr y tipiau am dalpau glo i gynhesu eu haelwydydd, neu gario, mewn sachau gwlybion ar eu cefnau, gols a saim o dipiau'r gwaith tŷn. Dioddefent dlodi a newyn. Yr hen gownt yn y *Cop* a gadwai'r blaidd y tu allan i'r drws. Gorfu i un teulu, nad oedd nepell o'i lety, goginio'r ci yn fwyd i'r plant newynog. Braint i lygaid Myrddin Tomos oedd gweled dewrder distaw'r Undebau Llafur dros gyflog byw ac oriau hamdden.[46]

Mae'r olygfa hon o fywyd mewn 'pentref yn Sir Forgannwg' ond yn amrywiad ar y darlun o fywyd y carchar a gyflwynir ar hyd y nofel: yn gyffredin i'r ddau y mae gormes corfforol a seicolegol o du swyddogion yr awdurdodau, anobaith yn wyneb amgylchiadau y tu hwnt i reolaeth yr unigolyn, newyn neu fwyd afiach a'r orfodaeth i gyflawni gorchwylion diraddiol. Yn ei fanylion mae'n cyferbynnu'n uniongyrchol â'r delfryd o sir Gaerfyrddin fel y'i gwelwyd uchod a thrwy'r nofel. Nid dihangfa rhag bywyd y carchar yn unig mo'r baradwys honno o sir Gâr rydd a gwledig, felly; mae'n ddihangfa hefyd rhag caethiwed uffern o Forgannwg ddiwydiannol. Os gwelodd Gwenallt yn ddwy ar bymtheg oed 'yn y pellter uwch bae Abertawe' ryw Iwtopia a gyferbynnai â'i gynefin ei hun ym Mhontardawe, mynnodd ddiriaethu'r byd rhithiol hwnnw bellach ar gaeau sir Gaerfyrddin yr oes o'r blaen.

Mae'n arwyddocaol i Gwenallt gyflwyno *Plasau'r Brenin* i goffadwriaeth ei dad, yr un a gyffrôdd ynddo'r ymwybod â'r ddelwedd iachusol o sir Gaerfyrddin wledig yn y lle cyntaf. Os ei ymwrthod â Morgannwg oedd cyd-destun cofleidio Gwenallt ar sir Gaerfyrddin, cyd-destun ei ymwrthod â Morgannwg oedd yr argyhoeddiadau Sosialaidd yr aeth i'r carchar er eu mwyn: tlodi, gorthrwm y meistri ar y gweithwyr, anghyfiawnderau cymdeithasol, anallu'r eglwysi i ymateb i'r gwacter o'u cwmpas. Ychwaneger at y pethau hyn ei ddicter am y modd cïaidd yr erlidiwyd ei dad gan ei gyd-bentrefwyr – gan gynnwys gweinidog ac aelodau eglwys Soar – oherwydd safiad Gwenallt fel gwrthwynebydd cydwybodol,[47] ynghyd ag amgylchiadau marw ei dad ym mis Medi 1927, a gwelir yn glir sut yr ymffurfiodd y Forgannwg ddiwydiannol a'r sir Gâr wledig yn ddiptych cyferbyniol ond ffrwythlon ym meddwl creadigol Gwenallt o ddiwedd y 1920au ymlaen.

Bu sir Gaerfyrddin yn ysbrydoliaeth i Gwenallt ar hyd ei oes, a cheir ym mhob un o'i gyfrolau cyhoeddedig gerddi sy'n tarddu o'r myth cynhaliol am ddelfryd o fywyd gwledig y plannwyd ei hadau ym meddwl y bardd ifanc ar yr aelwyd yn yr Allt-wen.[48] Dichon mai'r enghraifft fwyaf adnabyddus yw'r soned 'Sir Gaerfyrddin'[49] yn *Ysgubau'r Awen*, lle rhoddir mynegiant i brofiad hiraethus y to cyntaf o ymfudwyr o sir Gâr:

> Ni wyddom beth yw'r ias a gerdd drwy'n cnawd
> Wrth groesi'r ffin mewn cerbyd neu mewn trên:
> Bydd gweld dy bridd fel gweled wyneb brawd,
> A'th wair a'th wenith fel perthnasau hen [. . .]

Ynddi, cyfleir anwyldeb at yr hen sir mewn tirlun lled-animistaidd sy'n darlunio nodweddion yn ei thirwedd fel pe baent yn aelodau teulu agos nas gwelwyd ers amser maith. Ond, fel yn achos y rhan fwyaf o gerddi Gwenallt i sir Gaerfyrddin o gyfnod *Ysgubau'r Awen* ymlaen, mae'r tirlun diwydiannol hefyd yn mynnu troedle yn y gân, ac ymwybod y bardd â'i gynefin ym Morgannwg yn ei rwystro rhag ymgolli'n llwyr mewn paradwys wledig. Yn raddol, cyflwynir elfennau mwy realaidd, modernaidd hyd yn oed, i'w ganu. Dychwelyd i'w sir enedigol o'u 'dygnu byw'n y De / Gerbron tomennydd y pentrefi glo' a wna gwŷr sir Gaerfyrddin yn y soned hon;[50] dychwelyd i'w fro ei hun ymhlith y tipiau glo a wna'r bardd wedi ymweliad idylaidd â Golden Grove;[51] ac mae'r 'Capel yn y wlad', cyfoethog ei gysylltiadau diwylliannol ynghanol tir amaethyddol ffrwythlon, yn cyflawni'r un gwaith ac yn gweinyddu'r un sacramentau â'i gymar, 'y Capel yn y Deheudir diwydiannol / Lle'r oedd yn cystadlu â'r gwaith dur, y gwaith alcam a'r pwll glo'.[52] O'r 1930au ymlaen, mae cysgod y stac ac amlinell y pwll glo i'w gweld yn bur gyson ar draws y caeau, yng nghefndir ei dirluniau gwledig.

Cerdd arwyddocaol o ran deall y newid hwn yw 'Gwlad Adfeiliedig;[53] ynddi, disodlwyd tirluniau gwledig poblog 'Y Sant' a *Plasau'r Brenin* gan olygfa annaturiol wag a distaw:

> Nid oes un grefft ar wrych, a hi'n fis Awst,
> A'r bwlch sy'n llipa rhwng y ddeugae wyllt,
> Mae rhaffau'r corryn ar bob dist a thrawst,
> A'r rhwd yn bwyta clicied, clo a byllt [. . .]
>
> Nid oes a ddaw i ladd y gwair a'r mawn,
> A rhwymo'r ystod wenith yn ei gofl,
> Ni ddisgyn sguthan ar gogyrnau'r grawn,
> Nid esgyn petris mwy o'r caeau sofl.

A'r ffocws ar olion gweithgareddau dynol a ddaethai i ben, dyma gydnabod fod y gymdeithas amaethyddol, gyfoethog ei diwylliant a ddisgrifiodd Gwenallt mewn ffordd mor ddelfrydedig mewn gweithiau cynharach, wedi dadfeilio'n ddifrifol yn sgil gwaedu tua'r 'gweithie'.[54] Ym mhennill olaf y gerdd hon daw fferm a ffwrnais wyneb yn wyneb mewn delwedd awgrymog:

> Tynnwyd yr hufen gan y dur a'r glo
> A gado'r llefrith glas mewn llestr a phair.

Adlewyrchir y mudo o'r wlad i'r 'gweithie', a fu'n rhan lythrennol o brofiad rhieni Gwenallt fel y gwelsom, gan fudo cyfatebol yn awr yn ymagweddu'r bardd, ac yntau'n rhoi sylw cynyddol o'r 1930au ymlaen i'w gynefin ei hun ym Morgannwg ddiwydiannol. O fewn ychydig dudalennau i 'Gwlad Adfeiliedig' fe'n cawn ein hunain yn syllu ar lun o fath newydd ym marddoniaeth Gwenallt:

Dynion yn y Deheudir heb ddiod na bwyd na ffag,
A balchder eu bro dan domennydd ysgrap, ysindrins, yslag:
Y canél mewn pentrefi'n sefyllian, heb ryd na symud na sŵn,
A llygod boliog yn llarpio cyrff y cathod a'r cŵn.[55]

Trodd 'hufen' y wlad yn '[dd]ynion yn y Deheudir'. Mae'r *palette*
rhamantaidd wedi'i roi o'r neilltu, a Gwenallt bellach wedi
mabwysiadu dull realaidd, newyddiadurol, bron.
Mae'n llun sydd
wedi'i gyfansoddi'n ofalus, a phob elfen yn cyfrannu rhywbeth i'r
stori: y gweithwyr segur, merddwr y canél, y tomennydd ysgrap a'r
llygod mawr porthiannus, a'r cyfuniad ysgytwol o iaith ffurfiol
lenyddol ('Deheudir', 'balchder eu bro') a geirfa fenthyg ('ffag',
'ysgrap, ysindrins, yslag') yn cyfleu ysbryd toredig y gymuned
ddirwasgedig. Er caledi digyfaddawd y ddelwedd, nid oes
amheuaeth fod cydymdeimlad yr 'arlunydd' yn gorwedd gyda'r
rheini ym mlaendir ei lun a gollodd eu hurddas eu hunain ynghyd â
'balchder eu bro'.

Mae'n arwyddocaol mai yn y gerdd hon, sy'n rhybuddio yn
erbyn colli golwg ar wir Gristnogaeth yn sgil dilyn ffasiynau
ideolegol disylwedd, y cawn y tirlun diwydiannol cyntaf o bwys
yng nghanu Gwenallt, ynghyd â'r awgrym clir cyntaf o
gydymdeimlad y bardd â'r cefndir hwnnw. Os ymwrthododd â'i
gynefin crefyddol a diwydiannol fel ei gilydd ar lan bedd ei dad ym
1927, mae'n arddel y ddeupeth eto'n llawn yma. Erbyn cyhoeddi
'Ar Gyfeiliorn' ym 1936,[56] buasai Gwenallt yn ddarlithydd yn Adran
y Gymraeg, Coleg Prifysgol Cymru, Aberystwyth, er Hydref 1927,
a gellid awgrymu mai'r pellter a osodwyd rhyngddo a'i gynefin ym
Mhontardawe gan fywyd mewn swydd sefydlog, ffafriol ei
hamodau gwaith, a ganiataodd iddo droi ei sylw creadigol yn ystod
y 1930au at ddehongli'r *milieu* diwydiannol. Ond dichon fod
ffactor arall ar waith hefyd. Mae sawl un o gerddi *Ysgubau'r Awen*
– cerddi a luniwyd rhwng 1933 a 1939 – yn dangos bod Gwenallt,
y gwrthryfelwr o Farcsydd ar lan bedd ei dad ym 1927, wedi profi
tröedigaeth i Gristnogaeth uniongred:[57] dyma brofiad a roddodd fin
ar ei awen yn gyffredinol, ond un hefyd a ganiataodd iddo edrych
trwy lygaid newydd ar ei gynefin yng Nghwm Tawe. Mae'r ffydd
honno, sy'n gosod gwerth uchel ar bob unigolyn, pwy bynnag
ydyw, yn caniatáu i'r bardd ganfod rhyw ddynoliaeth, a hyd yn oed
arwriaeth ddyrchafol, yn yr amgylchiadau mwyaf diraddiol ac
annynol, ac er na lwydda i ymryddhau'n llwyr o'i ddicter yn

wyneb yr amgylchiadau hynny, tymherwyd y dicter hwnnw bellach â chydymdeimlad mawr.

Roedd egin y cydymdeimlad hwnnw i'w weld hyd yn oed trwy dywyllwch gothig y tirlun diwydiannol cyntaf o'r 'pentref yn Sir Forgannwg' yn *Plasau'r Brenin*, yn ymwybod Myrddin Thomas â 'dewrder distaw'r Undebau Llafur dros gyflog byw ac oriau hamdden' i'r gweithwyr.[58] Fel Monet, a hoffai ddychwelyd at yr un testun a'i baentio a'i ailbaentio dan amodau goleuni gwahanol, dychwelodd Gwenallt at yr un olygfa honno ddwywaith yn nechrau'r 1940au, a'i hailgyflwyno mewn lliwiau mwy cydymdeimladol. Digwydd y bwysicaf o'r rheini yn ei Ragymadrodd i *Llygad y Drws: Sonedau'r Carchar* ym 1940:

Cofiwn am blismyn boliog y Dociau yn gorymdaith, yn adeg streic, drwy Gwm Tawe, ac am yr ysgarmesoedd rhyngddynt a'r gweithwyr. Lluchiem, dadau a meibion, o'n cuddfeydd, gawodydd o gerrig am eu pennau, a gwisgai plismyn a gweithwyr, ar ôl y pastynu, gadachau am eu cleisiau a'u clwyfau. [. . .] Cofiaf am un o'r plismyn yn cyfarch fy mam, ar y glwyd, fel putain. Daliwyd un o'r *blacklegs* ar ben pwll gan y streicwyr, ei wisgo mewn blows a blwmers, a'i arwain drwy'r strydoedd ar flaen yr orymdaith yn gyff gwawd â dolen rhaff am ei wddf, ac wedi cyrraedd y bont, ei daflu ef yn ddiseremoni o'i phen i ddyfroedd lleidiog y canél. Rhaid oedd chwilio a chwalu'r tipiau, yn ystod y streic, am dalpau glo i gael tân yn y tŷ, a cheid bwyd o'r siopau ar hen gownt. [. . .] Braint bywyd oedd cael gweled brwydr gweithwyr Deheudir Cymru dros bersonoliaeth dyn ac urddas llafur yn erbyn y pwerau materol, na wyddent bardwn, ag un o'r arfau mwyaf dynol yn y byd, hunan-aberth y tlodion.[59]

Er y cyd-destun Sosialaidd, mae ymwybod Gwenallt â '[ph]ersonoliaeth dyn ac urddas llafur', a 'hunan-aberth y tlodion' yn tarddu mewn gwirionedd o'i ymrwymiad i Gristnogaeth. A phe bai angen prawf o hynny, ni raid edrych ymhellach na'i soned gyfarwydd i 'Sir Forgannwg',[60] y fwyaf arwyddocaol o gerddi 'diwydiannol' *Ysgubau'r Awen* sydd, fel 'Ar Gyfeiliorn', yn cyfuno theori Sosialaidd â gweledigaeth Gristnogol y bardd. Gan fanteisio ar strwythur deuol y soned, cyferbynnir y dibersonoli sy'n rhan y glöwr yn y gweithle â'r dyrchafu gweddnewidiol a ddaw iddo yn sgil ei grefydd, mewn diptych lled argraffiadol sy'n darlunio croeshoelio ac anobaith ar y naill law ac atgyfodi gorfoleddus ar y llall. Yn ei defnydd o ieithwedd a delweddaeth y Pasg, mae'n werth

cymharu'r soned hon â cherdd gynharach o lawer i 'Y Glöwr' a
gadwyd ymhlith papurau Gwenallt yn y Llyfrgell Genedlaethol.[61]
Dyma dri o'i phenillion:

Y Glöwr

Cymwynaswr mawr yr oesau
Ydyw'r glöwr mad
Gloddia lwybr at drysorau
Bryniau llwyd ei wlad;
Gwron hawddgar ar bob tywydd
Gwyd cyn toriad gwawr,
Ceidw dân ar holl aelwydydd
Y cyfanfyd mawr.

Mentra i'r dyfnderau duon
Gyda'i gaib a'i raw
Ac wyneba ar beryglon
Heb un ofn a braw;
Hyd ei oriau yn egnïol
Megis angel iach,
Wrth ei waith yn chwys dyferol
Gyda'i lusern fach [. . .]

Byw i arall yw ei hanes
Drwy gydol ei oes
O dan fflangell trais a gormes
A rhyw lethol groes;
Disgwyl dyddiau gwell i ddyfod
Yn y niwl a'r nos,
A breuddwydia er ei drallod
Am ei Wynfa dlos.

Dyma ni yng nghwmni 'arwr glew erwau'r glo' chwedl Tilsi, un y
bu'r gwahanol ddelweddu arno'n destun astudiaeth gan yr Athro
Hywel Teifi Edwards,[62] a chymeriad a gyflwynir yma yn ei holl
ddelfrydiaeth ystrydebol: dyma'r 'gwron hawddgar', cymeriad
cosmig sy'n aberthu nid yn unig ei iechyd ond hefyd ei fywyd er
lles y ddynoliaeth. Mae geirfa'r gerdd yn feseianaidd, yr ymadroddi'n
emynyddol a'r mesur rheolaidd ei drawiad yn fodd i gadarnhau'r
argraff rithiol-ramantaidd o arwriaeth y gweithiwr diwydiannol yn
wyneb gormes y gweithle. Ond er ei thestun, nid rhagredegydd
mo'r gerdd hon i'r rheini a fyddai maes o law yn dehongli'r

'proletariat diwydiannol', chwedl R. M. Jones,[63] oherwydd ni osodwyd y glöwr hwn yn nhirlun ei gyd-destun cymdeithasol a gwleidyddol fel y gwneir mewn cerddi diweddarach.

Mae'n perthyn yn hytrach i'r *juvenilia* eraill a gadwyd ymhlith papurau Gwenallt: cerddi sy'n codi – fel eiddo'i dad i 'Pontardawe a'r Cylch' – o'r cyd-destun diwylliannol cyffredinol y magwyd y bardd ynddo yng Nghwm Tawe, yn hytrach nag o'i brofiad ef ei hun o'r *milieu* diwydiannol a'i weledigaeth artistig ohono.

Er nad ymryddhaodd Gwenallt yn llwyr yn 'Sir Forgannwg' oddi wrth ei olwg ramantaidd gynnar ar y glöwr – peth anodd i'w wneud 'mewn mesur mor rheolaidd ac mor "wâr" ei gynodiadau' â'r soned[64] – mae'r elfennau realaidd yn amlycach bellach; er enghraifft, y cyfeiriadau cyferbyniol at wyneb a dillad y glöwr yn yr wythawd a'r chwechawd, a'r defnydd o eirfa dechnegol pwll a gwaith: mandrel, rhaw, sment, caets, rhaffau dur. Ac er mai beirniadaeth Sosialaidd / Farcsaidd ar ddiwydiannaeth a geir yn wythawd y soned hon, a'r glowyr ond yn adnoddau amhersonol ('arian papur', 'allforion') yn y drefn gyfalafol, deinameg gweledigaeth Gristnogol Gwenallt sy'n gyrru olwyn weindo'i gwpled clo.

Digwydd *motif* y gweithwyr amhersonol yn lled gyson yn nhirluniau diwydiannol Gwenallt o hyn allan. Fe'i ceir yn *Eples* (1951), y casgliad o gerddi a luniwyd rhwng 1943 a 1951, mewn cerddi fel 'Morgannwg', 'Colomennod' ac 'Y Morgrug', er enghraifft.[65] Yn 'Cwm Rhondda',[66] un o'r ddwy soned ddiwydiannol yn *Cnoi Cil* (1942), y gyfrol denau a gyhoeddodd ar ganol yr Ail Ryfel Byd, delweddir y gweithwyr yn 'Rhifau bataliynau busnes ac elw', yn dringo'n llythrennol ac yn drosiadol o affwys llawr y cwm diwydiannol i brofiad pen-y-mynydd gwareiddiol. Fel yn 'Sir Forgannwg', mae'r tirlun ar ffurf diptych cristolegol ei ddelweddaeth, yn cyferbynnu disgyniad i 'annwn heintus, welw' ideolegau Sosialaeth a Marcsiaeth ag esgyniad i'r 'gwareiddiad gwyn' ymhlith y 'ffermydd a'r ffynhonnau dŵr'. A bron na chawn ein gwahodd gan y cwpled clo i gyferbynnu'r Iwtopia Sosialaidd a welsai'r Gwenallt ifanc o ben Craig yr Allt-wen â'r weledigaeth hon o'r ddinas nefol wedi'i hadleoli ar Ben-rhys:

> Ac ar ei gopa Gristionogaeth fyw
> Yn troi Cwm Rhondda'n ddarn o Ddinas Duw.[67]

Yng nghwpled clo 'Sir Forgannwg', defnyddiodd Gwenallt drosiad trawiadol i ddisgrifio'r modd y dyrchefir y gweithiwr trwy ei grefydd:

> Tynnir y caets o waelod pwll i'r nef
> Â rhaffau dur Ei hen olwynion Ef.[68]

Ailgydiodd yn y 'rhaffau dur' hynny ar ddechrau 'Y Meirwon', cerdd agoriadol *Eples* (1951), a'r gyntaf mewn cyfres o gerddi sy'n cyfuno i greu'r tirlun pwysicaf o gynefin y bardd yng Nghwm Tawe:

> Bydd dyn wedi troi'r hanner-cant yn gweld yn lled glir
> Y bobl a'r cynefin a foldiodd ei fywyd e',
> A'r rhaffau dur a'm deil dynnaf wrthynt hwy
> Yw'r beddau mewn dwy fynwent yn un o bentrefi'r De.[69]

Yn y llinellau hyn mae Gwenallt yn arddel ei wreiddiau ym Morgannwg mewn modd tra arwyddocaol. Wrth fynegi hiraeth cenhedlaeth ei rieni am eu sir enedigol yn y soned 'Sir Gaerfyrddin', soniodd yn gofiadwy am y 'gwreiddiau haearn ym meddrodau'r fro':[70] trwy led-gyfeirio at y llinell honno'n awr wrth sôn am '[r]affau dur' y 'beddau mewn dwy fynwent yn un o bentrefi'r De', ni allai ymrwymiad y bardd i gynefin ei ieuenctid ei hun fod yn llai amwys.

Y pentref dan sylw wrth gwrs yw Pontardawe, a'r mynwentydd yw eiddo'r Methodistiaid Calfinaidd yn Nhrebannws, lle claddwyd amryw o aelodau teulu Gwenallt, a mynwent yr Annibynwyr yn yr Allt-wen, lle claddwyd nifer o'u cymdogion, gan gynnwys y rhai a lasenwir 'Y Merthyron' yn y trydydd pennill. Ac nid dyfais gyfeiriadol yn unig mo'r sôn am feddau a mynwentydd ym mhennill cyntaf 'Y Meirwon'; mae marwolaeth yn bresenoldeb amlwg o ddechrau'r gerdd hyd ei diwedd, fel y mae hefyd yn amryw o'r cerddi sy'n ei dilyn. A gellid dadlau ymhellach fod Gwenallt yn y dilyniant byr o gerddi'r fro ddiwydiannol ar ddechrau *Eples*, ac mewn ambell gerdd arall wasgaredig, yn marwnadu cymuned a ffordd o fyw a gofiai, neu a led-gofiai, o gyfnod ei ieuenctid ond a oedd bellach yn darfod amdani. Ailgydiodd yn yr olygfa o'r fro a gyflwynodd gyntaf yn 'Ar Gyfeiliorn', ynghyd â'r iaith sathredig a chras a ddefnyddiodd i'w chyfleu, a datblygu dros nifer o gerddi ddarlun amlweddog o fywyd mewn pentref diwydiannol sy'n gymar i'w dirluniau o fywyd gwledig sir Gaerfyrddin, ond sydd hefyd yn cyferbynnu â hwy.[71] Ac er ei fod yn glynu o hyd wrth fesur ac odl, mae'r defnydd meistraidd ar y llinell hir, afreolaidd ei haceniad, ynghyd ag ieithwedd gyhyrog o aflafar, yn gyfrwng effeithiol o rymus i fynegi ei weledigaeth a'i brofiad dilys ei hun o fywyd 'mewn pentref yn Sir Forgannwg'; gweledigaeth sydd yn rhoi'r hawl i Gwenallt gael ei ystyried 'yn yr un cyd-destun â Joseff Herman, George Chapman, Nicholas Evans a Valerie Ganz, gan fod ardrawiad ei ddelweddau ar ein synhwyrau yn gyfnerth â'u paentiadau hwy'.[72]

Os y gweithiwr amhersonol oedd prif thema cerddi diwydiannol cynharaf Gwenallt, y dirwedd ddiwydiannol a'r gymuned ehangach sy'n ei phoblogi yw canolbwynt ei sylw bellach. Ni ellir crwydro'n bell trwy Gwm Tawe *Eples* cyn sylwi ar bresenoldeb y 'gweithie'; mae ffatri a ffwrnais a phwll i'w gweld, i'w clywed ac i'w teimlo'n glir:

> Yn y pentrefi peiriannol, proletaraidd,
>   Lle'r oedd chwyrn y gantri a rhugldrwst y crân,
> Lle'r oedd y gwaith cemi yn crafu'r gwddwg
> A gwrid ar yr wyneb o'r ffwrnais dân.[73]

Nid darlunio mwg a mwrllwch Pontardawe oddi ar gopa Gellionnen neu o ben Craig yr Allt-wen a wna'r bardd bellach; mentrodd yn hytrach i ganol cynfas ei gân. Trwy ei ddefnydd o ffurfiau person cyntaf berf ac arddodiad, mae Gwenallt yn ei osod ei hun yn yr olygfa, nid annhebyg i'r modd y gwnaeth yr arlunydd Eidalaidd Caravaggio ddiwedd yr unfed ganrif ar bymtheg, er enghraifft, gan ddwyn i'w waith uniongyrchedd realaidd a dramatig newydd. Mae Gwenallt yno, yn un o'r bechgyn a fu'n lladrata beisiglau o'r sgrap ac yn chwarae rygbi â phledrenni moch;[74] mae ef yno, ar ei ddeulin yn addoli'r 'fflam ar ben y stac',[75] ac yn gwerthfawrogi cymorth cymdogion 'yn seremonïau / Yr angau mawr'.[76] Ac yntau ar ganol ei lun o'r 'tlodi cymdogol yn y De'[77] mae'r bardd hefyd ymhlith y rhai sy'n cael eu byddaru gan '[d]aranau'r gwaith dur a'r gwaith tun' a'u taro'n syn gan yr hwter a ddynodai ddamwain ddifrifol.[78]

Aeth y tirlun diwydiannol yn waith aml-gyfrwng, cymhleth sy'n mynnu ymateb y glust a'r galon, yn ogystal â'r llygad. Ac mae ymateb Gwenallt i'w amgylchedd yn gymhleth. Er iddo ddarlunio'r pentref diwydiannol yn gyson yn y cerddi hyn fel lle brwnt ac anghysurus, a'r gweithfeydd ei hunain yn llefydd afiach a pheryglus, pan fydd y gwaith yn peidio ni all y bardd lawenhau. Pan na fydd yr ystac yn gollwng 'ei hymbarél o fwg', pan fydd 'rhugldrwst y crân a sgrech yr hwterau' yn distewi, pan fydd yr awyr yn clirio a byd natur yn cael cyfle i ymadfer – y 'sêr wedi eu sgrwbio i gyd' – a phan fydd gweithwyr yn segura ar gorneli'r strydoedd o orfodaeth ac nid o ddewis, bron nad yw'r bardd yn hiraethu'n weithredol ar ôl 'Eldorado'r trefi'.[79] Oherwydd er pob gwella yn yr amgylchedd, y darlunnir ei fanylion mewn ffordd mor graffig yn 'Y Dirwasgiad', heb y 'gweithie' nid all y gymuned ymgynnal. Arwydd arwynebol o hynny yw'r dirywio ar bryd a gwedd y tai, y 'paent ar ddrws a ffenestr yn siabi iawn', a'r dogni ar '[f]wyd ar y byrddau', ond mae'r wir effaith yn mynd at wreiddyn y gymdeithas; mae'r canol bellach yn dadfeilio, a pheintir y segurdod 'surbwch' a orfodwyd ar y gymuned gan y Dirwasgiad mewn lliwiau cataclysmig:

Tyllwyd y gymdogaeth; craciwyd y cartrefi,
Seiliau gwareiddiad a diwylliant y De.

Yng nghydymdeimlad dwys Gwenallt â chartrefi a chymdogaeth ei gynefin y gorwedd arwyddocâd ei luniau ohono bellach, ac ni cheir mynegiant mwy dynol, mwy grymus nac mwy teimladwy o'i weledigaeth o'r cynefin hwnnw nag yn 'Y Meirwon'. Ynddi, darlunnir sawl agwedd ar Gwm Tawe ei ieuenctid ar ffurf *collage* cymdeithasol: y tlodi a orfodai fechgyn ifainc i 'yrru ar feisiglau wedi eu lladrata o'r sgrap'; yr ymdeimlad cenedlaetholgar a ganiatâi iddynt 'chwarae rygbi dros Gymru' â phledren mochyn o bêl; sbri diniwed y plant yn yr ardd, a'r hiwmor nodweddiadol dywyll (ac eironig o broffwydol) a fathodd y glasenw 'Y Merthyron' ar y cymdogion o dref Merthyr Tudful; y 'parlyrau beiblaidd' nas defnyddid ond ar y Sul ac ar gyfer gosod arch; y marwolaethau annhymig. A dyna ddod at graidd y gerdd. Dyma gymdogaeth a nodweddid gan afiechydon diwydiannol a barodd i gyfoedion y bardd 'chwydu eu hysgyfaint i fwced yn fudr goch', a chan ddamweiniau brawychus a osodai rai, fel ei dad ei hun, yn 'olosg o gnawd' mewn eirch a gâi 'eu sgriwio cyn eu pryd'. Dyma gymuned a ddeallai fod marwolaeth yn dod mewn pob math o ffurfiau, a phob un yn dod â'i ddychryn arbennig ei hun: 'y llewpart diwydiannol a naid yn sydyn slei', 'yr angau llychlyd,

myglyd, meddw', neu'r 'angau a chanddo arswyd tynghedfan las'.
Dyma gymdeithas y 'gwragedd dewrfud' sy'n ymgynnal ar lond
dwrn o *gompo* a chysur eu ffydd; cymuned gymhleth o amrywiol
ei daliadau crefyddol a gwleidyddol lle mae 'hanes dioddefaint y
groes' yn cyd-fodoli â '[ch]olectau gwrthryfel coch a litanïau trais'
a'r 'hen regfeydd a'r cableddau yn eu hangladdau hwy'.

Anghymwynas ddybryd â cherdd mor gyfoethog ag 'Y Meirwon'
yw ei dadelfennu'n gatalog o nodweddion cymdeithasol. Mae'n
gerdd a strwythurwyd yn ofalus, a daw ei deinameg o ddefnydd y
bardd o gyferbyniadau a'i ddefnydd annisgwyl ar air ac ymadrodd.[80]
Ond ei phwysigrwydd yng nghyd-destun y drafodaeth bresennol
yw'r modd y mae'n diweddu trwy gyfeirio at dirlun y byd perffaith
a luniwyd ar egwyddorion Sosialaidd a welsai'r bardd yn ddwy ar
bymtheg oed: 'yr Iwtopia: byd heb garchar, heb ryfel, heb dlodi,
heb ormes ac anghyfiawnder, byd heddychlon, cyfiawn, rhydd a
pherffaith'.[81] Bellach, meddai:

> Diflannodd yr Wtopia oddi ar gopa Gellionnen,
>   Y ddynoliaeth haniaethol, y byd diddosbarth a di-ffin;
> Ac nid oes a erys heddiw ar waelod y cof
>   Ond teulu a chymdogaeth, aberth a dioddefaint dyn.

Mae cynnwys ac arddull tirluniau'r bardd wedi'u trawsnewid yn
llwyr. Rhoddodd heibio ddull haniaethol y delfrydau anghyraeddadwy,
meddai, a mabwysiadu yn ei le ddull realaidd y diriaethau
cyffwrddadwy – 'teulu a chymdogaeth' – pethau yr oedd ef ei hun
yn brofiadol ohonynt a bellach yn eu prisio uwchlaw popeth arall;[82]
pethau yr oedd ei gof amdanynt yn caniatáu iddo ei angori ei hunan
mewn cefndir a chyfnod a chymdeithas, yn union fel y bu yn achos
Myrddin Tomas yn nhywyllwch y gell.[83]

Mewn gwirionedd, wrth gwrs, mae'r darlun o 'aberth a
dioddefaint' teulu a chymdogaeth a gyflwynir yng ngherddi *Eples*
yn un anghyflawn. Er y manylion realaidd – y mwrllwch yn disgyn
ar y gerddi prin eu tyfiant, y 'sipsiwn o ddefaid', yr ysgùm ar
gerrig y nant – yn ei awydd i adfer yn ei feddwl creadigol aeddfed
y cynefin yr ymwrthododd ag ef yn ddyn ifanc, creodd Gwenallt
fyth o sir Forgannwg ddiwydiannol sydd yr un mor anghytbwys â'i
ddarluniau o sir Gaerfyrddin wledig gynt: Morgannwg ydyw a
nodweddid – er gwaethaf pob caledi – gan 'chwerthin bolwyn'
llygaid y glöwr,[84] lle'r oedd 'teuluoedd dyn / A'r eglwysi fel

ynysoedd glân',[85] lle'r oedd 'iechyd fin-nos' i'w gael mewn twlc mochyn a gardd a chwt colomennod,[86] lle'r oedd gweddwon annhymig yn ymgynnal yn ddewrfud ddefosiynol,[87] a lle'r oedd canu gweithiau crefyddol 'mewn cyngerdd ac Ysgol Gân' yn brofiad dyrchafol.[88] Nid oes lle yn y Forgannwg hon i blismyn a blaclegs, i newyn, moesau amheus a chols mewn sach; i gyfnod arall (hanesyddol a chelfyddydol), a bydolwg arall, y perthynai'r rheini.[89]

Erbyn cyhoeddi *Eples*, roedd prif nodweddion tirluniau Gwenallt o sir Gaerfyrddin a sir Forgannwg wedi'u sefydlu, ac er bod cerddi yn *Gwreiddiau* (1959) ac *Y Coed* (1969) sydd a wnelo â'r ddwy sir a'u cymunedau gwahanol, nid ychwanegant fawr ddim newydd at y darlun mewn gwirionedd. Tirluniau yn y dull mynegiadol ydynt i gyd, rhai sy'n gwyro realaeth er mwyn effaith emosiynol. Os oes anghysonderau yn nhirluniau Gwenallt, ac yn y modd y mae'n ymateb i'r hyn a ddarlunnir ganddo o gyfnod i gyfnod,[90] mae ei ddefnydd ar iaith, delwedd a rhythm yn peri bod ei greadigaethau'n argyhoeddi'n llenyddol ac yn emosiynol, os nad yn gymdeithasegol-hanesyddol. Ond pam y dylem ddisgwyl i lenyddiaeth ddweud y gwir, yr holl wir a dim ond y gwir? Gallwn ofyn, gyda Peilat, 'Beth yw gwirionedd?'[91] Ac ys dywedodd Gwenallt ei hun, 'Nid y cof yn unig sydd yn bwysig. Ni ellir ysgaru hwnnw oddi wrth y dychymyg, y serchiadau a'r syniadau'.[92] Wrth ddehongli tirluniau Gwenallt, rhaid cofio mai o'r tri hyn – y dychymyg, y serchiadau a'r syniadau – mewn cyfuniadau gwahanol, y cafodd hyd i holl liwiau ac arddulliau ei *palette* barddol.

NODIADAU

[1] Gw. Christine James, gol., *Cerddi Gwenallt: Y Casgliad Cyflawn* (Llandysul, 2001), tt. 139–40.

[2] Gw., er enghraifft, R. M. Jones, *Llenyddiaeth Gymraeg 1936–1972* (Llandybïe, 1975), t. 7. Cf. Hywel Teifi Edwards, *Arwr Glew Erwau'r Glo: Delwedd y Glöwr yn Llenyddiaeth Gymraeg 1850–1950* (Llandysul, 1994), t. 244.

[3] Cf., er enghraifft, sylwadau Aneirin Talfan Davies ar glawr y record *Teyrnged i Gwenallt* (Recordiau'r Dryw, 1970), rhif WRL 527: 'Y mae Gwenallt yn fardd dau fyd – y wlad a'r dref ddiwydiannol. Yn ei gerddi ceir tensiwn parhaus rhwng y ddau. Er ei fod yn ymhyfrydu yn ei wreiddiau yn Sir Gâr, y mae ei ymlyniad wrth ei gwm diwydiannol yn gadarn a di-sigl'.

[4] Ceir yr hanes yn Beth Owen, 'Cywiro Camsyniadau', *Taliesin*, 38 (Gorffennaf 1979), 90.

[5] Gw. *Cerddi Gwenallt: Y Casgliad Cyflawn*, tt. 3–24.

[6] Ef, yn ôl R. M. Jones, oedd 'ben-ddehonglydd Cymraeg y proletariat diwydiannol, cymdeithas y pyllau glo sydd bellach [wedi] diflannu'; gw. *Llenyddiaeth Gymraeg 1936–1972*, t. 17. Mae perthynas Gwenallt â'i gwm genedigol yn faes a drafodwyd gan un arall o feibion llengar Pontardawe; gw. Dafydd Rowlands, 'Gwenallt a Chwm Tawe', yn *Darlithoedd i'r Chweched Dosbarth* (Llandysul, 1973), tt. 5–14.

[7] 'Sir Gaerfyrddin', *Cerddi Gwenallt: Y Casgliad Cyflawn*, t. 105.

[8] Gw. W. R. P. George, 'Cofio Gwenallt', yn R. Gerallt Jones, gol., *Dathlu: Cynnyrch Llenyddol Dathliadau Chwarter-can-mlwyddiant Sefydlu'r Academi Gymreig* (Caerdydd, 1986), t. 112.

[9] D. Gwenallt Jones, 'Y Ddwy Wraig', yn Bobi Jones, gol., *Kate Roberts: Cyfrol Deyrnged* (Dinbych, 1969), t. 159. Cf. sylw Gwenallt, '"y cynefin" sydd yn bwysig, nid fy mhrofiadau i yn y cynefin hwnnw'; 'Y Bardd a'i Fro', atodiad 'Y Gwrandawr', *Barn*, 68 (Mehefin 1968), vi.

[10] Hyderaf y bydd yr osgo feirniadol hon wrth fodd calon yr Athro Hywel Teifi Edwards a wrthododd, mewn darlith ar faes Eisteddfod Genedlaethol Sir y Fflint a'r Cyffiniau, 2007, gynnig dadansoddiad ôl-strwythurol na dad-strwythurol o waith Daniel Owen ond yn hytrach fynnu gosod y llenor hwnnw yng nghyd-destun ei gyfnod a'i gynefin.

[11] Ll[yfrgell] G[enedlaethol] C[ymru] 21754E (Papurau Gwenallt), ff. 2.

[12] Gw. T. J. Morgan, 'Cefndir Gwenallt', *Y Traethodydd*, 124 (Ebrill 1969), 97–8.

[13] Gw., er enghraifft, D. Gwenallt Jones, 'Y Fro: Rhydcymerau', yn J. Gwyn Griffiths, gol., *D. J. Williams, Abergwaun: Cyfrol Deyrnged* (Llandysul, 1965), t. 124. Mynegi hiraeth y genhedlaeth honno o ymfudwyr o'r wlad a wneir yn y soned 'Sir Gaerfyrddin'; gw. *Cerddi Gwenallt: Y Casgliad Cyflawn*, t. 105, ynghyd â nodyn 50 isod. Gw. hefyd y soned goffa a luniodd Gwenallt i'w dad – nid yr un a gyhoeddwyd yn *Ysgubau'r Awen*, ond un arall a luniwyd yn yr un cyfnod; *Cerddi Gwenallt: Y Casgliad Cyflawn*, t. 400.

[14] D. Gwenallt Jones, 'Y Fro: Rhydcymerau', t. 124.

[15] Ar y cefndir diwylliannol, gw. T. J. Morgan, 'Cefndir Gwenallt', tt. 99–101. Atgynhyrchwyd yr ysgrif honno yn idem, *Diwylliant Gwerin* (Llandysul, 1972),

ac mae dwy arall o ysgrifau'r gyfrol honno, sef 'Diwylliant Gwerin' (tt. 7–84) a 'Beirdd Eisteddfodol Cwmaman a Chwmtawe' (tt. 85-116) hefyd yn berthnasol. Cf. hefyd Huw Walters, *Canu'r Pwll a'r Pulpud: Portread o'r Diwylliant Barddol Cymraeg yn Nyffryn Aman* (Cyhoeddiadau Barddas, 1987).

[16] Gw. J. E. Morgan, *Hanes Pontardawe a'r Cylch* (Abertawe, 1911), t. 66.

[17] Salm 121:1.

[18] Datguddiad 21:1.

[19] LlGC 21754E (Papurau Gwenallt), ff. 4–4v; dyfynnwyd yn J. E. Meredith, *Gwenallt: Bardd Crefyddol* (Llandysul, 1974), t. 19.

[20] Er i sawl un o Sosialwyr ifainc Pontardawe gael ei garcharu oherwydd ei ddaliadau, gan gynnwys brawd Griffith Davies, yr Albert a enwir yn y gerdd 'Cyfeillion' (*Cerddi Gwenallt: Y Casgliad Cyflawn*, tt. 310–11), Gwenallt oedd yr unig un o 'blant' cynulleidfa Soar a safodd fel gwrthwynebydd cydwybodol.

[21] Am grynodeb o'r dystiolaeth a'r dryswch, gw. Gerwyn Wiliams, *Tir Neb: Rhyddiaith Gymraeg a'r Rhyfel Byd Cyntaf* (Caerdydd, 1996), tt. 71–2. Gw. hefyd nodyn 34 isod.

[22] D. Gwenallt Jones, *Plasau'r Brenin* (Aberystwyth, 1934).

[23] Gw. Gerwyn Wiliams, *Tir Neb*, tt. 69, 74 *et seq.*

[24] Saunders Lewis, 'Plasau'r Brenin', *Y Traethodydd*, 124 (Ebrill, 1969), 54.

[25] Penodwyd T. Gwynn Jones i Gadair Gregynog mewn Llenyddiaeth Gymraeg yng Ngholeg Aberystwyth ym 1919.

[26] *Cerddi Gwenallt: Y Casgliad Cyflawn*, tt. 371–5.

[27] Mae'r disgrifiad o safle Mynachlog y Grog 'ar greigiau . . . / Uwch sŵn y glas donnau' (ll.15–16), ynghyd ag amryw o fân adleisiau o'r awdl gynharach, yn awgrymu mai ar Enlli wledig a gwyllt y safai'r gymuned fynachaidd sy'n darparu nodded i'r enaid trwblus yr olrheinir ei hanes yn awdl 'Y Mynach' hithau. Am destun y gerdd, gw. *Cerddi Gwenallt: Y Casgliad Cyflawn*, tt. 3–24.

[28] D. Gwenallt Jones, yn J. E. Meredith, gol., *Credaf: Llyfr o Dystiolaeth Gristionogol* (Aberystwyth, 1943); ailgyhoeddwyd yn idem, *Gwenallt: Bardd Crefyddol*, tt. 60–1.

[29] 'Gwelais werth iaith, a diwylliant a thraddodiadau'r bywyd gwledig. Âi fy meddwl o hyd yn Connemara yn ôl i Sir Gaerfyrddin, a gwelais mai yno yr oedd fy ngwreiddiau'; 'Credaf', ailgyhoeddwyd yn *Gwenallt: Bardd Crefyddol*, t. 68.

[30] *Cerddi Gwenallt: Y Casgliad Cyflawn*, tt. 25–44.

[31] Beirniadaeth John Morris-Jones, *Cofnodion a Chyfansoddiadau Eisteddfod Genedlaethol 1928* (Cymdeithas yr Eisteddfod Genedlaethol, [1928]), t. 4. Am drafodaeth lawn ar y '*bust up* eisteddfodol o'r iawn ryw' a dorrodd allan yn sgil gwrthod y Gadair i awdl Gwenallt, gw. Peredur Lynch, '"Y Sant" Gwenallt', yn Hywel Teifi Edwards, gol., *Cwm Tawe* (Llandysul, 1993), tt. 293–328.

[32] *Plasau'r Brenin*, t. 11.

[33] J. Beddoe Jones, 'Gwenallt yn Dartmoor', *Barddas*, 15 (Ionawr 1978), 1. Barn J. Beddoe Jones yw bod 'Gwenallt ei hun wedi cofnodi ei hanes yn y carchar' yn *Plasau'r Brenin*.

[34] Nododd Rosemary Non Mathias i Gwenallt dreulio peth amser hefyd yng ngharchar agored Ely, swydd Caergrawnt; gw. 'Bywyd a Gwaith Cynnar Gwenallt' (traethawd MA anghyhoeddedig Prifysgol Cymru, 1983), t. 17.

[35] Pant-y-pistyll oedd enw'r fferm ger Llansadwrn a weithid gan ei Fodryb Lisa (chwaer tad Gwenallt) a'i gŵr Dafydd.

[36] Cf. barn Dafydd Densil Morgan, 'Cyffes a Hunan-ymholiad – Gwreiddiau'r Nofel Seicolegol Gymraeg', *Taliesin*, 39 (Rhagfyr 1979), 84–5. Un manylyn gogleisiol o safbwynt uniaethu'r prif gymeriad â Gwenallt yw'r ffaith i Myrddin Tomas gael ei ryddhau ar 20 Mai 1919, wedi dwy flynedd yn y carchar (t. 129); ym mis Mai 1919 y rhyddhawyd Gwenallt yntau. (Byddai wedi bod yn 20 oed ar 18 Mai 1919.)

[37] D. Gwenallt Jones, 'Rhagymadrodd', yn T. E. Nicholas, *Llygad y Drws: Sonedau'r Carchar* (Aberystwyth, 1940), t. 18.

[38] Ibid.

[39] *Plasau'r Brenin*, tt. 73–4. Gw. hefyd atgofion idylaidd Myrddin Tomos am y Sul yn sir Gaerfyrddin; ibid., tt. 62–4.

[40] Waldo Williams, 'Mewn Dau Gae', *Dail Pren* (Aberystwyth, 1956), tt. 26–7.

[41] Saunders Lewis, 'Plasau'r Brenin', t. 55.

[42] Eithriad amlwg i'r duedd hon yw'r gerdd '"Alien"':

> Bu fy nghyndeidiau'n trin y maes a'r ffriddoedd,
> A siarad heniaith Cymru nos a dydd,
> Sangodd eu traed ar greigiau'r hen fynyddoedd
> Yn Gymry gwrol ac yn Gymry rhydd.

Ond fel y gwelir o nodyn y bardd, '*Dosbarthwyd ni yn[g ngharchar] Abertawe gyda'r estroniaid*', nid cerdd ddihangfa mo hon ond yn hytrach un a fwriadwyd yn benodol i arddel perthynas genhedlig; gw. *Llygad y Drws: Sonedau'r Carchar*, t. 59.

[43] 'Blodau', ibid., t. 101.

[44] Sonnir am 'hofelau aflan' y gweithwyr a'u byrddau gwag yn 'Cynhaeaf', ibid., t. 37, ac am ddüwch 'nentydd Rhondda Fach' yn 'Dial', ibid., t. 125.

[45] Diddorol nodi bod y cymeriad hwn yn rhannu'r un cyfenw â'r gŵr (Nun Nicholas) a gynhaliai ddosbarthiadau Marcsaidd ym Mhontardawe yn ystod llencyndod Gwenallt. Cynrychiolydd cymdeithas ar ei newid yw John Niclas, glöwr o Dreforys sy'n graddol gefnu ar yr hen werthoedd ac arferion a gysylltid â'r capel a'r ysgol Sul, gan gofleidio yn eu lle ideolegau gwleidyddol newydd; gw., er enghraifft, *Plasau'r Brenin*, t. 16. Dichon fod mwy nag ychydig o Gwenallt ei hun i'w ganfod yn y cymeriad hwn yn ogystal ag ym Myrddin Tomos; cf. Dafydd Densil Morgan, 'Cyffes a Hunan-ymholiad – Gwreiddiau'r Nofel Seicolegol Gymraeg', 85, sydd hefyd yn awgrymu y gellir canfod agweddau ar Gwenallt ei hun yng nghymeriad Bili Mainwaring, y pasiffist pentecostaidd o Landybïe.

[46] *Plasau'r Brenin*, t. 125.

[47] Ymatebodd y bardd i hyn maes o law yn y soned goffa, 'Fy Nhad'; *Cerddi Gwenallt: Y Casgliad Cyflawn*, t. 100.

[48] Gw., er enghraifft, '*Golden Grove*' (*Ysgubau'r Awen*, 1939), *Cerddi Gwenallt: Y Casgliad Cyflawn*, t. 105; 'Rhydcymerau' (*Eples*, 1951), ibid., tt. 148–9; 'Y Capel yn Sir Gaerfyrddin' (*Gwreiddiau*, 1959), ibid., t. 226; 'Sir Gaerfyrddin' ac 'Y Ddaear' (*Y Coed*, 1969), ibid., tt. 285–7, 314.

[49] Ibid., t. 105.

⁵⁰ 'Gwŷr Sir Gaerfyrddin, *wrth y Sir*' oedd teitl y gerdd hon pan y'i cyhoeddwyd gyntaf, yn T. H. Parry-Williams, gol., *Elfennau Barddoniaeth* (Caerdydd, 1935), tt. 153–4.

⁵¹ '*Golden Grove*', *Cerddi Gwenallt: Y Casgliad Cyflawn*, t. 105.

⁵² 'Y Capel yn Sir Gaerfyrddin', ibid., t. 226.

⁵³ Ibid., t. 68.

⁵⁴ Ar y canu i ddadfeiliad bywyd cefn gwlad, gw. Alan Llwyd, *Barddoniaeth y Chwedegau* (Cyhoeddiadau Barddas, 1986), tt. 67–8, a cf. nodyn 71 isod.

⁵⁵ 'Ar Gyfeiliorn', *Cerddi Gwenallt: Y Casgliad Cyflawn*, t. 72.

⁵⁶ Fe'i cyhoeddwyd gyntaf dan y teitl 'Heddiw' yn rhifyn cyntaf y cylchgrawn *Heddiw* (Awst 1936), 1–2.

⁵⁷ Orheiniais y prif gamau yn ei ddatblygiad ysbrydol yn *Cerddi Gwenallt: Y Casgliad Cyflawn*, tt. xxxi–xxxvi, lle awgrymais fod dechreuadau'r profiad i'w gweld mor gynnar ag 'Y Sant', a'r ymhyfrydu yn nhraddodiad Cristnogol sir Gaerfyrddin sy'n rhan mor bwysig o'r dyrchafu ar y sir yn y gerdd honno.

⁵⁸ *Plasau'r Brenin*, t. 125.

⁵⁹ 'Rhagymadrodd', *Llygad y Drws: Sonedau'r Carchar*, tt. 9–10. Digwydd y fersiwn arall yn ei ysgrif 'Credaf' (1943), lle awgrymodd fod ceibio'r tipiau am lo a saim i'w cario adref mewn sachau, a gwylio'r plismyn yn gwarchae'r pyllau ac yn amddiffyn y blaclegs yn 'hwyl a sbort . . . i ni, lanciau' ar y pryd; ailgyhoeddwyd yn *Gwenallt: Bardd Crefyddol*, tt. 55–6.

⁶⁰ *Cerddi Gwenallt: Y Casgliad Cyflawn*, t. 113.

⁶¹ LlGC Papurau Gwenallt, CH10, 8–9. Fe'i cyhoeddwyd yn *Cerddi Gwenallt: Y Casgliad Cyflawn*, tt. 366-7.

⁶² Hywel Teifi Edwards, *Arwr Glew Erwau'r Glo*. Am 'Awdl Foliant i'r Glöwr', gw. Gwilym R. Tilsley, *Y Glöwr a Cherddi Eraill* (Llandybïe, 1958), tt. 9–19.

⁶³ Gw. nodyn 2.

⁶⁴ Hywel Teifi Edwards, *Arwr Glew Erwau'r Glo*, t. 244.

⁶⁵ *Cerddi Gwenallt: Y Casgliad Cyflawn*, tt. 143–5.

⁶⁶ Ibid., t. 135.

⁶⁷ Gyda synnwyr ddoe, ychydig yn ddoniol yw gweld Gwenallt yn lleoli 'Dinas Duw' yn y fan lle codwyd stad tai nid anenwog Pen-rhys maes o law. Adeg llunio'r gerdd, fodd bynnag, yr oedd honno'n ardal wledig a diarffordd, a Ffynnon Fair yn darparu cyd-destun Cristnogol parod y 'ffynhonnau dŵr'. Cf. pryddest Rhydwen Williams, 'Y Ffynhonnau', a enillodd iddo Goron Eisteddfod Genedlaethol Abertawe, 1964, ac a gynullwyd wedyn i'w gyfrol *Y Ffynhonnau a Cherddi Eraill* (Llandybïe, 1970), tt. 12–21. Ar Ffynnon Fair, gw. fy ysgrif, 'Penrhys: Mecca'r Genedl', yn Hywel Teifi Edwards, gol., *Cwm Rhondda* (Llandysul, 1995), tt. 27–71.

⁶⁸ *Cerddi Gwenallt: Y Casgliad Cyflawn*, t. 113.

⁶⁹ Ibid., tt. 139–40.

⁷⁰ Ibid., t. 105.

⁷¹ Dichon nad amherthnasol yw nodi bod yr afael hon yn ei wreiddiau diwydiannol yn digwydd yn yr un gyfrol â'r gerdd 'Rhydcymerau' (ibid., tt. 148–9), lle mae'r bardd nid yn unig yn moli'r gymdeithas wledig, ond hefyd yn ei marwnadu; gw. hefyd nodyn 54. Yn *Eples* hefyd y ceir y gerdd 'Sir Forgannwg a Sir Gaerfyrddin', sy'n ymgais i gymathu'r ddwy weledigaeth sydd bellach yn

cydfodoli yn ei ddychymyg creadigol; ibid., t. 152. Mae cymathu elfennau cyferbyniol neu anghymarus yn hoff thema yng ngherddi Gwenallt; gw. ibid., tt. xxxix–xl.

[72] Hywel Teifi Edwards, *Arwr Glew Erwau'r Glo*, t. 243.

[73] 'Morgannwg', *Cerddi Gwenallt: Y Casgliad Cyflawn*, t. 143.

[74] 'Y Meirwon', ibid., t. 139.

[75] 'Rygbi', ibid., t. 140.

[76] 'Cymdogion', ibid., t. 142.

[77] 'Colomennod', ibid., 144.

[78] 'Morgannwg', ibid., t. 143.

[79] 'Y Dirwasgiad', ibid., t. 141.

[80] Gw. T. Emrys Parry, 'Cerddi'r Fro Ddiwydiannol', *Y Traethodydd*, 124 (Ebrill 1969), 64–9.

[81] Gw. uchod, nodyn 19.

[82] Cf. sylw Gwenallt mewn sgwrs ag W. R. P. George: 'Yn niwedd y dydd . . . dim ond tŷ, teulu, tylwyth sy'n cyfrif'; gw. W. R. P. George, 'Cofio Gwenallt', t. 112.

[83] *Plasau'r Brenin*, t. 60.

[84] 'Y Dirwasgiad', *Cerddi Gwenallt: Y Casgliad Cyflawn*, t. 141.

[85] 'Morgannwg', ibid., t. 143.

[86] 'Morgannwg', ibid., t. 143, a 'Colomennod', ibid., t. 144.

[87] 'Y Meirwon', ibid., tt. 139-40.

[88] 'Morgannwg', ibid., t. 143.

[89] Nid oes lle yma chwaith i'r diwylliant poblogaidd amrywiol y ceir golwg adferol arno yn *Ffwrneisiau: Cronicl Blynyddoedd Mebyd* (Llandysul, 1982), y 'nofel' a olygwyd gan J. E. Caerwyn Williams o deipysgrif anorffen a nodiadau Gwenallt ar ôl ei farw. Ar y cefndir hwnnw, gw. nodyn 15.

[90] Gw., er enghraifft, M. Wynn Thomas, 'Pwys Llên a Phwysau Hanes', yn John Rowlands, gol., *Sglefrio ar Eiriau* (Llandysul, 1992), tt. 15–21.

[91] Ioan 18:38.

[92] D. Gwenallt Jones, 'Y Fro: Rhydcymerau', t. 119.

R. S. Thomas: Claf Abercuawg?*

M. WYNN THOMAS

Yn Aber Cuawc yt ganant gogeu
Ar gangheu blodeuawc.
Coc lauar, canet yrawc.[1]

Mae cariad R. S. Thomas at Abercuawg siŵr o fod yn hysbys inni i gyd. Yn Eisteddfod Genedlaethol Aberteifi (1976), fe draddododd ei ddarlith fawr, gofiadwy, ar yr union destun. A dwy flynedd yn ddiweddarach cyhoeddodd grynodeb o'r ddarlith ar ffurf cerdd yn ei gyfrol *Frequencies*.[2] Yn y ddau destun ceir, felly, ddau esboniad cyfoethog ac awgrymog ar yr hyn yr oedd Abercuawg yn ei arwyddo i R. S. Ac eto mae gennyf deimlad annelwig, rywsut, nad yw'r esboniadau – er eu cyfoethoced – yn llwyr ddisbyddu arwyddocâd yr enw a'r lle dychmygol iddo. Ymdrech bersonol ar fy rhan yw'r ysgrif hon, felly, i ddirnad y dirgelwch tybiedig ychydig bach yn well.

Ond gadewch i mi ddechrau drwy ddwyn i gof y ddarlith gynnil, ddigyfaddawd o gymhleth a draddodwyd yn ôl ym 1976. Mae'n siŵr o fod ymhlith y darlithiau pwysicaf a draddodwyd gan lenor ar faes y Brifwyl. Dyma un o feirdd mwyaf Cymru yn manteisio ar y cyfle i ddatgelu hanfod ei weledigaeth fel bardd, ac ymhellach i gyplysu'r weledigaeth yn uniongyrchol â'i gydberthynas gyfrin â'i briod gyfrwng, sef geiriau. Gadewch inni ystyried yn fyr ac yn drwsgl iawn yr hyn yr oedd ganddo i'w ddweud am ei weledigaeth. Amwyster y dychymyg – ie ond hefyd grym a *hygrededd* y dychymyg: dyna yw ei destun yn ei hanfod. Er nad yw, ac er nad oedd, Abercuawg hwyrach yn bodoli fel lle go iawn, mae ei gyfaredd eto i'w barchu, gan fod y gair yn tirio gwirionedd

---

* Seiliwyd yr ysgrif hon ar ddarlith a draddodwyd yn Eisteddfod Genedlaethol Cymru, Abertawe a'r Cylch, Awst, 2006.

sylfaenol sydd eto'n wirionedd fythol anghaffael – sef dyhead
arhosol dyn am 'rywbeth', chwedl R. S., 'sydd uwchlaw amser, ac
eto ar fedr bod bob amser'.[3] A dyma'r union ddyhead gwibiol ond
bythol adnewyddol, a ddaearir ennyd yng ngeiriau cerdd:

> Ym mha ffordd arall y bydd bardd yn gwneud cerdd ond trwy chwilio
> am y gair sydd eisoes yn ei feddwl ond sydd heb gyrraedd blaen ei
> dafod? A dim ond trwy drio gair ar ôl gair y daw o hyd i'r un sy'n
> iawn. Nid enghraifft o wacter sydd yma, bid siŵr, ond o ryw ddyfod i
> fod. (*Abercuawg*, tt. 94–95)

O'r herwydd, yr oedd R. S. yn ymserchu yn swyn a chyfaredd
geiriau, a deallai fod eu sain gyfystyr â'u hystyr. Nid oedd
Abercuawg – yn ystyr R. S. Thomas o'r enw – yn bod ar wahân i
gynghanedd y geiriau a gadwai oed ag ef yn yr Hengerdd:

> Yn y gerdd hon o eiddo Llywarch Hen yr ydym, ymhlith pethau eraill,
> â'n troed ar drothwy'r gynghanedd. Ac ar unwaith fe welwn pa mor
> naturiol y mae'r gair Abercuawg yn syrthio i'w le yn y llinell.
> (*Abercuawg*, t. 83)

Fe ddeallwn ni arwyddocâd ei ddarlith, felly. Dyma gredo bardd
o'r radd flaenaf. Dyma agor cil drws ystafell ddirgel ei
ddychymyg. Eto fyth, nid am gamu'n dalog i mewn i'r ystafell
honno yr ydwyf, ond am geisio dringo'n llechwraidd drwy ryw
ffenest fach yn y cefn. Oherwydd, yr hyn sy'n denu fy sylw yn
narlith Abercuawg yw nid y brif ddadl, na'r honiadau amlycaf, ond
yn hytrach ryw sylwadau bach wrth fynd heibio tebyg i hyn:

> Nid [yw apêl Abercuawg yn] perthyn i ryw oes euraid yn y gorffennol
> . . . Cafodd Cymru ryw fath ar ryddid unwaith, ac wrth ystyried y
> llenyddiaeth fawr a darddodd ohono, y mae yna demtasiwn i'w
> orbrisio. Dibynnai'r rhyddid hwnnw ar rym arfau. Ymladdai milwyr
> proffesiynol yn erbyn eu tebyg, a llwyddo i warchod annibyniaeth y
> genedl dros gyfnod anrhydeddus. Dyna arfer yr amserau. Y mae amser
> arfau wedi mynd heibio bellach, os ydyw gwareiddiad i ddal i fod. Os
> gŵyr Cymru y pethau sy'n perthyn i'w heddwch, gall Abercuawg
> ddyfod yn nes. (*Abercuawg*, t. 94)

Mae'n siŵr fod y sylwadau yn dwyn i gof un o gerddi mwyaf
adnabyddus R. S., sef 'Welsh History'. 'We were a people taut for
war' – dyna'r cychwyn; a gair mwys, wrth gwrs, yw 'taut', gair
sy'n awgrymu 'a ddysgwyd ar gyfer' ('taught') ond hefyd 'yn dynn

fel llinyn bwa [taut] ar gyfer rhyfel'. Ar ddiwedd y gerdd
pwysleisir mai nodwedd sy'n perthyn i orffennol y Cymry yw
rhyfelgarwch.

> We were a people, and are so yet.
> When we have finished quarrelling for crumbs
> Under the table, or gnawing the bones
> Of a dead culture, we will arise
> Armed, but not in the old way.[4]

O leiaf, dyna'r clo yn y fersiwn gwreiddiol. Ond yna fe'i
newidiwyd fel a ganlyn: 'we will arise / And greet each other in a
new dawn.' (*Collected Poems*, t. 36). Pam y newid? Oherwydd fod
y llinell wreiddiol yn amwys, mae'n debyg, gan ei bod yn
ymddangos fel petai'n cyfeirio at gyrch rhyfel yn y dull modern:
'Armed, but not in the old way.' Yr oedd R. S., wrth gwrs, yn
heddychwr, ac ni fynnai amwyso yn y fath fodd, yn arbennig yn
sgil yr helyntion yr aeth ef iddynt yn ystod degawdau olaf ei yrfa
wrth gydymdeimlo'n gyhoeddus â chymhellion mudiadau eithafol
megis Meibion Glyndŵr. Ac eto fe faentumiwn i nad oedd yr
amwyster gwreiddiol yn gwbl amhriodol chwaith. Yn wir, hwyrach
ei fod yn arwyddo cymhlethdod go sylfaenol yn nheimladau R. S.
tuag at ryfel a thrais. A hwyrach, yn eigion ei feddwl, fod a wnelo
hynny, hefyd, â'i ddiddordeb yn Abercuawg. Fe gawn ni weld.

O safbwynt ysgolhaig Cymraeg cyfoes, mae un gwall ffeithiol
amlwg yn y ddarlith. Wrth ddyfynnu'r llinellau am Abercuawg, y
mae R. S. yn cyfeirio at 'y gerdd hon o eiddo Llywarch Hen.'
(*Abercuawg*, t. 83). Ac nid llithriad bach ar y dechrau mo hwn,
oherwydd ar y ddalen nesaf dyma R. S. yn ychwanegu: 'Trwy
arfer gair fel Abercuawg y mae Llywarch Hen wedi peri i rywbeth
ganu fel cloch yn fy nghlust a'm calon byth bythoedd.'
(*Abercuawg*, t. 84) Nid ysgolhaig ar y canu caeth cynnar mohonof
i, felly ni freuddwydiwn i farnu R. S. am y camsyniad bach yma.
Beth, felly, yw'r rheswm am ei nodi? Wel, mae'n arwydd
dibynadwy, debygwn i, fod R. S. yn tybied yn gyntaf fod y gerdd
yn ddarn o Ganu Llywarch Hen, ac yn ail mai Llywarch Hen oedd
awdur y cerddi y rhoddwyd ei enw iddynt. Mynna'r ysgolheigion
bellach nad yw'r ail o'r daliadau hyn yn gywir,[5] ac amheuant a
yw'r cyntaf yn gwbl gywir chwaith.[6] Ond ta waeth am hynny. Y
pwynt yw fod R. S. yn amlwg yn grediniol fod y gerdd 'Claf

Abercuawg' yn perthyn i gadwyn o gerddi a blethwyd gan Lywarch Hen. Ac ymhellach, gan ei fod hefyd yn cyfeirio at Syr Ifor Williams, mae'n bur debyg fod R. S. yn derbyn ei ddamcaniaeth ef fod y cerddi yn wreiddiol yn britho testun stori – saga a adroddwyd gan gyfarwydd am y modd y chwalwyd teulu a thywysogaeth Llywarch ym Mhowys gynt.[7] Purion. Ond pa arwyddocâd sydd i hyn oll? Sut y gall oleuo diddordeb ysol R. S. yn Abercuawg? Yn y cyswllt hwn mae'n werth dwyn i gof yr hyn oedd gan y diweddar Athro A. O . H. Jarman i'w ddweud am ganiadau Llywarch. Mae'n eu cyferbynnu â chaniadau Taliesin ac Aneirin, a gyfansoddwyd yn wreiddiol, mae'n bur debyg, sawl canrif ynghynt.[8] Mae'r bwlch amser yn arwyddocaol. Oherwydd, fe noda'r Athro Jarman fod cerddi Taliesin ac Aneirin yn mawrygu gwerthoedd militaraidd y cyfnod arwrol cynnar, tra bod cerddi Llywarch Hen yn amau'r gwerthoedd hynny i raddau.

Fe gofiwch chi'r hanes a amlinellir, yn fras, yn y gyfres o englynion sy'n sôn am Lywarch a'i feibion. Roedd ganddo bedwar mab ar hugain, ond fe'u collwyd i gyd namyn un yn y brwydrau i amddiffyn ei diriogaeth. Gwên yw enw'r un sy'n goroesi. Y mae yntau hefyd yn ymdynghedu i ymladd yn erbyn y gelyn, ond ar yr un pryd mae'n pallu cyfaddef, ar waethaf pwysau cynyddol dadleuon ei dad, ei fod yn fodlon aberthu ei hun ar faes y gad. Serch hynny, unwaith yr ymdafla i'r frwydr y mae Gwên hefyd, yn ei dro, yn brwydro hyd y diwedd ac yn syrthio ar y maes. Ac yn ei alar mae Llywarch, wrth farwnadu, nid yn unig yn canmol dewrder pob un o'i feibion ond hefyd yn cyfaddef mai arno ef ei hun, yn rhannol, y mae'r bai am fynnu gosod y prawf eithaf ar eu gwrhydri. Hynny yw, fe ymglywir, yng nghaniadau Llywarch Hen, ag amheuon bardd ynghylch ystyr a gwerth gwrhydri arwrol – amheuon na freuddwydiwyd amdanynt yng nghaniadau Taliesin ac Aneirin.

Y wedd 'fodernaidd' hon ar ganu Llywarch a apeliai'n ddirfawr at T. Gwynn Jones, gan ei fod yntau, yr un fath ag R. S. Thomas, yn heddychwr. Ym 1934, a chysgod rhyfel a fu a rhyfel a oedd eto i ddod yn drwm ar ei ddychymyg, cyhoeddodd T. Gwynn Jones 'Cynddilig', yr olaf o'i gerddi hirion, gan ei hadargraffu yn ei gyfrol arloesol *Y Dwymyn*. Man cychwyn y gerdd yw sylwadau dirmygus Llywarch Hen am lwfrdra Cynddilig, un o'i feibion, 'Och, Gynddilig, na buost wraig',

A'r geiriau anrhugarog,
Yn edliw, gan ryw lusgo'n wawdlyd,
iddo ei ofer ddefod,
a'i adduned yn y dyddiau hynny.[9]

Beth oedd yr 'ofer ddefod' a'r adduned a wnaed? Wel, yr oedd
Cynddilig wedi dewis cefnu ar fywyd milwr er mwyn mynd yn
fynach. Ac fel y sylwa'r Athro Bobi Jones, Cynddilig, ar un olwg,
yw T. Gwynn Jones y 'gwrthwynebydd cydwybodol euog a
fodlonodd ymddangos gerbron y Bwrdd Meddygol i'r fyddin ym
1918; [a Llywarch, anrhugarog ei eiriau] yw ei gydwybod.'[10] Mae'r
llais mewnol, bythol ensyniol, yn ei gyhuddo o fod yn llwfrgi, ond
ar ddiwedd ei gerdd mae T. Gwynn Jones yn rhoi taw ar y
cyhuddiad drwy alluogi Cynddilig i droi'n arwr wedi'r cyfan,
oherwydd y mae'n marw wrth geisio achub merch o grafangau'r
milwyr sy'n ei herlyn.

Fel y nodais i eisoes, fe adargraffwyd 'Cynddilig' ym 1944, yn
ystod y cyfnod yr oedd R. S. Thomas yn bwrw ati o ddifri i ddysgu
Cymraeg ac i ymdrwytho yn y traddodiad barddol. Mae'n deg
tybied, felly, ei fod yn gyfarwydd â'r gerdd ac – yn bwysicach o
lawer – ei fod yn ymwybodol o draddodiad heddychiaeth Cymru a
gynrychiolwyd ganddi. Os felly, yr oedd yn siŵr o fod hefyd yn
ymwybodol o'r ddolen gyswllt a luniwyd gan T. Gwynn Jones
rhwng y traddodiad a chanu Llywarch Hen. Ac fel y sylwyd ar
ddechrau'r drafodaeth hon, fe dybiai R. S. fod englynion 'Claf
Abercuawg' yn rhan o'r canu hwnnw.

Abercuawg – roedd y gair yn canu fel cloch ym mhen ac yng
nghalon R. S. Mae'n amlwg ddigon bod cyfaredd ryfedd yn
perthyn i'r enw yn ei brofiad. Ac roedd y gyfaredd honno wedi ei
gwreiddio yn amwyster ystyr y gair, a deublygrwydd ei
oblygiadau. Ar y naill law, fe arwyddai'r ymwybyddiaeth arhosol o
fywyd a chymdeithas cyflawnach, bythol anghaffael: 'something
ever more about to be', chwedl Wordsworth. Ond ar y llaw arall fe
arwyddai hefyd yr hyn a oedd yn anorfod glwm wrth y fath
freuddwyd – sef anfodlonrwydd anniddig ar y bywyd a'r
gymdeithas oedd ohoni. Boed yn Gymraeg ei iaith neu beidio,
dyma fywyd 'sy'n rhy lawn o bobl', meddai R. S. yn sarrug yn ei
ddarlith, 'lle mae stryd ar ôl stryd o dai cyfoes, di-gymeriad, pob
un â'i gwt modur a'i bolyn teledu; lle mae'r coed a'r adar a'r
blodau wedi ffoi oddi yno o flaen cynnydd blynyddol y concrit a'r

macadam, lle mae'r bobl yn gwneud yr un math o waith undonog a dienaid er mwyn cynnal mwy a mwy o'u tebyg' (*Abercuawg*, t. 87).

Er ei bod hi'n demtasiwn mynd i'r afael â'r sylwadau ysgubol hyn, dim ond mynd ar gyfeiliorn a wnelem wrth wneud hynny. Oherwydd fy niddordeb i yn yr ysgrif hon yw nid yr hyn y mae R. S. yn ei ddatgelu yn ei ddarlith am arwyddocâd Abercuawg iddo ef ond yn hytrach ei gyffes fod gan y gair gyfaredd ddihysbydd yn ei brofiad. Ceisio chwilio yr ydwyf am esboniadau posib eraill ar y ffenomenon. Felly, yr hyn sydd o bwys yw amwyster annaliadwy y gair Abercuawg. Y mae'n awgrymu bod ei gyfaredd wedi ei gwreiddio mewn rhyw gymhleth o deimladau, rhyw gwlwm dyrys o ysgogiadau seicolegol oddi fewn i R. S., a rheini'n ysgogiadau cwbl groes i'w gilydd. Ac yn eu plith, fe awgrymwn i, y mae'r teimladau a'r ysgogiadau sy'n ymdroi o gwmpas themâu gwroldeb ac arwriaeth. A dyma, fe gofiwch, brif themâu'r cerddi enwocaf (gan gynnwys 'Claf Abercuawg') a briodolir ar gam gan R. S., i Lywarch Hen ac a grybwyllir yn ei ddarlith am Abercuawg. Argyfwng gwroldeb ac arwriaeth – dyna y mae 'Abercuawg' yn ei ddirgel arwyddo i R. S., awgrymwn i, a dyna sy'n rhannol gyfrifol am y modd y mae'r gair yn cyniwair ei feddwl ac yn cyfareddu, eithr hefyd yn anesmwytho, ei ddychymyg. Yr hyn yr wyf am ei wneud am weddill yr ysgrif hon, felly, yw ystyried rhai o'r moddau y mae'r themâu – themâu sydd hefyd, fe dybiwn i, yn obsesiynau pur waelodol – yn brigo i'r wyneb yn ysgrifeniadau R. S. Thomas.

Wrth ddechrau, gadewch inni sylwi ar frawddeg a geir yn ei ddarlith am Abercuawg:

> ym mha le bynnag y bo Abercuawg, y mae yno goed a chaeau a blodau a meysydd perloyw. Dros y fath le yr wyf yn barod i wneud aberth hyd angau efallai. (*Abercuawg*, t. 87)

'Dros y fath le yr wyf yn barod i wneud aberth hyd angau efallai'. Dyna ichi honiad – onid oes yna dinc arwrol iddo? Ac mae adlais, hefyd, o englynion claf Abercuawg, sy'n codi'r cwestiwn beth, yn union, yw perthynas R. S. â'r claf? Ond fe anwybyddwn ni'r cwestiwn gogleisiol hwn am y tro, gan ohirio ceisio ei ateb hyd ddiwedd yr ysgrif.

'Dros y fath le yr wyf yn barod i wneud aberth hyd angau efallai'. Mae yna gadernid ffyddiog yn y gosodiad eithafol hwn. Ac eto, y llefarydd yw'r gŵr a soniodd fel hyn amdano'i hun adeg yr ail Ryfel Byd yn ei gyfrol *The Echoes Return Slow*:

> Others were brave . . .What does one do when one does not believe in action, or in certain kinds of action? Are the brave lacking in imagination? Are the imaginative not brave, or do they find it more difficult to be brave? What does a man do with his silence, his aloneness, but suffer the sapping of unanswerable questions?[11]

Dyna'r darn rhyddiaith sydd ar y ddalen chwith. Gyferbyn, ar y ddalen dde, mae cerdd sy'n gorffen â llinellau deifiol o hunan-gyhuddgar:

> When volunteers
> were called for to play
> death's part, stood modestly
> in the wings, preferring rather
> to be prompter than prompted. (*Echoes*, t. 21)

Boed y sylwadau'n wir mewn ffaith neu beidio, yr oedd R. S., mae'n amlwg, yn amau'n gryf ar un adeg, o leiaf, y gallai fod elfen o lwfrdra'n llygru ei safiad fel gwrthwynebydd cydwybol yn ystod yr Ail Ryfel Byd. Ac nid rhyw amheuaeth achlysurol, dros dro, mo hwn. Na, mae'r amheuaeth ynghylch ei wroldeb yn codi i'r amlwg dro ar ôl tro yn ysgrifeniadau R. S. Thomas, ac yn ymrithio ar brydiau yn ansicrwydd ynghylch natur gwroldeb, neu yn edmygedd dwys o wroldeb pobl eraill, neu yn atgasedd o ddiffyg gwroldeb moesol a gwleidyddol ei gyd-Gymry. Yn wir, teg dweud fod hyn oll yn fath o obsesiwn ganddo – gellir ei alw yn glefyd Abercuawg, efallai.

Mae'r ansicrwydd yma'n ymddangos mewn rhai mannau yn *Neb*, yr hunangofiant lle y mae R. S. yn ymdrechu, o bryd i'w gilydd, i dwrio dan wyneb ei bersonoliaeth ac i olrhain gwreiddyn sawl drwg seicolegol. Sylwch, er enghraifft, ar y ffordd y mae'n amwyso wrth ddwyn i gof, unwaith yn rhagor, rai o'i brofiadau yn ystod yr Ail Ryfel Byd. Priododd yn fuan ar ôl iddo ddechrau ar ei yrfa fel ciwrad ifanc yn Y Waun, ac yna cychwynnodd y cyrch awyr ar ddinas Lerpwl gerllaw. Yn *Neb* dywed R. S. mai buan y dechreuodd yr awyrennau 'fynd ar nerfau'r ciwrad, nid oherwydd ofn yn gymaint â diflastod ac anobaith wrth feddwl eu bod ar eu ffordd i ollwng eu llwythi dieflig ar wragedd a phlant diymadferth'.[12] Dyna'r gwrthwynebydd cydwybodol argyhoeddedig yn siarad. Ond wele'r frawddeg nesaf: 'Ar yr un pryd sylwodd nad oedd yn dangos digon o hyder a diffyg ofn ger bron y ferch yr addawsai edrych ar ei hôl hi'. (*Neb*, t. 39) Dyna ichi sylw hollol wahanol – sylw sy'n bygwth tanseilio'r frawddeg flaenorol yn gyfan gwbl. P'un o'r ddwy frawddeg sy'n wir? Hwyrach nad oedd R. S. ei hun yn siŵr – onid yw'r brawddegau yn enghraifft wych ohono'n dioddef 'the sapping of unanswerable questions'?

Ac onid yw'r brawddegau'n dwyn i gof eiriau Llywarch Hen wrth ei fab llwfr Cynddilig? 'Och, Gynddilig, na buost wraig'. Mynnai R. S. bwysleisio'r gair 'gŵr' sy'n ymhlyg yn y geiriau 'gwrol' a 'gwrhydri', mae'n debyg. Y gofid 'gŵr-aidd' a lenwai ei feddwl, meddai ef, wrth wrando ar yr awyrennau, oedd y gofid am y 'gwragedd a'r plant diymadferth'. A'r funud nesaf, yn y frawddeg nesaf, y gofid sy'n ei lethu yw'r gofid iddo fethu ymddangos yn ŵr-ol gerbron ei wraig. Wrth ddarllen *Neb*, sylwir yn syth ar y modd y mae R S yn gosod y bai ar ei fam am ei 'orfeddiannu' pan oedd yn ifanc, nes ei fod wedi ei 'feddalu' a'i analluogi i ddatblygu'n gyflawn 'ŵr' ar yr adeg briodol. Hwyrach i'r gofid gael ei ddwysáu gan y teimlad fod ei dad, a oedd yn gapten llong, yn amlwg yn ŵr o gyflawn ryw.

Mae'n ymddangos i mi fod yr ymdeimlad o annigonolrwydd i'w glywed dan yr wyneb o bryd i'w gilydd yn ei ysgrifeniadau. Meddylier am ei brofiad o fod yn rheithor Eglwys-fach. Daeth R. S. i ffieiddio Seisnigrwydd haerllug ei blwyfolion, a'r pechaduriaid pennaf yn eu plith oedd gwŷr y lluoedd arfog a oedd wedi ymddeol i'r pentref. Aeth yn frwydr ddigon chwerw rhyngddo ef a hwythau fel y cwynodd yn *Neb* (t. 82):

> Y rhai gwaethaf . . . ydi swyddogion y lluoedd arfog, a bydd ffawd yn chwarae i'w dwylo gan mai israddol iddynt yn y lluoedd arfog ydi'r caplan. Anodd iawn ydi i swyddog sydd wedi ymddeol ei argyhoeddi'i hun ei fod wedi gwneud hynny. A dyna'r ficer o'i flaen i'w atgoffa am ei reng uwchradd. A chan fod R. S. yn gweld neges Crist fel un gwbl heddychol, roedd helynt yn sicr o godi rywbryd.

Fel sy'n amlwg, roedd gan R. S. yn ddi-os resymau dilys dros gasáu unigolion o'r fath. Ac eto, fe fyddwn i'n amau fod dwyster i'r sylwadau sy'n awgrymu fod teimladau eraill yn llechu dan yr wyneb, teimladau megis euogrwydd a chenfigen. Gwrandewch arno'n trafod Eglwys-fach yn *The Echoes Return Slow*: 'When the

English colonise a parish, a vicar's is chaplain's work'. Dyna'r sylw yn y darn rhyddiaith, ac yn y gerdd gyferbyn mae'n adrodd amdano'i hun yn mynychu rhyw fath o *cocktail party*, ac yn symud o gwmpas yr ystafell o bartner i bartner:

> I move
> to a new partner, polishing
> my knuckles, dazzled by the medals
> he has left off. (*Echoes*, t. 53).

Ac meddai ar ddechrau cerdd arall, 'And this one with his starched lip, / his medals, his meanness, / his ability to live cheap off dear things'. Y gwir amdani, fel y datgelodd Byron Rogers yn ddiweddar, yw fod rhai o'r unigolion yr oedd R. S. yn eu dirmygu yn arwyr milwrol go iawn. Un o'r amlycaf ohonynt oedd yr Uwchfrigadydd Lewis Pugh:

> A war hero awarded the D.S.O. three times, a man who could speak German, Urdu and Gurkhali, and had crossed the North West Frontier in disguise, he could have popped out of a Hollywood blockbuster for a breather. And astonishingly this is exactly where he returned twenty years later, to the Hollywood blockbuster *The Sea Wolves*, made in 1980, when he was played by Gregory Peck.[13]

Dywed Rogers ymhellach: 'physically, he and Thomas were not dissimilar . . . [and] both he and Thomas were intelligent, complex men. Both spoke English with cut-glass accents, yet both took being Welsh very seriously. Pugh, who had spoken Welsh as a child, enrolled in his retirement at a further education class in Aberystwyth, sitting amongst the youngsters, so he could take a GCE in it: this took him four years'. (*The Man Who Went into the West*, tt 193-194). Dyma ichi, felly, *alter ego* a gyniweiriai ddychymyg R. S. Thomas: hawdd credu iddo synhwyro, yn yr isymwybod, fod Pugh yn ymgorfforiad o'r dewrder nad oedd ef ei hun yn berchen arno. Onid oes tinc cenfigen i'w glywed yn yr ymosodiadau eithafol ar Pugh a'i debyg yn *The Echoes Return Slow*? Fel y dywed R. S. ymhellach yn sych ddeifiol, yn *Neb*: 'Daw pobl yn eu miloedd i syllu gyda chymysgfa o edmygedd a chenfigen ar y rhai a enillodd fedalau, neu sydd â digon o bres i fedru rhoi sioe gerbron eraill'. (*Neb*, t.83)

Mae i'r sylw olaf gyd-destun diddorol. Dadlau y mae bod math o wrhydri y mae bardd ac offeiriad yn fwy tebygol nag arwr milwrol o berchen arno –y gwroldeb i dderbyn nad yw ei fywyd, na'r hyn y mae e'n ei gyflawni, o'r pwys lleiaf yng ngolwg tragwyddoldeb. Hynny yw, y gwroldeb i gydnabod eich bod chi'n 'neb'. Ac mae hynny'n ein dwyn ni'n dwt at y wedd nesaf ar ddiddordeb ysol R. S. yn thema gwroldeb ac arwriaeth, sef beth yn union a olygir wrth y nodweddion a'r gwerthoedd hyn? Fe gofir mai bwrdwn T. Gwynn Jones yn ei gerdd 'Cynddilig' oedd bod modd bod yn ddewr heb gario arfau. Yr un modd, y mae gan R. S. Thomas yr heddychwr ddiddordeb byw mewn dulliau amgen o fod yn wrol, o fod yn arwr. Fe welir hyn yn sawl un o'i gerddi.

Fel y nodwyd gan sawl sylwebydd, mae rhai o'r cerddi enwog sy'n ymwneud â Iago Prytherch a chymeriadau tebyg yn ymdebygu i arwrgerddi. Weithiau, wrth gwrs, mae cerdd yn agosach at fod yn wrth-arwrgerdd. Dyna 'Cynddylan on a Tractor', er enghraifft – a hwyrach ei bod hi'n werth nodi mai o'r Hengerdd arwrol y daw'r enw Cynddylan, wrth gwrs.[14] Mae'r hen ffarmwr yn credu ei fod yn dipyn o foi ar gefn ei farch, sef ei beiriant modern; ond y gwrthwyneb y mae R. S. yn ei weld, gan wawdio'i hunan-dyb. Ar y llaw arall, mae'r gerdd 'A Peasant' yn ein hannog i gofio Iago fel arwr: 'Remember him, then, for he, too, is a winner of wars, / Enduring like a tree under the curious stars.'[15] Pan gyfansoddwyd y gerdd, câi'r amaethwyr eu mawrygu am eu cyfraniad i'r 'war effort', ac roeddent hwythau yn eu tro yn mabwysiadu dulliau newydd, mwy cynhyrchiol, o ffermio a fyddai'n newid bywyd cefn-gwlad Cymru unwaith ac am byth. Ar yr wyneb, fe all ymddangos mai dyna y mae R. S. yn ei olygu wrth fawrygu ei Iago am fod yn 'winner of wars'. Ond y gwrthwyneb i'r gwir yw hynny. Yr hyn y mae R. S. yn ei awgrymu yw fod Iago yn cynrychioli brwydr arwrol oesol amaethwyr y bryniau i ennill bywoliaeth o'r tir garw.[16] Gweledigaeth geidwadol a geir yn y gerdd; gweledigaeth sy'n feirniadaeth ar y 'moderneiddio' yn sgil anghenion rhyfel a oedd yn prysur drawsnewid yr hen ffordd o fyw. Y bwriad ar ei therfyn yw dwyn Iago i sylw'r genedl Gymreig fel arwr Cymreig, arwr anfilwrol a di-fedal y dylid ei barchu; arwr yr hen ffordd Gymraeg o fyw.

Ac fe welir yr un awydd am arwr amgen mewn cerddi o fath arall hefyd, sef y cerddi mawl i unigolion megis Gwenallt a Saunders Lewis. Un nodwedd sy'n cysylltu nifer o'r cerddi yw'r pwyslais ar y wedd arwrol ar ymddygiad hunanaberthol, ac ar ddulliau heddychlon o herio awdurdod sefydliadol. Meddai R. S. am Saunders Lewis yn 'The Patriot':

> Those, who saw
> For the first time that small figure
> With the Welsh words leaving his lips
> As quietly as doves on an errand
> Of peace-making, could not imagine
> The fierceness of their huge entry
> At the ear's porch. (*Collected Poems*, t. 150)

Roedd hi'n eithriadol bwysig i R.S. fedru dod o hyd i enghreifftiau a fyddai'n ei argyhoeddi, fel heddychwr a oedd hefyd yn genedlaetholwr tanbaid, fod dulliau di-drais yn gallu esgor ar chwyldro ffyrnig. Oherwydd fe geir llawer o gyfeiriadau yng ngwaith R. S. at ei ofid mawr, sef a fedrai Cymru fyth ennill ei rhyddid tra'i bod yn ymatal rhag ymladd dros y rhyddid hwnnw. 'Os gŵyr Cymru y pethau sy'n perthyn i'w heddwch', meddai'n dalog yn ei ddarlith, 'gall Abercuawg ddyfod yn nes'. Hwyrach. Ond mae ei ysgrifeniadau'n frith o amheuon ynghylch y fath bosibilrwydd. Ar ddiwedd *Neb*, ceir y brawddegau hyn: 'Dagrau'r peth ydi mai'r unig ffordd i ennill rhyddid ydi trwy ymladd drosto'. Dyna wers hanes. Er mai heddychwr oedd R. S., fel y gweddai i offeiriad fod, ni wyddai am un enghraifft i'r gwrthwyneb, ac eithrio'r India. 'A hyd heddiw y bobl a ddefnyddiodd drais a wnaeth yr argraff ddyfnaf ar eu gormeswyr'. (*Neb*, t. 110). Mewn man arall, mae R. S. yn cydio ei heddychiaeth wrth ei ymgyrchu yn erbyn gosod gorsafoedd niwclear yng Nghymru. Ac ynghlwm â hyn, meddai, 'roedd mater Cymru, gwlad fach heddychol a fyddai'n darlledu neges heddwch i'r byd bob Gŵyl Ddewi'. (*Neb*, t. 114). Mae'n anodd gennyf gredu nad oes a wnelo hyn â'r ddelwedd yn 'The Patriot' o'r colomennod yn tywys eu neges; ac ymhellach nad oes cyfeiriad at yr emyn adnabyddus 'Efengyl tangnefedd o rhed dros y byd'. Ac ar ben hyn oll, ychwaneger un cyfeiriad arall y mae Jason Walford Davies eisoes wedi dwyn ein sylw ni ato.[17] Fel hyn, fe gofir yn dda, y mae cerdd R. Williams Parry i 'JSL' yn dechrau:

> Disgynnaist i'r grawn ar y buarth clyd o'th nen
> Gan ddallu â'th liw y cywion oll a'r cywennod;
> A chreaist yn nrysau'r clomendy uwch dy ben

Yr hen, hen gyffro a ddigwydd ymhlith colomennod.
Buost ffôl, O wrthodedig, ffôl; canys gwae
Aderyn heb gâr ac enaid digymar heb gefnydd . . .[18]

Aderyn ysglyfaethus yw JSL yng ngherdd R. Williams Parry, a hwyrach bod adlais ynddi o ymffrost arwrol, trydanol Coriolanus: 'like an eagle in a dove-cote, I / Flutter'd your Volscians in Corioli: Alone I did it.'[19] Ac nid syndod yw'r ffaith fod Saunders Lewis yn cael ei ddelweddu fel hyn oherwydd cyfeirio mae Williams Parry yn ei gerdd, wrth gwrs, at weithred 'dreisgar' Penyberth. Eithr ymateb R. S. i gyfeiriadau Williams Parry at y colomennod ofnus yw'r awgrym croes fod ffyrnigrwydd brathog yn y neges y mae'r adar heddychlon yn ei chario i'r byd Cymraeg. Nid darlun o Saunders Lewis Penyberth a geir yng ngherdd R. S., ond darlun o Saunders Lewis 'Tynged yr Iaith'. Hynny yw, yn 'The Patriot' y mae R. S. Thomas yn ceisio darbwyllo'i hun y gall Cymru grefyddol, heddychlon, arfer dulliau effeithlon, di-drais, o adfer ei rhyddid. Ond ar yr un pryd, mae R S yn llwyr gytuno â Williams Parry mai trwy ymddwyn fel 'ffŵl' yn unig, sef drwy fabwysiadu dulliau 'eithafol' o weithredu, y gall hyn ddigwydd. 'And he dared them', fel yna mae arwrgerdd arall R. S. i 'Saunders Lewis' yn dechrau: 'Dared them to grow old and bitter / As he' (*Collected Poems*, t. 466). Ac yn y gerdd honno eto, mae geiriau'n cael eu miniogi nes troi'n arfau: 'He moved among us: would have led / To rebellion. Small as he was / He towered, the trigger of his mind / Cocked, ready to let fly with his scorn'. (*Collected Poems*, 466)[20] Atgofir ni am ddiweddglo gwreiddiol 'Welsh History': 'We will arise / Armed, but not in the old way'.

Ymdeimlir â'r tyndra hwn rhwng hiraeth euog am gyfnod pell o arwriaeth milwrol Cymraeg a'r ymlyniad wrth werthoedd heddychlon yn 'Border Blues', y gerdd gorawl – yn rhannol seiliedig, o ran ei dulliau, ar *The Waste Land* – lle clywir rhai o leisiau cynrychioliadol trigolion y gororau. Yma eto, mae cof hanesyddol y bardd, y cof sy'n cyniwair y gadwyn o gerddi gan eu cydio yn un, yn dwyn i gof linell gyfarwydd o'r Hengerdd: '*Eryr Pengwern, penngarn llwyt heno*'. (*Welsh Airs*, t. 11). Llinell ydyw, wrth gwrs, o *Ganu Heledd*, canu ag iddo gysylltiad clos â chanu Llywarch Hen. Galarnadu dinistr ei chartref a'i theulu mewn cyflafan waedlyd y mae Heledd a hawdd gweld beth fyddai apêl englynion saga o'r math i heddychwr fel R. S. Thomas. Ar yr un pryd, nid heddychwraig mo Heledd. Cyd-destun hanesyddol y canu, wedi'r cyfan, yw'r cyfnod pan oedd y Cymry'n dal i geisio amddiffyn rhag y 'Saeson' ddarn o'u tir yn yr ardal sydd bellach yn swydd Amwythig. Felly, y mae rhamant arwrol waedlyd y cyfnod yn rhan annatod o wead y testun, ac yn rhan, hefyd, o'i apêl i R. S. Thomas. Ceir ymhellach y darn canlynol yn 'Border Blues', lle y clywir llais un o ffermwyr y gororau – ffermwr nid annhebyg i Iago Prytherch, efallai:

> As I was saying, I don't hold with war
> Myself, but when you join your unit
> Send me some of your brass buttons
> And I'll have a shot at the old hare
> In the top meadow, for the black cow
> Is a pint short each morning now. (*Welsh Airs*, t. 13)

Dyma enghraifft gyfoes o droi cleddyfau yn sychau. A'r un yw'r gobaith ag ydoedd wrth gymeriadu 'A Peasant', sef bod dycnwch yn dal yn y tir a all sicrhau, drwy ddulliau di-drais, barhad yr hen ffordd amaethyddol Gymraeg o fyw.

O'r gorau, felly, gadewch inni oedi am funud i weld ble'n union, tybed, yr ydym arni. 'Yn Abercuawg yd canant gogeu': fe sylwyd fod y llinell wedi hudo sylw R. S. gymaint nes cyniwair ei ddychymyg. Nodwyd ei fod yn hynod ymwybodol fod ei hystyr a'i harwyddocâd yn annatod glwm wrth ei chyd-destun, ac mai Canu Llywarch Hen oedd y cyd-destun hwnnw. Ymhellach, sylweddolwyd mai un o brif themâu caniadau Llywarch oedd amheuaeth ynghylch y gwerthoedd arwrol a amlygir mewn rhyfel: mae'r gwerthoedd yn cael eu hamau yn ogystal â'u mawrygu yn y canu. O'r fan honno, cychwynwyd ymchwilio i rai o'r moddau y mae R. S. yn trin testun tebyg yn ei ganiadau yntau, a sylweddolwyd fod ganddo'i amheuon, yn ystod yr Ail Ryfel Byd, ynghylch ei wroldeb corfforol ef ei hun. Yna, fe nodwyd ei fod yn dueddol iawn i ymosod yn eithriadol chwyrn ar yr aelodau o'r lluoedd arfog a oedd ymhlith ei blwyfolion yn Eglwys-fach. Yn olaf, ystyriwyd yr ymdrechion a wnaed gan R. S. yn rhai o'i gerddi i greu syniad, neu ddelfryd, o wroldeb heddychlon – syniad cwbl groes i'r hyn a berchir gan y drefn filitaraidd.

Erbyn hyn, felly, 'rydym wedi cerdded yn o bell ar hyd y llwybr a oedd gennyf mewn golwg ar y dechrau. Ond cyn terfynu, hoffwn nodi'n fyr iawn ddwy wedd arall ar fy nhestun – dwy wedd sydd, unwaith yn rhagor, yn annatod glwm wrth ei gilydd, am eu bod yn ymwneud â llwfrdra – diffyg moesol yr oedd R. S., fel y gwelwyd, ond yn rhy barod ar brydiau i'w briodoli iddo ef ei hun. Mae'n bosib, felly, fod ei ymosodiadau chwyrn ar lwfrdra tybiedig pobl eraill yn ymdrech i fwrw allan y bwgan a oedd yn ei boeni.

Yn y cyswllt hwn, mae'n werth ystyried, yn fyr, ei farn ddirmygus am lwfrdra ei gyd-Gymry – barn holl-bresennol yn ei waith. Yn wir, pa agwedd arall, holai rai, oedd ganddo tuag at ei gyd-wladwyr o gwbl? A ffyrniced oedd y dirmyg ar ei waethaf nes bod *What is a Welshman?*, y gyfrol lle'i profir yn fwyaf grymus, yn dal i gael ei hanwybyddu'n llwyr. 'And in Tregaron', meddai yno, 'Henry Richard / still freezes, cast in shame to preside / over the pacifism of a servile people'.[21] Dyna ddiwedd ar ddelfrydu Apostol Heddwch y Cymry. Ac yn nes ymlaen y mae'n dweud wrth ei gyd-wladwyr annwyl, 'If I told you that Catraeth / has always to be re-fought . . . / How would that have comforted you?' (*What is a Welshman?*, t. 8). Ond nid am amau gwroldeb milwrol y Cymry modern y mae – fe wyddai ond yn rhy dda am frwydr Rorke's Drift a'i thebyg. Meddai wrth ymwelydd Saesneg dychmygol yn 'The Parlour', 'Between you / and our kitchen the front room / with our framed casualties / in your fool wars'. (*Welsh Airs*, t. 40) Na, llwfrdra moesol yw diffyg y Cymry iddo ef, nid llwfrdra corfforol, a dyna paham y mae mor ddirmygus o'r 'heddychiaeth' honedig a hawlir ganddynt, ac a gynrychiolir gan Henry Richard. Nid heddychiaeth arwrol, iach yr heddychwyr go iawn mohono o gwbl ond mynegiant o gymhleth y taeog. Mae R. S. yn dychanu'r fath 'heddychiaeth' eto fyth yn 'His condescensions are short lived':

> I don't know, he said, I feel sorry
> for the English . . . All those tanks
> and guns; the processions
> that go nowhere; the medals
> and gold braid . . . (*What is a Welshman?*, t. 9)

Daw'r sylwadau o enau un y mae'r sigarét a ysmygir ganddo wedi dod o ochr draw i Glawdd Offa: 'supplied, by the way / as most things in Wales are / supplied, by English wholesalers'. (*What is a Welshman?*, t. 9) Dyma'r math o Gymro di-asgwrn-cefn sydd, yn y gerdd 'He agrees with Henry Ford', yn datgan: 'Llywelyn? Old hat. / Glyndwr? A con man' (*What is a Welshman?*, t. 11).

Fel y gwyddys, ymateb i gyfnod yr Arwisgiad yng Nghaernarfon yw *What is a Welshman?* yn bennaf. Yn unol ag awyrgylch trydanol y cyfnod, a'r ymgyrchu cythryblus a'i nodweddai, ceir myfyrdod chwerw ar effeithlonrwydd dulliau treisgar a dulliau heddychlon o ymateb drwy'r gyfrol ar ei hyd. Yr oedd Castell Caernarfon ei hun, wrth gwrs, yn arwyddo hanes treisgar Edward I a'i finteioedd, ac fe wêl R. S. yn glir mai grym milwrol yw cefnlen yr Arwisgiad hefyd. Yn 'To Pay for His Keep' y mae sylwedydd sinicaidd, a all fod y Tywysog 'Carlo' ei hun, yn nodi, a'r castell hwnnw'n dal i fwrw ei gysgod bygythiol dros y tir, 'A few medals / would do now.' Ond metha sylwi ar:

> that far hill
> in the sun with the long line
> of its trees climbing
> it like a procession
> of young people, young as himself. (*What is a Welshman?*, t.5)

Yma gosodir heddychwyr ifainc Cymdeithas yr Iaith ar Galfaria Fryn ei hun.

Ond y mae i grefydd hithau ei gwendidau. Y cachgwn sydd dan y lach yn ddibaid yng ngherddi crefyddol R. S. Thomas yw'r rheini sy'n dal i arddel crefydd swcwr, gan synied am Dduw fel rhyw fath o dad cariadus, caredig, tosturiol. Unwaith yn rhagor, fe fynn R. S. fabwysiadu gweledigaeth lawer mwy arwrol. Mae'n amlwg, meddai yn *Neb*, 'bod llawer o broblemau crefydd yn codi'n sgil syniadau anghywir am Dduw', a'r syniad mwyaf cyfeiliornus yw'r darlun 'poblogaidd, sentimental braidd' a fabwysiedir gan y lliaws. (*Neb*, tt. 127–128) Yn groes i hynny, fe allai gweledigaeth R. S. fod yn sobreiddiol o heriol ar brydiau. Gall cerdd fel 'H'm' ddal i'n hysgwyd ni:

> and one said
> speak to us of love
> and the preacher opened
> his mouth and the word God
> fell out so they tried
> again speak to us
> of God then but the preacher

was silent reaching
his arms out but the little
children the ones with
big bellies and bow
legs that were like
a razor shell
were too weak to come. (*Collected Poems*, t. 232).

Mae gorchymyn cyfarwydd Iesu Grist i'w ddisgyblion adael i blant bychain ddyfod ato Ef yn cael ei lurgunio'n arswydus fan hyn. Ni ellir dychmygu cerdd sydd yn fwy croes i unrhyw 'sentimentaliaeth' yn ffydd crediniwr.

Bellach, gellir crynhoi byrdwn yr ysgrif hon mewn brawddeg: fy awgrym yn syml yw ei bod hi'n werth dychwelyd i Abercuawg yng nghwmni R. S. Thomas am fod hynny'n cynnig golwg ddiddorol inni ar ambell agwedd ar ei fywyd a'i waith. 'A oes ystyr i enw fel y cyfryw?', hola R. S. yn 'Abercuawg'. Rhoddodd yr enw 'Gwydion' ar ei fab ei hun, ac y mae'n amau a oes mwy o ystyr i hwnnw nag i 'William' neu 'Margaret'. Ond fan hyn mae'n oedi, ac yna'n cyfaddef: 'Er hynny, fe erys mymryn bach o amheuaeth yn fy meddwl innau oherwydd nerth cynhenid geiriau. "Yntau Wydion gorau cyfarwydd yn y byd oedd"' (*Abercuawg*, t. 86). A dyna gychwyn ei fyfyrdod ar y llinell 'Yn Aber Cuawc yt ganant gogeu'. Ar ddechrau'r ysgrif, dyfynais englyn sy'n agor â'r llinell honno. Ond, wrth gwrs, fe ddefnyddir yr union un llinell yn yr englyn dilynol yn y gyfres:

> Yn Aber Cuawc yt ganant gogeu
> Ar gangheu blodeuawc;
> Gwae glaf a'e clyw yn vodawg. (*Canu Llywarch Hen*, t. 23).

Pwy a ŵyr nad am yr englyn hwn, yn hytrach na'r englyn cyntaf, yr oedd R. S. yn meddwl wrth draddodi ei ddarlith? Ac mae'r pennill hwn yn wahanol iawn ei ergyd i'r llall. Yma, mae'r llefarwr yn galaru am ei anallu i adael Abercuawg pan fo'r canghennau'n drwm dan flodau. Pam felly? A phwy yw'r llefarwr? Ef yw Claf Abercuawg, wrth gwrs, ac yng ngweddill y gadwyn hon o englynion hynafol fe ddeallwn ei hanes. Arferai fod yn rhyfelwr cydnerth gwrol, ond yna fe gafodd ei daro gan y gwahanglwyf. Bellach, ac yntau'n hen, ni fedr ymadael, yng nghwmni'r rhyfelwyr eraill, i amddiffyn Abercuawg, ac i ddiogelu ei harddwch hudolus.

O'r gorau, ond beth sydd a wnelo hyn oll ag R. S. Thomas? Awgrymaf ei bod hi'n werth inni ystyried R. S. ei hun fel rhyw fath o 'Glaf Abercuawg' ar osgo. Nid rhyfelwr cydnerth mohono – fe welsom ei fod hyd yn oed yn amau a fyddai ganddo'r dewrder i ymddwyn fel milwr. Ond dymunai fod yn ymladdwr dewr, arwrol, serch hynny – ymladdwr heddychlon, ie, ond ymladdwr eithafol o ddigyfaddawd fel Saunders Lewis, ymladdwr a fedrai gynorthwyo ei gyd-Gymry i adennill yr Abercuawg a gollwyd ganddynt. Fe dderbyniodd gyngor Saunders Lewis nad drwy ddulliau gwleidyddol eithr drwy gyfansoddi y medrai wneud hynny. Ond fe gofiwn ni – ac fe gofiai R. S., mae'n siŵr gennyf – sut y gwelai Saunders Lewis, arwr pennaf R. S., ei hun ar ddiwedd ei ddyddiau; 'Ond fe fethais – do, fe fethais yn llwyr'. Fe dybiwn i fod teimladau tebyg yn cyniwair yn R. S. yn gynyddol yn ystod y degawdau olaf, gan wneud iddo ymgydnabod i'r byw â'i anallu, â'i anabledd, yr un fath â chlaf Abercuawg, a bod y llinell o'r Hengerdd yn hudo ei sylw yn rhannol oherwydd ei deimlad gwaelodol mai gwae'r neb a wrandawai ar ganiad gogau Abercuawg yn 'foddawg'.

Ond pa brawf sydd o'r ymdeimlad â methiant ar ddiwedd ei yrfa? Ceir un gerdd anorffenedig hynod ddiddorol a dadlennol, ymhlith y papurau a adawyd ar ei ôl. Dyma ddarn ohoni:

> I would have spread my wings over you
> My country, made of you a fortress as impregnable as fair.

Cerdd wladgarol yw'r gerdd, felly, ac wrth graffu arni sylweddolir, yn hwyr neu'n hwyrach, mai cyfieithad ydyw o gerdd go bwysig gan Saunders Lewis, 'Caer Arianrhod', cerdd sy'n datgan ei siom ef na lwyddodd, ar waethaf ei holl ymdrechion, ddeffro Cymru o'i thrwmgwsg:

> Taenais aden fy mreuddwyd drosot ti, fy ngwlad;
> Codaswn it – O pes mynasit – gaer fai bêr;
> Ond un â'r seren wib, deflir o blith y sêr
> I staenio'r gwyll â'i gwawr a diffodd, yw fy stad.[22]

Sôn y mae 'Caer Arianrhod' (Y Llwybr Llaethog) am gyfarfyddiad chwedlonol Owain Glyndŵr ag Abad Glyn-y-Groes. Yn ôl yr hanes, cododd Glyndŵr o'i orffwysfa ddirgel gyda thoriad gwawr rhyw fore gan fwriadu arwain cyrch i achub Cymru. Wrth ddigwydd cyfarfod â'r Abad awgrymodd bod y mynach hefyd yn godwr bore, a derbyniodd ateb annisgwyl: 'Na, nid myfi yw'r codwr bore, ond tydi: codaist yn rhy gynnar o lawer – nid yw'r genedl eto'n barod ar dy gyfer'. Siomwyd Owain yn ddirfawr a dychwelodd yn drist ar ei union at ei orffwys hir.

Onid yw hi'n drist bod R. S. Thomas, ar ddiwedd ei ddyddiau, wedi ceisio'n aflwyddiannus dro ar ôl tro i gyfieithu'r gerdd hon? Ac onid yw hi'n arwyddocaol mai cerdd ydyw am fethiant llwyr i ddihuno cenedl o'i thrwmgwsg? Dyma, efallai, gyffes un a deimlai ei fod yn wahanglwyf cymdeithasol, yn Glaf Abercuawg:

> Kynnteuin, kein pob amat.
> Pan vryssant ketwyr y gat,
> Mi nyt af: anaf a'm de. (*Canu Llywarch Hen*, t. 25).

> (Mis Mai, a phob tyfiant yn hardd. Pan y mae rhyfelwyr yn rhuthro i'r gad ni fedraf eu dilyn: y mae anaf yn fy atal.)

NODIADAU

[1] 'Claf Abercuawg', yn Ifor Williams, gol., *Canu Llywarch Hen* (Caerdydd, 1935), t. 23.

[2] R. S. Thomas, *Collected Poems: 1945-1990* (London, 1993), t. 340.

[3] 'Abercuawg', yn Tony Brown a Bedwyr Lewis Jones, goln., *Pe Medrwn yr Iaith ac Ysgrifau Eraill* (Llandybïe, 1988), t. 93.

[4] 'Welsh History', yn R. S. Thomas, *Welsh Airs* (Bridgend, 1987), t. 9.

[5] 'Wrth dderbyn yr englynion oll fel gwaith dilys Llywarch Hen, ac fel canu cyfamsersol â'r digwyddiadau, cafwyd digon o ddefnydd i lunio'r fuchedd ddiddorol uchod i'r bardd, a llwyr gyfiawnhau yr Hen ar ôl ei enw. O graffu ar eu hiaith a'u cynnwys, ni fedrir, fodd bynnag, eu priodoli i Lywarch nac i oes Llywarch'. Ifor Williams, op. cit., x.

[6] 'Ni chredaf am funud fod yr ungan hon yn perthyn i Gylch Llywarch o gwbl'. ibid., lvi.

[7] Gw. ymhellach sylw Ceri Lewis: 'Nor should it be overlooked that some tales were told in a combination of verse and prose. In most instances only the verse sections have been preserved, as in the celebrated Llywarch Hen and Heledd cycles'. 'The Content of Poetry and the Crisis in the Bardic Tradition', yn A. O. H. Jarman a Gwilym Rees Hughes, goln., diwygiwyd gan Dafydd Johnston, *A Guide to Welsh Literature 1282–c.1550* (Cardiff, 1997), t. 79. Gw. hefyd Jenny Rowland, 'The Prose Setting of the Early Welsh *Englynion Chwedlonol'*, *Ériu*, XXXVI (1985), 29–43.

[8] A. O. H. Jarman a Gwilym Rees Hughes, goln., *A Guide to Welsh Literature*, Vol.I (Cardiff, 1976), tt. 81–97.

[9] T. Gwynn Jones, 'Cynddilig', yn *Y Dwymyn: 1934–35* (Dinbych, 1944), tt. 25–42, 29.

[10] R. M. Jones, *Llenyddiaeth Gymraeg, 1902–1936* (Llandybïe, 1987), t. 139.

[11] R. S. Thomas, *The Echoes Return Slow* (London, 1988), t. 20.

[12] R. S. Thomas, *Neb* (Caernarfon, 1985), t. 38.

[13] Byron Rogers, *The Man Who Went into the West: the Life of R. S. Thomas* (London, 2006), tt. 192-193.

[14] Jason Walford Davies, *Gororau'r Iaith: R. S. Thomas a'r Traddodiad Llenyddol Cymraeg* (Caerdydd, 2003), t. 63.

[15] R. S. Thomas, *Collected Poems: 1945–1990* (London, 2000), t. 4.

[16] Ceir trafodaeth ar 'gerddi rhyfel' R. S. Thomas yn M. Wynn Thomas, 'R. S. Thomas: War Poet', *Welsh Writing in English* 2 (1996), 82–97.

[17] Jason Walford Davies, op.cit., tt. 27–28.

[18] R. Williams Parry, *Cerddi'r Gaeaf* (Dinbych, 1971), t. 76.

[19] *Coriolanus*, 5.6, llinellau 115–117.

[20] Am drafodaeth lawnach o arwyddocâd R. S. Thomas i Saunders Lewis gw. M. Wynn Thomas, 'Keeping His Pen Clean: R. S. Thomas and Wales', yn William V. Davis, *Miraculous Simplicity: Essays on R. S. Thomas* (Fayetteville, 1993), tt. 61–79.

[21] 'He lies down to be counted', yn R. S. Thomas, *What is a Welshman?* (Swansea, 1974?) t. 6.

[22] 'Caer Arianhrod', yn R. Geraint Gruffydd, gol., *Cerddi Saunders Lewis* (Caerdydd, 1992), t. 30.

Paham y Meddyliwn Heddiw yn y Ffordd a Wnawn? (Neu, Beth Ddigwyddodd i Iaith Ffydd?)

WALFORD GEALY

Y mae cysylltiad agos rhwng y ddau gwestiwn uchod. Tueddwn heddiw i feddwl mewn un ffordd benodol ac yn y ffordd honno nid oes fawr o le yn ein bywydau i iaith ffydd. Ymddengys fod un dull o siarad ac o resymu yn cau allan ffordd arall o wneud hynny. Ai camgymeriad yw hyn?

Nid traethawd diwinyddol yw hwn ond un lled-athronyddol. Ymgais sydd yma i esbonio'r newid cyfeiriad a fu yn amgyffrediad pobl o'r byd a'u bywydau. Dros y canrifoedd, yn ystod cyfnod dominyddiaeth y byd 'Cristnogol' dros fywyd Ewrop, iaith ffydd oedd cyfrwng deall pobloedd o'u bywydau. Ond, ers cyfnod cynnar y Dadeni Dysg, bu symudiad graddol yn y ffordd y deallwn ein byd ac erbyn heddiw dominyddir ein canfyddiadau o'r byd gan wyddoniaeth. Nid oes dim o le ar wyddoniaeth; â gwyddonyddiaeth y ceir trafferth. Math o gamgymeriad rhesymegol yw gwyddonyddiaeth sef y gred mai ond un perthynas sydd rhwng iaith a'r byd, ac felly mai ond un math o wirionedd sydd – y math o wirionedd a gyflwynir i ni drwy ddulliau gwireddu gwyddonol. Yn ddiddorol, yr un camgymeriad rhesymegol oedd yn honiad canolog y traddodiad crefyddol blaenorol – sef y gred mai datganiadau dogmatig y ffydd Gristnogol yw'r unig fath o wirionedd sy'n bod. Yn anochel, ar sail y rhagdybiaeth resymegol anghywir yma, nid oes ond un canlyniad anochel sef, gwrthdaro rhwng crefydd a gwyddoniaeth, rhwng dau fath o ddeall o'r byd. Ceisir dangos yma mai dryswch syniadol a rhesymegol – camddealltwriaeth o natur iaith – sy'n gyfrifol am y sefyllfa hon.

Wrth gwrs, camgymeriad fyddai honni mai dim ond un rheswm sydd dros wanychiad iaith ffydd. Yn ystod yr ugeinfed ganrif, bu cymaint o newidiadau a gafodd ddylanwad andwyol ar ffydd. Dyma rai ohonynt. Yn gyntaf, dau ryfel byd – a'r ddau wedi dechrau ynghanol y byd honedig Gristnogol. Nid oes rhyfedd i gynifer o ieuenctid Ewrop gefnu ar werthoedd traddodiadol a choleddu dirfodaeth radical fel athroniaeth o fywyd ar ôl yr Ail Ryfel Byd. Yn ail, y chwyldro technolegol a wnaeth gymdogion o bob cenedl o ddynion gan greu ymwybyddiaeth o fydoedd a diwylliannau gwahanol, ac o grefyddau gwahanol gan greu, yn sgil hynny, amheuaeth ynglŷn â pha grefydd sydd yn wir – hynny yw, a oes gwirionedd ynddynt o gwbl. Yn drydydd, i raddau helaeth, technoleg eto – ffrwyth y method gwyddonol – fu hefyd yn gyfrifol am godi ein safon byw yn economaidd a'r hyder a dyfodd o ganlyniad i hynny, sef ein bod ni fel bodau dynol yn hunan ddigonol a'n tynged yn ein dwylo ein hunain. Eithr yn eu hanfod, seicolegol, ac nid rhesymegol, yw natur y dylanwadau hyn arnom. Rhaid ystyried natur perthynas iaith â realiti i ddod o hyd i'r atebion i'n cwestiynau cychwynnol.

Crybwyllwyd eisoes y Dadeni Dysg – un o drobwyntiau chwyldroadol yn y diwylliant Gorllewinol. Ond cafwyd chwyldro arall cyn hyn – un oedd gymaint, ac yn fwy yn nhermau amser, ei effaith ar ddiwylliant Ewrop na'r Dadeni, sef 'tröedigaeth' honedig yr Ymerawdwr Rhufeinig Cystenin i'r ffydd Gristnogol ar ddechrau'r bedwaredd ganrif. Cyn hynny, wrth gwrs, y diwylliant Groegaidd / Rhufeinig oedd y prif ddylanwad ar feddwl Ewrop – i'r graddau yr oedd diwylliannau brodorol pobloedd eraill Ewrop, megis y Celtiaid, yn agored i'r dylanwadau hynny. O'r byd Groegaidd yn benodol y tarddodd athroniaeth a fu'n gymaint o ddylanwad dros y canrifoedd ar sut yr ymresymwn. Ac yn y byd Groegaidd hwn, a gyrhaeddodd ei ben llanw bum neu bedair canrif cyn Crist, *dyn* oedd canolbwynt pob dim. Gweledigaeth dyn-ganolog o'r byd oedd hwnnw o eiddo'r Groegwyr. Fel yr honnodd y dramodydd Soffocles rywdro, 'Y mae rhyfeddodau'n niferus ond nid oes dim yn fwy rhyfeddol na dyn'. Roedd gan y Groegiaid a'r Rhufeiniad eu crefydd – eu duwiau a'u pantheonau – ond bodau digon ffaeledig oedd y duwiau hyn ar y naill law, ac ar y llaw arall, honnid bod dyn ei hun yn hanner dwyfol beth bynnag. Rhoddodd y soffydd enwog, Protagoras, fynegiant tryloyw o ysbryd meddwl y Groegiaid pan yr honnodd mai 'dyn yw mesur pob dim'. Dyn sydd i bennu pob dim – beth sy'n wir a beth sy'n anwir. Ac wrth 'dyn' golygai, nid yn unig nad Duw, neu'n hytrach y duwiau, sydd i benderfynu beth yw beth, ond y person unigol. Os yw'r unigolyn yn teimlo'r dŵr yn oer, yna y *mae'n* oer iddo ef – a dyma'r gwirionedd llawn a therfynol ar y mater – hyd yn oed os yw person arall yn teimlo'r un dŵr yn dwym. Estynnodd Protagoras ei ddadansoddiad o iaith profiadau synhwyrol i bob iaith arall – gan gynnwys iaith moesoldeb, celfyddyd, crefydd ac ati. Y mae pob gwirionedd yn oddrychol. Nid oes y fath beth a gwirionedd gwrthrychol, ac o ganlyniad, y peth pwysicaf yn y byd yw'r ddawn o berswâd, neu o rethreg, er mwyn i mi ddwyn perswâd arnoch chi mai fi, a dim ond myfi sy'n iawn! Ymddengys fod Protagoras yn dal yn fyw ac yn iach yn ein byd cyfoes!

Ond camgymeriad fyddai creu'r argraff mai hollol unfath oedd y meddwl Groegaidd. Roedd gan Protagoras ei feirniaid yn enwedig o blith *illuminati* hen ddinas Athen megis yr athronwyr Socrates, Platon ac Aristotlys. Ac un ateb posibl i afiechydon ein meddwl cyfoes ni fyddai dogn go dda o athroniaeth! Yng ngwladwriaeth ddinesig Athen roedd athroniaeth, yn rhannol, yn ymgais i wrthsefyll 'sbin' a chelwydd gwleidyddion y dydd a hynny drwy arholi'n fanwl *ystyr* yr hyn a honnid yn y defnydd rhethregol o iaith. Rhethreg yw prif offeryn y gwleidydd ond, gan amlaf, camddefnydd o iaith ydyw. Ymdrech dwyllodrus ydyw, gan rai, naill ai i feddiannu grym neu i'w gadw. Un o swyddogaethau athronwyr mawr Athen gynt oedd gwrthsefyll dylanwad y soffyddion gwleidyddol a'u twyll.

Ar ôl y cyfnod Clasurol, daeth gweledigaeth dra gwahanol o'r byd a bywyd i reoli pob dim yn Ewrop, sef honno a gysylltir â'r byd a elwir, neu'n hytrach, a gam-elwir fel 'y byd Cristnogol'. Tyfodd yr hyn a honnwyd oedd yn Gristnogaeth yn rym intelectol a gwleidyddol, a disodlwyd y weledigaeth-byd dyn-ganolog gan *Weltanschauung* 'Duw-ganolog'. O fwriad, defnyddir nodau dyfynnu yma – oherwydd ni chredaf fod y ffordd newydd hon o edrych ar y byd yn wirioneddol Gristnogol nac yn Dduw-ganolog. Addasach yw'r disgrifiad 'eglwys-ganolog' o'r weledigaeth newydd – gan adael y cwestiwn o ysbrydolrwydd a chywirdeb yr eglwys yn un penagored. Beth bynnag, mewn egwyddor, ni ellid fod wedi cael trawsnewid mwy yn Ewrop. Hepgorwyd y syniad Protagoreaidd o wirionedd fel mater cwbl oddrychol a choleddwyd syniad arall o wirionedd fel peth unfath ac absoliwt. Eithr arhosodd un peth yn ddigyfnewid, sef y totalitariaeth. Syrthiodd mantell totalitariaeth yr Ymerodraeth Rufeinig ar ysgwyddau'r eglwys ymerodraethol wrth iddi honni mai ganddi hi oedd y gwir, yr holl wir, a dim ond y gwir – a hynny am bopeth dan yr haul! Tra roedd rhyddid barn yn hollbresennol yn y byd Groegaidd, yr oedd yn awr yn gwbl absennol, ac *anathema sit* oedd tynged y neb a fyddai'n ddigon dewr i herio awdurdod absoliwt y grym eglwysig newydd. Felly y bu drwy ganrifoedd cred nes y dihunwyd ysbryd yr hen fyd Clasurol yn ystod y Dadeni Dysg. Yn anochel, bu i'r adfywiad hwn esgor ar dyndra a gwrthdaro a ddangosodd ei hun ymhen dim yn yr her a wnaethpwyd i otonomi ac awdurdod yr eglwys – hyd yn oed ar faterion ysbrydol. Un ffrwyth o'r her, wrth gwrs, oedd y Diwygiad Protestannaidd. Ond, yr un mor sylfaenol oedd her y ddyneiddiaeth Glasurol a'r posibilrwydd o weld a deall y byd eto, nid drwy gyfrwng iaith a chysyniadau ffydd, ond drwy iaith profiadau synhwyrol. Y mae'n hanesyddol arwyddocaol nad y diwygiad crefyddol oedd blaenffrwyth y Dadeni Dysg ond, yn hytrach, dau weithgaredd gwahanol, a oedd yn eu ffyrdd eu hunain, yn ymwneud â'r byd gweledol sef genesis y gweithgareddau aesthetig newydd – yn bensaernïaeth, yn gerfluniaeth ac yn arluniaeth – a'r wyddoniaeth fodern a oedd yn pwyso gymaint ar arsyllu. Yn y ddeubeth hyn fel ei gilydd, yr oedd *dyn* eto yn ôl ynghanol y byd. Meddylier am ysblander corfforol Adda – (a'r Creawdwr o ran hynny!) – yn narlun Michaelangelo o'r Creu ar nenfwd y Capel Sistine. Ac yn yr un modd, ystyrier perffeithrwydd dynol y cerflun godidog o Ddafydd gan yr un arlunydd, yn ninas Fflorens. Y mae'r cerflun hwn yn ei holl agweddau mor Roegaidd ei natur – yn ei ysblander noeth, sy'n symbol o ogoniant dyn fel yr amgyffredwyd hwnnw yn niwylliant y Groegiaid gynt.

Gogoneddwyd dyn gan arlunio a cherflunio artistiaid y Dadeni. Ond nid y corff oedd unig na phrif ogoniant dyn. Eithr, yn uwch na dim arall, ystyriwyd ei allu intelectol. Prif gamp y Dadeni oedd rhoi genedigaeth lwyddiannus i'r wyddoniaeth newydd a oedd eisoes yn bod, mewn embryo, ers canrif neu ddwy cyn hynny. Ac er y Dadeni, y mae gwyddoniaeth – ei damcaniaethau, ei methodoleg a'i chanlyniadau ymarferol ar ffurf dyfeisiadau technolegol – wedi bod yn ddylanwad cynyddol, ac erbyn hyn y dylanwad mwyaf pwerus ar holl feddwl Ewrop ac ar ei diwylliant. Ond, efallai'n rhyfeddol, fy honiad yw mai'r datblygiad hwn sy'n gyfrifol, naill ai'n uniongyrchol neu'n anuniongyrchol, am lawer o'r dryswch sy'n nodweddu ein meddwl cyfoes. Felly, y mae o bwys sôn am ddatblygiad gwyddoniaeth ac effaith andwyol un o'i ganlyniadau anffodus, sef gwyddonyddiaeth, ar y meddwl cyfoes.

Y mae hanes cychwynnol gwyddoniaeth fodern yn weddol hysbys. Un o ganlyniadau damcaniaethu chwyldroadol gwyddonwyr megis Copernicus a Galileo, a Newton yn ddiweddarach, oedd creu argyfyngau mewn crefydd *ac athroniaeth*. Gwyddys am y driniaeth a gafodd Galileo gan yr awdurdodau crefyddol; roedd yr her wyddonol yn herio awdurdod yr eglwys a'i monopoli ar wirionedd. Ond llai adnabyddus yw ymhlygiadau athronyddol yr wyddoniaeth newydd. Esgorodd ar fath arbennig o sgeptigaeth, rhywbeth a oedd, ar un adeg, wedi nodweddu'r byd clasurol. Mewn cyfnod llai llewyrchus yn hanes athroniaeth Roeg, datblygodd athroniaeth sgeptigol a elwir yn 'Pyrroniaeth' ar ôl ei dyfeisiwr Pyrrho o Elis (*circa* 360 i 275 C.C.). Pyrrho, mae'n debyg, yw'r sgeptig mwyaf yn hanes athroniaeth. Fel cyd-ddigwyddiad, yn yr unfed ganrif ar bymtheg, ail ddarganfuwyd gwaith Sextus Empiricus (*circa* 160 i 210 O.C.), sef prif ffynhonnell ein gwybodaeth am y traddodiad athronyddol sgeptigol Groegaidd, ac felly am Pyrrho. Gwadodd Pyrrho'n llwyr y gellir sicrhau unrhyw wybodaeth o'r byd allanol drwy'r pum synnwyr a feddwn. Ni ellir canfod dim drwy'r llygaid, er enghraifft. Y mae stori iddo syrthio i'w farwolaeth am na chredai fod dibyn o'i flaen! Yn ystod canrifoedd cred, am amryw resymau, anghofiwyd yn llwyr am Pyrrho a'i sgeptigaeth. Ond dyma'r enwogion o fyd yr wyddoniaeth newydd yn honni nad yw'r haul yn symud – nac ydyw'n codi nac yn machlud. Hynny yw, ymddengys fod y gwyddonwyr yn gwadu tystiolaeth amlwg y synhwyrau – yr hyn a welwn ac a fynegwn o hyd fel gwirionedd yn yr iaith ffenomenolegol a ddefnyddir bob dydd. Dywedwn hyd heddiw fod yr haul yn codi ac yn machlud – er y gwyddys mai ond *ymddangos* felly y mae. Wrth i'r gwyddonwyr fwrw amheuaeth ynglŷn â chywirdeb iaith bob dydd, daeth sgeptigaeth Pyrrho yn fyw eto. Ac oni ellir ymddiried yng nghywirdeb iaith siarad am brofiadau synhwyrol, sut y gallwn wybod dim? Dyma'r cwestiwn a roddodd fod i athroniaeth fodern wrth i'r Ffrancwr, René Descartes, geisio'i ateb ac y mae dylanwad Pyrrho'n drwm ar ei waith, yn enwedig ar y *Myfyrdod Cyntaf*.

Descartes yw tad athroniaeth fodern a rhaid ceisio deall ei

athroniaeth yng ngoleuni'r damcaniaethau gwyddonol newydd. Un o'i gyfoeswyr oedd Isaac Newton, y gŵr a luniodd y cysyniad o ddisgyrchiant. Ar yr wyneb, ymddengys y syniad hwn yn un digon diniwed. Disgyrchiant yw'r grym hwnnw sy'n peri i afalau syrthio o'r pren i'r llawr! Ond yr oedd ymhlygiadau damcaniaeth newydd Newton yn bellgyrhaeddol a chwyldroadol. Yr un grym hwn sy'n cadw'r bydoedd yn eu lle! Y mae gan bob corff y grym hwn, a disgyrchiant y planedau sy'n gyfrifol am reoleidd-dra eu symudiadau. Felly, dyma esboniad, mewn termau mecanyddol pur, o holl symudiadau'r ddaear, yr haul, y lleuad a'r sêr a'r bydysawd cyfan. Yn anochel cododd y cwestiwn: a ydyw dyn yn wahanol i weddill y greadigaeth? A ellir esbonio holl ymddygiad dyn mewn termau mecanyddol cyffelyb? Ai peiriant yw dyn? A ellir esbonio ei holl weithgareddau yn nhermau achos ac effaith? Onid ydym fel bodau corfforol, fel pob corff arall, dan reolaeth deddf disgyrchiant? A ydym ond cyrff ffisegol yn unig? Os felly, ymddengys fod angen cynnig esboniad a chyfiawnhad dros rai o'n credoau mwyaf sylfaenol am bersonau megis, er enghraifft, ein bod yn rhydd i weithredu, bod ewyllys rydd gennym, a'n bod yn gyfrifol am ein gweithredoedd.

Un o gyfoeswyr Descartes oedd y Sais Thomas Hobbes, athronydd gwleidyddol pwysig ac awdur y gyfrol enwog *The Leviathan*. Dadleuodd Hobbes yn y gyfrol hon nad yw dyn yn unigryw o gwbl, a gellir cyfrif am ei holl weithgareddau yn nhermau dau *achos* yn unig, sef atyniad a gwrthyriad (*attraction and repulsion*). Wrth ddod i unrhyw benderfyniad ynglŷn ag unrhyw weithred a ymddengys fel gweithred rydd, nid ydym, yn ôl Hobbes, ond megis deilen sy'n syrthio o gangen. Symud y ddeilen yn ôl ac ymlaen yn yr awyr fel y bydd gwynt yn chwythu, nes iddi yn y diwedd ddod i fan gorwedd. Felly, yn ôl Hobbes, y mae ein penderfyniadau. Nid yw ein rhesymu, ein pwyso a'n mesur o'r hyn a fwriadwn ei wneud, ond megis dylanwad y gwynt ar ddeilen. Tynnir ni yn ôl ac ymlaen gan wahanol deimladau o atyniad neu wrthyriad, nes cyrraedd man gorwedd, sef y penderfyniad. Rhith yw pob rhyddid. Nid yw dyn ond peiriant cymhleth sydd dan reolaeth grymoedd corfforol.

Y mae syniadau nid annhebyg i hyn yn boblogaidd yn ein cymdeithas gyfoes. Ceir y syniad ei bod hi'n bosibl rhoi cyfrif cwbl *achosol* o'n hymarweddiad fel bodau dynol. Achosion sy'n peri pob penderfyniad. Ai cynnyrch natur ydym? Ai ein DNA sy'n gyfrifol am y math o bersonau ydym? Neu, ai creadigaethau ein magwraeth ydym? Neu ai cyfuniad o'r ddau achos yma ydym? Yr awgrym ydyw, pe deallem yr holl ffactorau achosol hyn sy'n dylanwadu arnom, byddai'r cyfrif o'n gweithgareddau'n gwbl gyflawn. *Ond os credir y gall gwyddoniaeth esbonio popeth amdanom, yr ydym mewn perygl o lygru'r holl gysyniad o beth ydyw i fod ddynol.* Os *achosion* sy'n llwyr gyfrifol am ein hymarweddiad, yna nid ydym yn gyfrifol am ddim a wnawn. O ganlyniad, nid ydym yn fodau moesol o gwbl; nid ydym yn haeddu na chlod na chosb am ein gweithredoedd. Yn wir, nid oes *ystyr* i ddim. Oherwydd os *achos* sy'n peri popeth, yna achosion sy'n gyfrifol am sens a nonsens fel ei gilydd ac nid oes gwahaniaeth rhyngddynt. Y mae'r cyfyng gyngor intelectol hwn cyn ddifrifoled â'r gwrthdaro honedig rhwng crefydd a gwyddoniaeth.

Wrth gwrs, oferedd fyddai mynd i'r eithaf arall a honni nad oes gan y ffactorau amrywiol ffisegol hyn ddylanwad o gwbl ar ffurfiant ein cymeriadau. Mae'n amlwg y gall cyffuriau, er enghraifft, gael pob math o effaith arnom. Ond os methaf gyfrif yn gywir, neu gerdded yn syth, oherwydd dylanwad ryw gyffur neu'i gilydd ar fy nghorff, ni fydd a wnelo ystyr 'cyfrif yn gywir' neu 'cerdded yn syth' ddim o gwbl â hynny. Perthyn ystyr bob amser i iaith sy'n gyhoeddus a gwrthrychol, tra perthyn y methiant y sonnir amdano i'r unigolyn sydd o dan ddylanwad y cyffuriau.

Yn yr ail ganrif ar bymtheg Descartes a waredodd Ewrop o'r math o fateroliaeth a goleddwyd gan Hobbes a'r benderfyniaeth oedd yn ymhlyg yn yr athroniaeth honno. Dadleuodd Descartes ein bod, ar y naill law, yn fodau corfforol a bod y corff dan reolaeth achosol fel pob dim arall. Ond ar y llaw arall, nid cyrff yn unig ydym. Meddwn hefyd ar feddwl – ac nid yw'r meddwl o dan *reolaeth* deddfau achosol. Ac fel bodau sy'n meddwl yr ydym yn rhydd ac yn gyfrifol – a'r meddwl felly sy'n ein diffinio fel bodau dynol. *Cogito ergo sum.* Meddyliaf, felly yr wyf. Mewn hanfod, bodau sy'n meddwl ydym. Y broblem yw fod ateb Descartes mor ddryslyd â syniadau materol Hobbes. Serch hynny, ymddengys fod ateb Descartes wedi bodloni pobl dros y canrifoedd a bod crefyddwyr yn arbennig wedi bod yn ddigon hapus â'r dryswch am ei fod, ar yr wyneb o leiaf, yn cadarnhau'r syniad mai 'corff ac enaid yw dyn'. Erys syniad Descartes yn boblogaidd hyd heddiw, yn enwedig ym myd crefydd. Mor hawdd ydyw credu ryw anwir os yw'n unol â'n rhagdybiaethau a'n rhagfarnau!

Beth bynnag, ym Mhrydain yn gyffredinol, ni ddilynwyd yr athroniaeth Cartesaidd yma a elwir yn Rhesymoliaeth. Mewn gwrthgyferbyniad i Resymoliaeth, datblygodd ym Mhrydain athroniaeth arall a elwir yn Empeiriaeth. Tad yr ysgol hon o feddwl oedd yr athronydd John Locke, ac edmygai ef yn fawr fethodoleg wyddonol ei ddydd. Mae'n cyfeirio yn ei waith pwysicaf, *An Essay Concerning Human Understanding*, at Isaac Newton fel 'the incomparable Mr. Newton' a chredai Locke fod yr wyddoniaeth newydd yn dibynnu ar arsyllu manwl. Yn ôl Locke, drwy ein synhwyrau corfforol y daw i'n meddiant ddefnydd crai ein gwybodaeth, a heb y synhwyrau nid yw y meddwl ond *tabula rasa* – hynny yw, tudalen lân. Yn fy marn i, Locke oedd yr athronydd mwyaf yn hanes Lloegr, a'r dylanwad mwyaf parhaol ar feddwl y Sais. Oherwydd er yn ystod y canrifoedd ers dyddiau Locke, i liaws o athroniaethau eraill ddatblygu, yn enwedig o gyfeiriad cyfandir Ewrop, ni chafodd un o'r athroniaethau hyn yr un dylanwad parhaol ag empeiriaeth Locke. Os oes o gwbl rywbeth a ellir ei ddisgrifio fel 'y meddwl Seisnig' y mae hwnnw wedi deillio, yn anad neb arall, o Locke. Hanfod y fath feddwl yw hyn: y mae'r cysyniad o 'resymoldeb' yn annatod oddi wrth y syniad o 'dystiolaeth'; felly, y mae'n rhesymol credu rhywbeth i'r graddau y cadarnheir y peth hwnnw gan dystiolaeth weladwy gyhoeddus. 'Oni welaf, ni chredaf' yw'r athroniaeth hon. Mae'n wir i athroniaeth Locke ei hun gael ei datblygu a'i newid gan nifer o'i olynwyr – gan gynnwys rhai o'i gyfoeswyr iau megis yr Esgob John Berkeley o Iwerddon a David Hume o'r Alban. Ond yn llinach Locke yr oedd rhai o enwogion athronyddol mwyaf Lloegr drwy'r canrifoedd – pobl megis Jeremy Bentham, John Stuart Mill, Bertrand Russell a G.E. Moore. Ac o edrych ar athroniaeth yma yng Nghymru yn yr ugeinfed ganrif, gwreiddiwyd tri o'r athronwyr mwyaf adnabyddus, sef R. I. Aaron, H. D. Lewis a J. R. Jones, yn ddwfn yn y traddodiad empeiraidd. Aaron, yn ei ddydd, oedd yr awdurdod pennaf ar waith John Locke.

Wedi cydnabod hyn, tybiaf fod empeiriaeth bellach wedi colli tir ac yn dal i wneud hynny. Y prif reswm am hyn yw'r newid pwyslais mewn athroniaeth ei hun. Yn y bôn y mae a wnelo empeiriaeth ag epistemeg, sef yr astudiaeth o natur gwybodaeth.

Ond yn raddol, er diwedd y bedwaredd ganrif ar bymtheg, bu chwyldro ar gerdded mewn athroniaeth. Ar y cyfandir y cychwynnodd y chwyldro hwn ac o fyd mathemateg y tarddodd. Yr oedd Ellmynwr o fathemategydd o'r enw Gottlob Frege yn anniddig â'r nodiant a ddefnyddir mewn rhifyddeg. Credai fod y nodiant yn amwys ac mae'r ateb i'r amwysedd hwn oedd ceisio diffinio ystyr pob rhif yn fanwl, a seilio rhifyddeg ar egwyddorion rhesymegol pur. Dyma feddyliwr oedd â'i holl fryd ar ddiffinio manwl er mwyn sicrhau eglurder ystyr. Roedd gan athronwyr eraill, gan gynnwys Russell a Whitehead yng Nghaergrawnt, hefyd ddiddordeb byw yn y maes hwn gan ystyried y berthynas rhwng egwyddorion rhesymeg ffurfiol a natur mathemateg. O ganlyniad i'r diddordeb hwn mewn rhesymeg fathemategol, daeth ystyriaethau ynglŷn â natur 'ystyr' yn nes i ganol athroniaeth. Daethpwyd i gydnabod fod llawer o athroniaethau'r gorffennol wedi ymddangos yn dderbyniol oherwydd na ddadansoddwyd yn ddigon manwl ystyr y cysyniadau a ddefnyddiwyd ynddynt. Er enghraifft, meddylier am honiad rhyfeddol yr Esgob Berkeley yn y ddeunawfed ganrif. Meddai Berkeley, *'esse est percipi'*, sef, 'bod' yw 'bod yn ganfyddadwy'. Ond mewn ymosodiad ar y syniad hwn, dadleuodd G. E. Moore, ar droad y ganrif ddiwethaf, fod Berkeley yn llwyddo i'n hargyhoeddi o wirionedd ei ddadl yn unig oherwydd amwysedd y tri chysyniad a ddefnyddir ganddo. Yng ngeiriau G. E. Moore, *'Esse est percipi.* Here are three ambiguous concepts'. Gellir ymestyn yr un egwyddor o ddadansoddi ystyr i bob cysyniad a chyfundrefn athronyddol. Ers dyddiau Descartes, y cwestiwn o sut y deuwn i *wybod* rhywbeth oedd ar ganol y llwyfan athronyddol. Ond beth yw ystyr 'gwybod'? Ai un math o wybodaeth sydd? Neu a all 'gwybod' newid ei ystyr o gyd-destun i gyd-destun? Gwyddom fod dau a dau yn gwneud pedwar. Gwyddom ein bod wedi byw ar wyneb y ddaear am nifer o flynyddoedd. Gwyddom fod eira'n wyn. Gwyddom fod gonestrwydd yn rhinwedd. O'r amrywiaeth hyn, a ellir casglu mai yr un yw ystyr 'gwybod'? Y math yma o ystyriaethau fu'n gyfrifol am i empeiriaeth, ac yn wir, i systemau epistemegol eraill, gael eu disodli o ganol y llwyfan athronyddol gan resymeg anffurfiol sy'n ymwneud ag amodau ystyrlonrwydd.

Wrth ymwneud ag ystyr, yr ydym yn ymwneud ag iaith, a hyn sy'n bennaf cyfrifol am y disgrifiad o athroniaeth gyfoes fel disgyblaeth 'ieithyddol'. Efallai mai adwaith rhai i hyn yw tybio fod athroniaeth, o ganlyniad, yn arwynebol, am mai trafod geiriau yn unig y mae'r athronwyr bellach. Ond efallai mai rhan o'r rheswm dros y fath adwaith yw'r ffaith fod y mwyafrif o bobl yn meddwl yn gwbl anghywir ynglŷn â swyddogaeth iaith yn ein bywydau – yn wir, yn yr union ffordd y camddeallodd Locke beth yw swyddogaeth iaith, sef cyfrwng i gyfathrebu â'n gilydd. Yn ôl Locke deuwn i wybod y cyfan am y byd a'n bywyd drwy'r synhwyrau, ac unig swyddogaeth iaith yw er mwyn i unrhyw siaradwr wneud ei fyd goddrychol, preifat, yn hysbys i'w wrandawr. Y mae Locke yn rhagdybio, yn gwbl gyfeiliornus, fod unrhyw berson yn deall ei fyd heb iaith neu cyn iddo'i dysgu o gwbl. Pe byddwn yr unig unigolyn yn y byd, byddwn yn deall fy myd yn iawn heb iaith o gwbl, ac ni fyddai ei hangen oherwydd ni fyddai neb gennyf i gyfathrebu ag ef! Dyna safbwynt Locke. Ond heb iaith, ni ddeallaf beth y mae fy synhwyrau'n ei gyflwyno i mi. Os edrychaf ar y bwrdd sydd o'm blaen, nid yw'r bwrdd ei hun yn *dweud* wrthyf beth ydyw. Rhaid dysgu'r cysyniad o fwrdd gan bobl eraill, a thrwy hynny, ddeall beth yw swyddogaethau'r gwrthrych yn ein bywydau. Fel defnyddwyr iaith ddynol, ni welwn y byd fel y gwêl anifail y byd. Eithr gwelwn y byd *drwy'r iaith* a ddefnyddiwn. Os edrychaf ar lyfr gwelaf *lyfr*. Fe wêl gi siâp a lliw, ond ni wêl 'sgwâr', 'coch' na 'llyfr' – oherwydd cysyniadau yn ein hiaith a'n gweithgareddau dynol yw'r geiriau hyn.

Un o gysyniadau pwysicaf ein hiaith, ac un a fu ynghanol trafodaethau athronyddol dros y canrifoedd, yw 'gwirionedd'. 'Beth yw gwirionedd?' oedd cwestiwn Pilat gynt. Ac nid athronwyr yn unig sy'n dal i ofyn y cwestiwn. Ond cwestiwn hollol gamarweiniol ydyw gan y'n temtir ganddo i roi ateb syml iddo, neu i gynnig rhyw ddiffiniad holl-gynhwysfawr o'r cysyniad. Un o gyfraniadau pwysicaf athroniaeth yr ugeinfed ganrif oedd tynnu ein sylw at gymhlethdodau cysyniadau gan gynnwys y rhai sydd mor ganolog i athroniaeth – megis 'gwirionedd' neu 'gwybodaeth'. Dangosodd athronydd mwyaf yr ugeinfed ganrif, Ludwig Wittgenstein, fod yr holl draddodiad athronyddol er Descartes yn seiliedig ar gamgymeriad cymharol syml – sef y bai a elwir yn 'hanfodiaeth' – hynny yw, y gred fod gan bob cysyniad ryw hanfod. A gellir mynegi'r hanfod hwn trwy ddiffiniad. Credodd Wittgenstein hynny ei hun am y cysyniad o 'iaith'. Dyna oedd ei gamgymeriad mawr yn ei waith cynnar, *Y Tractatus*. Credai ar y pryd fod hanfod i iaith ac, o ganlyniad, mai un swyddogaeth sydd ganddi, sef hwnnw o ddisgrifio'r byd fel y gwneir hynny'n y gwyddoniaethau naturiol. O ganlyniad, diystyr oedd pob defnydd arall o iaith. Nid oedd iaith foesol, er enghraifft, yn *dweud* dim. Yn y gred gynnar yma o eiddo Wittgenstein, nid oedd yn wahanol i'r holl athronwyr a fu o'i flaen a oedd wedi creu damcaniaethau diffiniol ynglŷn ag 'iaith', 'gwirionedd', 'gwybodaeth' ac ati. Ond daeth Wittgenstein i sylweddoli mai camgymeriad oedd ceisio chwilio am hanfod cysyniadau. Yn hytrach, dylid edrych yn nes ar sut y mae iaith yn cael ei defnyddio, a sylweddolodd fod gan iaith swyddogaethau niferus ac amrywiol am mai peth organaidd ydyw – peth byw, sy'n annatod glwm wrth ein hamrywiol weithgareddau diddiwedd, ac sy'n newid a thyfu, ac ar adegau hefyd sy'n peidio â bod. Ond ymddengys yn weddol glir nad yw'r cyfraniad pwysig hwn i athroniaeth wedi treiddio hyd yn hyn i feddyliau ein prif academyddion – heb sôn am drwch y boblogaeth. Delir i gredu o hyd, mwy neu lai gan bawb, gan gynnwys ysgolheigion o'r radd flaenaf, mai cysyniadau unfath, monolithig yw rhai fel 'gwirionedd', 'gwybodaeth', 'deall', 'iaith' ac ati. O ganlyniad, cyflyrir ni o hyd i feddwl mai un math o wirionedd yn unig sydd ac *fe lygrwyd ein diwylliant wrth i un gwirionedd, sef gwirionedd gwyddonol, reoli'n holl ymresymu a gweithredu fel llinyn mesur o ystyrlonrwydd pob dim.* Yn wir, yn ystod dauddegau a thridegau'r ganrif ddiwethaf, aethpwyd i'r pen pellaf posibl â'r athroniaeth gyfeiliornus hon. Yn Fienna, datblygodd mudiad a ddaeth i gael ei adnabod fel 'Positifiaeth Resymegol' a'i honiad canolog oedd mai ond gwireddu gwyddonol oedd yn sicrhau, nid yn unig wirionedd yn ein gosodiadau, ond eu hystyrlonrwydd. Os nad yw ein gosodiadau'n agored i'w gwireddu (neu eu hanwireddu) drwy ddulliau'r methodolegau gwyddonol nid ydynt yn ystyrlon. O ganlyniad, diystyr yw'n holl osodiadau moesol, aesthetig a chrefyddol.

Poblogeiddiwyd y syniadau hyn gan un o gymeriadau carismatig y byd athronyddol ym Mhrydain ym mhumdegau a chwedegau'r ganrif ddiwethaf, sef gan A. J. Ayer. Roedd Ayer yn awdur medrus a chlir ei feddwl ac fe gafodd ei lyfr bychan poblogaidd, *Language Truth and Logic*, gyhoeddusrwydd enfawr. Fe'i darllenwyd gan filoedd o fyfyrwyr Prifysgol – darllenwyr y byddai nifer ohonynt yn ddiweddarach yn dysgu mewn ysgolion ac yn dylanwadu ar genhedlaeth ar ôl cenhedlaeth o ddisgyblion. Fy argyhoeddiad yw fod Positifiaeth Resymegol wedi cael dylanwad eithriadol o andwyol ar ein diwylliant hyd heddiw drwy fynnu mai un math o wirionedd sydd, ac nid yw'r gwirionedd hwn yn cynnwys gwirioneddau gwerthusol. O ganlyniad, crëwyd ansicrwydd ynglŷn â gwerthoedd a statws rhesymegol gosodiadau gwerthusol o bob math.

Paham y teimlir mor gryf yn erbyn y mudiad hwn? Ai ymosodiad sydd yma ar wyddoniaeth? Dim o gwbl. A phe byddwn yn edrych ar yr athroniaeth hon ar ei gwedd orau, a'i gweld fel athroniaeth gwyddoniaeth yn unig, fel yr ymddengys, efallai, yng ngweithiau Karl Popper, yna byddai syniadau'r mudiad yn fwy cymeradwy. Yn wir, defnyddiodd Popper ei egwyddor o anwireddu fel offeryn effeithiol i wahaniaethu rhwng gwir wyddoniaeth a gau wyddoniaeth. Er enghraifft, yn ôl Popper, ni ellid ystyried damcaniaethau Freud na Marx fel rhai gwyddonol am nad ydynt yn agored i gael eu hanwireddu drwy unrhyw dystiolaeth wyddonol. Ond yma, defnyddir yr egwyddor resymegol fel offeryn y tu fewn i wyddoniaeth. Ond y broblem gydag egwyddor gwireddu'r Positifiaid Rhesymegol oedd ei ddefnydd fel llinyn mesur o ystyrlonrwydd *pob* dim – gan gynnwys iaith a gweithgareddau moesol, aesthetig a chrefyddol. Felly os dywedir, er enghraifft, 'Y mae llofruddiaeth yn foesol ddrwg', neu 'Y mae haelioni yn dda', neu 'Mae'r llyfr hwn yn odidog', neu 'Y mae machlud haul yn Aberystwyth yn olygfa wych', nid yw un o'r gosodiadau hyn, yn ôl y Positifiaid, i'w hystyried namyn ebychiadau emosiynol sy'n gwbl oddrychol eu natur ac yn rhesymegol ddiystyr.

Tybed a oes cysylltiad uniongyrchol rhwng y math yma o athroniaeth a'r amwysedd cyfoes sydd ynglŷn â safonau moesol ac aesthetig? Pwy nad yw'n rhyfeddu at y math o bethau a gynhyrchir heddiw ym myd arlunio? Pwy sydd heb ei syfrdanu'n llwyr gan wobrwyon Turner yn y blynyddoedd diwethaf? A beth am safonau llenyddol? Sut yr ydych chi'n darllen y testun? Beth yr ydych chi'n ei weld yn y darn hwn o farddoniaeth? Ac ymddengys fod un ateb i'r cwestiwn cystal â'r llall a phob ateb yn fynegiant o adweithiau goddrychol personol. Onid yw'r cyfan yn deillio o'r ansicrwydd a gododd oblegid y gred mai mewn gwyddoniaeth yn unig y mae gwirionedd gwrthrychol a sicr! Dyna sut y meddyliwn neu'n hytrach a gam-feddyliwn heddiw – am ein bod wedi'n bedyddio mewn môr o wyddonyddiaeth, sef y gred mai un gwirionedd yn unig sydd, ac mai mewn gwyddoniaeth yn unig y'i ceir.

Beth sydd o'i le yn hyn oll? Ni wn am un athronydd proffesiynol ym Mhrydain heddiw sy'n coleddu empeiriaeth eithafol y Positifiaid Rhesymegol. Cydnebydd y mwyafrif o athronwyr bellach fod amodau ystyrlonrwydd yn llawer rhy gymhleth iddynt gydymffurfio ag un llinyn mesur – megis hwnnw o eiddo'r Positifiaid. Serch hyn, y mae'n dal yn rhy hawdd o lawer i lithro i'r camgymeriad elfennol o gredu fod y rhan yn gyfystyr â'r cyfan. Ni all un egwyddor fyth wneud cyfiawnder â chymhlethdod iaith, sydd yr un peth â chymhlethdod gweithgareddau ein bywyd. Eto, drwy gydol hanes meddyliol y Gorllewin mae athronwyr, diwinyddion a gwyddonwyr, fel ei gilydd, wedi mabwysiadu, yn gwbl resymegol anghywir, y cysyniad mai ond un math o wirionedd yn unig sydd. 'Y mae gwirionedd yn un' oedd honiad un o brif ddiwinyddion Lloegr yn yr ugeinfed ganrif – gan adleisio niferoedd o ddiwinyddion mwyaf y traddodiad Cristnogol. Ac, yn yr un modd, dyma leisiau eraill o'r ugeinfed ganrif o eiddo'r athronwyr oedd yn gwneud yr un honiad. Y canlyniad yw gwrthdaro uniongyrchol rhwng gwyddoniaeth a chrefydd. Os yw'r gwyddonydd, ar y naill law, yn honni i'r byd ddod i fod o ganlyniad i ffrwydriad enfawr, a'r diwinydd yn honni, ar y llaw arall, mai creadigaeth Duw yw'r bydysawd, yna ar sail y cysyniad mai un math o wirionedd sydd, ceir yma groesddywediad. Y mae naill ai'r gwyddonydd neu'r diwinydd yn anghywir. Fel y mynegodd un gwyddonydd praff o Gymro y tyndra rhwng crefydd a gwyddoniaeth, 'Dywed gwyddoniaeth mai plentyn siawns yw dyn; dywed crefydd mai plentyn Duw ydyw'. Croesddywediad?

Gall croesddywediad ddigwydd yn unig pan fo dau osodiad yn rhannu'r un amodau ystyrlonrwydd. Un o swyddogaethau canolog athroniaeth yw arholi amodau ystyrlonrwydd. Felly, y mae'n bosibl y gall athroniaeth ateb, neu'n hytrach *ddatod*, un o'r prif ddadleuon a fu'n fygythiad cyson dros y canrifoedd diwethaf i undod ein deall o'n byd a'n bywyd – sef y gwrthdaro rhwng yr amgyffrediad gwyddonol a'r amgyffrediad crefyddol o'r byd. Efallai, ym Mhrydain heddiw, nad yw'r ddadl hon rhwng crefydd a gwyddoniaeth yn fyw fel y bu'n y gorffennol, a hynny oherwydd fe ymddengys, fel yr awgrymwyd eisoes, fod gwyddoniaeth, neu'n hytrach gwyddonyddiaeth, wedi cario'r dydd ac yr ydym, o ganlyniad, eisoes naill ai wedi hepgor y weledigaeth grefyddol yn gyfan gwbl, neu wedi mabwysiadu agwedd gwbl ddifater tuag ati. Serch hyn, adroddwyd yn y *Times* yn 2006 i'r Gymdeithas Frenhinol ddatgan na ddylid dysgu 'creadaeth' (*creationism*) yn ein hysgolion am nad yw'n 'consistent with the evidence from geology, astronomy and physics that the solar system, including Earth, formed about 4,600 million years ago'. Ond yn y Taleithiau Unedig, mae'r ddadl yn dal yn fyw rhwng rhai carfanau crefyddol a rhai gwyddonwyr. Yn America, dysgir, mewn rhai ysgolion, greadaeth fel damcaniaeth wyddonol sy'n croes-ddweud damcaniaeth esblygiad. Dyma gamddealltwriaeth llwyr sy'n codi o'r cysyniad mai un yw gwirionedd. Ac er bod cyngor y Gymdeithas Frenhinol yn gywir, y mae'r rheswm a roddir dros yr argymhelliad a roddwyd ganddi yn hollol anghywir. Oherwydd rhagdybir gan y Gymdeithas Frenhinol fod y gosodiad mai Duw a greodd y 'nefoedd a'r ddaear' yn osodiad gwyddonol neu led-wyddonol. Camddealltwriaeth llwyr yw hyn, gan mai cyffes ffydd yw'r gosodiad crefyddol sy'n fynegiant o sancteiddrwydd a gwerth ein byd a'n bywyd.

Y mae gan y gwyddonydd ei iaith. Y mae ystyrlonrwydd yr iaith honno yn annatod gysylltiedig wrth weithgareddau a methodolegau gwyddonol, gan gynnwys creu damcaniaethau, hypothesisau, arbrofion gwyddonol ac yn y blaen – a'r cyfan, wrth gwrs, y tu fewn i draddodiad gwyddonol penodol sy'n estyn yn ôl dros ganrifoedd. Y mae gan y credadun crefyddol ei iaith. Fel pob defnydd arall o iaith, y mae gan yr iaith hon hefyd ei chysylltiadau annatod â gweithgareddau – ond gweithgareddau cwbl wahanol i weithgareddau'r gwyddonydd – sef, gweithgareddau crefyddol megis addoliad, gweddi a gogoneddu Duw drwy wneud ei ewyllys. Ni ellir cyffredinoli ynglŷn â pherthynas un gweithgaredd arbennig (a'r iaith a ddefnyddir ynddi) a gweithgaredd arall a'i iaith. Ar adegau, gall y berthynas rhyngddynt fod yn agos, fel dyweder, rhwng iaith ymchwil wyddonol a iaith technoleg. Yn gyffredinol, y mae iaith moesoldeb yn perthyn yn agos at iaith crefydd ac, ar adegau, defnyddir yr un cysyniadau ynddynt, megis 'aberth' a 'cyfiawnder' – er na ellir casglu o hyn mai yr un ystyr sydd i'r cysyniadau hyn mewn moesoldeb a chrefydd. Y mae gwahaniaeth rhwng cysylltiadau rheidiol neu resymegol ar y naill law, a chysylltiadau sy'n fater o hap a damwain ar y llaw arall. Ceir cysylltiadau rheidiol yn unig y tu mewn i'r un gweithgarwch neu fframwaith syniadol. Ac er fod gweithgareddau'n gorgyffwrdd â'i gilydd yn gyson yn ein bywydau, fel arfer mater cwbl ddamweiniol yw hynny, ac nid yw'n effeithio ar resymeg y naill iaith na'r llall. Er enghraifft, yn ei hanfod, fe wnêl gwyddoniaeth â'r ymgais i ddeall ac i ddisgrifio sut y mae pethau, yn enwedig y math o gysylltiadau achosol sy'n bodoli rhwng gwahanol bethau, boed hwy'n bethau byw neu ddifywyd. Ond, fel enghraifft wrthgyferbyniol, ni cheir mewn moesoldeb ymgais debyg i geisio esbonio neu ddehongli y byd hwn o gysylltiadau achosol. Eto fe fydd y ddau fyd yn cwrdd â'i gilydd yn weddol aml. Gall ryw ymchwil wyddonol fod yn fater o ddadlau moesol, megis ymchwil ar enynnau dynol. Eto mae'r gwahaniaeth rhwng y dadleuon moesol a natur yr ymchwil yn glir. Wrth ddadlau ynglŷn â moesoldeb yr ymchwil, ystyriaethau moesol sy'n ganolog – fel faint o les ddaw i'r dioddefus os llwydda'r ymchwil, neu i ba raddau y bygythir urddas dyn drwy ganiatáu'r ymchwil. Gwrthdaro sydd yma rhwng gwerthoedd moesol. Hyd y gwn i, nid oes dadlau rhwng gwyddonwyr a'i gilydd ynglŷn â sut i gyflawni'r ymchwil neu beth fyddai ystyr llwyddiant neu fethiant yn yr ymchwil. Materion gwyddonol pur yw'r rhain. Pe byddai crefyddwr o wyddonydd yn erbyn y fath ymchwil, byddai ei resymau yn ymwneud â'i grefydd ac nid ag ystyriaethau sy'n ymwneud â methodoleg wyddonol, neu am beth a fyddai'n achosi'r canlyniad hyn neu arall yn yr ymchwil ei hun.

Yn gyffredinol, fe fydd a wnelo iaith ffydd, yn ei hanfod, â byd yr ysbryd – â dyn fel bod ysbrydol. Fe fydd a wnelo ffydd ag ymateb dyn i ryfeddod ei fodolaeth, i'w amgylchiadau amrywiol a chyffredinol, â'i adweithiau cadarnhaol – ei obeithion a'i ddyheadau – yn ogystal â'i adweithiau negyddol – o'i fethiant a'i ddigalondid. Drwy iaith ffydd y mae'r credadun yn mynegi ei argyhoeddiad fod ystyr i'w fod, nad damweiniol ydyw'r cyfan ac nad damweiniol chwaith yw pob dim sy'n digwydd iddo. O ganlyniad, mae diolchgarwch ac addoliad yn rhan annatod o'i weithgareddau. Ni all beidio canu Ei glod! Nid ymgais i esbonio beth a achosodd y byd sydd yma, ond mynegiant o werthfawrogiad o fodolaeth neu ddiolch amdano. A beth sydd a wnelo gwyddoniaeth â hyn? Dryswch llwyr yw cymysgu'r ddeufyd. Beth sydd a wnelo gwyddoniaeth ag iaith cariad a gras a maddeuant? Beth sydd a wnelo iaith ffydd â chysyniadau haniaethol gwyddonol fel 'dichonolrwydd disgyrchiannol' neu 'ffwythiant ton Schrodiger'?

Eto i gyd ceir 'archoffeiriaid' o'r byd crefyddol ac o'r byd gwyddonol sy'n mynnu fod perthynas reidiol rhwng crefydd a gwyddoniaeth. Myn yr Athro Richard Dawkins, mai nonsens yw crefydd. Myn yr Athro Polkinghrone, fel Cristion o wyddonydd, mai cyfeillion i'w gilydd yw gwyddoniaeth a chrefydd. Ond yr un yw camgymeriad y ddau – sef y gred mai un math o wirionedd sydd. Bydd Polkinghorne yn sôn am 'agweddau gwahanol' o'r gwirionedd – ond agweddau gwahanol o'r *un* peth. A bydd credinwyr crefyddol yn tueddu dilyn Polkinghorne drwy ar y naill law, gyfyngu ar yr hyn y gall gwyddoniaeth mewn egwyddor ei ateb ac ar y llaw arall, y gred fod crefydd yn mynd 'tu hwnt' i atebion gwyddoniaeth. Sonnir yn gyffredin am 'ddirgelwch' bywyd ac ni all gwyddoniaeth setlo'r cwestiwn hwn. Nid oes dim yn newydd yn y strategaeth hon. Fe'i ceir yn namcaniaeth gynnar Wittgenstein. 'It is not *how* the world is that is mystical, but *that* it is'. Ond nid â'r rhai sy'n honni hyn rhagddynt i ofyn y cwestiwn hanfodol pellach am ystyr 'dirgelwch'. Ond y mae gwahanol ystyron i'r cysyniad hwn hefyd. Y mae dirgelion gwyddonol, a gwaith y gwyddonydd yw ceisio eu datod – drwy ymchwil, drwy ddod o hyd i beth yw achos y dirgelwch. Ystyr 'dirgelwch' yma yw 'absenoldeb gwybodaeth'. Drwy ymchwil amgenach daw'r wybodaeth a diflanna'r dirgelwch o ganlyniad. Ond nid diffyg gwybodaeth yw ystyr 'dirgelwch' yn y cyd-destun crefyddol. Yma, *gŵyr* y credadun am gariad Duw tuag ato – ond erys y cariad yn ddirgelwch – hynny yw, yn rhyfeddod. A dyna yw dirgelwch crefyddol – rhyfeddod am nad oes rheswm o gwbl paham fod dyn yn wrthrych cariad y dwyfol. Nid oes dim ynom i deilyngu'r cariad. Ac fel y dwysha'r ymwybyddiaeth yr unigolyn o'i ddiffyg haeddiant, dyfnhau wna'r dirgelwch – hynny yw, yn yr achos yma, y mae cynnydd mewn gwybodaeth neu ddirnadaeth o'r hunan yn dyfnhau'r dirgelwch crefyddol.

Ceisiais ddangos ein bod mewn cyflwr o ddryswch enbyd yn feddyliol ac yn ddiwylliannol oherwydd un prif ffactor, sef oherwydd dylanwad trwm y meddwl a'r fethodoleg wyddonol arnom. Dyma'r hyn a ddisgrifiodd Wittgenstein fel 'diet unochrog'. Y gwir yw fod ein diwylliant Gorllewinol bob amser wedi dioddef o'r unochredd hwn. Yn ystod canrifoedd cred, roedd y sefydliad crefyddol yn euog o'r un math o ddarpariaeth drwy'r honiad mai ganddo ef yr oedd y gwir a'r unig wir – a hynny am bob dim yn y byd. Yn yr ugeinfed ganrif gwyddonyddiaeth a ddarparodd y gwenwyn. Y mae'r ddwy fwydlen gynddrwg â'i gilydd ac yn esgor ar afiechyd neu ddryswch intelectol. Eto dim ond un wers resymegol elfennol sydd angen ei dysgu – sef bod 'gwirionedd' ac 'ystyr' yn gysyniadau cymhleth ac amrywiol – er mwyn ein gwaredu o'n dryswch syniadol.

Llyfryddiaeth yr
Athro Hywel Teifi Edwards

HUW WALTERS

1955
Ysgrif: 'Pysgod', *Y Ddraig = Dragon: magazine of the U[niversity] C[ollege] W[ales], Aberystwyth*, 77 (Tymor y Garawys 1955), 40–1.

1958
Golygydd Cymraeg: *Y Ddraig = Dragon: magazine of the U[niversity] C[ollege] W[ales], Aberystwyth*, 80 (Haf 1958].
Golygyddol', ibid., 55.
Soned: 'Craig Ddu', ibid., 72.

1961
'Bywyd a gwaith William Williams (Creuddynfab). Traethawd M.A. anghyhoeddedig, Prifysgol Cymru (Aberystwyth), 1961.
Beirniadaeth: 'Glo a glowyr: casgliad o ysgrifau llenyddol yn ymwneud â bywyd glowyr', yn J. T. Jones, gol., *Eisteddfod Genedlaethol Frenhinol Cymru, Dyffryn Maelor, 1961: cyfansoddiadau a beirniadaethau*, Llandysul: Gwasg Gomer dros Lys yr Eisteddfod Genedlaethol, 1961, 138–9.

1966
'Y Ddwy gêm', *Barn*, 49 (Tachwedd 1966), 11. [Pêl-droed a rygbi].

1967
'Golwg ar eisteddfodau'r Cyngor, 1861–68', *Taliesin*, 14 (Gorffennaf 1967), [82]–93.
'O law'r meistr', *Barn*, 55 (Mai 1967), 183. [Adolygiad: *Storïau'r tir*, D. J. Williams].

1968
'Llenorion ail hanner y ganrif. Safonau beirniadaeth Creuddynfab (1841–69)', yn Dyfnallt Morgan, gol., *Gwŷr llên y bedwaredd ganrif ar bymtheg a'u cefndir: pedair ar hugain o sgyrsiau radio*, Llandybïe: Llyfrau'r Dryw, 1968, 187–98.

'"Mae John yn mynd i Lundain"', *Taliesin*, 16 (Gorffennaf 1968), [78]–84. [Gyrfa William Williams (Creuddynfab)].

'Adran ysgolion: *The Oxford book of Welsh verse*, gol., Thomas Parry', *Barn*, 71 (Medi 1968), 305–6. [John Morris-Jones].

'Adran ysgolion: *The Oxford book of Welsh verse*, gol., Thomas Parry', ibid., 72 (Hydref 1968), 331–2. [John Morris-Jones].

'Adran ysgolion: *The Oxford book of Welsh verse*, gol., Thomas Parry', ibid., 73 (Tachwedd 1968), 24–5. [John Morris-Jones, ac Eliseus Williams (Eifion Wyn)]

'Y gŵr doeth', ibid., 63 (Ionawr 1968), 75–6. [Adolygiad: *Cyfrol deyrnged Syr Thomas Parry-Williams*, gol., Idris Foster].

'Cariadon Ceredig', ibid., 67 (Mai 1968), 191. [Adolygiad: *Y Borthwen*, Edward Rees].

1969

Golygydd ymgynghorol: *Lleufer: cylchgrawn Cymdeithas Addysg y Gweithwyr yng Nghymru*, 24/4 (1969) > 25/1 (1971).

'Asbri Gwenallt', ibid., 24/4 (1969), 3–6.

'Adran ysgolion: *The Oxford book of Welsh verse*, gol., Thomas Parry', *Barn*, 75 (Ionawr 1969), 82. [Iorwerth Cyfeiliog Peate].

'Adran ysgolion: *The Oxford book of Welsh verse*, gol., Thomas Parry', ibid., 76 (Chwefror 1969), 109–10. [Thomas Gwynn Jones].

'Adran ysgolion: *The Oxford book of Welsh verse*, gol., Thomas Parry', ibid., 77 (Mawrth 1969), 136–7. [W. J. Gruffydd].

'Adran ysgolion: *The Oxford book of Welsh verse*, gol., Thomas Parry', ibid., 79 (Mai 1969), 192–3. [R. Williams Parry].

'Adran ysgolion: *The Oxford book of Welsh verse*, gol., Thomas Parry', ibid., 80 (Mehefin 1969), 221–2. [T. H. Parry-Williams].

'Adran ysgolion: *The Oxford book of Welsh verse*, gol., Thomas Parry', ibid., 83 (Medi 1969), 306. [Saunders Lewis, D. Gwenallt Jones a Waldo Williams].

'Adran ysgolion: *The Oxford book of Welsh verse*, gol., Thomas Parry', ibid., 84 (Hydref 1969), 331–2. [Saunders Lewis].

'Adran ysgolion: *The Oxford book of Welsh verse*, gol., Thomas Parry', ibid., 85 (Tachwedd 1969), 26. [D. Gwenallt Jones].

'Adran ysgolion: *The Oxford book of Welsh verse*, gol., Thomas Parry', ibid., 86 (Rhagfyr 1969), 54. [D. Gwenallt Jones].

1971

'Adran ysgolion: *Eples*, D. Gwenallt Jones', *Barn*, 110, (Rhagfyr 1971), 54.

'Y traddodiad arall', ibid., 100 (Chwefror 1971), 129–30. [Adolygiad: *Y Traddodiad rhyddiaith* (Darlithoedd Rhydychen), gol., Geraint Bowen].

'Y nofelydd ei hun', ibid., 107 (Medi 1971), 329–30. [Adolygiad: *Daniel Owen: astudiaeth*, John Gwilym Jones].

1972

Beirniadaeth: 'Stori addas i'r cylchgrawn *Hamdden*', yn *Eisteddfod Genedlaethol Urdd Gobaith Cymru, Meirionnydd, Y Bala, 1972: cyfansoddiadau llenyddol buddugol*, Aberystwyth: Cwmni Urdd Gobaith Cymru, 1972, 36–7.

Beirniadaeth: 'Traethawd "Llygru'r amgylchedd"', ibid., 37.

Beirniadaeth: 'Sgwrs ddigri rhwng dau; addas i noson lawen', ibid., 37–8.

'Adran ysgolion: *Eples*, D. Gwenallt Jones, *Barn*, 111, (Ionawr 1972), 81.

'Adran ysgolion: *Eples*, D. Gwenallt Jones, ibid., 112, (Chwefror 1972), 106–7.

'Adran ysgolion: *Eples*, D. Gwenallt Jones, ibid., 113, (Mawrth 1972), 136–7.

'Sdim ots beth mae'r Sais yn feddwl am ein llên. Trafodaeth ar lenyddiaeth Gymraeg yng nghwmni yr Athro J. E. Caerwyn Williams, y Dr Bruce Griffiths a Dafydd Glyn Jones, a glywyd ar 'Drws Agored' ar BBC Cymru, Radio 4. Hywel Teifi Edwards oedd y cadeirydd', *Y Gwrandawr* (Atodiad *Barn*), 119 (Medi 1972), iv–vi.

'Amrywiadau enigma', *Barn*, 117 (Gorffennaf 1972), 249. [Adolygiad: *Rhyw hanner ieuenctid: astudiaeth o gerddi ac ysgrifau T. H. Parry-Williams rhwng 1907 a 1928*, Dyfnallt Morgan].

1973

'Ein Defi John ni', *Barn*, 133 (Tachwedd 1973), 42. [Adolygiad: D. J. Williams (Writers of Wales), Dafydd Jenkins].

1974

'Eisteddfodau cenedlaethol chwedegau'r ganrif ddiwethaf a'r wasg', yn J. E. Caerwyn Williams, gol., *Ysgrifau beirniadol, VIII*, Dinbych: Gwasg Gee, 1974, 205–25.

'Pryddestau'r ganrif hon', *Barn*, 142 (Awst 1974), 466. [Adolygiad: *Pryddestau eisteddfodol detholedig, 1911–1953*, gol., E. G. Millward].

'Eryr drycinoedd', Taliesin, 29 (Rhagfyr 1974), 121–4. [Adolygiad: *Thomas Gwynn Jones*, David Jenkins].

1975

'Pafiliwn yr Eisteddfod: hen, hen, wae', *Barn*, 151 (Awst 1975), 732–4. [Helyntion pafiliwn eisteddfodau'r bedwaredd ganrif ar bymtheg].

1976

Yr Eisteddfod: cyfrol ddathlu wyth ganmlwyddiant yr Eisteddfod, 1176–1976, Llandysul: Gwasg Gomer tros Lys yr Eisteddfod Genedlaethol, 1976, [xi], 85tt.

Beirniadaeth: 'Araith ar unrhyw bwnc gan unrhyw ffigwr hanesyddol pe dychwelai heddiw', yn *Eisteddfod Genedlaethol Urdd Gobaith Cymru, Porthaethwy, Ynys Môn: cyfansoddiadau llenyddol buddugol*, Aberystwyth: Cwmni Urdd Gobaith Cymru, 1976, 58–9.

'Adran ysgolion: *Wil Brydydd y Coed* [David Owen (Brutus)]', *Barn*, 157 (Chwefror 1976), 67–8.

'Adran ysgolion: *Wil Brydydd y Coed*, ibid., 158 (Mawrth 1976), 96–7.

'Adran ysgolion: *Wil Brydydd y Coed*, ibid., 159 (Ebrill 1976), 131–2.

'Adran ysgolion: *Wil Brydydd y Coed*, ibid., 160 (Mai 1976), 165–6.

'Y dathlu mawr', ibid., 164 (Medi 1976), 283–5. [Sylwadau ar Eisteddfod Genedlaethol Cymru, Aberteifi, 1976].

1977

Beirniadaeth: 'Parodi ar unrhyw gerdd adnabyddus', yn *Eisteddfod Genedlaethol Urdd Gobaith Cymru, Y Barri a'r Fro: cyfansoddiadau llenyddol buddugol*, Aberystwyth: Cwmni Urdd Gobaith Cymru, 1977, 17–18.

'Trugareddau Eisteddfodau Wrecsam', *Barn*, 174/175 (Gorffennaf / Awst 1977), 239–41. [Eisteddfodau Cenedlaethol Wrecsam, 1876, 1888 a 1912].

'Iorwerth Cyfeiliog Peate', ibid., 171 (Ebrill 1977), 131–2. [Adolygiad: *Rhwng dau fyd: darn o hunangofiant*, Iorwerth C. Peate].

Adolygiad: *Triptych neu bortread mewn tair rhan o bobun*, R. Gerallt Jones, *Llais llyfrau*, Gaeaf 1977, 8.

1978

Baich y bardd (Y Ddarlith Lenyddol Flynyddol, Eisteddfod Genedlaethol Cymru, Caerdydd, 1978), Caerdydd: Pwyllgor Gwaith Eisteddfod Genedlaethol Cymru, Caerdydd, 1978, 36tt. [Cyhoeddwyd hefyd ym 1989].

'Myfanwy Fychan' ac *'Alun Mabon'*: (*Golwg ar ddwy o gerddi Ceiriog*) (Darlith Flynyddol Asgell Addysg Bellach Preseli, 1977), [S.l].: [s.n]., 1978, 20tt.

Daniel Owen a'r "gwir" = *Daniel Owen and the "truth"* (Darlith Goffa Daniel Owen / Daniel Owen Memorial Lecture, III), [Yr Wyddgrug / Mold]: Pwyllgor Ystafell Goffa Daniel Owen / Daniel Owen Memorial Room Committe, 1978, 27tt., 27pp.

1979

Beirniadaeth cystadleuaeth y goron: 'Tri adroddiad papur newydd ar dri achlysur gwahanol', yn *Eisteddfod Genedlaethol Urdd Gobaith Cymru, Ogwr, Maesteg, 1979: cyfansoddiadau llenyddol buddugol*, Aberystwyth: Cwmni Urdd Gobaith Cymru, 1979, 48–9.

'O fyd y cyfryngau: Anellyn Fardd', *Barn*, 197 (Mehefin 1979), 25–7. [Sgwrs gyda Hywel Gwynfryn am y bardd talcen slip o'r Felin-wen ger Caerfyrddin].

'Eisteddfod Genedlaethol Caernarfon, 1862', ibid., 198/199 (Gorffennaf / Awst 1979), 41–3.

'Cymryd y dŵr: ymweld â Llandrindod', *Y Faner*, 19 Ionawr 1979, 5.

'Priswyr y genedl', ibid., 16 Chwefror 1979, 5. ['Sut mae deall Cymry'r dwthwn hwn sy'n dal i gredu mai Lloegr yw cartref pob digonedd?'].

'At y drin awn eto draw', ibid., 16 Mawrth 1979, 5. [Canlyniadau'r refferendwm tros ddatganoli].

'Potio'r cyfle', ibid., 11 Mai, 1979 6. [Cymhariaeth rhwng gwleidyddiaeth a snwcer].

'Coron heb ben', ibid., 8 Mehefin 1979, 4. [Sylwdau beirniad cystadleuaeth y goron yn Eisteddfod Genedlaethol Urdd Gobaith Cymru, Ogwr, Maesteg, 1979].

'(1) Ceiriog Wil Aaron; (2) Sul Eisteddfod?; (3) Piser Kinnock yn llawn', ibid., 6 Gorffennaf 1979, 7.

'Lloffion Caernarfon', ibid., 27 Gorffennaf 1969, 7. [Sylwadau ar Brifwyl Caernarfon. 1894].

'Llenwi'r cof', ibid., 31 Awst 1979, 8. [Sylwadau ar Brifwyl Caernarfon. 1979].

'Teg edrych tuag adref', ibid., 28 Medi 1979, 6. [Pythefnos yn Llydaw].

'Colli cwsg', ibid., 2 Tachwedd 1979, 6. [*The Western mail*, Cymru a'r Gymraeg].

'Wrth feddwl am y sianel', ibid., 30 Tachwedd 1979, 10. [Sylwadau ar 'saga'r bedwaredd sianel', a darlith radio Gwyn A. Williams, *When was Wales*].

'Rhaid byw mewn gobaith', ibid., 21/28 Rhagfyr 1979, 26. [Brwydr y bedwaredd sianel].

'Mêl a mawl', *Barn*, 196 (Mai 1979), 661–2. [Adolygiad: *Cofio Gwenallt*, Lynn Owen-Rees].

1980

'Gŵyl Gwalia': yr Eisteddfod Genedlaethol yn oes aur Victoria, 1858–1868, Llandysul: Gwasg Gomer, 1980, xi, 453tt.

Beirniadaeth: 'Traethawd beirniadol ar farddoniaeth Gwenallt', yn W. Rhys Nicholas, gol., *Eisteddfod Genedlaethol Cymru, Dyffryn Lliw, 1980: cyfansoddiadau a beirniadaethau*, Llandysul: Gwasg Gomer dros Lys yr Eisteddfod Genedlaethol, 1980, 127–8.

'Cael anrheg neu ddwy', *Y Faner*, 25 Ionawr 1980, 7. [Sylwadau ar nodiadau golygyddol Jennie Eirian Davies yn ibid., 21/28 Rhagfyr 1979, 2: arlwy Nadolig y BBC a HTV; *Golwg newydd ar Iolo Morganwg*, Brinley Richards].

1981

Beirniadaeth: 'Blodeugerdd hen sir', yn T. M. Bassett, gol., *Eisteddfod Genedlaethol Frenhinol Cymru, Maldwyn a'i chyffiniau, 1981: cyfansoddiadau a beirniadaethau*, Llandysul: Gwasg Gomer dros Lys yr Eisteddfod Genedlaethol, 1981, 111–13.

Cyfieithydd: *Epynt without people: . . . and much more*, Ronald Davies.

'Epynt heb bobl. (1) Dechrau'r diwedd', *Barn*, 217 (Chwefror 1981), 30–71.

'(2) Y Capel bach a gaeodd', ibid., 218 (Mawrth 1981), 101.

'(3) Yr ysgol', ibid., 219 (Ebrill 1981), 147–8.

'(4) Ffermio', ibid., 220 (Mai 1981),193.

'(5) Ffermio (parhad)', ibid., 221 (Mehefin 1981), 231.

'Enillydd cyntaf y goron', ibid., 222/223 (Gorffennaf / Awst 1981), 265–6. [Richard Mawddwy Jones (1837–1922), enillydd coron gyntaf yr eisteddfod yn Eisteddfod Goronog Treffynnon, 1869].

'Eisteddfod Gendlaethol Merthyr Tudful, 1881', ibid., 292–4.

'Cyfrol deilwng', *Barn*, 217 (Chwefror 1981), 76. [Adolygiad: *Eisteddfota*, 3, gol., Ifor ap Gwilym].

1982

'Eisteddfod Genedlaethol Abertawe, 1891', yn Ieuan M. Williams, gol., *Abertawe a'r cylch* (Cyfres Bro'r Eisteddfod, 2), Llandybïe: Gwasg Christopher Davies, 1982, 9–30.

'Llongyfarchion i Saunders Lewis ar ei ben-blwydd', *Barn*, 237 (Hydref 1982), 304.

'Coffáu Llywelyn', *Y Faner*, 22 Hydref, 1982, 4; 29 Hydref, 1982, 7; 5 Tachwedd, 1982, 10; 19 Tachwedd, 1982, 6–7; 3 Rhagfyr, 1982, 5; 17 Rhagfyr, 1982, 4–5. [Cyhoeddwyd hefyd ym 1983 a 1989].

1983

Coffáu Llywelyn, 1856–1956, Llandysul: Gwasg Gomer, 1983, 43tt. [Cyhoeddwyd gyntaf ym 1982–1983].

'Dewisreg bywyd', yn Rhydwen Williams, gol., *Kate Roebrts: ei meddwl a'i gwaith*, Llandybïe: Christopher Davies, 1983, 122–9.

Beirniadaeth: 'Gwobr Llandybïe: Braslun o hanes llenyddiaeth Gymraeg, 1945–1980', yn T. M. Bassett, gol., *Eisteddfod Genedlaethol Frenhinol Cymru, Ynys Môn, 1983: cyfansoddiadau a beirniadaethau*, Llandysul: Gwasg Gomer dros Lys yr Eisteddfod Genedlaethol, 1983, 108.

Beirniadaeth: '8–10 o dribannau Morgannwg', yn *Eisteddfod Genedlaethol Urdd Gobaith Cymru, Nedd ac Afan (Aberafan), 1983: cyfansoddiadau llenyddol buddugol*, Aberystwyth: Cwmni Urdd Gobaith Cymru, 1983, 14.

Beirniadaeth dychangerdd: 'Y Ceffyl blaen', ibid., 14–15.

'Trafferthion Ceiriog', *Taliesin*, 46 (Awst 1983), [76]–83.

'Rhyddiaith a'r Eisteddfod Genedlaethol', *Barn*, 246/247 (Gorffennaf / Awst 1983) '*Barn* a'r Brifwyl. Atodiad rhifyn yr Eisteddfod, 1983', 16.

'Cofféu Llywelyn', *Y Faner*, Nadolig 1982 / Calan 1983, 10–11; 14 Ionawr 1983, 14–15. [Cyhoeddwyd yn llyfryn ym 1983. Cyhoeddwyd hefyd ym 1989].

'Dewis hoff gyfrolau 1982', ibid., 7 Ionawr, 1983, 13.

'Y Llew oedd biau'r llwyfan. Hywel Teifi Edwards a saga arwrol-drist Llew Llwyfo', ibid., 5/12 Awst 1983, 12–13.

Adolygiadau: *Ceinion y gân*, gol., E. G. Millward; *Poems and pints*, Harri Webb, ibid., 16 Rhagfyr 1983, 14–15.

1984

Wythnos yn hanes y ddrama yng Nghymru. 11–16 Mai, 1914 (Astudiaethau Theatr Cymru, 4), Bangor: Cymdeithas Theatr Cymru, 1984, 34tt. [Darlith a draddodwyd yng Nghaerdydd, 17 Tachwedd, 1982. Cyhoeddwyd hefyd ym 1989].

Golygydd: *Llanbedr Pont Steffan* (Cyfres Bro'r Eisteddfod, 4), Llandybïe: Christopher Davies, 1984, 149tt.

'Rhagair', 7.

'Eisteddfod Llanbedr 1859', 16–25.

Beirniadaeth: 'Gwobr Goffa Daniel Owen: nofel heb ei chyhoeddi', yn W. Rhys Nicholas, gol., *Eisteddfod Genedlaethol Frenhinol Cymru, Llanbedr Pont Steffan a'r fro 1984: cyfansoddiadau a beirniadaethau*, Llandysul: Gwasg Gomer dros Lys yr Eisteddfod Genedlaethol, 1984, 93–5.

'Ail-glorianu Ceiriog, 1832–1887', *Y Faner*, 13 Ebrill 1984, 12–13.

'"Pobl yr ymylon": cefndir drama Idwal Jones, a'r gwaith anfuddugol a droes yn gampwaith', ibid., 10/17 Awst 1984, 16–17.

'Taro'r post 'steddfodol-nofelyddol', ibid., 21 Medi, 1984, 2. [Sylwadau ar eiddo Vaughan Hughes, '"Cyfansoddwyr" Llambed yn eu lle', ibid., 24 Awst 6–7, a Meirion Pennar, 'Nofel newydd neu "gyfrol y gwastadedd"', ibid., 31 Awst 15, yn trafod y nofel fuddugol yng nghystadleuaeth Gwobr Daniel Owen ym Mhrifwyl 1984].

'Y gair olaf?', ibid., 26 Hydref, 1984, 17. [Llythyr yn ateb Vaughan Hughes, 'Ymateb parod i haeriad masweddus Hywel Teifi', ibid., 28 Medi, 2. Atebwyd y sylwadau hyn yn 'Loes Hywel Teifi', ibid., 16 Tachwedd, 1984, 17].

1985

Beirniadaeth rhyddiaith: 'Y pethau yn eich ardal', yn *Eisteddfod Genedlaethol Urdd Gobaith Cymru, Caerdydd a'r cylch, 1985: cyfansoddiadau llenyddol buddugol*, Aberystwyth: Cwmni Urdd Gobaith Cymru, 1985, 92.

'Trip Caerdydd', *Barn*, 266 (Mawrth 1985), 112–13. [Atgof am weld gêm bêl-droed yng Nghaerdydd rhwng 1946 a 1950].

'Homersham Cox a thribiwnlys Bae Colwyn', ibid., 272 (Medi 1985), 347–8; 274 (Tachwedd 1985), 430–1; 275 (Rhagfyr 1985), 470–1. [Cyhoeddwyd hefyd ym 1989].

'Dyfodol llywodraeth leol', *Y Faner*, 18 Ionawr 1985, 101–11.

'Saith rhyfeddod od Oes Victoria', ibid., 1 Mawrth 1985, 12–13.

'Victorian Wales seeks reinstatement: the jubilee Eisteddfod of 1887', *Planet*, 52 (August / September 1985), [12]–24.

Adolygiadau: *Cadno Rhos-y-ffin*, Jane Edwards; *Cadw'r chwedlau'n fyw*, Aled Islwyn; *Orpheus*, Gweneth Lilly; *Bingo*, William Owen Roberts, *Llais llyfrau*, Gwanwyn 1985, 9–10.

Adolygiadau: *Ffydd Emrys ap Iwan*, R. Tudur Jones; *Emrys ap Iwan a'r iaith Gymraeg*, Bobi Jones, ibid., Hydref 1985, 14.

1986

'Emrys ap Iwan a Saisaddoliaeth: maes y gad yng Nghymru'r 70au' (Darlith Flynyddol Cymdeithas Emrys ap Iwan, Abergele), yn *Cymdeithas Emrys ap Iwan, Abergele: y ddarlith flynyddol. Cyfrol 5 a 6, 1985 a 1986*, Yr Wyddgrug: Gwasanaeth Llyfrgelloedd ac Amgueddfeydd Cyngor Sir Clwyd, 1986, 1–20.

Cyfraniadau yn Meic Stephens, gol., *Cydymaith i lenyddiaeth Cymru*, Caerdydd: Gwasg Prifysgol Cymru, 1986. Adargraffiad diwygiedig 1992. Argraffiad newydd 1997. Fersiwn Saesneg: *The Oxford companion to the literature of Wales*, Oxford: Oxford University Press, 1986.

'[Atgofion personol am] Gwenallt', yn R. Gerallt Jones, gol., *Dathlu: cynnyrch llenyddol dathliadau chwarter can-mlwyddiant sefydlu'r Academi Gymreig*, Caerdydd: Yr Academi Gymreig, 196, 93–102. [Traddodwyd yng Ngŵyl Gwenallt, Pontardawe, 26–27 Hydref 1984].

'Llwyddiant a methiant – barn y pleidiau: Hywel Teifi Edwards, darpar ymgeisydd Plaid Cymru yng Nghaerfyrddin', *Y Faner*, 3 Ionawr 1986, 7. [Gwleidyddiaeth Cymru ym 1985].

'Eisteddfod Caernarfon, 1886', ibid., 8/15 Awst 1986, 6–7.

Adolygiad: *W. J. Gruffydd: nodiadau'r golygydd*, gol., T. Robin Chapman, *Llais llyfrau*, Haf 1986, 10.

1987

Ceiriog (Cyfres Llên y Llenor), Caernarfon: Gwasg Pantycelyn, 1987, 69tt.

Pwllheli a'r Eisteddfod Genedlaethol, 1875, 1925 a 1955 (Darlith Flynyddol Clwb y Bont, Pwllheli, a draddodwyd yn Eisteddfod [Genedlaethol Cymru], Bro Madog, 3 Awst, 1987), Pwllheli: Clwb y Bont, 1987, [2], 18tt.

'Y Gymraeg yn y bedwaredd ganrif ar bymtheg', yn Geraint H. Jenkins, gol., *Cof cenedl: ysgrifau ar hanes Cymru*, II, Llandysul: Gwasg Gomer, 1987, 119–51.

Beirniadaeth cystadleuaeth y goron: 'Tri chyfansoddiad gwreiddiol yn adlewyrchu tair ffurf rhyddiaith ar y testun "Colli iaith"', yn *Eisteddfod Genedlaethol Urdd Gobaith Cymru, Merthyr Tudful a'r cylch, 1987: cyfansoddiadau llenyddol buddugol*, Aberystwyth: Cwmni Urdd Gobaith Cymru, 1987, 86–7.

'Gafael ar Gymru', *Barn*, 292 (Ebrill 1987), 114. [Sylwadau ar *Dal gafael ar Gymru / Get a grip*, ymgyrch gyhoeddusrwydd gan Blaid Cymru].

'Wedi mopio', *Y Faner*, 27 Chwefror 1987, 17. [Llythyr ynghylch ymddangosiadau cyson Rod Richards ar raglenni Cymraeg y BBC].

Adolygiad: *Anecdotau llenyddol*, Tegwyn Jones, *Llais llyfrau*, Gaeaf 1987, 13–14.

1988
Adolygiad: *Rhyddiaith Gymraeg 1750–1850*, gol., Glyn M. Ashton, *Llais llyfrau*, Hydref 1988, 14.

1989
Codi'r hen wlad yn ei hôl, 1850–1914, Llandysul: Gwasg Gomer, 1989, [xii], 315tt.

'Cymru lân, Cymru lonydd', [1]–26.

'Baich y bardd', [27]–58. [Cyhoeddwyd gyntaf ym 1978].

'Daniel Owen a'r "gwir"', [59]–82. [Cyhoeddwyd gyntaf ym 1978].

'"Y gân a ganai Morlais"', [83]–139.

'Emrys ap Iwan a Saisaddoliaeth: maes y gad yng Nghymru'r 70au', [142]–71. [Cyhoeddwyd gyntaf ym 1986].

'Helynt Homersham Cox', [173]–86. [Cyhoeddwyd gyntaf ym 1985].

'Coffáu Llywelyn', [187]–237. [Cyhoeddwyd gyntaf ym 1982 a 1983].

'Pasiant cenedlaethol Caerdydd, 1909', [239]–83.

'Wythnos yn hanes y ddrama yng Nghymru (11–16 Mai 1914)', [285]–315. [Cyhoeddwyd gyntaf ym 1984].

'Dai Culpitt', yn Wilbur Lloyd Roberts, gol., *Balchder bro: Cwm Gwendraeth*, [S. l].: Pwyllgor Llên Eisteddfod [Genedlaethol Urdd Gobaith Cymru] Cwm Gwendraeth, 1989, 68–71.

'Ethos yr Eisteddfod Genedlaethol, 1858–1868', yn *Cell gymysg o'r Genedlaethol: darlithoedd a draddodwyd i'r Gymdeithas Feddygol, 1976–1987*, [Cerrigydrudion]: Y Gymdeithas Feddygol, [1989], 13–22.

'Alan, tyrd yn ôl . . . i ganol y mwd', *Golwg*, 5 Hydref 1989, 8. [Llythyr yn cynnwys sylwadau ar eiddo Alan Llwyd, 'Cymru H.T.E. – H.T.E. Wales', sef adolygiad ar *Codi'r hen wlad yn ei hôl*, yn ibid., 28 Medi 1989, 18.

'Gwlad y gân? Ddim os na siapwn ni', ibid., 12 Hydref 1989, 18. [Sylwadau ar gystadlaethau cerddorol Eisteddfod Genedlaethol Cymru, Llanrwst].

'Awn i Frwsel, pawb dan ganu . . .', ibid., 30 Tachwedd 1989, 22. [Sylwadau ar yr awgrym y dylid cynnal Eisteddfod Genedlaethol Urdd Gobaith Cymru ym Mrwsel].

'Blodeugerdd y cyfle a gollwyd', *Barn*, 312 (Ionawr 1989), 38–40. [Adolygiad: *Blodeugerdd Barddas o'r bedwaredd ganrif ar bymtheg*, gol., R. M. Jones. Cyhoeddwyd sylwadau R. M. (Bobi) Jones ar yr adolygiad hwn yn 'Ymateb i adolygiad', ibid., 313 (Chwefror 1989), 44; 'Barddoniaeth y 19eg ganrif', ibid., 316 (Mai 1989), 35–7; 317 (Mehefin 1989), 33–5; 318/319 (Gorffennaf / Awst 1989), 33–6. Gweler hefyd lythyr Tegwyn Jones yn ibid., 314 (Mawrth 1989), 47].

'R. M. Jones a'i flodeugerdd', *Barn*, 321 (Hydref 1989), 9–10. [Ymateb i sylwadau R. M. (Bobi) Jones, uchod].

'Y Drych difrifol: trafod blodeugerdd fawr', *Golwg*, 26 Ionawr 1989, 25. [Adolygiad: *Y Flodeugerdd o ddyfyniadau Cymraeg*, Alan Llwyd].

'Daniel a'r darllen caled: llyfr am nofelwyr cynnar', ibid., 14 Medi 1989, 24. [Adolygiad: *Capel a chomin: astudiaeth o ffugchwedlau pedwar llenor Fictoraidd*, Ioan Williams].

1990

Eisteddfod Ffair y Byd, Chicago, 1893, Llandysul: Gwasg Gomer, 1990, xx, 196tt.

Lle grand am ddrama: Abertawe a'r Ŵyl Ddrama Gymraeg, 1919–1989 (Darlith Flynyddol BBC Cymru. Darlledwyd ar Radio Cymru, Ionawr 7, 1990) = *'We lead, others follow' (Swansea and the Welsh Drama Festival)* (BBC Wales Annual Radio Lecture. Broadcast in Welsh on Radio Cymru, January 7, 1990), Llundain: Y Gorfforaeth Ddarlledu Brydeinig; London: British Broadcasting Corporation, 1990, 21tt., 22pp.

'R. M. Jones a'i flodeugerdd', *Barn*, 326 (Mawrth 1990), 35–6. [Parhad o'r ymateb i sylwadau R. M. (Bobi) Jones, uchod. Gweler hefyd R. M. Jones, 'Cerddi a'r ysbryd', ibid., 325 (Chwefror 1990), 6–9].

' . . . sydd yn gelwydd oll: dramâu dewrder a malais', *Golwg*, 1 Chwefror 1990, 21. [Sylwadau ar berfformiadau Mair Tomos Ifans yn *Yma o hyd*, a Dyfan Roberts yn *Val*, yn Ysgol Gyfun Maes yr Yrfa, Cefneithin ar 16 Ionawr].

'Yr Ŵyl yn rali: yr Eisteddfod a'r ddeddf iaith', ibid., 3 Mai 1990, 8. [Sylwadau ar benderfyniad Cyngor yr Eisteddfod Genedlaethol i gynnal cyfarfod cyhoeddus i fynegi barn ar fater dyfodol y Gymraeg yn Eisteddfod Genedlaethol Cymru, Cwm Rhymni].

'Puteinio iaith gwleidyddiaeth: helynt yr iaith yn Nyfed', ibid., 12 Gorffennaf 1990, 8.

'Teimlo'n sâl', ibid., 30 Awst 1990, 8. [Sylwadau ar rai o weithgareddau Eisteddfod Genedlaethol Cymru, Cwm Rhymni].

'Byw gyda Bernard', ibid., 22 Tachwedd 1990, 24. [Ymateb i sylwadau Bernard Levin am y Cymry mewn erthygl yn *The Times*].

1991

'Y Prifeirdd wedi'r brad', yn Prys Morgan gol., *Brad y Llyfrau Gleision: ysgrifau ar hanes Cymru*, Llandysul: Gwasg Gomer, 1991, [166]–200.

'Hela Llinos Gwynedd ac Eos Cymru', *Barn* 335/336 (Rhagfyr 1990 / Ionawr 1991), 80–2; 337 (Chwefror 1991), 13–18, 31–2. [Edith Wynne (Eos Cymru; 1853?–1897) a Kate Wynne (Llinos Gwynedd; 1838–1912)].

'Deddf Eiddo – rhaid ymateb', *Golwg*, 19 Medi 1991, 10. [Llythyr gan nifer o Gymry amlwg yn galw am Ddeddf Eiddo].

'Rhag pob brad . . .: "Y Llyfrau Gleision" – trobwynt yn hanes Cymru', ibid., 5 Rhagfyr 1991, 13. [Dyfyniad o 'Y Prifeirdd wedi'r brad', yn Prys Morgan, gol., *Brad y Llyfrau Gleision*, Llandysul, 1991].

'Arwr trasig y ddinas ar fryn: llythyrau O. M. Edwards', ibid., 14 Mawrth 1991, 22–3. [Adolygiad: *Llythyrau Syr O. M. Edwards ac Elin Edwards, 1887–1920*, Hazel Walford Davies].

'Y gwir yn erbyn y gau', ibid., 22 Awst 1991, 24. [Adolygiad: *Hanes Gorsedd y Beirdd*, Geraint a Zonia Bowen].

'Llyfrau'r Nadolig: silffoedd Santa. Gwae fi fy myth', ibid., 12 Rhagfyr 1991, 20. [Adolygiad: *Gwae fi fy myw: cofiant Hedd Wyn*, Alan Llwyd].

1992

Cyfraniadau yn Meic Stephens, gol., *Cydymaith i lenyddiaeth Cymru*, argraffiad diwygiedig, Caerdydd: Gwasg Prifysgol Cymru, 1992. [Cyhoeddwyd gyntaf ym 1986. Argraffiad newydd 1997].

'Dyn dyrys o wlad ddyrys', *Barn*, 358 (Tachwedd 1992), 44–5. [Adolygiad: *Henry M. Stanley: pentewyn tân a'i gymhlethdod Phaetonaidd*, Emyr Wyn Jones].

1993

Golygydd: *Cwm Tawe* (Cyfres y Cymoedd), Llandysul: Gwasg Gomer, 1993, xii, 328tt.

'Cyflwyniad', [vii].

'Gardd y gweithiwr', 143–87.

Beirniadaeth: 'Gwobr Goffa Daniel Owen: nofel heb ei chyhoeddi', yn J. Elwyn Hughes, gol., *Eisteddfod Genedlaethol Frenhinol Cymru, De Powys, Llanelwedd, 1993: cyfansoddiadau a beirniadaethau*, Llandysul: Gwasg Gomer dros Lys yr Eisteddfod Genedlaethol, 1993, 83–8.

Beirniadaeth rhyddiaith: 'Un bennod o'm hunangofiant', yn *Eisteddfod Genedlaethol Urdd Gobaith Cymru, Abertawe a Lliw, 1993:*

cyfansoddiadau llenyddol buddugol, Aberystwyth: Cwmni Urdd Gobaith Cymru, 1993, 58–9.

'Safwn yn y bwlch: penllanw brwydr y mesur iaith', *Golwg*, 25 Chwefror 1993, 9.

'Mae'r ymgyrch yn parhau', ibid., 9 Medi 1993, 7. [Llythyr ynghylch yr ymgyrch dros Ddeddf Iaith newydd].

'Adolygiad tila', ibid., 7 Hydref 1993 8. [Llythyr yn trafod erthygl adolygiadol Hafina Clwyd, 'Teg edrych . . .', ar *Cwm Tawe* (Cyfres y Cymoedd) yn ibid., 16 Medi, 1993, 18.

Review: *1905 and all that: essays on rugby football, sport and Welsh society*, Gareth Williams, *Welsh history review*, 16 (December 1993), 581–2.

1994

Arwr glew erwau'r glo: delwedd y glöwr yn llenyddiaeth y Gymraeg, 1850–1950, Llandysul: Gwasg Gomer, 1994, xxxix, 255tt.

Arwr glew erwau'r glo, (1850–1950) (Darlith agoriadol yr Athro Hywel Teifi Edwards, 14 Chwefror, 1994), Abertawe: Prifysgol Cymru, Abertawe, 1994, 35tt.

Golygydd: *Nedd a Dulais* (Cyfres y Cymoedd), Llandysul: Gwasg Gomer, 1994, 275tt.

'Cyflwyniad', [vii].

'Tair Prifwyl Castell–nedd', 131–71.

'Mudandod y maes glo – y golled i'n llên', *Barn*, 373 (Chwefror 1994), 18–20. ['Un o fethiannau mwyaf llenyddiaeth Gymraeg ddiweddar yw ei methiant i draethu profiad y glowyr'. Darn o ragymadrodd *Arwyr [sic. i.e. Arwr] glew erwau'r glo*, [Llandysul, 1994].

'Eisteddfod brotest Castell-nedd', ibid., 378/379 (Gorffennaf / Awst 1994), 24–5. ['Mae presenoldeb protestwyr iaith ar faes yr Eisteddfod Genedlaethol yn codi dadl bob blwyddyn am briodoldeb cymysgu diwylliant â "pholitics", ond yn ôl yn Oes Victoria fe gynhaliwyd yng Nghastell-nedd un Eisteddfod a oedd yn brotest yn ei chyfanrwydd'. O'r bennod 'Tair Prifwyl Castell-nedd', *Nedd a Dulais* (Llandysul, 1994].

'Tair prifwyl Castell-nedd', *Llais llyfrau*, Haf 1994, 8–9.

'Cyfle i herio Redwood', *Golwg*, 13 Ionawr 1994, 7. [Llythyr yn annog protest yn erbyn 'dirmyg John Redwood tuag at y Gymraeg'].

'Plesio'r Saeson?', ibid., 31 Mawrth 1994, 6. ['Pam fod y cyfryngau Cymreig wedi mynd dros ben llestri wrth drafod llwyddiant y ffilm "Hedd Wyn"? Am eu bod, fel Cymry Oes Victoria yn ymwybodol o'u hisraddoldeb'].

Adolygiad: *Golwg ar Orsedd y Beirdd*, Geraint Bowen, *Llên Cymru*, 18 (Ionawr / Gorffennaf 1994), 147–50.

1995

Golygydd: *Cwm Rhondda* (Cyfres y Cymoedd), Llandysul: Gwasg Gomer, 1995, 346tt.

'Cyflwyniad', 7.

'Eisteddfod Genedlaethol Treorci, 1928', 194–226.

'O'r Pentre Gwyn i Llaregyb', yn M. Wynn Thomas, gol., *DiFfinio dwy lenyddiaeth Cymru*, Caerdydd : Gwasg Prifysgol Cymru, 1995, 7–41.

'Gwaedoliaeth lenyddol Dai a Shoni', yn Geraint H. Jenkins, gol., *Cof cenedl: ysgrifau ar hanes Cymru*, X, Llandysul: Gwasg Gomer, 1995, 91–119.

Beirniadaeth: 'Sgwrs ddychmygol rhwng eisteddfodwr ddoe ac eisteddfodwr heddiw', yn J. Elwyn Hughes, gol., *Eisteddfod Genedlaethol Frenhinol Cymru, Bro Colwyn, 1995: cyfansoddiadau a beirniadaethau*, Llandysul: Gwasg Gomer dros Lys yr Eisteddfod Genedlaethol, 1995, 170–1.

'Comisiynu'r rhieingerdd eisteddfodol, 1855–58', *Llên Cymru*, 18 (Ionawr / Gorffennaf 1995), 273–300.

'Y Llew sydd ar ei llwyfan', *Barn*, 387, (Ebrill 1995), 28–9. ['Roedd yr awdur, y newyddiadurwr a'r perfformiwr o Fôn, Llew Llwyfo, yn un o ffigurau cyhoeddus amlycaf Cymru Oes Victoria, ac mae dod ar draws un o'i ddysgynyddion wedi ailgynnau diddordeb Hywel Teifi Edwards ynddo'].

'Lladmerydd y siop ar seiet', ibid., 393 (Hydref 1995), 22–3. ['Ddiwedd y mis hwn bydd yn ganmlwyddiant Daniel Owen, gyda gŵyl yn cael ei chynnal yn yr Wyddgrug, ei dref enedigol i nodi'r achlysur. Hywel Teifi Edwards sy'n trafod cyfraniad y nofelydd a fu bron â mynd yn weinidog'].

'Marie James, 1919–1995', ibid., 394 (Tachwedd 1995), 8. ['Roedd Marie James, Llangeitho, a fu farw ddiwedd Hydref, yn weithreg ddiarbed dros ei hardal a'i gwlad. Dyma argraffiadau Hywel Teifi Edwards, ei chyfaill a'i chyd-gynghorydd'].

'Cynan (1895–1970)', *Llais llyfrau*, Haf 1995, 6–7. [Sylwadau ar Albert Evans-Jones].

1996

Pantycelyn a Parry-Williams: y pererin a'r tramp (Darlith Goffa Syr Thomas Parry-Williams, 1995), Aberystwyth: Canolfan Uwchefrydiau Cymreig a Cheltaidd, Prifysgol Cymru, 1996, 25tt.

Cysur Ceiriog (Darlith Goffa Morgan Llwyd), [Wrecsam]: [Ysgol Morgan Llwyd], 1996, 15tt. [Traddodwyd yn Ysgol Morgan Llwyd, Wrecsam, 1 Chwefror, 1996].

Golygydd: *Cwm Aman* (Cyfres y Cymoedd), Llandysul: Gwasg Gomer, 1996, 382tt.

'Cyflwyniad', [7–8].

'Y Brifwyl yn y Cwm', 268–304.

'Rhagair', yn Huw Walters, *'Yr Adolygydd' a'r 'Beirniad': eu cynnwys a'u cyfranwyr*, Aberystwyth: Llyfrgell Genedlaethol Cymru, 1996, vii.

'Prifeirdd Ysgol Aberaeron', yn *Gorau ymgais gwybodaeth: one hundred years of education at Aberaeron*, Aberaeron: Ysgol Gyfun Aberaeron, 1996, 288–92.

'A large shadow in history's fierce afterglow: a personal tribute to Gwyn A. Williams and his "life-enhancing" books', *New Welsh review*, 8 (Winter 1995/1996), 11.

'Celtophobia: an Arnold to the rescue', *New Welsh review*, 9 (Autumn 1996), 18–20.

'The Welsh collier as hero, 1850–1950', *Welsh writing in English: a yearbook of critical essays*, 2 (1996), 22–47. ['This paper is a translation by Professor Hywel Teifi Edwards of his inagural lecture *Arwr glew erwau'r glo (1850–1950)*, given at the University of Wales, Swansea, in November 1994'].

'Pa fath le yw uffern?', *Golwg*, 25 Ionawr 1996, 24. ['Ydi uffern yn bod? Fe fu dadlau tanllyd ymysg crefyddwyr ond beth yw barn y sêr?'].

'Diwygiad . . . yn 1950!', ibid., 21 Tachwedd 1996), 17. [Ar reol Gymraeg yr Eisteddfod Genedlaethol a sefydlwyd gyntaf yng Nghaerffili ym 1951].

Adolygiad: *Iolo Morganwg*, Ceri Lewis, *Llên Cymru*, 19 (1996), 193–7.

1997

Golygydd: *Cwm Cynon* (Cyfres y Cymoedd), Llandysul: Gwasg Gomer, 1997, 381tt.

'Cyflwyniad', [7].

'Aberdâr a'r "Genedlaethol" (1861 – 1885 – 1956)', 128–59.

Cyfraniadau yn Meic Stephens, gol., *Cydymaith i lenyddiaeth Cymru*, argraffiad newydd, Caerdydd: Gwasg Prifysgol Cymru, 1997. [Cyhoeddwyd gyntaf ym 1986. Adargraffiad diwygiedig 1992].

'Williams, David John (1885–1970)', yn E. D. Jones a Brynley F. Roberts, gol., *Y Bywgraffiadur Cymreig, 1951–1970, gydag atodiad i'r Bywgraffiadur Cymreig hyd 1940 a'r Bywgraffiadur Cymreig, 1941–1950*, Llundain: Anrhydeddus Gymdeithas y Cymmrodorion, 1997, 228–9. [Cyhoeddwyd hefyd yn Saesneg yn 2001].

'Rhagair', yn Eileen Beasley, *Yr Eithin pigog*, Talybont: Y Lolfa, 1997, 6–8. [Cyhoeddwyd hefyd ym 1998].

'Foreword', in Alwyn C. Charles, *History of Llangennech*, Llangennech: Llangennech Community Council, 1997, i–ii.

Beirniadaeth: 'Gwobr Goffa Daniel Owen: nofel heb ei chyhoeddi', yn J. Elwyn Hughes, gol., *Eisteddfod Genedlaethol Frenhinol Cymru,*

Meirion a'r cyffiniau, 1997: cyfansoddiadau a beirniadaethau, Llandysul: Gwasg Gomer dros Lys yr Eisteddfod Genedlaethol, 1997, 92–7.

'Ar lwyfan awr', *Barn*, 410 (Mawrth 1997), 30–1. ['Hanes heb ei gofnodi yw hanes y cannoedd o gwmnïau drama lleol a fu'n difyrru cynulleidfaoedd ledled Cymru yn hanner cynta'r ganrif hon. Mae Hywel Teifi Edwards yn gobeithio codi cwr y llen ar y bwrlwm theatrig hwn trwy gyhoeddi cyfrol o hen luniau'. Sylwadau ar *Codi'r llen* (Llandysul, 1998)].

'Agor y llenni. Ble, pryd, pwy a sut? Creu'r cwmni drama Cymreig', *Golwg*, 13 Mawrth, 1997, 13–15. [Paratoi'r gyfrol *Codi'r llen* (Llandysul, 1998)].

'Bobi Jones v. Hywel Teifi Edwards' yn 'Pwy, beth yw Bobi Jones?', *Golwg*, 13 Mawrth 1997, 19. [Y dadlau ynghylch *Blodeugerdd Barddas o'r bedwaredd ganrif ar bymtheg* (Abertawe, 1988)].

'*Coolies* Peter Hain', ibid., 12 Mehefin 1997, 6. [Sylwadau ar 'ymateb Peter Hain i ddadl Plaid Cymru dros ganiatáu i bobl Cymru ddewis go iawn yn y Refferendwm'].

'Tarddiad pethau byw', *Barn*, 416 (Medi 1997), 36–7. [Adolygiad: *Alfred Russell Wallace: gwyddonydd anwyddonol*, R. Elwyn Hughes].

Adolygiad: *Tir neb: rhyddiaith Gymraeg a'r Rhyfel Byd Cyntaf*, Gerwyn Wiliams, *Taliesin*, 97 (Gwanwyn 1997), 129–32.

1998

Codi'r llen, Llandysul: Gwasg Gomer, 1998, xiv, 138tt. [Casgliad o luniau yn dwyn i gof fwrlwm y cwmnïau drama lleol a ffynnai yng Nghymru yn ystod y blynyddoedd rhwng y ddau Ryfel Byd].

Golygydd: *Llynfi ac Afan, Garw ac Ogwr* (Cyfres y Cymoedd), Llandysul: Gwasg Gomer, 1998, 320tt.

'Cyflwyniad', 7.

'Eisteddfod Genedlaethol Pen-y-bont ar Ogwr, 1948', 301–20.

Contributions to Meic Stephens, ed., *The New companion to the literature of Wales*, Cardiff: University of Wales Press, 1998. [First published in 1986].

'Barry John', in Huw Richards, Peter Stead and Gareth Williams, eds., *Heart and soul: the character of Welsh rugby*, Cardiff: University of Wales Press, 1998, 93–106.

'Rhagair', yn Eileen Beasley, *Yr Eithin pigog* (Llyfrau Print Bras), Talybont: Y Lolfa, 1998, 8–11. [Cyhoeddwyd gyntaf ym 1997].

'Ffarwel i '97: ffarwel Dame Wales. Yn nhyb Hywel Teifi Edwards, eleni fu'r flwyddyn pryd y peidiodd Cymru â bod yn wlad Fictorianaidd, yn wlad y menyg gwynion, yn wlad y taeog', *Barn*, 420 (Ionawr 1998), 40–1.

'Jacob Morgan, Cefneithin', *Canu gwerin*, 21 (1998), 52. [Coffáu Jacob Morgan 1907–1998)].

'Sianel yr hwrio a'r English côs', *Golwg*, 19 Chwefror 1998, 10. [Sylwadau ar adroddiad a gyhoeddwyd yn y *Western mail*, 10 Chwefror 1998 'fod cadeirydd S4C, Prys Edwards, a Rhodri Williams, un o benaethiaid Cwmni Agenda . . . o'r farn bod brwydrau'r Gymraeg drosodd'].

'Y Gymraeg yn rhy ddrud i S4C', ibid., 15 Hydref 1998), 10. [Llythyr yn condemnio'r duedd gynyddol o ddefnyddio sylwebyddion Saesneg eu hiaith mewn rhaglenni teledu Cymraeg].

1999

Llew Llwyfo: arwr gwlad a'i arwrgerdd (Darlith Lenyddol Flynyddol Eisteddfod Genedlaethol Cymru, Môn, 1999), Llangefni: Llys yr Eisteddfod Genedlaethol, [1999], 23tt. [Traddodwyd ar faes Eisteddfod Genedlaethol Cymru, Môn, ddydd Mercher, 4ydd Awst, 1999].

Golygydd: *Ebwy, Rhymni a Sirhywi* (Cyfres y Cymoedd), Llandysul: Gwasg Gomer, 1999, 240tt.

'Cyflwyniad', [7].

'Eisteddfod Genedlaethol Caerffili, 7–12 Awst, 1950', 190–218.

'Y Gymraeg yn yr Eisteddfod', yn Geraint H. Jenkins, gol., *'Gwnewch bopeth yn Gymraeg': yr iaith Gymraeg a'i pheuoedd, 1801–1911* (Cyfres Hanes Cymdeithasol yr Iaith Gymraeg), Caerdydd: Gwasg Prifysgol Cymru, 1999, 275–95.

'The Welsh language and the Eisteddfod', in Geraint H. Jenkins, ed., *The Welsh language and its social domains, 1801–1911* (The Social History of the Welsh Language Series), Cardiff: University of Wales Press, 1999, 293–316.

'Terry Davies', in Huw Richards, Peter Stead and Gareth Williams, eds, *More heart and soul : the character of Welsh rugby*, Cardiff: University of Wales Press, 1999, 55–66.

'The Merthyr Tydfil National Eisteddfod, 1881', *Merthyr historian*, 10 (1999), 81–100.

'Yr Athro A. O. H. Jarman, 1911–1998', *Y Faner newydd*, 11 (Gwanwyn 1999), 12–13.

'Coron Llew a'r Cofis. Mae coron Eisteddfod Genedlaethol Llanelli, 1895, wedi ei chanfod mewn seler yng Nghaernarfon. Nawr, mae un hanesydd eisteddfodol yn awyddus iddi gael ei harddangos yn Eisteddfod Llanelli, 2000. Mae ganddo ambell i stori ddiddiddorol am y bardd buddugol hefyd', *Golwg*, 11 Tachwedd 1999, 20.

'Dechrau rhifo. Pan rifwyd ym 1891 niferoedd y Cymry Cymraeg, darganfuwyd fod miliwn ohonynt. Yn y *fin de siécle* felly, roedd cysur seicolegol i'r Cymry, medd Hywel Teifi Edwards, er bod nodau dirywiad eisoes yn y tir', *Barn*, 441 (Hydref 1999), 46–9. [Adolygiad: *Miliwn o Gymry Cymraeg: yr iaith Gymraeg a chyfrifiad 1891*, Gwenfair Parry a Mari A. Williams].

2000

Yr Eisteddfod Genedlaethol a delwedd y Cymry (Darlith Eisteddfod Prifysgol Cymru, Eisteddfod Genedlaethol [Cymru] Llanelli a'r cylch), [Caerdydd]: [Prifysgol Cymru], [2000], 14tt.

Golygydd: *Cwm Gwendraeth* (Cyfres y Cymoedd), Llandysul: Gwasg Gomer, 2000, 246tt.

'Cyflwyniad', 8–9.

'Dai Culpitt ac Ifor Kelly', 143–60. [Gydag Irene Williams].

Editor: *A guide to Welsh literature. Volume V c.1800–1900*, Cardiff: University of Wales Press, 2000, viii, 247pp.

'Preface', [vii].

'The Eisteddfod poet: an embattled figure', 24–47.

[Rhagair] yn Howard M. Jones, *Llanelli lives*, [S. l.]: Gwasg y Draenog, 2000, 11.

'Rhagair', yn John Edwards, *Llanelli: hanes tref*, Caerfyrddin: Cyngor Sir Caerfyrddin, 2000, [v].

'Prifwyl Llanelli a'r Gymraeg. Am flynyddoedd lawer, aethpwyd â'r Eisteddfod Genedlaethol i Lanelli er mwyn ei Chymreigio hi. Arwydd trist o'r amserau, yw fod rhaid bellach i'r Eisteddfod Gymreigio Llanelli', *Barn*, 450/451 (Gorffennaf / Awst 2000), 37.

'Who remembered Llywelyn?', *Cambria: the national magazine for Wales*, 3/4 (Summer 2000), 11–13.

'Athro Crystal – gwahoddiad', *Golwg*, 6 Gorffennaf 2000, 25. [Sylwadau ar lythyrau 'Lodes Wirion', Machynlleth, 'Y Cwyno Cymreig', a Rhodri Williams, Cadeirydd Bwrdd yr Iaith Gymraeg, 'Ateb Gwilym Owen', yn ibid., 22 Mehefin 2000, 25, a gwahoddiad i'r Athro David Crystal, aelod o'r Bwrdd, 'i ddod i'r Babell Lên eleni ar Sadwrn ola'r Brifwyl i ddweud mwy am *the cool way* o estyn einioes y Gymraeg'].

'Glowyr ar goll. Pam fod sgrifenwyr Cymraeg yn anwybyddu'r glowyr? A pham nad ydyn nhw'n dweud y gwir am y pyllau?', ibid., 13 Gorffennaf 2000, 20. [Trafodaeth gyda Cerys Bowen].

Review: '*A book of mad Celts': John Wickens and the Celtic Congress of Caernarfon, 1904*, Marion Löffler, *New Welsh review*, 13 (Spring 2001), 74–6.

2001

Golygydd: *Merthyr a Thaf* (Cyfres y Cymoedd), Llandysul: Gwasg Gomer, 2001, 412tt.

'Cyflwyniad', [7].

'Yr Eisteddfod Genedlaethol ym Merthyr Tudful, 1881 a 1901', 130–57.

'Williams, David John (1885–1970)', in R. T. Jenkins, E. D. Jones and Brynley F. Roberts, eds, *The Dictionary of Welsh biography, 1941–1970, together with a supplement to the Dictionary of Welsh biography down to 1940*, London: Honourable Society of Cymmrodorion, 2001, 290–90. [First published in Welsh in 1997].

'Llef dros y ganrif fwyaf', yn Geraint H. Jenkins, gol., *Cymru a'r Cymry 2000: trafodion Cynhadledd Milflwyddiant Canolfan Uwchefrydiau Cymreig a Cheltaidd Prifysgol Cymru = Wales and the Welsh 2000: proceedings of the Millennium Conference of the University of Wales Centre for Advanced Welsh and Celtic Studies*, Aberystwyth: Canolfan Uwchefrydiau Cymreig a Cheltaidd / Centre for Advanced Welsh and Celtic Studies, 2001, 71–86.

'Robert Rees (Eos Morlais)', in Trevor Herbert and Peter Stead, eds, *Hymns and arias: great Welsh voices*, Cardiff: University of Wales Press, 2001, 11–22.

'Darn o Gwm Tawe. Ddiwedd Ebrill, bu farw Dafydd Rowlands, cyn-Archdderwydd, ffan criced a bardd toreithiog', *Barn*, 460 (Mai 2001), 36–7. [Teyrnged i Ddafydd Rowlands].

'Bardd, nid hanner bardd: teyrnged i Dafydd Rowlands, *Barddas*, 263 (Mehefin / Gorffennaf 2001), 34–6.

'The Merthyr National Eisteddfod of 1901', *Merthyr historian*, 13 (2001), 19–26.

'The 1893 Chicago World's Fair Eisteddfod, *Yr Enfys*, Spring 2001, 17, 23.

'Gwarth y Pwyllgor Addysg', *Golwg*, 5 Gorffennaf 2001, 24. [Sylwadau ar 'Wythnos Golwg . . . Ac i bob barn ei Llafur', yn ibid., 22 Mehefin 2001, 3, 'ar fater sensro tystiolaeth Dafydd Glyn Jones gan chwech o aelodau Pwyllgor Addysg a Dysgu Gydol Oes Cynulliad Cenedlaethol Cymru ar 13 Mehefin].

'Talhaiarn: swyddogaeth bardd', *Y Traethodydd*, 156 (Gorffennaf 2001, 165–71. [Adolygiad: *Talhaiarn* (Cyfres Dawn Dweud), Dewi M. Lloyd].

2002

'Prifwyl Jiwbilî Victoria, 1887', yn *Jiwbili y fam wen fawr: Victoria 1887–1897*, Llandysul: Gwasg Gomer, 2002, 5–28.

'Ar drywydd y "Magintudes barddol"', yn Gwyn Thomas, gol., *Ysgrifau beirniadol*, XXVI [Dinbych]: Gwasg Gee, 2002, 52–74.

Beirniadaeth: 'Y Fedal ryddiaith. Cyfrol o ryddiaith heb fod dros 40,000 o eiriau: hunangofiant – dilys neu ddychmygol', yn J. Elwyn Hughes, gol., *Eisteddfod Genedlaethol Cymru, Sir Benfro, Tyddewi, 2002:*

cyfansoddiadau a beirniadaethau, Llandysul: Gwasg Gomer dros Lys yr Eisteddfod Genedlaethol, 2002, 106–12.

'Y Môr a'r morwyr yn ein Prifwyl', *Cymru a'r Môr*, 23 (2002), 20–9.

'Profiad diraddiol', *Barn*, 472 (Mai 2002), 16–17. [Sylwadau ar 'transgript o'r ddadl(!) ar "Hiliaeth" (Gwleidyddiaeth Gymreig) a gynhaliwyd yn Nhŷ'r Cyffredin ar 7 Mai 2002'. Cyhoeddir rhannau o'r transgript, 17–19].

'Dewch i'r rali', *Golwg*, 21 Tachwedd 2002, 26. [Llythyr ar y cyd ag eraill yn galw ar y Cymry i fynychu rali iaith yng Nghaerdydd ar 30 Tachwedd 2002].

2003

Golygydd: *Yn gymysg oll i gyd* (Cyfres y Cymoedd), Llandysul: Gwasg Gomer, 2003, xv, 200tt.

'Cyflwyniad', vii–viii.

'Torri bara menyn cyn trin geiriau', *Taliesin*, 120 (Gaeaf 2003), 14–27. [Sylwadau ar adolygiad Cathryn Charnell-White ar *A guide to Welsh literature c.1800–1900*, a gyhoeddwyd yn *Planet*, 148 (August / September 2001)].

'Tri dros gymunedau Cymraeg', *Golwg*, 6 Tachwedd 2003, 26. [Galw am gefnogaeth i rali genedlaethol Cymdeithas yr Iaith Gymraeg, 'Dyfodol i'n Cymunedau', yng Nghaerdydd ar 15 Tachwedd 2003].

Adolygiad: *Y Llew oedd ar y llwyfan*, Eryl Wyn Rowlands, *Y Traethodydd*, 158 (Ebrill 2003), 89–96.

2004

O'r Pentre Gwyn i Gwmderi: delwedd y pentref yn llenyddiaeth Cymru, Llandysul: Gwasg Gomer, 2004, x, [198]tt.

Contributions to H. C. G. Matthew and Brian Harrison, eds, *Oxford dictionary of national biography from the earliest times to the year 2000*, 60 vols. Oxford: Oxford University Press in association with the British Academy, 2004.

'Hughes, John [*pseud.* Ceiriog] (1832–1887), poet', Vol. 28, 663–4.

'Jones, David James [*pseud.* Gwenallt] (1899–1968), poet and literary scholar', Vol. 30, 465–6.

'Jones, John [*pseud.* Talhaiarn] (1810–1868), poet and architect', Vol. 30, 555–6.

'"Y Pentre Gwyn" and "Manteg": from blessed plot to hotspot', in Alyce von Rothkirch and Daniel Williams eds, *Beyond the difference: Welsh literature in comparative contexts; essays for M. Wynn Thomas at sixty*, Cardiff: University of Wales Press, 2004, 8–20.

Beirniadaeth: 'Gwobr goffa Daniel Owen: nofel heb ei chyhoeddi', yn J. Elwyn Hughes, gol., *Eisteddfod Genedlaethol Cymru, Casnewydd a'r cylch, 2004: cyfansoddiadau a beirniadaethau*, Llandysul: Gwasg Gomer dros Lys yr Eisteddfod Genedlaethol, 2004, 72–6.

'Gair o gyflwyniad', yn Huw Walters, *Cynnwrf canrif: agweddau ar ddiwylliant gwerin*, Abertawe: Cyhoeddiadau Barddas, 2004, 9–10.

'Y Brifwyl a'r Gymraeg – eto fyth', *Y Faner newydd*, 30 (2004), 13–14.

'Os etholiad, etholiad go iawn. Fe ddylai'r etholiad am swydd Archdderwydd, fod yn etholiad go iawn. Mwy yn sefyll. Mwy o ganfasio. Mwy o bleidleisio . . . ', *Golwg*, 10 Mehefin 2004, 17.

'Cwmderi – "y pentre' aflawen"', ibid., 2 Medi 2004, 19. [Sylwadau'r awdur ar *O'r Pentre Gwyn i Gwmderi* (Llandysul, 2004)].

'Gwynfydu – a gresynu?', *Taliesin*, 123 (Gaeaf 2004), 155–8. [Adolygiad: *Llyfryddiaeth cylchgronau Cymreig, 1851–1900*, Huw Walters].

2005

'Edrych yn ôl ar Eisteddfod Genedlaethol Llanelli a'r cylch, 2000, *Amrywiaeth Llanelli*, 18 (2004/2005), 50–2.

'Doctor Gareth Evans. Rhoes fri ar fod yn Gardi, yn Gymro, yn addysgwr ymroddedig ac yn anad dim, yn fod dynol, gwâr, goleuedig, cyfrifol a chymdeithasgar', *Y Faner newydd*, 33 (2005), 47.

'Cyrn ffraeth o saernïaeth nef', *Barn*, 505 (Chwefror 2005), 40–2. [Adolygiad: *Cyrn y diafol: golwg ar hanes cynnar bandiau pres chwarelwyr Gwynedd*, Geraint Jones].

2006

Contributions to John T. Koch, ed., *Celtic culture: a historical encyclopedia*, Oxford: ABC–CLIO, 2006.

'Eisteddfod', Vol. 2, 664–5.

'Eisteddfod Genedlaethol Cymru (National Eisteddfod of Wales)', ibid., 665–8.

'Hughes, John Ceiriog (Ceiriog', 1832–87)', Vol. 3, 939–41.

'Welsh poetry (3) 19th century', Vol. 5, 1773–5.

'Owen Rhoscomyl (1863–1919) a "rhwysg hanes Cymru"', *Trafodion Anrhydeddus Gymdeithas y Cymmrodorion*, 13 (2007), 107–33. [Darlith a draddodwyd mewn cyd-gyfarfod o'r Anrhydeddus Gymdeithas, Fforwm Cymry Llundain a Chymdeithas y Gwyneddigion, 12 Mehefin 2006].

Beirniadaeth: 'Cerdd ddychan: "Prifysgol"', yn J. Elwyn Hughes, gol., *Eisteddfod Genedlaethol Cymru, Abertawe a'r cylch, 2006: cyfansoddiadau a beirniadaethau*, [S.l].: Llys yr Eisteddfod Genedlaethol, 2006, 87–8.

'John Rhŷs yn achos trafferth', *Y Traethodydd*, 161 (Gorffennaf 2006), [162]–86.

'Eisteddfod "Genedlaethol" Caernarfon, 1877: Prifwyl y pafiliwn', *Trafodion Cymdeithas Hanes Sir Gaernarfon*, 67 (2006), 58–87.

'Making the most of Gwenallt (1899–1968)', *Cambria: the national magazine of Wales*, 8/3 (August / September, 2006), 49.

'Ceiriog a helynt Homersham Cox. Yr hyn a'i cynhyrfodd i gyfansoddi oedd penodi'r Sais Homersham Cox, gan yr Arglwydd Ganghellor yn farnwr i'r Llysoedd Sirol ar gylchdaith canolbarth Cymru', *Y Faner newydd*, 35 (2005), 36–7.

'Arweinwyr yn lladd hiraeth y Brifwyl', *Golwg*, 23 Chwefror 2006, 25. [Llythyr yn anghytuno â'r bwriad i ddileu seremoni croesawu'r Cymry a'r Wasgar ac anerchiadau llywyddion y dydd yn yr Eisteddfod Genedlaethol].

'Lle mae Dafydd Wigley?' ibid., 29 Mehefin 2006, 8. [Llythyr yn cwyno bod colofn wythnosol Dafydd Wigley wedi diflannu o *Golwg*].

'Saturday interview. The Festival is a window to the soul of the Welsh, says Mr Eisteddfod himself', *South Wales Evening Post*, 5 August 2006, 28–9.

2007

Bryn Seion, Eglwys Bresbyteraidd Cymru, Llangennech, 1877–2007, [Llangennech: Eglwys Bryn Seion], [2007], 120 tt.

'*Aelwyd Angharad*: y cyd-destun hanesyddol', yn Sally Harper a Wyn Thomas, gol., *Cynheiliaid y gân: ysgrifau i anrhydeddu Phyllis Kinney a Meredydd Evans* (Astudiaethau Cerddoriaeth Cymru), Caerdydd: Gwasg Prifysgol Cymru, 2007, [59]–75.

'*Aelwyd Angharad*: the historical context', in Sally Harper and Wyn Thomas, eds, *Bearers of song: essays in honour of Phyllis Kinney and Meredydd Evans* (Welsh Music Studies), Cardiff: University of Wales Press, 2007, [76]–92. [Translated from the original Welsh by Sally Harper].

'"Gosodir ni yn îs na phawb": Cymru Victoria ar drywydd enwogrwydd', yn Jason Walford Davies, gol., *Gweledigaethau: cyfrol deyrnged yr Athro Gwyn Thomas*, [Abertawe]: Cyhoeddiadau Barddas, 2007, 159–72.

'Rwy'n mynd am sbin i Aberaeron', yn *Aberaeron 1807–2007: dathliad*, Aberaeron: Pwyllgor 200 mlwyddiant Aberaeron, 2007, 60–1.

'Jan Morris receives Worldwide Welsh Award', *Cambria: the national magazine of Wales*, 9/3 (September / October 2007), 12–14. [Cynnwys destun anerchiad Hywel Teifi Edwards wrth iddo gyflwyno'r wobr i Jan Morris].

'Telling the story', ibid., 8/6 (February / March 2007), 34. [Reviews: *Y Gaer fechan olaf: hanes Eisteddfod Genedlaethol Cymru, 1937–1950*, Alan Llwyd; *A fu heddwch?*, Robyn Léwis].

'Sôn am eisteddfodau', *Taliesin*, 131 (Haf 2007), 162–5. [Adolygiadau: *Y Gaer fechan olaf: Hanes Eisteddfod Genedlaethol Cymru, 1937–1950*, Alan Llwyd; *A fu heddwch?*, Robyn Léwis].